Jean-Baptiste de LaCurne

Das Ritterwesen des Mittelalters nach seiner politischen und

militärischen Verfassung

Jean-Baptiste de LaCurne

Das Ritterwesen des Mittelalters nach seiner politischen und militärischen Verfassung

ISBN/EAN: 9783743603097

Hergestellt in Europa, USA, Kanada, Australien, Japan

Cover: Foto ©ninafisch / pixelio.de

Weitere Bücher finden Sie auf **www.hansebooks.com**

Das
Ritterwesen
des Mittelalters
nach seiner politischen und militärischen Verfassung.

Aus dem Französischen
des Herrn
de la Curne de Sainte-Palaye
mit Anmerkungen, Zusätzen, und Vorrede
von
D. Johann Ludwig Klüber.

Zweiter Band.

Nürnberg,
bey Ernst Christoph Grattenauer, 1788.

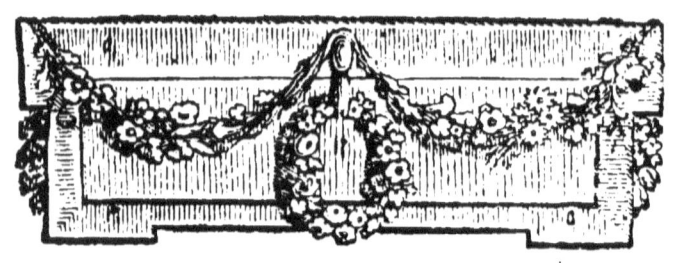

Vorrede.

Dieser zweite Band enthält die Fortsetzung der in dem ersten Bande abgebrochenen Beweise und Erläuterungen zu der Abhandlung über das Ritterwesen des Mittelalters, und zwar diejenigen, welche zu dem dritten, vierten und fünften Abschnitt derselben gehören. Hierauf folgt, von S. 344 an, eine Abhandlung über die Lectüre der Ritter-Romanen. Beiden habe ich hin und wieder Zusätze und Anmerkungen beigefügt, bald ausführlicher, bald kürzer, je nachdem es zweckmäsig zu seyn schien. Wegen des Anhangs, von S. 388 an, darf ich kaum um Verzeihung bitten. Eine Be-

schrei-

Vorrede.

schreibung der Feierlichkeiten, mit welchen die Würde eines Ritters vom Bade in Friedenszeiten ertheilt ward, und derjenigen, welche bei Ertheilung der Ritterwürde des heiligen Grabes beobachtet wurden, steht mit dem eigentlichen Zweck dieses Werks in genauer Verbindung; um so mehr, da sie der grossen Aufmerksamkeit des Herrn von Sainte - Palaye entgangen ist.

Ich fürchte nicht, den Geschmack sachkundiger Leser zu mißkennen, wenn ich behaupte, daß auch dieser Band die Achtung bewähren wird, welche ich der Einsicht und Sorgfalt seines verewigten Urhebers, in der Vorrede zu dem ersten Bande, mit einer Zuversicht geweissagt habe, die mir nur der entschiedene Hang der Teutschen zu gründlichen und anmuthsvollen Untersuchungen über Gegenstände der Vorzeit einflössen konnte. Auch wird es keine Bewegenheit seyn, wenn man das Publikum aufmerksam macht, eine Vergleichung der Arbeit des Herrn von Sainte - Palaye mit den auf gleichen Zweck gerichteten Bemühungen teutscher Schriftsteller neuerer Zeit anzustellen, z. B. mit den verschiedenen Aufsätzen über Rittergegenstände, welche

bis-

Vorrede.

bisher in dem gothaischen Taschenkalender erschienen sind, mit den kürzern Abhandlungen über das Ritterwesen in der teutschen Bibliothek der Romanen, und in dem neuern Roman Berthold von Urach *), und endlich mit der Schrift eines Ungenannten **), welche ganz allein, obwohl in der Kürze und im Allgemeinen, sich mit dem Ritterwesen des Mittelalters beschäftigt; denn das Versprechen, welches Herr Prof. **Joh. Chr. Krause** gegeben hat ***), eine Abhandlung über das Ritterwesen des Mittelalters zu liefern, ist meines Wissens bis jetzt unerfüllt geblieben.

Den größten Theil des dritten und letzten Bandes wird eine neuere, sehr ausführliche Abhandlung, von den Jagdbeschäftigungen des Adels in

---

*) Im ersten Theile, Leipz. 1787. 8.

**) Ueber den Geist und die Geschichte des Ritterwesens älterer Zeit, vorzüglich in Rücksicht auf Teutschland. Gotha 1786. 8. Man vergl. oben die Vorr. zu dem ersten Bande S. VIII. **)

***) In seinen Romantischen Erzählungen, nebst Abhandlungen über Gegenstände vergangener Zeiten, im ersten Bande. (Halle 1784. 8.)

Vorrede.

in vorigen Zeiten, einnehmen, von welcher man nicht geringere Unterhaltung, als von den bisherigen, erwarten darf. Wegen des Verzugs in Ansehung der Erscheinung dieses zweiten, so wie etwa des künftigen Bandes, bitte ich, da häufige Nachfragen deshalb geschehen sind, angelegentlichst um Vergebung. Meine Nebenstunden haben sich seit einiger Zeit so sehr vermindert, und von den wenigen kann ich einen so geringen Theil dieser Arbeit widmen, daß die Unmöglichkeit, mehr zu leisten, mich entschuldigen muß. Im übrigen wünsche ich meinen geringen Bemühungen bei diesem Bande wieder solche öffentlichen Richter, als der erste gefunden hat. Der Beifall unberufener Kunstrichter kann dem Schriftsteller, welcher seine Pflicht kennt und zu erfüllen sucht, eben so gleichgültig seyn, als die Buhlschaft um Recensentenlob überflüssig, und unter seiner Würde ist.

Erlangen am 25. Hornung
1788.

D. J. L. Klüber.

Fortsetzung
der
Beweise
und
Erläuterungen
zu der Abhandlung
über das Ritterwesen des Mittelalters,
nach seiner politischen und militärischen
Verfassung.

A

Beweise
und
Erläuterungen
zu dem
dritten Abschnitt.

I. (Seite 65 des ersten Bandes.)

Es liesse sich ein sehr zahlreiches Verzeichniß von solchen Rittern machen, die in Turnieren verwundet oder erschlagen worden sind, diejenigen ungerechnet, welche zuweilen in dem Gedränge erdrückt wurden.

Robert Graf von Clermont in Beauvoisis, Sohn des heiligen Ludwigs, mit dem Beinamen Fauchet (die Sense), und Stammvater des jetzigen Hauses Bourbon, empfing in einem dieser

4 Beweise und Erläuterungen

Turniere so viele Kolbenschläge, daß er während seines ganzen übrigen Lebens sich übel befand *).

(Orig. Franc. t. I, p. 82.) Raoul, Graf von Eu, Connetable von Frankreich, verlor im Jahre 1344 sein Leben in den Ritterspielen, welche bei der Vermählung Philipps, eines Sohns Philipps von Valois, gehalten wurden. (Chron. de Saint-Denys, t. II. Fol. 109 verso.) Unter die blutigsten Turniere gehört unstreitig das zu Nuys, in welchem, Philipp Mouskes (Mf. p. 836. T. I, p. 252) zufolge, zwei und vierzig Ritter **), und eben so viel Knapen umkamen ***). Man lese la Co-

*) Laut der Gestorum Philippi III. reg. Fr. ad an. 1279 hat er seinen Verstand darüber verloren.
Anm. d. Ueb.

**) Vergl. jedoch unten n. XXII. zu dem V. Abschn.

***) Auch bei den teutschen Kampfspielen setzte es nicht selten blutige Köpfe. Man erinnere sich des blutigen Auftritts bei dem Turniere zu Darmstadt im Jahre 1403, wo die Hessen und Franken in Ernst an einander geriethen, und, aller angewandter Mühe der Prügelknechte ungeachtet, nicht aus einander gebracht werden konnten, s. Rüxner. König Heinrich II. von Frankreich ward 1559 auf einem Turniere zu Paris durch die Lanze des Grafen von Montgommery an einem Auge verwundet, und starb eilf Tage darauf an dieser Wunde. Auch Heinrich von Bourbon Montpensier, Prinz vom Geblüte, kam bei einer solchen Gelegenheit durch einen Sturz vom Pferde ums Leben. Im Jahre 1175 waren in Sachsen sechzehn Ritter in Turnieren umgekommen, und bald darauf blieb auch des Markgrafen Dietrichs von Meisen Sohn, Conrad, in einem Turniere. Chron. Mont. Seren. ad an. 1175 in Menkens Script. rer. germ.

zum dritten Abschnitt.

Colombiere (Kap. XVIII.), welcher von den Turnieren mit geschliffenen Schwerdern, von Scharfrennen, und von den dabei vorgefallenen traurigen Auftritten Nachricht ertheilt.

II. (S. 65.)

In der Historia Hierosol. ad an. 1177. werden die Turniere imaginariae bellorum prolusiones genannt; und bei andern Schriftstellern heissen

sie

germ. T. II. p. 194. 195. Der Pfalzgraf Friedrich II. zerbrach das Rückgrad bei einer andern öffentlichen Gelegenheit durch einen Sturz vom Pferde. Thom. Leodius l. III. de vita Friderici II. Palat. Markgraf Johann von Brandenburg kam im Jahre 1269 in einem Turnier um. Chronic. Austral. an. 1269. Chron. Citiz. p. 813. Ein ansehnliches Verzeichniß solcher Unglücklichen, meistens Franzosen und Engländer, hat Düfresne in der sechsten Differt. zu Joinville (in Pistorii amoenit. p. 122 sq. P. I.) Oft gab heimlicher Groll und Rachsucht Anlaß zu dergleichen Excessen. Daher fand man für nötig, in den Rittereid mit einfliessen zu lassen, daß der Ritter in keiner andern Absicht, als um sich in den Waffen zu üben, die Ritterspiele besuchen solle (f. oben im ersten Bande S. 230, in der Note N. 8). In dem Turniere zu Chalons 1274, welches K. Eduard mit den Engländern wider den Grafen von Chalons und die Burgunder hielt, äusserte sich der Nationalhaß auf eine so traurige Art, daß es mehr einem Scharmützel, als einem Turniere glich (adeo vt non torneamentum sed paruum bellum de Chalow communiter diceretur, wie sich Henr. Knigthow l. 2. de euent. Angl. ausdrückt). Eine ähnliche Beschreibung macht Mathaeus Parisiens. p. 383. von einem im J. 1241 gehaltenen Turniere. A. d. U.

6 Beweise und Erläuterungen

fie belli praeludia. *Du Cange* voce Turnea-
mentum *).

III. (S. 65.)

Geschicklichkeit war bei den Ritterübungen noch notwendiger als Stärke. Der tapferste und stärkste

*) Der edle Verfasser der Nachricht von dem Pommerischen Geschlechte der von Sliwin oder Schlieffen (Cassel 1784. 4.) liefert, unter manchen anmutigen und lehrreichen Nachrichten von unsern ehrwürdigen Lanzenbrechern der Weilandszeit, folgende Schilderung der Turnierspiele: Das Wahre reitzt selten, bevor die Hand des Wahns es geschmückt hat. — Die zu feierlichen Schauspielen gewordene Turniere brachten eben durch ihren blendenden äußerlichen Schein den Rittergeist auf seinen höchsten Gipfel. Die grösten Fürsten besuchten sie; alles was vornehm war, schien sich hauptsächlich in der Absicht dabei zu versammeln, um einander an Pracht und Aufwand zu übertreffen. Das schöne Geschlecht, diese Sele der Gesellschaft! floß hier, vom Vergnügen gelockt, grossentheils von noch brennendern Trieben angespornt, wie nun bei einem im Rufe stehenden Gesundbrunnen, haufenweise zusammen. Es gewann das Ansehen, als ob die Eitelkeit sich nur des Vorwandes des Nützlichen bediente, damit sie in ihrem ganzen Staat einherrauschen könnte; denn diese Zusammenkünfte waren weniger eine Gelegenheit im Kämpfen geschickt zu werden, als sehn zu lassen, daß man es sey. Wie unablässig hingegen, mit welcher Anstrengung der Leibes- und Selenkräfte, mußte sich in der Zwischenzeit nicht der edle Jüngling üben, um auch im Angesicht solcher Zuschauer die höchste der damaligen Ehren — einen Preiß von einer reitzenden Hand — zu gewinnen? und schwerlich raseten die Griechen wütender nach olympischen Spielen, als unsere Ahnherren nach Turnieren.

sie Ritter konnte von einem weit schwächern, aber geschicktern, über den Haufen gerennt werden. Der Nachricht eines gewissen Ritters zufolge (in dem Roman de Perceforest, vol. IV, fol. 114. verso col. I.), war es nicht genug, daß man sein Pferd gut lenkte, daß man gut focht, und seinen Mann gewiß zu treffen wußte, indem man zugleich dem Schwerdte des Gegners auswich; man mußte auch Hieb und Stoß in seiner Gewalt haben, und mit Zuverlässigkeit wissen, an welchen Ort der Rüstung man den Gegner treffen würde; denn traf man ihn z. B. von der Seite, so verlor er das Gleichgewicht und mit demselben seine ganze Stärke, und es konnte nicht fehlen, daß er von dem Pferde fiel, oder ihm irgend ein anderer, noch härterer Zufall begegnete. Cap. Estr. T. I, p. 169.

Es waren also in dieser so schweren Kunst, welche so viel Genauigkeit und Aufmerksamkeit erforderte, täglich neue Fortschritte zu machen. Je mehr man sie übte, um so mehr Fertigkeit konnte man sich darin erwerben; und dieses Lob ertheilt Brantome dem Marquis von Guast.

IV. (Seite 66.)

Die Ritter, welche entweder zur Uebung oder im Ernste Gefechte unternahmen, behingen ihre Waffen mit Ketten, oder andern Merkmalen, welche ihnen die Damen daran befestigt hatten. Diese Damen erlaubten ihnen auch zuweilen einen Kuß, „halb ja, halb nein", wie der, welchen Saintré von der seinigen erhielt. Saintré p. 522 et 530. Jenes Merkmal, welches sie nie ablegten, war das Unterpfand der Unternehmung, welche sie

sie zuweilen auf den Knien, über dem Evangelienbuche, gelobten. Lancelot du Lac, t. 3, fol. 69. verso, col. 1 et 2. Sie bereiteten sich dazu vor durch Kasteiungen, (Histoire de Boucicaut, p. 51.) und durch gottesdienstliche Handlungen in der Kirche, wo sie beichteten (Flor. de Grèce fol. CXIX. verso), und in welche sie, bei ihrer Zurückkunft, bald die Waffen, mit denen sie gesiegt hatten, bald die, welche sie ihren Gegnern abgenommen hatten, abliefern mußten. Man könnte den Ursprung dieser Ketten, in so ferne solche als Symbol eines Versprechens zu betrachten sind, bis in die Zeiten des Tacitus zurücksetzen, welcher in seinem Buche von den Sitten der Germanier (Kap. 31.) etwas ähnliches von den Catten erzählt. Allein ich schränke mich auf die folgenden Jahrhunderte ein, wo Schuldner, die nicht bezahlen konnten, Sclaven ihrer Gläubiger, oder eigentlich *Sclaven ihrer Worte* — wie man in unsern Tagen zu sagen pflegt — wurden, und wo diese eben solche Ketten, wie die übrigen Sclaven, trugen; nur mit dem Unterschiede, daß sie, statt der würklichen eisernen Kette, blos einen eisernen Ring am Arme trugen. Assises de Ierusalem c. 119 et 199 nebst den Noten. Die Bußfertigen *), als Schuldner der Kirche, trugen auf ihren Pilgerreisen auch dergleichen Ketten, zum Zeichen ihres Sclavenstandes; und ohne Zweifel haben unsere Ritter diese zum Muster der ihrigen genommen,

um

---

*) Man vergleiche die sonderbare Stelle bei Mabillon siècle Ben Préf. n. 41; Auch du Cange gloss. lat. voc. Poenitentes und circuli ferrei; ingleichen Fleury moeurs des Chrétiens p. 394 et 395.

um sich dadurch an die Ausführung irgend einer gelobten Unternehmung zu erinnern.

„Der Herr von Loiselench" (ein Polack, der an den französischen Hof gekommen war,) „trug zu „Pferde ein Wappenzeichen, und zu Fusse zwei gol„dene Ringe, den einen über dem linken Ellenbo„gen, und den andern am Beine über dem Schen„kel; beide waren an eine hinreichend lange Kette „von Gold befestigt, und wurden von ihm fünf „Jahre lang so getragen" u. s. w. bis sich „ein, „dem Namen und Wandel nach untadelhafter Rit„ter oder Knape fand, der ihn seiner Waffen und „Fesseln entledigte. . . . . Um diese mit „Ehren los zu werden, hatte er den Entschluß ge„faßt, an den glänzenden französischen Hof zu rei„sen, wo alle edlen und ritterlichen Männer mit „vieler Achtung aufgenommen wurden, und wo „man gerne Bekanntschaft mit ihnen machte". Saintré ch. 48. p. 309. Der Abt Vertot (in ben Mém. de l'Acad des Belles-Lett. t. II, p. 641) erzählt auch, aus den Mém. de Peiresc., ein Cartel Johanns von Burgund, welcher im Jahre 1414, um nicht müssig zu seyn, und um sich Ehre und Genuß bei seiner Dame zu erwerben, das Gelübde that, daß er mit noch sechszehn andern rühmlich bekannten Rittern und Knapen, zwei Jahre lang, jeden Sonntag ein Eisen, wie ein Gefangener, am linken Beine tragen wolle, und zwar die Ritter ein goldenes, die Knapen aber ein silbernes, bis sich eine gleiche Anzahl von Rittern und Knapen mit ihnen in einen Kampf einlassen würde.

Olivier de la Marche, der schon so oft in diesen Noten angeführt worden ist, erklärt unter andern auch (in seinen Mémoires l. I, p. 243.) die Formalitäten, welche man um das Jahr 1445 beobachtete, wenn dergleichen Merkzeichen dem, der sie trug, abgenommen wurden. Man findet in der ausführlichen Nachricht, welche dieser Schriftsteller von den Gefechten, die an dem burgundischen Hofe zu Fusse und zu Pferde gehalten wurden, aufbewahrt hat, daß Galiot, als er sich entschlossen hatte, die von dem Herrn von Ternant angetragene Fehde anzunehmen, „sich vor dem Herzoge „von Burgund auf die Knie warf, mit der Bitte, „daß ihm erlaubt seyn möchte, eine Reise zu thun, „um das Merkzeichen, welches der Herr von Ter„nant trug, abzunehmen. Der gute Herzog hieß „ihn aufstehen, und ertheilte ihm den gebetenen Ur„laub. Darauf fragte Galiot die Wappenkönige „und die Herolde um die Gebräuche des Landes, „und sagte, daß, wenn in seinem Vaterlande der „Ausfordernde seinem Gefährten das Merkzeichen „abreisse, dieses das Leben eines von beiden bedeu„te; wenn er aber solches nur anrühre, so bedeu„te dieses blos eine ritterliche Uebung. Hierauf „antwortete ihm Goldenvließ, daß der Herr von „Ternant sein Merkzeichen, blos um einer ritterli„chen Uebung willen angelegt habe, und daß es „gebräuchlich wäre, das Merkzeichen anzurühren, „wenn man zugegen wäre. Hierauf ging ge„dachter Knape hin, und griff an das Merkzeichen „des Ritters, indem er sich ziemlich tief auf die „Knie herabließ, mit den Worten: Edler Ritter, „ich berühre Ihr Merkzeichen, und, walts Gott, ich „bin bereit alles zu erfüllen, was Sie verlangen „werden, es sey zu Fusse oder zu Pferde. Der „Herr

„Herr von Ternant dankte ihm sehr ehrerbietig, „und gab zu verstehen, daß er ihm sehr willkom„men sey, und daß er noch an selbigem Tage ihn „schriftlich von dem Kampfe, den er mit ihm zu „halten wünsche, benachrichtigen werde".

Um dergleichen Merkzeichen abnehmen zu dürfen, war die Erlaubniß des Herrn, an dessen Hofe man sich aufhielt, nötig, wie man aus vorstehendem Beispiele sieht. Gleiche Erlaubniß hatte vorher derjenige haben müssen, welcher das Merkzeichen anlegte, wie aus Saintrés Lebensgeschichte, der dieses zu thun versäumt hatte, zu bemerken ist. Als hernach der König denselben nebst seinen Gefährten kommen sah, um seine Erlaubniß zu erbitten, (obgleich sie schon im Voraus ihre Merkzeichen, die ihnen die Damen an die Schultern geheftet hatten, trugen) so gab er ihnen deßhalb einen Verweis: „Freunde, sagt er, ihr macht es „wie jener, der seine Base heurathete, und erst „nachher um Vergünstigung hierzu anhielt", p. 535 et 536. Am Ende ertheilte er ihnen die gebetene Erlaubniß.

Waren diese Merkzeichen einmal auf die Rüstung des Ritters befestigt, so konnte er sich dieser Last nicht eher, als nach einem oder mehrern Jahren entledigen, je nachdem es die Bedingungen seines Gelübdes erforderten; es wäre denn, daß er einen Ritter gefunden hätte, der ihn durch Anbieten eines Kampfes davon befreite. Dieser mußte ihn seiner Bürde entledigen, und ihm die Ketten oder andern Merkzeichen, welche solche vorstellen sollten, abnehmen; dergleichen waren z. B. verschiedene Stücke der Rüstung, ein Helmvisier, ein

ein Armstück vom Harnisch, ein kleiner runder Schild u. s. w. *).

Meine Mutmasung über die Aenlichkeit dieser Merkzeichen mit den Ketten der Bußfertigen stimmt mit dem Worte delivrer, welches von diesen gebraucht wird, überein. Bei Monstrelet (Vol. I, chap. 2, fol. 2 verso) wird dieses Wort so gebraucht, daß es so viel bedeutet, als einen, der ein Merkzeichen angenommen hatte, seiner Bürde, oder Pönitenz, entledigen (aiser de la penance).

Die Rückkehr von dergleichen rühmlich vollbrachten Unternehmungen war eine Art von Triumph. Ein Beweis hiervon ist die Aufnahme, welche Saintré nach einem solchen Feldzuge zu Paris erhielt. Er bekam nemlich damals von allen Damen einen Kuß, und er versichert, daß keine ihm solchen halb ja und halb nein zugestanden habe. La Colombière théat. d'hon. t. I, p. 266 sqq. chap. XX. des pas et emprises des anciens Chevaliers.

V. (Seite 66.)

Man sehe la Colombiere, théat. d'hon., t. l, p. 280 sqq. chap. XXI. des voeux militaires. Zu den daselbst angeführten Beispielen will ich nur einige von denen beifügen, die in der hist. de Bertrand du Guesclin, welche Menard bekannt gemacht hat, S. 39, erzählt werden.

Ehe

---

*) Etwas hiervon hat der Verf. schon oben N. LXXXII. zu dem andern Abschnitt beigebracht.

zum dritten Abschnitt.

Ehe sich du Guesclin auf die Reise zu einem Kampfe, den ihm ein Engländer durch einen Fehdebrief angesagt hatte, begab, hörte er vorher die Messe, und als es hier zu dem Opfer kam, gelobte er Gott seinen Körper und seine Waffen, die er wider die Ungläubigen zu brauchen versprach, wenn er in diesem Kampfe siegen würde; ebendas. S. 55. Bald darauf mußte er einen andern Kampf unternehmen mit einem Engländer, welcher beim Hinwerfen seines Streitzeichens geschworen hatte, nicht eher in einem Bette zu schlafen, bis er diesen Kampf würde ausgeführt haben. Bertrand raffte das Zeichen auf, und gelobte, daß er nur drei Weinsuppen im Namen der heiligen Dreieinigkeit essen wolle, bis er sich mit ihm würde geschlagen haben.

Ich führe diese Beispiele zu Bestätigung anderer ähnlichen an, die in alten französischen Romanen aufgezeichnet sind; übrigens können solche auch bei gewissen dunkeln Stellen alter Schriftsteller, wie z. B. des Dante *), zur Erläuterung dienen.

Als du Guesclin vor der Festung Moncontour war, welche Clisson seit langer Zeit belagert hatte, ohne solche zur Uebergabe zu bewegen, schwur er, nicht eher Fleisch zu essen, und nicht eher seine Rüstung abzulegen, bis er den Platz würde eingenommen haben. „Nie werde ich Fleisch essen, „noch meine Rüstung ablegen, weder bei Tage „noch bei Nacht". Hist. de Bertr. du Guesclin p. 488.

---

*) Man sehe den drei und dreißigsten Gesang seines Fegfeuers: Che vendetta di Dio non teme Suppe.

p. 488. Ein andermal hatte er das Gelübbe gethan, nach dem Abendessen, welches er eben geniessen wollte, keinen Bissen wieder zu sich zu nehmen, bis er sich mit den Engländern würde geschlagen haben. Ebendas. S. 410. Sein Ehrenknape *) gelobte auf das feierlichste bei der Belagerung von Bressiere in Poitou, daß er entweder sterben, oder bei dem Sturme das Panier seines Herrn, welches er trug, auf den Thurm dieser Stadt pflanzen wolle, mit Ausrufung der Worte: du Guesclin **)! Man sehe mit welcher Hartnäckigkeit er kämpfte, damit sein Schwur nicht unerfüllt bleiben möchte, ebendas. S. 443. Bei eben diesem Geschichtschreiber findet man verschiedene andere Gelübde, welche von den Belagerten gethan wurden, daß sie, alle ihre Thiere aufzehren, und im äussersten Falle lieber aus Wuth des Hungers einander selbst aufessen, als sich ergeben wollten; ebendas. S. 322, 323. Dagegen schwören die Belagerer, die Belagerung, so lange fortzusetzen, als noch einer von ihnen übrig seyn werde und wenn man ihnen eine Schlacht anbieten würde, darin ihr Leben zu lassen, oder so lange Sturm zu laufen, bis sie den Platz mit Gewalt würden eingenommen haben. Ebendas. S. 295. "Ich "habe Gott und dem heiligen Ivo gelobt", sagt Bertrand zu den Einwohnern von Terasson, "daß "ich euch durch Sturm erobern will". Ebendas. S. 310. Daher die so häufigen Redensarten avoir de voeu, vouër, voer à Dieu, à Dieu le voeu

---

*) Namens Jean du Bois, aus Bretagne. A. d U.
**) Eigentlich: es lebe du Guesclin, unsre Zuversicht! (vive nôter Dame du Guesclin.) A. d. U.

voeu u. f. w. Indeß erhebt Balzac (traité du Prince, chap. 24) die bewundernswehrte Geduld der Franzosen bei der Belagerung von Rochelle, und setzt solche weit über die Geduld unserer alten Ritter, obgleich diese sich durch Eidschwüre, wovon er Formeln anführt, verbindlich machten, von dem einmal gefaßten Entschlusse nie abzuweichen.

VI. (Seite 67.)

Was die durch Tapferkeit veranlaßten Gelübbe betrifft, so sehe man la Colombiere (théat. d'hon. T. I, p. 381). Die Romanen liefern uns hier, von eine grosse Menge seltsamer Beispiele *). Um zu

---

*) Die Gelübde im Roman von Perceforest sind nach der Meinung des oft angeführten la Colombiere das Muster aller Rittergelübde, und hätten also von den Verfassern der Bibliothek der Romane angeführt werden sollen, da sich mit viel Wahrscheinlichkeit annehmen läßt, daß die Gelübbe in den Romanen die wahren Gelübde, wie z. B. die des dû Guesclin, und nicht diese jene, erzeugt und veranlaßt haben. Der Graf Tressan hat in seinem Corps d'Extraits de Romans de Chevalerie eine sehr unterhaltende Erzählung aus den Zeiten Karls des Grossen im Auszuge geliefert, unter der Ueberschrift: des Gabs (von gaber, d. i. scherzhafte Wetten anstellen). Diese scherzhaften Gelübbe sind nach dem Auszuge des Grafen von Tressan auch ins Teutsche übersetzt in der Litteratur- und Völkerkunde, Num. X, April 1783, S. 932 bis 984. Wenn dergleichen Gelübde in den Schranken des Scherzes oder des Romangeistes blieben, wie wir sie im Zweifel bei unsern Rittern betrachten müssen, so kann man sie als unschuldige Belustigungen, oder als kühne und abentheuerliche Beschäftigungen eines ausserdem müssigen Lanzenbrechers ansehen, und sie verdienen eher Betrachtungen über

zu zeigen, daß die Gewohnheit derselben durch die glaubwürdigsten Nachrichten bestätigt wird, will ich mich hier nur auf Froissarts Zeugniß berufen, L. I, p 190, 191 et 196. James d'Endrée hatte, diesem Geschichtschreiber zufolge, das Gelübde gethan, daß er in der ersten Schlacht, wo der König von England, oder einer von dessen Söhnen, zugegen seyn würde, den ersten Angriff thun, oder doch unter allen seinen Gefährten am tapfersten fechten, und lieber sein Leben aufopfern wolle; er hielt sein Wort in der Schlacht bei Poitiers, wie man bei eben diesem Schriftsteller nachlesen kann *).

VII.

Über die Kindheit des Zeitalters, wo man sie mit feierlichem Ernste wagen und anstaunen konnte, als Verdammung und ernstlich gemeinten Tadel. Aber wenn die Religion mit eingemischt ward, wie es noch jetzo nicht selten unter einer gewissen Klasse des Volks, und in manchen Gegenden sehr häufig geschehen soll, wenn verwegene Thorheit und Unsinn in geheiligte Hülle verborgen wird, um einen Schein von Ansehen und Wichtigkeit zu erhalten, und wenn selbst Diener der Religion diese Zerrüttung des menschlichen Geistes, diese Erniedrigung der Menschenwürde billigen oder wohl gar befördern; dann möchte es zweifelhaft scheinen, ob es besser sey, die Macht der Satyre und des bittern Tadels, oder die milde Stimme der Weisheit und der Ueberzeugung dagegen aufzubieten, um die gesunkene Menschheit wieder in ihre eigenthümlichen Vorzüge einzusetzen. Erbauliche Geschichten, welche Betrachtungen dieser Art veranlassen können, findet man unter andern in *Chr. Franc. Paullini* lieblichen und ausführlichen tractatibus de Barba und de Dextra, denen sogar der Hr. v. Pistorius eine Stelle in seinen amoenitat. vergönnt hat. A. d. U.

*) Der Verfasser hat das spanische, so wie das teutsche und nordische Ritterwesen beinahe ganz mit Stillschwei-

VII. (Seite 67.)

Man sehe den Roman des Voeux du paon, unter den manusc. du Roi, n. 7973, 7989, 7990 et

schweigen übergangen. In der Cronicas de los Reyes de Castilla, welche in 5 Bänden in 4. vor einigen Jahren zu Madrit herausgekommen ist, sind viele schätzbare Nachrichten von spanischen Rittern enthalten, vornehmlich im fünften Bande in der Chronik des Alva de Luna, welche zwischen 1453 und 1460 geschrieben, und zum erstenmale von seinem Urenkel im Jahre 1546 zu Mailand herausgegeben worden ist. (Vergl. Strasburgische gel. Nachr. St. 35. u. f. 1785). Am interessantesten ist jedoch die Erzählung, welche diesen Band schließt, unter dem Titel: El passo honroso de Suero de Quinnones. Der passo honroso ist nichts anders, als ein Turnier, bei welchem Suero de Quinnones, der mit der Familie des Connetable Alvars de Luna verwandt war, die Hauptrolle spielte; und darum ist diese Erzählung auch der Chronik des Alvar de Luna beigefügt, worin ebenfalls sehr oft von den Ritterspielen, wodurch die Ritter jener Zeit merkwürdige Begebenheiten feierten, und von der Geschicklichkeit, welche der Connetable bei diesen Schauspielen zeigte, geredet wird. Es war noch ein Ueberbleibsel des Geistes der Galanterie und der ritterlichen Tapferkeit, der in diesem Zeitpunkte ganz Europa, und insonderheit Spanien, unter der Herrschaft der Araber, belebte. Der Held Quinnones war von diesem romantischen Geiste beseelt, und vertheidigte, unterstützt von neun Helden, wie er, im Jahre 1434 den Paß bei Obriga. Die Geschichte hiervon ward von einem Zeugen, Peter Rodriguez de Lena beschrieben, nachher aber von Johann de Pineda sorgfältig abgekürzt, und zu Salamanka im Jahre 1588 gedruckt. Aus dieser seltenen Ausgabe ist sie der Cronicas eingerückt. Diese Erzählung ist mit zu reitzender Naivetät geschrie-

18 Beweise und Erläuterungen

et 7990⅔, Liv. I, p. 29 et 34.; ingleichen das von Duchesne verfaßte Geschlechtsregister des Hauses

ben, und athmet zu sehr den Geist des alten Ritterwesens, als daß ich meinen Lesern einige davon, hauptsächlich die damaligen Turniere betreffend, vorenthalten könnte. Man findet darin das Gemische von Liebe, Tapferkeit, und Religion, die unsere Voreltern auf eine so sonderbare Art mit einander zu verbinden wußten. Man erblickt zuerst darin den Quinnones, der mit seinen neun Gehülfen nach Madina del Campo kam, wo sich der König und der ganze Hof damals aufhielt. Er überreichte Johann dem zweiten eine Bittschrift, in welcher er sagt: "daß, da er schon seit langer Zeit die Ketten einer Dame trage, er auf Mittel gedacht habe, sich loszukaufen, und daß er im Namen des heil. Jacobs, dessen Fest nahe wäre, den Entschluß gefaßt hätte, 300 Lanzen zu brechen, und deshalb jeden inländischen oder fremden Ritter zum Kampfe aufzufordern, der 15 Tage vor, und 15 Tage nach St. Jakobus-Tag den Weg passiren würde, der zum Grabe dieses grossen Apostels führt. Er nahm von dieser allgemeinen Aufforderung Niemand, als den König selbst, und seinen Günstling Alvar de Luna aus. Johann II. ertheilte ihm die verlangte Erlaubniß; dann ließ Quinnones mit lauter Stimme die Gesetze des Turniers, das er beginnen wollte, ablesen. Sie sind in zwanzig Hauptstücke getheilt, deren einige sehr seltsam sind, und uns an die Romanensprache des Liebhabers der Dulcinea von Toboso erinnern. Eines derselben sagt: jede Dame von Stande, die in einem Umkreise von einer halben Stunde vorbei passiren würde, und nicht einen für sie streitfertigen Ritter mit sich brächte, sollte ihren rechten Handschuh verlieren, es sey dann, daß ein anderer für sie zu kämpfen sich anböte. Ein anderes: Jeder Ritter, der an dem Passe, den er bewachen wird, erscheint, soll sich nicht, ohne sich

zu

ſes Montmorenci, wo von der Achtung welche man ehedem für die Pfauen hegte, gehandelt wird, bei

zu ſchlagen, oder ohne ſeine Waffen oder Sporen zu laſſen, davon entfernen dürfen, und ſoll ſich verbindlich machen, die Waffen oder den Sporn nicht eher wieder zu nehmen, als bis er ſich bei einem eben ſo, oder noch gefährlichern Kampfe, befunden hätte. Endlich drückt ſich Quinnones in dem letzten Hauptſtücke alſo aus: „Allen und ieden ſey hiermit zuwiſſen gethan, daß die rechte Hand der Dame, der ich angehöre, wenn ſie hier vorbei kommen ſollte, vor der Gefahr, ihren Handſchuh zu verlieren, geſichert ſeyn ſoll, und daß kein anderer Edelmann auſſer mir ſich ſoll für ſie ſchlagen dürfen, weil Niemand auf der Welt iſt, der dieß beſſer ausführen könnte, als ich. Hierauf ſchickte Quinnones einen Waffenherold aus mit dieſem Briefe, um ſeine Ausforderung auch in fremden Landen bekannt zu machen. Der Abkürzer der Erzählung ſagt bei dieſer Gelegenheit, daß von dieſer Bekanntmachung bis zu dem feſtgeſetzten Zeitpunkte nur noch ſechs Monate geweſen wären, und daß dennoch in dieſem kurzen Zeitraume dieſe Ausforderung durch die ganze Chriſtenheit bekannt gemacht worden ſey. Die erſten, welche ſich darſtellten, waren ein Teutſcher, und zwei von Valencia. Quinnones empfing ſie, rüſtetete ſich zum Kampfe, und nahm ſeine Waffen. Ein Umſtand der dabei zu bemerken vorkommt, iſt, daß die Deviſen, mit welchen die Rüſtung über und über ausgeziert war, in franzöſiſcher Sprache geſetzt waren, ſo wie das Signal zum Streite, das ſo ausgedrückt wurde: legeres aller, legeres aller, et fait ſon debet. Suero trat zuerſt mit dem Teutſchen auf den Kampfplatz. Dieſer Streit wurde wohl ausgehalten, und ohne daß einer der Kämpfenden ein Unglück dabei gehabt hätte. Nachher kamen die beiden Ritter von Valencia, und forderten dem Quinnones ſeine Waffen und ſein Pferd

bei Gelegenheit eines Herrn aus dem Hause Montmorenci, zur Zeit Philipps des Schönen, welcher
einen

Pferd ab, weil sie gesehen hatten, wie vortheil-
haft er sich derselben bedient hatte, wobei der Erzähler folgende komische Bemerkung macht: mich
dünkt, sie waren nicht so sehr nach Ehre lüstern,
als ihnen die Erhaltung ihrer Haut angelegen war.
— Die Erzählung ist nun weiter nichts, als ein
umständlicher Bericht von den verschiedenen sonderbaren Kämpfen, während der 30 angekündigten
Tage. Den fünften Tag trat ein Edelmann zum
Kampfe auf, der kein Ritter war; er ließ den Quinnones rufen, und dieser kam mit seinen neun Spies-
gesellen, ließ ihn auf den Knien schwören, daß er
die Rittergesetze beobachten wolle, schlug ihn zum
Ritter, und sogleich fing der neu aufgenommene
den Kampf an. Eines von diesen Turnieren fiel für
einen gewissen Constanneda unglücklich aus, der
durch seine glückliche Thaten in diesem Fache berühmt
war. Er erhielt von dem Quinnones eine starke
Wunde, und als man ihn von dem Kampfplatze
wegtrug, rufte er aus, er habe nie einen würdigern
Gegner gefunden, und er schätze sich glücklich, von einem so tapfern Ritter verwundet worden zu seyn.

Alle Handlungen des Quinnones, alle seine Reden, alle seine christlichen Antworten athmen einen
edlen, und wohl auch etwas trotzigen Muth, der ihn
besonders auszeichnet. Zwey katalonische Ritter stellten sich dar, und begehrten, da sie sehr eilen mußten,
man solle um ihrentwillen die Turniergesetze über-
schreiten. Quinnones antwortete ihnen ganz la-
konisch, es sey unmöglich; und da er keine Zeit zu
verlieren hat, schließt er seine Antwort: Ich kann
mich nicht weiter hier einlassen, meine Hände sind zu rühmlichern Arbeiten bestimmt.

Mehre-

einen Pfau, der mit dem Schwanze ein Rad
machte, auf dem Helme trug.

Gaston,

Mehrere wurden bei diesen sonderbaren Turnieren
verwundet, in welchen Quinnones und seine Gesellen ganz unermüdet im Fechten schienen, und worin
auch alle Wunden oder Quetschungen davon trugen.
Während der bestimmten 30 Tage stellten sie sich
63 Kämpfern entgegen; sie konnten aber nur 166
Lanzen brechen, statt der 300, die sie sich zu brechen vorgesetzt hatten. Einen Arragonier, Esbert
von Claramont, kostete es das Leben; er erhielt
von einem der zehn Vertheidiger des Passes, einem
Verwandten des Quinnones, einen Lanzenstich in
den Kopf. Man wundert sich nicht ohne Grund über
die Inconsequenz der Tapfern dieser barbarischen
Jahrhunderte. Diese Ritterspiele waren von der
Religion verboten, die sie doch mit so blinder Unterwürfigkeit verehrten. Die, welche dabei umkamen, wurden angesehen, als wenn sie in einer Todt-
sünde gestorben wären, und man verweigerte ihnen
das Begräbniß in geweihter Erde. Dieß war hier
auch der Fall dieses Arragoniers, und dennoch hielten diese frommen Ritter solche Schauspiele unter
dem Schutze der heil. Jungfrau, zu Ehren eines Heiligen, und unterließen nicht zu fasten, und dem Got-
tesdienste mit vieler Andacht beizuwohnen. Die 30
Tage waren verflossen. Nun stellte sich Quinnones
in grosser Ceremonie vor die Kampfrichter hin, und
fragte sie, ob sie glaubten, er habe sein Gelübde erfüllt und sich losgekauft, und ob er jetzt den eisernen Ring, den er zum Zeichen seiner Dienstbarkeit
um den Hals trug, ablegen dürfe? Die Kampfrichter lobten seine Aufführung und ließen ihm durch den
Waffenherold die Kette abnehmen. Einer seiner
Streitgefährten, Lope de Estuniga, bat sie ebenfalls um ein schriftliches Zeugniß seiner erprobten Tapferkeit, um sich damit seiner Gebieterin darstellen zu
können, und diese Vergünstigung wurde von den
Kampfrichtern allen zehn Vertheidigern des Passo
honroso

Gaston, der fünfte dieses Namens, Infant von Navarra, vorher Prinz von Vianen und Graf von Foix, welcher von Karl dem siebenten zu einem Pair von Frankreich erhoben, hierauf mit der Tochter dieses Königs, Magdalene von Frankreich, vermählt, und mit dem Sternorden beehrt ward, wollte diese vielen, ihm erwiesenen Ehrenbezeugungen durch ein prächtiges Fest feiern, welches zu Tours im Jahre 1458 gegeben, und mit Ritterspielen beschlossen ward. Das Banquet bestand aus fünf Gängen mit Speisen, und sieben Zwischenspielen (entremets s. unten N. XI.). Man trug unter andern in einem grossen Schiffe einen lebendigen Pfau auf, welcher an seinem Halse das Wappen der Königin von Frankreich hatte. Flaggen, welche um das Schiff herum aufgepflanzt waren, führten die Wappen der Prinzessinnen und Damen vom Hofe, die sehr zufrieden waren über die ihnen vom Grafen erwiesene Ehre. Favin théat. d'hon. et de Chev., liv. III. p. 571 sq., wo man eine seltsame Beschreibung dieses Festes und der Zwischenspiele, die nach des Verfassers Ausdruck ein irdisches *Paradies* zu seyn schienen, findet.

VIII. (S. 65.)

Der Pater Ménestrier (traité des tournois, p. 40.) sagt in der Beschreibung eines von der Stadt Marseille 1659 veranstalteten Friedensfestes, daß „die Troubadours in der siebenten Ordnung „erschie-

honrofo bewilligt. Nach diesem zogen sie in grosser Ceremonie von dem Schlachtfelde ab, und hielten einen solennen Einzug in Leon. A. d. U.

„erschienen, alle mit Pfaufedern gekrönt, womit „sie ehedem in den berühmten Cirkeln der vornehm„sten Damen dieser Provinz beschenkt worden wa„ren". Die Augen, welche sich auf den Pfaufedern bilden, und womit der Pfau, wenn er ein Rad macht, umgeben zu seyn scheint, sollten vorstellen, wie die Augen des ganzen Publikums, zu Anhörung ihrer Geistes-Produkte, auf sie gerichtet wären. Als Papst Paul der dritte dem Könige Pipin einen geweihten Degen übersendete, so begleitete er dieses Geschenk mit einem Mantel, welcher aus Pfaufedern gewebt war; und Duchesne (Généal. de Montmorenci p. 29 et 30.) führt in Ansehung des Papstes folgende, aus der Bibel des Guiot von Provins genommene Verse an: „Was kann glänzender seyn? Man läßt ihm eine „Krone aus Pfaufedern überbringen, an welcher „rund herum Augen funkeln, die ein Jeder sogleich „erblicken muß".

IX. (Seite 69.)

Man sehe in dem Roman Lancelots vom See (T. I, fol. 118 recto), was für Lobsprüche dem Könige Artus ertheilt werden, weil er an einer runden Tafel den Pfau vorgeschnitten, und deshalb den Beifall einer Gesellschaft von funfzig Rittern, die dem Feste beiwohnten, erhalten hatte. Alle waren mit dem, was ihnen davon zufiel, zufrieden.

X. (Seite 69.)

Möchten doch meine Leser die sonderbaren Beschreibungen dieser Feste im Originale nachlesen; denn für einen, der unsere alten Gebräuche genau will kennen lernen, ist die Vorstellung, welche ich davon habe geben können, sehr unvollkommen. Man findet solche ausführlicher bei Matthias von Couci (Ch. VII. de Godefroi, p. 664 sq.) und in den Mémoires d'Olivier de la Marche (p. 412 sq. nach der Genter Ausgabe), verglichen mit der bündigen Erzählung, welche Monstrelet (f. 55 et 56) davon liefert.

Bei Matthias von Couci, S. 579 und 680, wird man noch ein ähnliches Fest, unter dem Namen des Festes vom Einhorn, finden, welches Ludwig von Luxenburg, Graf von St. Paul, gab, als er ein Ritterspiel von vierzig Edelleuten wider eine gleiche Anzahl verkündigen ließ *).

XI.

---

*) Politische und moralische Beobachter werden bei den Bällen und Belustigungen der Franzosen seit den ältesten Zeiten, und bei dem Eigenthümlichen, wodurch sich solche von Lustbarkeiten anderer Nationen von ieher auszeichnen, Gelegenheit zu interessanten Bemerkungen finden. Schon die Könige vom ersten Regierungsstamme in Frankreich, sagt die Sittengeschichte, gaben ihren Unterthanen Bälle. Unter dem dritten Stamme machten solche einen Theil der Ergötzlichkeiten bei der Aufnahme neuer Ritter aus. Damals waren Ballets und Bälle mit einander verbunden; denn die ersten waren gleichsam Zwischentänze der letztern. Seit König Franz I. hat man in Frankreich am Hofe die Gewohnheit, Bälle zu geben, beständig beibehalten: aber nie war die Pracht derselben grösser, als unter der Regierung Ludwigs XIV. Die Ritterbälle waren nicht selten mit Gefahr verbunden. Als K. Philipp der Schöne im Jahre 1313 den Prinzen vom Geblüte die Ritterwürde ertheilte, wurden verschiedene Ballets in dem Hofe des königlichen Pallastes, und auf der Insel Notre-

XI. (S. 70.)

S. Du Cange gloss. lat. voce Intromeyſium et Intromiſſum, welche Worte den dritten Gang bei Tafel, wie noch itzo, bedeuteten. Das Wort entremets hat man lange Zeit in unſern Schauſpielen von den Zwiſchenſpielen gebraucht: Entremets de la Tragédie de Sophonisbe in den Ocu-

Notredame getanzt. Eines davon beſtand aus Wilden, die Feſſeln trugen. Ihre Kleidung beſtand aus Leinwand, auf welche Werg und Harz angekleiſtert war. Dieſe ſeltſame Kleidung hätte beinahe Karln IV, der einer der Wilden war, und vier andere an Ketten zuſammengeſchloſſen führte, das Leben gekoſtet. Von ungefähr kam der Herzog von Orleans einem dieſer Wilden mit einer brennenden Fackel zu nahe. Die Kleidung deſſelben fing plötzlich Feuer, und theilte ſolches ſogleich den übrigen Verkleideten mit, die ſich wegen der Fackeln nicht von einander losmachen konnten. In dieſem höchſtgefährlichen Augenblick hatte die Herzogin von Berry ſo viel Gegenwart des Geiſtes, daß ſie ſogleich den Prinzen mit ihrem langen Kleide umwickelte, wodurch ſie das Feuer an ſeiner Kleidung erſtickte. Niemand von dieſer feuerfangenden Geſellſchaft kam mit dem Leben davon, als der Prinz und nachmalige König Karl IV. Der Graf von Joigny ſtarb auf der Stelle, und die übrigen, die Hofleute aus den vornehmſten Familien, überlebten dieſen traurigen Vorfall nur wenige Tage. (f. Hiſtoire de la Vie privée des François (von Hrn. le Grand), womit jedoch eine ſehr ſtrenge Critik dieſes Werks in den Eſſais de critique ſur la Litterature ancienne et moderne (im erſten Theile, Amſterdam 1785. 8.) des Hrn. Clement, eines eben ſo witzigen und ſcharfſinnigen, als wegen ſeines Haſſes gegen die franzöſiſchen Encyklopädiſten berühmten Gelehrten, zu vergleichen iſt. A. d. U.

Oeuvres de Baëf. Es bedeutete ein gewisses stummes, von Maschinen begleitetes Schauspiel, gleichsam eine theatralische Vorstellung, wo man Menschen und Thiere eine Handlung ausführen sah; zuweilen machten Luftspringer, und andere dergleichen Leute, ihre Sprünge dabei. Man hatte diese Belustigungen erdacht, um die Gäste bei grossen Festen in den Zwischenzeiten von einem Gange bis zu dem andern, oder von einem Gerichte bis zu dem andern, (d'un mets à un autre mets), zu beschäftigen; daher das Wort entremets.

Diese Zwischenspiele, die wahrscheinlich noch vor der Regierung des heiligen Ludwigs aufkamen, wurden bei der Vermählung seines Bruders Roberts zu Compiegne im Jahre 1237 veranstaltet. „Die, welche man Spielleute und Gaukler, mi-„nistelli, ménestriers, nennt, machten daselbst vie-„le Possen, wie z. B. der, welcher zu Pferde sitzend „in der Luft auf einem Seile ritt, und wie jene, „welche auf zwei mit Scharlach bekleideten Ochsen „ritten, und jedesmal, wenn ein Gericht auf die „königliche Tafel gesetzt ward, ihre blasenden In-strumente dazu erschallen liessen". Chronic. Alberic. p. 562.

Eine handschriftliche Chronik zu St. Germain enthält eine umständliche Beschreibung der Zwischenspiele bei dem Feste, welches Karl der fünfte im Jahre 1378 dem römischen Könige gab, einem Sohne Kaiser Karls des vierten aus dem luxenburgischen Hause, welcher demselben wegen Unpäßlichkeit nicht selbst beiwohnen konnte. Ich könnte sehr viele Beispiele von Vorstellungen dieser Art, welche lange an unsern Höfen gewöhnlich waren, anführen. Reste dieser alten Pracht sah man noch bei der Vermählung des Prinzen von Navarra mit der Schwester Karls des neunten, im Jahre 1572 (Thuanus lib. III.), so wie bei dem Beschluß eines Festes, welches die Königin im folgenden Jahre dem Herzoge von Anjou, als Könige von Polen, gab, ebendas. lib. IV. Der Geschmack an diesen alten Ergötzungen hatte sich zu Florenz bis in das Jahr 1600 erhalten, laut der Beschreibung des Banquets, welches in dieser Stadt, bei der Vermählung der Maria von Medicis mit Heinrich dem vierten, gehalten ward; ebend. lib. XV.

XII. (Seite 75.)
Die Engländer schlugen bei ihrer Landung auf französischem Boden, in den Jahren 1337 und 1380, verschiedene aus ihrer Armee zu Rittern. Die Franzosen thaten ein gleiches bei ihrer Landung in England, in den Jahren 1403 und 1404. Ferner, gleichwie die Franzosen bei ihrem Angriff auf die Brücke zu Taillebourg im Jahre 1385 Ritter schlugen, so thaten es auch die Engländer im Jahre 1441, als sie den Fluß Oise passirt waren, um König Karl den siebenten zu Aufhebung der Belagerung von Pontoise, welches von englischer Besatzung vertheidigt ward, zu nöthigen. Man ernannte hier solche zu Rittern, die blos den Rückzug gedeckt hatten; und zwei Franzosen von der castilianischen Armee, die abgeschickt waren, das portugiesische Kriegsheer zu recognosciren, erhielten im Jahre 1385 blos wegen dieser Verrichtung die Ritterwürde. Froissart liv. II, p. 269 liv. III. p. 43 *).

XIII.

*) Hr. von Sainte-Palaye hat oben in dem Terte (B. I. S. 74) bemerkt, daß im Kriege die Ritterwür-

XIII. (S. 75.)

Wenn ich alle die einzelnen Fälle, wo man bei Belagerungen, Ritterpromotionen vornahm, anführen wollte, so würde meine Erzählung kein Ende nehmen. Indeß will ich doch die Promotion anführen, welche der König von England, bei dem Angriff auf die Palisaden von Paris, im Jahre 1359 vornahm. (Froissart liv. I, p. 242.) Er

würde auf eine weniger feierliche Art, als in Friedenszeiten, ertheilt worden sey. Die Normänner waren sogar den allzugrossen Ceremonien bei Ertheilung der Ritterwürde feind, und hielten einen auf solche Art creirten Ritter für einen unrechtmäsigen und feigen Ritter (non militem legitimum, sed socordem equitem et Quiritem degenerem). Limnäus notit. regn. Franciae p. 292. Nic. Upton, in dem seltenen Buche de militari officio lib. IV. c. 3. beschreibt die Art und Weise, wie die Ritterwürde im Kriege ertheilt ward. Ein Fürst oder ein Kriegsoberster, sagt er, ertheilt Ritterwürden bei Belagerungen der Städte, Schlösser oder Festungen, und dieß auf verschiedene Art. Während des Angriffs, oder vorher, tritt der Candidat der ritterlichen Würde mit einem Schwerd in der Hand vor den commandirenden Befehlshaber der Belagerung, und bittet um den Ritterschlag. Dieser nimmt das Schwerd aus seinen Händen, faßt es in beide Hände, schlägt ihn damit, und ernennt ihn zum Ritter. Auch ernennt derselbe einen ältern Ritter, der ihm vergoldete Sporen zubereiten, und ihn zu dem Angriffe begleiten muß. Eben so hält man es mit dem Ritterschlage in unterirdischen Gängen, wo jedoch der ältere Ritter, dem der neue anvertraut wird, die folgende Nacht mit diesem wachend zubringen muß. Im Feldkriege pflegte man ebendieselben Ceremonien, wie bei Belagerungen, im Ritterschlage zu beobachten. A. d. U.

zum dritten Abschnitt.

Er wollte damals auch seinen Leibknapen, Colart von Auberthicourt, zum Ritter schlagen; allein dieser weigerte sich, es anzunehmen, weil er, wie er sagte, seinen Helm nicht finden ·konnte. Dieß war also ein wesentliches Stück der Rüstung bei Ritterpromotionen. Bei der Belagerung von Bourge, im Jahre 1412, machte man mehr als fünf hundert Ritter. (Monstrelet, vol. I, ch. 93. p. 150 recto *).

XIV.

*) Auch die teusche Rittergeschichte bestätigt die Gewohnheit, im Kriege vor oder nach, oder wohl gar während dem Treffen, Ritterpromotionen vorzunehmen. Henr. Rosla in Herlingsberga v. 349 singt von dem braunschweigischen Herzoge Heinrich, mit dem Beinamen mirabilis:

Laudat dux animos, verbum probat atque fauore
Tyrones sollenne creat mox ipse nouellos.

In der Historia de Landgrauiis Thuringiae cap. 145 in Pistorii Scr. R. G.: In qua expeditione (sc. Pragensi a.1401) Fridericus LandgrauiusThuringiae miles factus est cum multis aliis nobilibus de Thuringia et militaribus. Vor einem Treffen, welches zwischen den Truppen des oesterreichischen Friedrichs, und denen des K. Ludwigs das Baiern vorfiel, creirte der Erzbischoff von Salzburg viele Ritter. Io, Auentin. annal. Boior. lib. VII. p. 650. Froissart erzählt eine lustige Geschichte, die der Verf. wohl absichtlich verschmiegen hat. Als die ·Truppen des K. Philipp von Valois ein Treffen mit dem Kriegsheere des englischen Königs Eduard vermutheten, lief unversehens ein Haase vor dem Lager der Franzosen hin. Hierüber entstand ein solches Geräusch unter der Armee, daß die im entfernten Theile des Lagers befindlichen Truppen den Anfang der Schlacht muthmaßten, und einige sogar schon die Ritterwürde verlangten. Als in

XIV. (Seite 76.)

Auch der Seekriegsdienst hatte seine Ritter, wiewohl man nur selten Beispiele hiervon findet:

"Gut sind die Ritter zu Lande,
"Gut sind die Ritter zu Wasser,"

sagt ein alter französischer Dichter, welcher unter Karl dem sechsten lebte; Eustach Deschamps, in seinen Poesien, unter den mss. du Roi 356, col. 3. Die Engländer machten dergleichen Ritter seit dem Jahre 1333 auf ihrer Flotte, welche damals die Stadt Canant attaquiren sollte (Froissart t. I, p. 140), und der Admiral, unter dessen Befehlen sie 1588 standen (Thuanus lib. 89), ernannte ebenfalls diejenigen zu Rittern, welche sich bei Zernichtung der Flotte Philipps des zweiten von Spanien am meisten hervorgethan hatten. Von den Franzosen ward Brillac zum Ritter ernannt, im Jahre 1494, vor dem Seetreffen, in welchem der Herzog von Orleans den Fürsten von Tarent, in der Gegend von Rapaille bei dem Hafen von Genua, überwand. Pierre Desrey, voyage de Charles VIII. à Naples, p. 198.

XV.

in der Folge beide Kriegsheere wieder auseinander gingen, ohne ein Treffen zu liefern, wurden jene, die sich als Kandidaten der Ritterwürde gemeldet hatten, spottweise, Hasenritter genannt. Eben so gaben auch eingebildete Treffen, nemlich Turniere, in Teutschland Anlaß zu merkwürdigen Ritterpromotionen. Unter andern erzählt der Geschichtschreiber Arnold in seinem Chron. Slav. lib. 3 c. 29 von K. Friedrich I., daß derselbe ein Turnier (ludum militiae) veranstaltet, und dabei sechzig edle Jünglinge mit der Ritterwürde beschenkt habe. A. d. U.

XV. (Seite 76.)

Wenn sogar auch auf die einfachsten und alltäglichen Kriegsvorfälle zuweilen Ritterpromotionen erfolgten, wie die oben angeführten Beispiele lehren, so wird es Niemand befremden, daß verschiedene Jahrhunderte hindurch keine Schlacht geliefert worden ist, wo nicht diese Würden, entweder vorher oder nachher, auf eine ganz einfache und kriegerische Art ausgetheilt wurden *); höchstens ließ man nur das Schwerd umgürten, und gab das zu den Schlag mit der Hand oder mit Schwerde, dem Roman Lancelots vom See (T. II, f. 9 recto, col. 2) zufolge, welches auch der Verfasser der Vigiles de Charles VII, T. II, p. 21, bestätigt, wenn er von den in der Schlacht bei Formigni ernannten Rittern redet. Diejenigen Kämpfer, welche durch ihr tapferes Verhalten in der Schlacht sich der Ritterwürde eben so würdig gemacht hatten, als die, welche solche schon vorher empfangen hatten, erhielten dieselbe nach dem Treffen, als gerechte Belohnung ihrer Dienste. Wer vor dem Treffen die Ritterwürde erhalten hatte, ward gewöhnlich in das erste Glied gestellt, um ihm Gelegenheit zu verschaffen, die gute Meinung, welche man von seiner Unverzagtheit gefaßt hatte, zu rechtfertigen. Froissart erzählt, (liv. III, p. 55), wie sie ihre Sporen

---

*) Meibom Scr. R. G. T. I. in den Noten zu Heinrichs Rosla Gedicht, v. 341, aus einer alten handschriftlichen Chronik:

„Her machte, als ich horte
Viele knapben ritter vor den strite
Nach vurstelichen site.

Vergl. Matthäus de nobil. p. 632. A. d. U.

Sporen gewannen oder verdienten. Als Dionysius von Portugall in der Schlacht bei Juberoth 1385 im Begriff war, mit den Castillanern zu streiten, „ließ der König unter der Armee ansagen, daß, wer „Ritter werden wolle, heraustreten, und von ihm „die Ritterwürde, im Namen Gottes und des hei- „ligen Georgs, empfangen solle; und, wie man „mir berichtet hat, wurden damals sechzig neue „Ritter gemacht, worüber sich der König sehr freu- „te; er stellte sich auch in das erste Glied, und sag- „te zu ihnen: Der Ritterstand, meine schöne Her- „ren, ist ein so edler und erhabener Stand, daß „darin alles untadelhaft seyn muß; kein Ritter „darf niederträchtig, pöbelhaft, und feig seyn, son- „dern er muß Gefahren trotzen und kühn seyn, gleich „einem Löwen, wenn er seinen Helm auf dem „Haupte hat, und vor dem Feind erscheint. Da „ich nun will, daß Sie heute da, wo es nötig seyn „wird, Tapferkeit zeigen sollen, so schicke und stel- „le ich Sie in das erste Glied der Schlachtord- „nung; verhalten Sie Sich so, daß wir und Sie „Ehre davon haben mögen; denn ohne dieses wer- „den Ihre Sporen sehr übel sitzen". Weiter unten, wo die Rede von den im Kriegsheere befindlichen Engländern ist, wird gesagt, daß keiner von ihnen die Ritterwürde begehrt habe, obgleich einige von ihnen von dem Könige dazu waren aufgerufen worden; allein sie hätten sich für diesmal ent- schuldigt.

Die Ritterpromotionen bei Schlachten waren gewöhnlich sehr zahlreich. Vier hundert sieben und sechzig Franzosen wurden 1382 in dem Treffen bei Rosebeck zu Rittern ernannt, und vor der Schlacht bei Azincourt im Jahre 1415 machte man
ihrer

ihrer fünf hundert. Wir wollen sehen, was unsere Geschichtschreiber von diesen militärischen Standeserhöhungen erzählen.

Olivier de la Marche, liv. I, p. 163, bei dem Jahre 1552, redet von den Thaten, welche einige neuen Ritter von der Armee des Herzogs von Burgund wider die Genter, in einem Scharmützel vor Overmeere, verrichteten, und fügt hinzu: „plötzlich rissen die gedachten Genter aus, sa„hen sich nach der Flucht um, und wenigstens „fünf hundert von ihnen verloren in diesem Tref„fen das Leben. Dieß war ein fetter Bissen für „die jungen und neuen Ritter". Iean d'Auton (annales de Louis XII, p. 100) erzählt unter dem Jahre 1500 in folgenden Worten den Ritterschlag, welchen Ludwig von Trimouille im J. 1400 vor dem Treffen bei Novara vornahm: Als sie fertig zum Angriff waren, sagt der Geschichtschreiber, „fragte er, ob keine Edelleute da wären, welche die „Ritterwürde annehmen wollten? Eine grosse An„zahl von französischen Kriegsmännern, die an die„sem Tage durch die Waffen die Kraft ihres Ar„mes zeigen, und ihre Namen verewigen wollten, „um dadurch ihrem Muthe den Weg der biedern „Tapferkeit zu öffnen, begehrten hierauf den Rit„tertitel".

Um die Lobsprüche, welche die Geschichtschreiber diesen Ritterpromotionen zu ertheilen scheinen, durch Beispiele von Thatsachen zu bekräftigen, will ich nur die kühne Handlung des jungen Boucicaut bei Rosebeck anführen, welcher damals erst seit kurzer Zeit die Ritterwürde erhalten hatte. Der Geschichtschreiber hat den Vorsatz, in der Person des

des Boucicaut denen, welche zu hohen ritterlichen Ehren gelangen wollen, ein Muster vorzustellen, indem er die eifrigen Bemühungen schildert, welche dieser Held von Jugend auf hierzu angewendet, und sein ganzes Leben hindurch fortgesetzt hatte. Er war noch sehr jung, als er dem Könige Karl dem sechsten in den Krieg wider die Flandrer folgte, wo er von dem Herzoge von Burgund, in dessen Gefolge er war, zum Ritter ernannt ward. Als dieser neue Ritter der Schlacht bei Rosebeck beiwohnte, wollte er sich mit einem grossen und untersetzten Flandrer messen, und gab demselben einen Schlag mit der Streitaxt, die er in beiden Händen hielt. Der Flandrer, welcher ihn, seiner Figur nach, für ein Kind hielt, sah mit Verachtung auf ihn herab, und schlug ihm die Streitaxt aus der Hand, mit den Worten: „Gehe hin, „Kind, und lasse dir von deiner Amme die Brust „reichen; ich sehe nun wohl, daß es den Franzosen „an Leuten mangelt, da sie Kinder mit in das „Treffen nehmen". Das Kind, ausser sich vor Wuth über den Verlust seines Gewehrs, rennt dem Riesen unter die Arme, zieht seinen Dolch, stößt ihm solchen durch den Kuraß in die Seite, und läßt ihn, auf die Erde hingestreckt, liegen. „Spielen die Kinder in deinem Lande", erwiedert es nun, „auch solche Spiele"? Histoire de Boucicaut, edit. de Godefroi, c. 12, p. 32 sq. Diesen Zug des jungen Boucicaut kann man mit dem vergleichen, welchen der Abt Dübos (Ligue de Cambrai, liv. I, p. 200.) bei dem Jahre 1509, von dem jungen Boutières erzählt. Dieser machte in seinem sechszehnten Jahre einen albanischen Riesen zum Gefangenen, und schlug demselben noch einen Zweikampf vor, um zu zeigen, daß er ihn ohne ne frembe Hülfe, und mit eigenen Kräften gefangen genommen habe.

Noch bis gegen das Jahr 1554 bemerkt man, daß die Ritterwürde, nebst andern Gunstbezeugungen, von dem Herzoge von Guise denen Offizieren, welche sich in der Schlacht bei Renti ausgezeichnet hatten, als eine Belohnung ertheilt worden. Thuanus lib. XIII.

Inzwischen wäre es doch den Grundsätzen einer gesunden Politik angemessener gewesen, daß man diese Ritterpromotionen erst nach der Schlacht vorgenommen hätte. Schon erhaltene Würden machen nicht immer gleichen Eindruck mit denen, welche man noch zu erlangen hofft. Ueberdem scheint manches Treffen unvermeidlich zu seyn, welches gleichwohl nachher nicht zu Stande kommt, wie der Fall bei Vironfosse im Jahre 1339 zeigt. Die Kriegsheere standen einander schon im Gesichte, und man durfte nur angreifen; aus Vorsicht wurden schon Ritter ernannt, und am Ende ging man wieder auseinander, ohne weiter etwas vorzunehmen. Ein Hase, welcher während dieser Zubereitungen vor dem Lager der Franzosen vorüberlief, verursachte, daß man nachgehends diesen neuen Rittern den Spottnamen Hasenritter beilegte. Du Tillet Rec. des Rois de France ch. de l'Ordre de Chevalerie, p. 319.

Brantome hatte daher eben nicht unrecht, wenn er die Ritterpromotionen, welche nach den Schlachten geschehen waren, den vorher geschehenen vorzog. Cap. F. t. I, p. 14 sq Er erzählt was für Dienste der Bastard von Bourbon dem Könige Ludwig dem eilften leistete, vorzüglich damals,

mals, „als dieser ihn rufte und unwillig darüber
„ward, daß derselbe zu dem Angriffe eilen wollte,
„als der Feind unerschrocken heranrückte; er schrie
„ihm zu: Sire, Sire, rücken sie heran! Es ist
„nicht mehr Zeit, sich mit Ritterpromotionen zu
„belustigen; der Feind ist uns auf dem Halse; laß
„sen Sie uns ihm entgegen rücken"! u. s. w. Hierauf macht Brantome eine Ausschweifung über das
ehemalige Bestreben der Grossen und der Edelleute,
die Ritterwürde von ihren Königen und Befehlshabern lieber vor der Schlacht, als nachher, zu
empfangen. Sodann rückt er folgende, ihm deshalb von Hrn. von Sansac ertheilte Antwort ein:
„Der wackere Mann, der zu seiner Zeit ein sehr
„verdienstvoller Ritter, und in ritterlichen Geschäf-
„ten sehr wohl erfahren war, gab mir zur Antwort,
„daß man sich gerne vorher zum Ritter machen las-
„se, weil zu befürchten wäre, daß der König, oder
„der Befehlshaber, in der Schlacht umkommen,
„oder gefangen werden möchte; alsdenn würde man
„diese Ehre, nach der man mit so viel Sehn-
„sucht strebte, entbehren müssen; oder, wenn sie
„auch selbst dabei ums Leben kämen, so würde es
„doch wenigstens ihnen, und ihren Erben zu ewigem
„Ruhm und Ehre gereichen, daß sie als Ritter,
„die durch des Königs Hand dazu gemacht wor-
„den, gestorben wären". Weiter unten (S. 15
u. 16.) erklärt er sich nochmals über die nemliche
Materie: „heut zu Tage ist bei euch der unbedeu-
„tende Gebrauch dieser Ceremonie des Ehrgeizes
„nicht mehr üblich; denn man mag hier ehrenvoll
„sterben, oder das Treffen, nachdem man sich
„darin hervorgethan hat, überleben, so hat man in
„beiden Fällen so viel, und vielleicht noch mehr Eh-
„re von der empfangenen Ritterwürde, als wenn
„diese

„diese Ceremonie mit grossen Feierlichkeiten verbun„den gewesen wäre".

„Auch ist es ein Mißbrauch, daß man ei„nem solchen den Ritterschlag (denn vermittelst „einer Berührung der Schulter mit dem Degen, „oder durch einen Schlag wurden die Ritter ge„macht) gab, der bald nach seiner Ankunft im „Treffen, statt sich tapfer zu wehren, vorsätzlich „die Flucht nahm, und nichts erhebliches ausrich„tete. Da ist alsdenn die Ritterwürde und der Rit„terschlag gut angewendet! Und daher", sagt Herr von Sansac, „ist es besser und rühmlicher, sich erst „nach der Schlacht*) zum Ritter machen zu lassen, „nachdem man sich tapfer gehalten und die Pflich„ten eines Ritters wohl erfüllt hat; so wie König „Franz der erste, nach dem Treffen mit den Schwei„zern, aus der Hand des tapfern Bayards die „Ritterwürde begehrte**), und wie in unsern Ta„gen der Herr von Thavanes, nach dem Tref„fen bei Renty, zum Ritter gemacht ward und „zugleich den Ritterorden des Königs Heinrich „erhielt".

XVI.

---

*) Beispiele von Teutschland, wo die Ritterwürde nach der Schlacht ertheilt worden ist, führt Franz Menenius in delic. equestr. ord. p. 59. an.
A. d. U.

**) Ein Beweis, daß selbst gekrönte Häupter von ihren eigenen Unterthanen die Ritterwürde empfingen. Eben so erhielten Heinrich II. von Frankreich vom Marschall von Bissens, Eduard IV. in England vom Grafen von Devonshire, Heinrich VII. vom Grafen von Arundel, und Eduard VI. vom Herzog von Sommerset die Ritterwürde. Graf Wilhelm von

XVI. (S. 77.)

Die, unter diesen Bedingungen errichteten Capitulationen, welche in den Kriegen der Franzosen mit den Engländern häufig vorkommen, und seitdem oft wiederholt wurden, waren bis zur Regierung Heinrichs IV. gewöhnlich, ja sogar noch unter Ludwig XIII. bei der Uebergabe von Landrecies, im Jahre 1637. Thuanus lib. 95. Vie du Maréchal de Fabert, t. I, p. 203. Als die Einwohner von Senlis im Jahre 1589 von den Liguisten belagert wurden, ahmten sie sogar diesen Stolz unserer alten Ritter nach. Nachdem man Kanonen herbeigebracht hatte, um sie zur Uebergabe, wozu sie vergeblich aufgefordert worden waren,

von Holland wollte die kaiserliche Würde nicht eher annehmen, als bis er die Ritterwürde erhalten hätte, und K. Konrad, K. Friedrichs II. Sohn, schrieb an die Bürger von Palermo, daß er die Ritterwürde begehre. Peter de Vineis epistol. L. III. Landgraf Friedrich II. von Thüringen, ließ sich von dem tapfern thüringischen Ritter Friedrich von Wangenheim zum Ritter schlagen. Mehr Beispiele hiervon liefern *Chrystinaeus* in Iurisprud. heroica p. 97, §. 61. und in Obserf. Eugenialog. et heroicis p. 183. *Eftor* obserf. ad Glaffey comm. p. 83. u. a. Von Bayard ist oben S. 17 in der Anmerkung etwas angeführt worden. Seine merkwürdigsten Lebensumstände, in einem Auszuge aus dem Buche La très-joyeuse, plaisante et récreative histoire composée par le loyal serviteur des faicts, gestes, triomphes et prouesses du bon Chevalier sans peur et sans réproches, le gentil Seigneur de Bayart etc., stehen in der Litteratur- und Völkerkunde, 1784. Num. II. und III. Vergl. in den Beweisen zu dem fünften Abschnitte, Num. XXXI. Ueberf.

waren, zu nötigen, sah man sie auf den Wällen aufmarschiren, und sich in Schlachtordnung stellen. „Wozu sind Kanonen nötig?" ruften sie; „um un„sere Festungswerke zu vernichten? Wir sind be„reit, unsere Mauern selbst niederzureissen, wenn „man uns nur von euerer Seite ein Treffen be„willigt". Thuanus lib. 103. Villars ertrug, bei der Gegenpartei, die Angriffe der Königlichgesinnten auf die Stadt Rouen, wo er commandirte, im Jahre 1592 mit nicht geringem Stolze. Er hielt ausserhalb der Stadt vor einem der Stadtthore ein Turnier, und setzte Preise und Dänke aus, als wenn er in sicherm Frieden gelebt hätte. Durch dieses Schauspiel wollte er seinen Feinden trotzen: vt contemtum nostrorum prae se ferret, extra Hilarianam portam hastiludium, praemio proposito, quasi in altissima securitate instituit *).

XVII.

*) Es ist eine auffallende Bemerkung, daß Herr von Sainte-Palaye die Ritterwürde durchgehends als Belohnung, oder doch als Wohlthat vorstellt. In der That hatte sie auch im Ritterzeitalter so viel reizendes, daß man verleitet werden könnte, sie ohne Ausnahme höchstens als eine angenehme Notwendigkeit, wozu kein Gesetz verpflichtete, zu betrachten. Allein die Anzahl der Fälle, wo sie lästig seyn mußte, und wo man nur durch Gesetze genötigt werden konnte, sich darum zu bewerben, ist in der That nicht gering. Sparsamkeit, Dürftigkeit, Unvermögen, Mißfallen an kriegerischen Beschäftigungen, Mißmuth u. dergl. liessen es bei manchem sonst brauchbaren Edelmanne nicht zu, die Ritterwürde zu suchen. Und daher kommt es, daß manche sie sehr spät, wie der Graf von Toulouse (vergl. oben B. I. S. 216

XVII. (S. 77.)

Dieses rühmliche Zeugniß ertheilt der Siegelbewahrer Montholon dem französischen Adel, in einer

S. 216 *), manche gar nicht annahmen, und daß man in Urkunden der mittlern Zeiten nicht selten Knapen von funfzig, sechzig und mehr Jahren findet. In England hatte man ein eigenes Regulativ darüber, wer die Ritterwürde anzunehmen verbunden war. Wer Besitzungen oder Einkünfte von bestimmter Grösse hatte, mußte Ritter werden; *Matthaeus Parif.* erzählt unter dem Jahre 1256: exiit edictum regium, praeceptumque est et acclamatum per totum reguum, vt qui haberet XV. libras terrae et supra, armis redimitus tyrocinio donaretur, vt Anglia sicut Italia militia roboraretur, et qui nollent, vel qui non possent honorem status militaris sustinere, pecunia se redimerent. Franz Menenius in delic. equestr. ord. p. 55. Als der König von England im Jahre 1366 am Pfingstfeste einen grossen Ritterschlag vornehmen wollte, ließ er durch ein eigenes Ausschreiben bekannt machen, vt quotquot *tenerentur* fieri milites succeffione paterna, et qui haberent, vnde militarent, adessent etc. Menenius a. a. O. S. 57. Herr von Sainte-Palaye scheint mit dem einzigen Falle, wo der junge Vassall in ein Panzerlehn succedirte (oben B. I. S. 215), die Notwendigkeit, die Ritterwürde anzunehmen, zu verbinden. Allein ausser den schon bemerkten Beispielen, scheint es, zumal im dreizehnten Jahrhundert, ein fast durchgehends angenommenes Gewohnheitsrecht gewesen zu seyn, daß man mit dem Erbschafts-Antritt, oder dem Erwerb ansehnlicher Güter, die Annahme der Ritterwürde verbinden mußte. König Eduard I. von England ertheilte seinem Sohne den Ritterschlag, und daneben sogleich das Herzogthum Aquitanien. Es würde unschicklich, und dem Herkommen zuwider gewesen seyn, eine so ansehnliche Besitzung in die Hände eines Prinzen zu liefern,

der

einer Rede, welche derselbe im Jahre 1588 vor dem Könige Heinrich III. in der Versammlung der Reichsstände hielt. Thuanus lib. 92.

XVII.

der noch unfähig gewesen wäre, solche mit völliger Rüstung, d. i. mit allen Waffen, die zu einem Ritter gehörten, zu verdienen und zu vertheidigen. Menenius a. a. O. Der Mönch von Pegau in vita Viperti Groicensis p. 2 *edit. Reinecc.* erzählt von Teutschland ein ähnliches Beispiel: Sub Henrico Imp. Augusto, Conradi Imp. filio, inter ceteros principes Vdo Marchiam Stadensem regebat. Huius obsequio Wighertus, adolescens patre orbatus, a venerabili matre destinatur: per quem honorifice, quousque adoleuit, educatus, gladio deinde militari a tanto Principe, vtpote principum collega quandoque futurus, nobiliter accingitur, ac vrbe Tangermunde dicta cum eius attinentiis ab eodem Marchione liberaliter inbeneficiatur. König Ludwig IX. von Frankreich ertheilte im Jahre 1238 seinem ältesten Bruder Robert die Ritterwürde, und hierauf Artois und ganz Arras zu ewigem eigenthümlichem Besitz. Guil. de Nangiaco de gestis Ludouici IX. in Script. hist. Franc. T V. p. 332. Eben so machte es dieser Monarch mit seinem Bruder Alphons, dem er Auvergne, Poitiers und Albigeois abtrat. Ebendaselbst p. 336. Und König Philipp August gab dem Prinzen Arthur nebst der Ritterwürde die Grafschaft Bretagne. Obs. select. (Hal. 1700. 8.) T. II. obs. IV. §. 6. Ueberhaupt gehörte die Ritterwürde dazu, wenn einer aus dem hohen Adel einen vollgültigen siegelbaren Mann vorstellen wollte. Wilhelm von Vitray führte kein Siegel, cum nondum miles nec vxoratus esset. *Mabillon* de re diplom. lib. II. c. 18. p. 147. A. d. U.

XVIII. (Seite 78.)

Ich will unter diesen verschiedenen Ausforderungen der Engländer und Franzosen nur diejenigen auswählen, die unsere Geschichtschreiber am genauesten aufgezeichnet haben, und die einige besonders merkwürdige Umstände enthalten. Man erinnere sich an die Ausforderung der sieben, aus dem Hause Orleans abstammenden Franzosen, die auf der Rückreise von ihrem Siege, im Jahre 1408 zu Paris, alle in weiser Kleidung ihren Einzug hielten. Histoire chronol. dans le Recueil de Charles VI par Godefroi p. 413. Als Herr von Clari im Jahre 1389 den Herrn von Courtenai, welcher nur einmal mit Herrn Gui de la Trimouille eine Lanze gebrochen hatte, nach England zurück begleitete, ließ er sich nichts merken in Ansehung der beleidigenden Vorwürfe, welche der Engländer der französischen Ritterschaft gemacht hatte. Er hatte solche angehört, ohne etwas darauf zu erwiedern, weil er die Rechte des sichern Geleites, welches man ihm anvertraut hatte, nicht verletzen wollte; allein er war sich ihrer noch wohl bewußt, als er den Fremdling auf englischen Grund und Boden gebracht hatte, wo er sich zu keiner Schonung mehr verpflichtet glaubte. Hier suchte er sie wieder edelmüthig hervor, schlug sich mit dem Engländer mit geschliffenen Schwerdern herum, hieb ihm die Schulter auf, und warf ihn zu Boden. Statt des Ruhms, welchen der Franzose davon erhalten zu haben sich einbildete, ward er bei seiner Rückkunft, auf den Ausspruch des Connetables und der Marschälle von Frankreich, in das Gefängniß geworfen, weil er ohne des Königs Erlaubniß sich in einen Kampf eingelassen

lassen hatte, und noch dazu mit einem Ausländer, den man seinem Geleite anvertraut hatte; seine Güter wurden auf einige Zeit eingezogen, und es fehlte wenig, so wäre er verbannt worden. Herren und Damen erwürkten ihm endlich die Verzeihung eines Fehlers, dem sie ihre Lobsprüche nicht versagen konnten.

Auch lese man bei Froissart, B. 4, S. 20, unter dem nämlichen Jahre, die Erzählung von der Ausforderung zu einem Kampfe, der nahe bei Calais dreißig Tage nacheinander, die Freitage ausgenommen, vor sich gehen sollte, und der von drei Rittern und königlichen Kammerherren, worunter auch der junge Boucicaut war, vorgeschlagen ward. Sie machten von dem so eben erzählten Beispiele Gebrauch, und liessen sich von dem König eine Urkunde in glaubwürdiger Form ausfertigen, deren Inhalt in dieser Materie sehr lehrreich und lesenswehrt ist. Man findet darin, daß ieder von ihnen einen Schild (targe), welcher den Krieg, und einen, welcher den Frieden bedeuten sollte, aussetzte; daß der Ausländer, welcher einen davon anstieß, Krieg oder Frieden dadurch erhielt, und daß derjenige, welcher beide anstieß, Krieg und Frieden zugleich, das heißt, ernstlichen Kampf und freundschaftlichen Kampf erlangte. Man entdeckt darin noch andere seltsame Gebräuche, vorzüglich über die, in Ansehung dieser Kämpfe aufgeworfene Frage, da solche den Waffenstillstand, welchen man mit England hatte, zu unterbrechen schienen. Am Ende ward der Kampf beliebt.

Das Gesetz, welches die Einwilligung des Königs zu diesen Ausforderungen gebot, war entweder nicht bestimmt genug, oder es blieb oft unerfüllt.

füllt. Als in der Folge ein vornehmer Engländer, Namens Cornuaille, im Jahre 1409, ohne einen Geleitsbrief sich nach Frankreich begeben hatte, um „aus Liebe zu seiner Dame" einen ernstlichen Kampf zu wagen, fand er einen Ritter, der völlig bereit war, diesen Liebeskampf mit ihm vorzunehmen. Da sie im Begriff waren den Kampf anzufangen, wurden sie von einander getrennt, auf Befehl des Königs, welcher zugleich ein Gesetz gab, worin er gebot: „daß künftig Niemand in dem „Königreiche Frankreich um eines Gefechtes oder „Kampfes willen aufgenommen werden solle, wenn „seine Sache nicht vorher von dem König, oder „dem Parlament geprüft und gebilligt worden „wäre".

In den, wegen dieser Ausforderungen gewechselten Briefen wird der Damen und der Liebe in allen Ehren erwähnt. Monstrelet (Vol. I, ch. 2, fol. 2 verf. et 3 recto et verso et 5,) hat uns die, von beiden Seiten, bei einer solchen Ausforderung einander zugeschickten Lobsprüche sorgfältig erhalten; ein englischer Ritter forderte nemlich im Jahre 1400 einen Arragonier, Michael von Orris, heraus.

Der Ausforderer bittet Gott („als den Urheber alles Guten") daß er seinem Feinde, den er herausfordert, Freude, Ehre und Vergnügen, nebst allen Gütern, die derselbe für seine Dame begehren würde, verleihen möge. Er ersucht eben diesen Feind, ihn dieser Dame zu empfehlen. „Ich „bitte den Gott der Liebe", schreibt er ihm ein andermal, „daß er darum, weil Sie nach der Liebe „Ihres geliebten Gegenstandes verlangen, Ihre „Abreise nicht verzögern möge".

Dem

zum dritten Abschnitt. 45

Dem Engländer ward sein letzter Brief nicht früh genug beantwortet. Diß veranlaßte ihn, in einem andern Briefe zu melden, der Arragonier würde vermuthlich, nach schon angenommener Ausforderung, bei dem Liebesgott in Ungnade gefallen seyn, wodurch eine Aenderung seines Vorsatzes verursacht worden sey. Das Vergnügen dieses Gottes bestand ehedem darin „daß er Waffen in „Bewegung setzte, Ritter auf die Probe stellte, und „die Edlen seines Hofes bei so edelmüthiger Ge- „sinnung erhielt", daß sie nur auf Vergrösserung ihrer Ehre bedacht waren, und wenn sie sich einmal in Waffenstreitigkeiten eingelassen hatten, vor Endigung derselben um nichts in der Welt das Land verliessen. Der Arragonier mußte daher von dem Hofe der Liebe verbannt seyn. Indessen will der Engländer (der nach Frankreich, als den bestimmten Ort, gekommen war) ihm noch eine Frist verstatten, nach deren Ablauf, sagt er, „wenn „Gott will, ich mich nach England zu unsern Da- „men zurück begeben werde, denen, wie ich hoffe, „Ritter und Knapen bezeugen sollen, daß ich mir „nichts wider den gedachten Liebesgott habe zu „Schulden kommen lassen, in dessen Obhut ich „meine und Ihre Dame bestens empfehle, u. s. w.". Der Arragonier sagt in seiner Rechtfertigung wegen des Aufschubs: daß er weit entfernt gewesen wäre, von dem Hofe der Liebe verbannt zu werden, oder seinen Entschluß zu ändern; und schließt seinen Brief mit folgenden Worten: „Ich ersuche „Sie, bei dem Ritterstande, und bei dem, was „Ihnen am liebsten ist, daß Sie mir folgende „Waffen erlauben wollen" u. s. w.

Monstrelet hat alle diese Umstände sehr ernsthaft berichtet. Der Mönch von St Denys, ein noch ernsthafterer Geschichtschreiber unter der Regierung Karls VI., und Verfasser des Journals dieses Herrn, wie auch Johann le Fèvre von St. Remi, haben verschiedene Beschreibungen von Turnieren hinterlassen, vorzüglich von denen, welche in Frankreich durch Engländer, und durch portugiesische Ritter, die in unsern vormaligen Streitigkeiten Partei für jene gemacht hatten, gehalten wurden. Der Mönch von St Denis, in dessen Erzählungen allenthalben Vernunft und Klugheit hervorleuchten, spricht sehr verständig von den Kämpfen, die 1390, während des Waffenstillstandes, welcher einen nahen Frieden mit England hoffen ließ, vorgenommen wurden. Einige unüberlegte Ausforderungen, welche den Engländern, die ganz stolz auf ihr voriges Glück waren, entfuhren, erweckten den Zorn des beleidigten französischen Adels. Drei von unsern Rittern, wovon der größte kaum mittelmäßiger Statur war, meldeten sich, unsere angegriffene Ehre zu retten, und zwar nicht nur wider die Engländer, sondern auch wider alle Nationen, die es mit ihnen würden aufnehmen wollen. Die Einwilligung des Königs erfolgte, ungeachtet der scheinbaren Schwäche der Kämpfer in einer Sache von solcher Wichtigkeit. Zwei Schilde wurden aufgestellt, der eine für das Lanzenwerfen, und der andere für den Kampf mit dem Degen. Die große Anzahl furchtbarer Kämpfer, die aus allen Gegenden herbeigekommen waren, verdoppelte nur den Muth der Schildhalter. Diese waren erfreut, zu sehen, daß diese Ausländer den Schild für die Lanze verachteten, als einen Kampf, der zu gemein und zu lustig wäre,

als

als daß man um seinetwillen nicht den Schild für das Schwerd, welches den Zweikampf bedeutete, mit der Degenspitze berühren sollte. Zwei von unsern Helden mußten, wegen der empfangenen Wunden, neun Tage lang das Bette hüten, ehe sie wieder anfangen durften, und der dritte, der einige Zeit lang allein für drei gestritten hatte, konnte bei dem letzten Kampfe nicht zugegen seyn. Alle diese, gleichwohl zu unserm Ruhme ausgefallenen, Schlägereien gaben denen von uns, welche im voraus diese Unternehmung getadelt hatten, zu verstehen, daß sie mit dem Herzen der Franzosen nicht genug bekannt wären. Man lese diese Erzählung, wo man eine ausserordentliche Anzahl der größten Namen von Europa findet, welche herbeieilten, um sich mit einem Roie, Sampi und Boucicaut zu messen. Der Edelmuth der Franzosen triumphirte hier eben so sehr, als ihre Stärke und Tapferkeit; sie gaben die Waffen und Pferde zurück, die ihnen, vermöge der Bedingungen der Ausforderung, gebührt hätten, und ließen diese berühmten Fremdlinge, mit Geschenken überhäuft, wieder abreisen.

Nachdem eben dieser Verfasser in der Fortsetzung seiner Geschichte von einer Ausforderung, welche die Portugiesen am französischen Hofe gethan hatten, geredet hat, macht er den Uebergang zu der Erzählung eines andern Kampfes, welchen Ritter von der gedachten Nation kurze Zeit darauf, im Jahre 1414, verlangten, in folgenden Worten: „Dieses französische Turnier", sagt er (liv. 34, chap. 15, p. 970 und 971) „erinnert mich „an einen Kampf, den die Portugiesen in Frank„reich anfingen, und den ich, um der Ehre meines „Vater-

„Vaterlandes willen, nicht mit Stillschweigen über-
„gehen darf, weil unsere Franzosen darin einen
„vollkommenen Sieg erfochten haben, selbst nach
„dem Urtheile der Engländer, auf welche kein Arg-
„wohn der Parteilichkeit zu unserm Vortheile, in
„einer Sache, um die sie uns beneiden, fallen
„kann. Der Stolz (ich könnte sagen das Vor-
„urtheil) dieser Nation veranlaßte zwanzig ihrer
„biedern Ritter von vornehmer Geburt, daß sie
„in einem sehr prächtigen Aufzuge kamen, und
„unsern König sehr inständig baten, ihnen zu er-
„lauben, daß sie sich mit eben so viel Franzosen in
„allen Arten von Waffen messen dürfen, entweder
„in Zweikämpfen, oder in Kämpfen, wo beide
„Theile in gleicher Anzahl wären, unter der Be-
„dingung, daß der Sieger seinen Ueberwundenen
„sollte umbringen dürfen, wenn sich derselbe ihm
„nicht auf Auslösung würde ergeben wollen. Sie
„versicherten, daß sie sich so zusammen verschwo-
„ren hätten; und obgleich die verständigsten der
„Meinung waren, daß diese Ausforderung um so
„viel mehr Grausamkeit in sich fasse, als dadurch
„ohne Ursach eine Feindschaft unter Leuten erweckt
„würde, die keinen Grund zu wechselseitigem Hasse
„hätten, so war es doch nicht möglich, sie davon
„abzubringen, und auch sehr schwer für unsern
„König, den Franzosen die Annehmung einer Aus-
„forderung nicht zu gestatten, wobei es auf die
„Ehre der Nation ankam, wider Leute, deren Prah-
„lereien gedämpft werden mußten, und die sich in
„Ewigkeit rühmen würden, uns in Furcht gejagt
„zu haben. Es entfuhr ihnen sogar gegen den
„König der sehr feine Scherz, daß Frankreichs
„Ehre dessen Söhnen natürlicherweise so sehr am
„Herzen liegen müsse, daß wenn der Teufel in
„eignen

„eigner Person aus der Hölle käme, und sie zu ei-
„nem Kampfe herausforderte, sich Leute unter ih-
„nen finden müßten, die sich mit ihm in einen
„Streit einließen."

„Obgleich diese Portugiesen mit jeder Gattung
„von Waffen Versuche machten, und sich sehr tap-
„fer hielten, so blieb doch der Vortheil allemal auf
„französischer Seite. Ein anderer Portugiese war
„eben so unglücklich wider einen Knapen aus Bre-
„tagne, der während eines Kampfes von andert-
„halb Stunden, unter heftigen Lanzenstößen, und
„unter Schwerdtstreichen, die Schrecken erregten,
„das Visier seines Helmes nicht ein einzigesmal
„geöfnet hatte, um Luft zu schöpfen, und um sich
„abzukühlen. Noch drei andere machten sich den
„Kampfplatz in kurzer Zeit streitig. Zu eben die-
„ser Zeit fanden sich auch spanische und portugiesi-
„sche Ritter ein, wovon die drei portugiesischen, die
„unter der Ritterschaft sehr berühmt waren, den
„Kampfplatz — ich weiß nicht durch welche un-
„besonnene Unternehmung — wider drei französi-
„sche Ritter behaupteten; .... man befahl einen
„ernsthaften Kampf, ... und vor Sonnen-
„Aufgang .... fand man sich schon auf dem
„Kampfplatze ein; aber, traun, es verstrich nicht
„so viel Zeit, als man nötig hat, wenn man von
„dem St. Martins-Thore bis zu dem St. Antons-
„Thore reiten will, so waren die Portugiesen von
„den drei Franzosen schon überwunden." (Journal
de Paris unter Karl VI. und Karl VII. S. 25.)

„Verschiedene Portugiesen stellten sich auf die-
„se Art, fast Zug auf Zug, um sich mit unsern
„Leuten zu messen, und alle hatten gleiches Schick-
„sal. Endlich, sagt der Geschichtschreiber, da ih-
„nen

„nen die Eitelkeit, welche ihren Muth belebte, benom„men war, kehrten sie in ihr Land zurück, glücklich,
„daß sie mit Bestürzung gestehen mußten, daß sie
„eine allzuhohe Meinung von ihrer Tapferkeit ge„habt hätten, und daß sie aus weiter Entfer„nung, und mit grossen Kosten gekommen wären,
„um ihr stolzes Selbstgefühl bemüthigen zu lassen."

Nichtsdestoweniger fielen in dem folgenden Jahre andere ähnliche Kämpfe zwischen ihnen und den Franzosen vor, wie der Geschichtschreiber Johann le Fevre von St. Remi, Kap. 52, S. 76 und 77, berichtet.

Ich könnte allen diesen Kämpfen noch diejenigen beifügen, welche unter den verschiedenen Parteien, in welche nur allzuoft unsere Nation und unsere Grossen getheilt gewesen, vorgefallen sind, z. B. unter den Armagnacs, Orleanois, Bourguignons, Königlichgesinnten u. s. w. In das Verzeichniß so vieler Ausforderungen würde ich auch diejenige einrücken, welche Heinrich IV. 1590, nach aufgehobener Belagerung von Paris, dem Herzoge von Mayenne durch einen Herold übersendete, um ihre Streitigkeiten abzuthun, und durch einen entscheidenden Kampf endlich einmal allem Unheile Frankreichs ein Ende zu machen. *Thuanus* (lib. 99.) sagt: Vt praelii copiam faceret, et finem Galliae calamitatibus semel imponeret.

XIX. (Seite 86.)

Von diesen verschiedenen Arten des Kampfes ist bereits in den Beweisen und Erläuterungen zu dem zweiten Abschnitte geredet worden. Aus einer

ner Stelle in dem Roman Lancelots vom See (T. I, fol. 102 verso, col. I.) kann man schlieſ, ſen, daß das Lanzenwerfen, welches eigentlich joûte hieß, immer nur zwiſchen einzelnen Perſonen (einem wider einen) vorgenommen worden iſt, und daß, was die andern Gefechte betrifft, die zwei einander gegenüber ſtehenden Linien auf einander losrückten, um ins Handgemenge zu gerathen, wovon dergleichen Actionen den Namen mêlées (Miſchmaſch) erhielten. In der Beſchreibung eines Lanzenwerfens findet man folgende Worte: "Alsdenn „entfernen ſich beide von einander, und rennen „wieder in vollem Galopp auf einander los, und „bringen ſich Stöſſe bei, die ſo heftig ſind, als ih„nen nur möglich iſt; Perſides zerbricht ſeine Lan„ze, und Hector trifft ihn ſo, daß er mitten „auf dem Platze zu Boden ſtürzte. Mein Herr, „ſagt Hector, ich weiß nicht, wie Sie ſich im Ge„fechte unter dem ganzen Haufen (à la meslée) „halten werden; aber ſo viel weiß ich, daß Sie in „dem Lanzenwerfen (joûte) den Preis davon ge„tragen haben".

Der Kampf mit den übrigen Waffen, nämlich dem Degen, der Streitaxt, und dem Dolche, waren in dieſer oft tragiſchen Gattung von Schauſpielen, gleichſam drei Aufzüge, welche auf das Lanzenwerfen folgten. Vielleicht wurden ſie insbeſondere Turniere genannt, von der Bewegung der Kämpfer, die ſich ſtets umkehrten, ſtatt daß das Lanzenwerfen in gerader Linie geſchah. Sobald dieſe vier Aufzüge bei unſern alten Schauſpielern ihren Anfang nahmen, ſo zogen die in den Logen ſtehenden Damen die Vorhänge auf, um den edlen Spielen, welche ſie erwarteten, zuzuſehen. Dieſe wur-

wurden durch einen Kampf unter dem ganzen Haufen geendigt, wo alles, wie in einem ernstlichen Treffen, in Handgemenge war. So ward hier alles eine Schule, wo alle kriegerischen Bewegungen entwickelt wurden. Das Lanzenwerfen stellte Kämpfe unter einzelnen Personen vor; die darauf folgenden Turniere, wo man truppweise, zwei, drei, vier, und mehrere, in gleicher Anzahl stritt, bedeuteten die Scharmützel und übrigen unvorhergesehenen Kriegsvorfälle, die man den Feldkrieg nennen könnte; die Gefechte unter ganzen Haufen, waren Versuche oder Wiederholungen von allgemeinen oder Haupt-Schlachten. In der umständlichen Beschreibung der Turniere, welche zu Plessis-les-Tours bei der Vermählung der Tochter Ludwigs XII., der Prinzessin Claudia, gehalten wurden, kommen auch Gefechte unter ganzen Haufen vor. (Iean d'Auton annales de Louis XII, unter den Jahren 1506 und 1507, S. 5 und 6.)

Auſſer dieſen Vorfällen kommen in dem Feldkriege noch enge Päſſe, Ueberfuhrten bei Flüſſen, und Brücken vor, die man angreifen, beſetzen und vertheidigen muß. Zu dieſen Actionen bereitete man ſich daher in den ſogenannten Pas d'armes vor. Was den Feſtungskrieg betrifft, ſo ſtudirte man ſolchen eben ſo gut in den übrigen Turnierübungen. Die Gefechte an den Schranken lehrten, was man bei den Approchen und Paliſaden einer Stadt zu thun habe. Die ſogenannten Caſtilles waren eingebildete Stürme auf die Wälle und Bollwerke der belagerten Feſtungen. Das Lanzenwerfen in unterirdiſchen Gängen endlich ſtellte die letzten Bemühungen vor, die man anwendet, um dem Feinde einen feſten Platz zu nehmen.

XX.

zum dritten Abschnitt.

XX. (Seite 89.)

Die rühmlichste aller, von der Ritterschaft ausgesetzten Belohnungen war unstreitig der Preis der Tapferkeit, welcher durch den Ausspruch eben derjenigen, die selbst Ansprüche darauf machen konnten, zuerkannt ward. Es war dieses ein Richterstuhl, von dem keine Berufung auf einen andern galt *). Joinville glaubte daher seine Lobrede auf Herrn Heinrich von Cone, seinen Oheim, der in einer Action wider die Türken an vielen Wunden starb, nicht besser beschliessen zu können, als mit folgenden Worten, S. 54: „und ich habe ihn „bei seinem Tode sagen hören, daß er in seinem „Leben sechs und dreißig Schlachten beigewohnt „habe, in welchen er oftmals den Waffenpreis da„von getragen hatte" **).

Der König Johann, der die in Verfall gerathene Ritterschaft wieder erwecken wollte, wie oben erzählt worden, und zwar durch Stiftung des Sternordens, oder des Ordens vom edlen Hause, erwähnte in seinen Ordensstatuten sorgfältig der alten Gesetze, welche zur Tapferkeit anreitzten. Er verordnete, daß am Abend, oder am

---

*) Die Ritterwürde selbst ward zuweilen als Preis einer bestimmten Tapferkeit angesehen. Laut der Acten der Stadt Löwen sollte Niemand dieselbe erhalten, der nicht drei Feldzügen beigewohnt hätte. Lipsius in Lovanio lib. II. c. 8. A. d. U.

**) Lipsius a. a. O. erzählt gleichfalls, daß auf dem Grabmale Wilhelms von Rode, eines sehr tapfern Ritters, die Anzahl seiner Feldzüge bemerkt worden sey. A. d. Uebers.

am Tage des erſten Ordensfeſtes vom edlen Hauſe eine Ehrentafel gedeckt werden ſollte, an welcher neun der biederſten Männer (neuf Preux), die dieſem Feſte beiwohnten, und in den neuen Orden aufgenommen waren, ſitzen ſollten. Sie mußten aus den verſchiedenen Ständen, in welche ſich damals die Ritterſchaft theilte, gewählt werden, nämlich die drei fähigſten und tapferſten Fürſten, die drei tapferſten Bannerherren, und die drei tapferſten (ſimpeln) Ritter (bacheliers). In jedem Jahre mußte man, an denſelbigen Tagen, eine gleiche Anzahl von Mitbrüdern aus einer jeden von dieſen drei Claſſen erwählen, nämlich diejenigen, welche in dem laufenden Jahre die meiſten Thaten in Kriegsgefechten, und nicht in Friedenskämpfen, das heißt, nicht in Turnieren, verrichtet hatten; denn die letztern wurden hier nicht in Rechnung gebracht. Ordonn. des Rois de Fr. t. II, p. 466.

Die Engländer ertheilten, wie man oben geſehen hat, Ehrenbezeugungen, welche mit dieſen in gleichem Wehrte ſtanden, für denjenigen, der in einer Action alle übrigen Kämpfer übertroffen hatte. James von Endelee, ein tapferer engliſcher Ritter, empfing, nach der Schlacht bei Poitiers, von dem Prinzen von Wallis die größten Lobſprüche: „Durch Ihre Tapferkeit", ſagte dieſer Prinz, der ſelbſt mit Lorbeeren bedeckt war, zu ihm, „ha„ben Sie ſich heute Gunſt und Lob von uns allen „erworben, und werden, aus vollem Bewußtſeyn, „für den tapferſten gehalten. Mein Herr James", fügt derſelbe noch hinzu, „ich und alle Unſrigen „halten Sie heute für den beſten von unſerer Sei„te". Froiſſart, Th. I. S. 196.

XXI.

zum dritten Abschnitt.

XXI. (Seite 93.)

Im Jahre 1414, während der Belagerung von Arras, erfolgte eine Ausforderung zu Lens in Artois, zwischen vier Franzosen, deren Anführer der Bastard von Bourbon, ein junges Kind, war, und vier Burgundern, deren Anführer der, in der Folge mit dem Marschallsstabe beehrte Ritter Cotbrüne war. „Letzterer, ein grosser und rüstiger „Mann, ließ zum Erstaunen dicke Lanzen und die „schönsten Lanzeneisen, die man je sehen kann, her„beibringen; allein, als er erfuhr, daß er mit „einem Kinde zu thun habe, so fand er es schicklich, „sich zierlicher Lanzen zu bedienen, mit welchen er „so manierlich wider den Bastard von Bourbon „focht, daß keiner von ihnen verwundet ward". *Iean le Févre de St. Remi* hist. de Charles VI, p. 66.

Ich habe noch gewissermasen gesehen, daß unsere Armeen, wenn sie einander gegenüber standen, sich eine Laufbahn öffneten, und zwischen sich ein regelmäsiges Stück Feldes unbesetzt liessen, so viel, als zu dem Pferderennen, und um den Lanzenwurf in einer verhältnißmäsigen Entfernung anzubringen, nötig war. So erklärt auch **Olivier de la Marche** (in seinen Mémoires, B. I, S. 245.) die Verrichtungen der in den Turnieren zur Aufsicht verordneten Leute, die bei jedesmaligem Rennen, oder Angriff, von neuem mit einem durch Knoten abgetheilten Stricke die Abmessung des Ortes, auf welchen die Kämpfer sich zur Wiederholung des Lanzenwerfens zurück begeben sollten, vornehmen müßten *). Bei den Gefechten, die in den unterirdischen Gängen, bei ebenderselben Belagerung von Arras, zwischen dem Commandanten der Festung, Montaigú, und dem Grafen von Eu vorfielen, ward alles so angeordnet und abgemessen, als man es nur immer bei einem freundschaftlichen Gefechte hätte thun können; und dieses ging so weit, daß, vermöge der vorher abgeredeten Bedingungen, der Ueberwundene dem Sieger einen Diamant, von hundert Thalern an Wehrt, geben mußte. Da der Graf von Eu, ein junger kraftvoller Mann, den Paß so wohl vertheidigt hatte, daß Montaigú ihn niemals überwältigen konnte, „so gab „dieser mit Vergnügen den Diamant, den er dem „Grafen von Eu überreichen ließ, um solchen seiner Dame zu schenken".

Die Liebe war oft eben so gut, als die blose Galanterie, bei den Unternehmungen unserer braven Ritter mit im Spiele. Von dem Herrn Eustach von Auberthicourt, der mit sieben hundert unter seinen Befehlen stehenden Soldaten beträchtliche Eroberungen in Campagne gemacht, und wohl zwölf Festungen in seiner Gewalt hatte, (im Jahre 1358) sagt Froissart, (Kap. 196. S. 222, Bd. I): „Er liebte aus Zuneigung, und heurathete „nachher Isabelle von Julliers, Tochter des Gra„fen von Julliers. Diese Dame hatte Herrn Eu-
„stach

---

*) Bei den teutschen Turnieren waren hierzu bestellt die Stäbler, oder Lunsener, und auch die Grieswärtel, welche von Adel waren, und die ihren Namen nicht vom Kreise oder den Turnierschranken, sondern vom Gries, d. i. Sand, führen, weil sie zu Fuße ihr Amt verrichteten. A. d. U.

„ſtach auch lieb gewonnen wegen ſeiner groſſen
„Geſchicklichkeit in den Waffen, die man ihr ge-
„rühmt hatte; ſie ſchickte ihm Paradepferde und
„Reiſepferde, nebſt Liebesbriefen, wodurch Herr
„Euſtach ſo ſehr angefeuert ward, und ſo viel rit-
„terliche Abentheuer und Gefechte unternahm, daß
„ſich Jedermann gern mit ihm abgab‟.

Brantomé (cap. Fr. tom. IV, p. 238,) berichtet, daß zu ſeiner Zeit die Liebe mehr, als jemals,
ihre Helden gehabt habe: „Die Hofleute haben ſich
„ſehr tapfer und muthig bewieſen, und zuverläſſig
„mehr, als in vorigen Zeiten‟. Darauf fährt er
fort in dem, was er weiter oben von dem Herrn
„von Randan geſagt hatte: „ein Edelmann,
„Don Ludwig von Avila, Obriſter der kaiſerli-
„chen Reuterei, bot ſich bei ſeinem Aufenthalte zu
„Metz an, und verlangte, ſeiner Dame zu Liebe,
„einen Lanzenwurf. Herr von Randan hielt ihn
„ſogleich beim Worte, wegen der Erlaubniß ſeines
„Generals, und nachdem er ſich auf dem gehöri-
„gen Platz geſtellt hatte — es ſey nun aus Liebe für
„ſeine Schöne, oder aus Liebe gegen eine andere
„vornehmere, woran es ihm gar nicht mangelte —
„warf er ſeine Lanze ſo hitzig und ſo geſchickt, daß
„er ſeinen Feind halb todt zu Boden ſtürtzte; hier-
„auf ging er ſiegreich und rühmlich in die Stadt
„zurück, nachdem er ſich und ſeinem Vaterlande
„viel Ehre erworben hatte, weswegen ihn Jeder-
„mann, und zwar mit Recht, lobte und ſchätzte‟.

Auch ſehe man in dem Novennaire (T. II,
p. 502 verſo) unter dem Jahre 1591, den Ausforderungsbrief, welchen der Graf von Eſſex dem,
in Rouen für die Ligue commandirenden Grafen

von Villars übersendete. Der Graf von Essex erbot sich zu behaupten, zu Fuß oder zu Pferde, geharnischt oder im Wammes, daß die Sache des Königs gerechter wäre, als die Sache der Ligue, daß er, Graf von Essex, besser wäre, als Villars, und daß er eine schönere Dame besitze, als Villars. Dieser antwortete, daß er dasjenige, was jener von den Vorzügen seiner Schönen gerühmt habe, nicht glaube *).

XXII.

---

*) Schriften über die Einführung der Galanterie durch die Ritterzeiten sind oben in der Vorrede zu dem ersten Bande S. XVII. u. XVIII. angezeigt worden. Es kann noch dahin gerechnet werden: The history of English poetry from the close of the eleventh to the commencement of the eigtheenth Century etc. by *Th. Warton.* (Lond. 1774. 4) vol. I. wo in einer beigefügten Abhandlung on the Origin of Romantic Fiction in Europe, am Schlusse etwas von dem Geiste der Chevalerie, und eine kurze Schilderung der Ritterschaft eingemischt ist. In einzelnen Sätzen hat W. viel richtige Bemerkungen, aber im Ganzen holt er zu weit aus, und scheidet nicht genug die wahre Rittergalanterie von der bei allen Völkern nicht ungewöhnlichen Achtung für das schwächere Geschlecht, und der Pflicht dasselbe zu beschützen. Dieß Erbarmende finden wir fast allgemein in dem Charakter der Barbaren und halben Barbaren, so sehr auch ihre Weiber Sclavinnen der Männer waren. Hr. Prof. Sprengel (s. Hrn. H. R. Meusels fortges. Betracht über die neuesten histor. Schriften 1774. I. Th. 3 Abschn.) bestimmt den Ursprung der Rittergalanterie in der, oben in der Vorrede a. a. O. gerühmten Abhandlung ungefähr so. Als die allgemeine Kultur unserer Welt die Leidenschaften verfeinerte, die Weiber den Männern durch die christliche Religion und Kultur gleichgeachtet wurden, als

zum dritten Abschnitt.

XXII. (Seite 94.)

Ein englischer Knape, welcher in dem Schlosse Beaufort Befehlshaber war, und 1369 sich zu der französischen Partei schlug, nannte sich einen Per-

als die ersten Ritter aus einem heiligen Eifer das Frauenzimmer schützten, und wegen ihres Mönchsinstituts, der Ungleichheit der Stände, der verbotenen Grade, und anderer Hindernisse der Ehe in dem Mittelalter, so selten ihre Dienste durch die Gegenliebe des andern Geschlechts belohnt sahen, oder die Liebe der spröden Schönen so theuer erkaufen mußten, da entstand erst die Galanterie. Diese Mode dauerte immerfort, als die ersten Quellen ihres Ursprungs schon lange versiegt waren. Die Menge und grosse Achtung der Ritter, die Eitelkeit der Damen, Dienstbezeugungen anzunehmen, die Romanen, worin die Rittersitten so sehr angepriesen wurden, verbreiten sie auch unter die niedrigen Stände, bis sie zuletzt in Complimente ausartete. Aus Norden kam sie nicht zu uns, weil Gothen und Normänner sehr geringen Einfluß auf die Sitten ihrer neuen Unterthanen hatten, die Galanterie einige Jahrhunderte später, und die Sitten der alten Normänner gerade das Gegentheil von Galanterie zeigen. Als ein Beispiel mag Königs Magnus Ladulås Weiberfriede gegen die in Schweden so häufigen Entführungen, und die in Schweden so gewöhnlichen Brautbegleiter dienen, welche das junge Ehepaar bewaffnet zur Kirche hin und wieder zurückführen, und sogar vor der Kirchenwache halten mußten, weil die Entführungen junger Frauenzimmer so häufig waren; wo aber die Galanterie zuerst entstanden ist, das ist eine unauflösliche Frage. Unter gleichen Umständen müssen die Menschen zu allen Zeiten gleich handeln. Uns fehlen aus den Zeiten ihres Wachsthums genaue Beobachter der Menschheit. Aus Chroniken, Leben der Heiligen, aus Urkunden, die

eben

Perſevanten der Liebe. Froiſſart, t. I, ch 54, p. 351, edit. Menard. p 430. Auch wird ſeiner unter dieſem Namen Erwähnung gethan in der **Geſchichte Bertrands du Gueſclin.**

XXIII.

eben auch nicht zahlreich aus dem 10. u. 11. Jahrhundert ſind, können wir dergleichen nicht lernen, und Leben berühmter Ritter oder Anekboten von ihrem Privatleben, haben wir wenig oder gar nicht. Auch war der Geiſt der Galanterie in Teutſchland nicht ſo ausgebildet, ſo feurig, als bei andern Ritternationen (ſ. die Vorrede zu dem erſten Bande). Ein aufbewahrtes Gedicht eines teutſchen Ritters von groſſem Namen und ausgebreitetem Rufe, Reinharts von Weſterburg, athmet ganz dieſes ungefälligere, weniger enthuſiaſtiſche Gefühl. Er war beſtändig im Gefolge Kaiſer Ludwigs des Bayern, und zeichnete ſich durch viele Ritterthaten aus, ward auch als Dichter geſchätzt, denn er lebte in jenen Zeiten, wo die angeſehenſten Männer an den Höfen, wo die Fürſten ſelbſt dichteten. Als er einſt nach einer Niederlage der Bürger in Coblenz mit dem Kaiſer ritt, machte er, den Grundſätzen der Galanterie zuwider, folgendes Lied:

 Ich dörſte den Hals zu brechen,
 wer rächet mir den Schaden dann?
 So hätt' ich niemand der mich räche,
 ich bin ein ungefreundter Mann.
 Auf ihr Gnad acht ich kleine Sach'
 das laſſe ich ſie verſtahn u. ſ. w.

Allein er mußte es auf Befehl des Kaiſers, „der Frauen beſſern":

 In Jammers Nöthen ich gar verbrinn,
 Durch ein Weib ſo minnigliche ꝛc. ꝛc.

und Kaiſer Ludwig ſprach:

 Weſterburg hat es nun wohl gebeſſert.

Vergl. (F. L. Gr. zu Solms) Fragmente zur Solmſiſchen Geſchichte (Leipz. 1785. gr. 4.) S. 26.

XXIII. (Seite 94.)

Als ein Engländer, Johann Chandos, kurz vor der Schlacht bei Poitiers, vorgerückt war, um die französische Armee zu beobachten, begegnete ihm auf der Rückkehr Herr Johann von Clermont, einer von den französischen Marschällen, welcher seiner Seits zurücktritt, nachdem er gleichfalls die Verfassung der englischen Armee beobachtet hatte.

"Beide trugen", sagt der Geschichtschreiber, "einerlei Devisen von einer blauen Dame, mit einem Rande von Sonnenstrahlen, und zwar stets auf ihren Oberkleidern, sie mochten seyn wo sie wollten. Der Herr von Clermont sagte zu Chandos: seit wenn unterstehen Sie sich, meine Devise zu tragen? — Und seit wenn Sie, antwortete Chandos, die meinige? denn sie ist eben so gut die meinige, als sie die Ihrige ist. — Mit nichten, sagte Clermont, und wenn es keinen Aufschub zwischen den Unsrigen und den Ihrigen verursachte, so wollte ich Ihnen bald zeigen, daß Sie kein Recht haben, solche zu tragen. — Ha! erwiederte Chandos, Sie werden mich morgen zu einem Kampfe geschickt finden, um Ihnen zu beweisen, daß mir solche eben so wohl gebührt, als Ihnen. — Herr Johann von Clermont versetzte: es sind dieß nur Prahlereien von euch Engländern, die ihr nichts Neues aufzubringen versteht, als was ihr an andern seht, das schön läßt. Hiermit schieden sie von einander, ohne daß weiter etwas gethan oder gesagt ward, und jeder kehrte zu den Seinigen zurück". Froissart, T. I, ch. 161, p. 188 u. f.

XXVI. (S. 94.)

Herr von **Languerant** versteckte im Jahre 1378 vierzig Lanzen, die er commandirte, als einen Hinterhalt, in einen Wald, und befahl ihnen hier zu warten, bis er vom Recognosciren der, von Engländern besetzten Festung Cardillac zurück kommen würde. Er wagte sich ganz allein bis an die Werke der Festung, und wendete sich hier an eine Schildwache mit den Worten: „wo „ist euer Capitän Bernhard **Courant**? Sagt ihm, „daß Herr **Languerant** ein Lanzenwerfen von ihm „begehrt; er ist wohl so geschickt und tapfer, daß „er es, aus Liebe für seine Schöne, nicht abschla„gen wird; und schlägt er es ab, so wird solches „ihm zu grosser Schande gereichen, und ich wer„de allenthalben, wohin ich komme, bekannt ma„chen, daß er mir einen ernstlichen Kampf mit der „Lanze, aus Feigheit, verweigert habe". Er ward nicht abgeschlagen; denn Languerant verlor dabei sein Leben. **Froissart**, B. 2, S. 43 u. 44.

XXV. (Seite 95.)

Diesen Zug hat uns **Froissart** aufbehalten, in dem zweiten Buche seiner Geschichte, Kap. 33, S. 50, unter dem Jahre 1378. Diese Erzählung verdient sehr gelesen zu werden, und ich wünschte, solche hier einrücken zu können.

XXVI. (S. 96.)

Man könnte von diesen Kriegern sagen, daß, gleichwie man sich von ihnen den Begriff machte, welchen die Alten von ihren Schutzgöttern hatten, (**Plutarch** quaest. rom. 61.) sie auch auf gleiche

Art

Art durch Ketten angefesselt wurden, wie es die Tyrier mit ihren Götzen machten, aus Furcht, sie möchten ihnen entwendet werden.

Man lese, was der Pater Menestrier in Ansehung dieser goldenen Ketten berichtet, (orig. des ornem. d'arm. S. 173 u. f. *). In der Geschichte wird dieser Ketten oft erwähnt, als solcher, die unsern Rittern gegeben wurden, und welche diese zu Merkmalen ihrer ritterlichen Unternehmungen gemacht hatten. (s. oben N. IV.)

Unsere Könige, die bis auf das Jahr 1614, ja bis 1668, den Obristen bei den Schweitzerregimentern goldene Ketten zu verehren pflegten, und die noch jetzo den Gesandten dieser Nation, bei Erneuerungen der Bündnisse, dergleichen zum Geschenke machen, beehrten auch oft damit die übrigen Offiziere bei ihren Armeen, und sogar die bei den Kriegsheeren ihrer Bundesgenossen. (*Bassomp.* mém. t. I, p. 401.) Ludwig XIV. schickte 1666 dem Admiral Ruiter den St. Michaels-Orden, nebst einer goldenen Kette und seinem Bildnisse. (*Pelisson* hist. de Louis XV. von 1661 bis 1678, t. II, l. IV. p. 72 et 73.)

---

*) Auch die teutschen Turnierbücher, der Weis Kunig (Wien 1775. fol.), und die Chroniken sind voll von Beispielen und characteristischen Beschreibungen solcher Geschenke, goldener Ketten, Spiese, Reitschwerder, Gürtel, Sporen, Pferde, Kleidungsstücke, Dänke, Flecken und Güter auf dem Lande, welche als Belohnungen der Tapferkeit ausgetheilt worden sind. Zu Ersparung des Raums enthalte ich mich der Anführung einzelner Beispiele und Stellen. A. d. U.

64 Beweise und Erläuterungen

Verschiedene unserer Könige haben ihre großmüthige Freigebigkeit so weit getrieben, daß sie sogar ihre furchtbarsten Feinde mit diesen rühmlichen Merkmalen ihrer Achtung beschenkt haben. Ludwig XII. legte Gonsalven eine goldene Kette um den Hals, als ein Zeichen der Achtung, womit er sogar diejenige Tapferkeit beehrte, welche ihm das Königreich Neapel entrissen hatte. (*Mont. luc* t. I. p. 539).

XXVII. (Seite 98.)

Als Philipp von Valois noch vor seiner Thronbesteigung, in Italien zum Vortheile der welfischen Partei im Jahre 1320 Krieg führte und Galeaz Visconti, welcher die Gibellinen unterstützte, und diesen Prinzen mit einer weit überlegenern Macht angreifen konnte, sich seiner Vortheile nicht bedienen wollte, schlug Philipp den Weg der Unterhandlungen ein, um denselben dahin zu bewegen, daß er seine Truppen zurückzöge. Galeaz trug Bedenken, sich mit einem Prinzen in Streit einzulassen, für dessen Person er Achtung trug, und die Pflichten aus den Augen zu setzen, welche er Philipps Vater, dem Grafen Karl von Valois, der ihm die Ritterwürde ertheilt hatte, schuldig war (Philipp und er waren also gewissermasen Söhne eines Vaters, und Brüder in dem Ritterstande).

Ohne Zweifel war diese Brüderschaft die Ursache, warum Ritter, die aus einer und ebenderselben Hand ihre Würde erhalten hatten, ohne Erlaubniß des Königs einander nicht herausfordern, und sich schlagen durften, wie Brantome berichtet (des Duels p. 285). Der König schenkte dem

Mar=

Marschall von Gié, der zum Tode verurtheilt war, das Leben, weil er von demselben die Ritterwürde erhalten hatte. Gauvain, der mit Lancelot in Gesellschaft gewesen war, als dieser zum Ritter gemacht ward, wollte keinen Kampf mit demselben wagen; er schien sich als den Taufzeugen Lancelots zu betrachten und wollte nicht mit seinem Pathen fechten. (Roman de Lancelot du Lac, t. III. p. 147. recto col. 2 sq.)

XXVIII. (Seite 99.)

S. *Du Cange*, diss. 21. hinter Joinville, wo von der Annehmung an Bruders Statt, und gelegenheitlich auch von Waffenbrüdern gehandelt wird. (Dictionn. de Nicot voc. compagnons & Fréres d'armes.)

Das Wort Bruder war ehedem ein Ausdruck der Freundschaft, womit man sogar Unbekannte von weit geringerm Stande beehrte (*Phil. Mouskes*, mf.), wie es noch jetzt die Polaken und Böhmen gebrauchen, wenn Leute von beiden Nationen mit einander umgehen. Brüderliche Einigkeit, und der Brudertitel waren bei den Edelleuten, die in einerlei Diensten gewesen waren, noch gemeiner. Diese Bemerkung kann den Genealogisten nützen. Brantome (cap. Fr. t. I, p. 130 et t. IV, p. 107.) sagt von dem Herrn von Teligni: „mein grosser Freund und Bundesbruder". Auch redet er den Baron von Vitaux mit den Worten an: „mein Bruder und grosser Freund". Bassompierre und Schomberg nennen einander Brüder (Mém. t. II, p. 367 et 372), und eben die-

dieser **Bassompierre** nennt die Ritter von **Cra-mail** und von **Grammont**, im Jahre 1621, „sei„ne alten Brüder und Freunde", (Lett. T. II, p. 310); und die **Frau von Sevigné** schrieb noch im Jahre 1674: „Ich schätze Barbantannen „sehr hoch; er ist der wackerste Mann von der „Welt, und besitzt eine fast romanenmäsige Tapfer„keit, wovon ich Büssi tausendmal habe sprechen „hören; sie sind **Wappenbrüder**".

Die berühmtesten Krieger der vorigen Jahrhunderte hatten ihnen das Muster hierzu gegeben. Ich übergehe hier die unter dem Brudertitel bekannten Bündnisse, welche Regenten und Fürsten untereinander, und zuweilen auch mit Leuten von geringerm Stande errichteten, wie das Bündniß des **Königs von Sicilien**, der im Jahre 1439 Waffenbruder des **Connetable Artus III., Herzogs von Bretagne**, war, (Hist. d'Artus III, Connetable de France et Duc de Brétagne; Hist. de du Guesclin, publiée par Ménard, p. 113). Der Graf von **Auxerre** wird genannt: Gefährte (ich verstehe hierunter: **Waffenbruder**) des **Grafen Vert** in der Schlacht bei Cocherel, im Jahre 1364 (Hist. d'Artus III. Connetable et Duc de Bretagne p. 772). Der Connetable du **Guesclin** sagt im Jahre 1372 von **Ludwig von Sancerre**: „mein Bruder von San„cerre". Eben dieser du **Guesclin** schloß mit **Clisson** im Jahre 1370 eine Waffenbrüderschaft, wovon du **Cange** (diss 21 hinter Joinville) die Urkunde liefert. Und **Froissart** sagt in seiner Erzählung von der Ermordung des Connetables **Clisson**, daß „der Herr von Couci, der sich in seinem „Hause aufhielt, sich sogleich früh Morgens, auf „erhal-

„erhaltene Nachricht, zu Pferde begeben habe, und „allein dahin abgereiset sey; er kam an in dem „Hause des Connetable, hinter der Kirche, wo „man es ihm berichtet hatte; denn sie hatten ein„ander sehr lieb, und nannten sich Wappenbrüder „und Gefährten". (Liv. IV. ch. 39, p. 144).

Seit Joinville's Zeiten waren dergleichen Brüderschaften bekannt. Wenn derselbe von Gilles le Brün, dem Connetable von Frankreich, redet, so nennt er ihn seinen Bruder, welches Dü Cange (S. 36 seiner observat.) von der Waffenbrüderschaft, welche sie vereinigte, erklärt; denn sie waren nicht mit einander verwandt *).

Das Christenthum hatte unter den Menschen die Gewohnheit, sich Brüder zu nennen, einge-

führt

---

*) Auch die schwedische Geschichte, zur Zeit der Königin des Nordens Margaretha, liefert ein Beispiel einer sehr merkwürdigen und ausgebreiteten Wappenbrüderschaft an den sogenannten Vitalienbrüdern. Diese Abentheurer waren eine Art von Seerittern, oder wenigstens vollkommen rechtmäßigen und privilegirten Freibeutern oder Kapern, so lange man sie brauchte, d. i. bis in das Jahr 1399. Nachher, als sie die nemliche Rolle für sich, und auf eigenen Gewinn und Verlust zu spielen anfingen, wurden sie Seeräuber. Die Hamburger haben den Ruhm, daß sie die beiden Häupter derselben, Claus Störtebecher und Gödike Michel, endlich übermannten, fingen, und hinrichteten, im Jahre 1402. Noch zeugt hiervon ein altes Lied, welches eingerückt ist in der Quartalschrift für ältere Litteratur und neuere Lektüre, im zweiten Jahrgange (Leip. 1784.)
A. d. U.

führt *); die Ritterschaft behielt solche bei. Es bedeutete dieses nicht immer den Titel einer blos willkürlichen und unwirksamen Freundschaft; man verband noch eine Art von Formalität damit, wodurch man einander wechselseitig an Bruders Statt annahm **), so wie Annehmungen an Vaters- oder Kindes Statt vorkommen, wovon Bassompierre ein Beispiel erzählt, welches ihn und den Her-

---

*) Auch in Teutschland war es ehedem gewöhnlich, daß alle, die zu einem Stande, zu einer Innung, Gesellschaft, Kirche, Gemeinschaft, Orden u. s. w. gehörten, sich Brüder oder fratres nennten, und noch bis auf unsere Zeiten haben sich Reste dieser alten Gewohnheit erhalten auf Akademien, unter der Geistlichkeit, bei Innungen und Handwerkern, in dem Soldatenstande, und in Kirchen und Klöstern. Man sehe hierüber des verstorbenen Leipziger Professors Johann August Frankensteins zwei akademische Streitschriften de titulo fratris. Erford. 1715 und 1716; auch Joh. Phil. Streits diss. de pacto confraternitatis inter nobiles aliosque priuatos moribus vsitato. Erf. 1718. Vorzüglich hat sich der Gebrauch des Brudertitels in den Schreiben unter gekrönten Häuptern und andern regierenden Herren bis jetzt erhalten; s. Joh. Jac. Mosers Progr. von dem Brudertitul unter grossen Herren, besonders den gekrönten Häuptern. Frankfurt a. d. O 1737, und desselben Staatsrecht Th. 17, S. 11 u. ff. Supplemente hierzu liefert Curtius de mutuo fraternitatis nomine a regibus et principibus Europaeis vsurpato. Marb. 1771. und teutsch in dessen historischen und politischen Abhandlungen (1785. 8.) Num V. Was die ältern Zeiten betrifft, s. Du Fresne in notis ad Alexiadem p. 274 sqq. A. d. U.

*) Nachrichten von dieser Gewohnheit in den teutschen Provinzen liefert Chr. Ludw. Crell de adoptione in locum fratris non monstrosa. Viteb. 1748. 1755.

Herzog von Ossonne betrifft. Es ist allgemein bekannt, daß Franz I. Semblançai seinen Vater nennte, und daß Heinrich II. den Connetable von Montmorenci als seinen Taufzeugen behandelte.

Auſſer den Ceremonien bei brüderlichen Verbindungen vertauschten auch zuweilen Waffenbrüder, Waffen- und Glaubensgenossen, wovon ich schon geredet habe, einander ihre Waffen, und schenkten solche einander, wie es bei Homer von Glaucus und Diomedes vorkommt. (*Du Cange* gloſſ. lat. voce arma mutare.) Die wechselseitige Verbindlichkeit, welche man hier übernahm, bestand darin, daß man seinen Wappengenossen in keiner Gefahr verlassen dürfe, daß man ihn „mit Gut und Blut" bis an den Tod unterstützen, und in gewissen Fällen seinen Kampf selbst übernehmen wolle, wenn er vor Ausführung desselben sterben würde. (*Hardouin de la Iaille*, gage de bataille fol. 51 et 52.)

Ein Wappenbruder mußte Feind der Feinde, und Freund der Freunde seines Bruders seyn; beide mußten ihre gegenwärtigen und zukünftigen Güter zu gleichen Theilen theilen, und einer mußte zu Befreiung des andern, wenn derselbe gefangen war, Gut und Blut aufwenden. Der Ritterorden vom zunehmenden Monde war nach diesem Muster gebildet worden. (Tirant le Blanc, t. II, p. 335.)

Du Tillet (Rec. des Rois de Fr. ch. des Chevaliers de l'Ordre et état de Chevalerie p. 316) sagt, daß „die Ritter vom zunehmenden „Monde (welchen sie auf dem Arme trugen) ver„pflichtet waren, einander in allen Schicksalen
„und

„und Gefahren beizustehen, als treue Freunde, de-
„ren einer den andern im Nothfall unterstützt, und
„von denen keiner wider den andern die Waffen er-
„greifen darf".

Im Perceforest, v. 6, f. 69 verſ. col. I,
sagt ein Ritter von seinem Waffenbruder: „Waf-
„fengenossen sind wir seit dem Anfang unserer
„Ritterschaft gewesen; wir haben einander geliebt,
„und thun es noch so sehr, daß einer dem andern
„— wenn es ohne Verletzung seiner Ehre gesche-
„hen kann — bis in den Tod beistehen würde; und
„aus wahrer Liebe bin ich mit ihm gekommen, in
„der Absicht, ihn zu stärken, und demselben im
„Nothfalle mit meinem Gut und Blut beizuste-
„hen".

Indessen glaube ich, daß man diese Verbindungen nicht immer auf Lebenszeit errichtete, sondern daß sich solche oft nur auf gewisse vorüber-
gehende Unternehmungen erstreckten, z. B. auf einen Waffenstreit, wie es der Fall mit Saintré
war (hiſt. de Saintré p. 522 ſq.); auf einen
Krieg, einen blosen Feldzug, eine Belagerung, oder
auf irgend eine andere kriegerische Unternehmung.
Boucicaut und Rainald von Roie hatten sich,
vermuthlich als Waffenbrüder, miteinander auf die
Reise begeben, um wider die Saracenen zu streiten. Nachdem sie durch Ungarn zurückgereiset waren, wo sie dem Könige in dem Kriege wider den
Markgrafen von Mähren Beistand leisteten, so
trennten sie sich wieder, als dieser Krieg geendigt
war. (Hiſt. du Maréchal de Boucicaut, publiée par *Godefroi*, ch. 16, p. 155. ſq.)

Es scheint sogar, daß die Wappenbrüderschaften sich zuweilen nicht weiter erstreckt haben, als auf den wechselseitigen Beistand, den man sich zu leisten versprach, wenn man einen Sturm unternehmen oder abhalten wollte. Als der wackere Feldherr Sainte=Colombe in einem Sturme bei der Belagerung von Rouen, wo Herr von Guise commandirte, tödlich verwundet worden war, besuchte ihn der Fürst, und versicherte ihn, „daß „er stets mit ihm sein Schicksal und sein Vermö„gen theilen wolle, als mit seinem Bruder und „Sturmgenossen".

Zur Schande der Ritterschaft hat man den Herzog von Burgund die heiligsten Schwüre der Wappenbrüderschaft mit dem Herzoge von Orleans brechen sehen; allein man kann diesem das Beispiel des Herzogs von Bretagne entgegen stellen, der lange Zeit ein unversöhnlicher Feind des Connetables Clisson war. Endlich wich der Haß des Herzogs den Gesinnungen der Brüderschaft, als sie Waffenbrüder geworden waren; und nie war eine Freundschaft aufrichtiger gewesen, als die, welche seitdem unter ihnen, bis an den Tod des Herzogs, herrschte. Clisson setzte solche noch nach dessen Tode, gegen seine Kinder fort; er war stets ihr Vater.

Der Mönch von Saint=Denys (Hist. de Charles VI, liv. 13, ch. 6, p. 248.) erzählt die Unterhandlungen, wovon der im Jahre 1393 zwischen dem Herzog von Bretagne und dem König geschlossene Friede, Folge war, und bewundert die Redlichkeit, womit man beiderseits die Besitzungen herausgab, und einander den Schaden ersetzte. Hierauf fügt er hinzu: „aber, was ganz Frank„reich

„reich noch mehr in Erstaunen ſetzte, und die
„Freude der Bretonen vollendete, war dieſes, daß
„man ſah, daß dieſer, vormals unverſöhnliche Haß
„zwiſchen dem Herzoge und Olivier von Cliſſon
„ſich auf einmal in eine ſtete und neue Freundſchaft
„verwandelte. Sie ſchwuren ſich eine ewige Ver-
„bindung, und wurden Wappenbrüder; und als
„der Herzog nach Frankreich reiſete, um die Ver-
„mählung ſeines Sohnes mit der königlichen Prin-
„zeſſin in Richtigkeit zu bringen, überließ er dem
„Herrn von Cliſſon die Regierung ſeines Landes,
„und die Bewahrung ſeiner Gemalin und Kinder".

Auſſer den Dienſtleiſtungen, welche ſich Waffenbrüder in allen Fällen mit den Waffen erzeig-
ten, ergriff der eine jede Gelegenheit, wo der andere ſeines Beiſtandes bedurfte. Keine Gefälligkeit
gab es, die er ihm nicht zu erweiſen ſuchte; er ver-
gaß nie — es mochte auch der Fall ſeyn wie er
wollte — das Band, wodurch ſie mit einander
vereinigt waren.

Der Mönch von Saint-Denys (a. a. O.
B. 34, Kap. 7, S. 348.) liefert eine ſchauervol-
le Beſchreibung der Grauſamkeiten, die 1414 bei
der Plünderung der aufrühriſchen Stadt Soiſſons
begangen wurden, und fügt hinzu, daß Enguer-
ran von Bournonville, das Haupt des Aufruhrs,
enthauptet worden, „was für Vorſtellungen auch
„zu ſeiner Rettung viele groſſe und berühmte Offi-
„ziere von der Armee thaten, und welche Sum-
„men ſie auch für ſeine Befreiung boten. Sie
„glaubten alle, dieſe Bezeugung ihrer Zuneigung
„ſeiner Tapferkeit ſchuldig zu ſeyn, und dem lan-
„gen Zeitraum, in welchem ſie mit ihm gedient hat-
„ten, in der Lombardie und in Frankreich, wo
„ſie

„sie Freunde und Wappenbrüder gewesen wa-
„ren, wie auch der Pracht, wozu er seine Kriegs-
„vortheile anwendete".

Ich will diese Note, bei welcher ich mich vielleicht mit zu viel Theilnehmung aufgehalten habe,
mit dem Gemählde beschliessen, welches Branto=
me (cap. Fr., t. IV, p. 159) von zwei jungen,
zu seiner Zeit auf gut Glück ausgegangenen Wap-
penbrüdern macht. Von dem einen derselben, einem Edelmann aus dem berühmten Geschlechte
von Auton in Xaintonge, sagt er, daß derselbe,
nachdem er seinen ältesten Bruder zu Hause in dem
Besitze beträchtlicher Güter gelassen, „Verlangen
„bekommen habe (wie dieses bei den jüngern Söh-
„nen gewöhnlich ist) nicht zu Hause hinter dem
„Ofen sitzen zu bleiben, sondern die Welt zu sehen.
„Er verpachtete seine Güter; er nahm so viel Geld
„daraus mit, als möglich, verband sich brüderlich
„zu gleichen Schicksalen mit einem andern jungen
„nachgebornen Sohne von Angoumois, aus dem
„Hause von Berneuil, genannt von Monso=
„reau, und beide bliesen nun ihre Feder in den
„Wind, als gute Brüder, die einander geschwo-
„ren hatten, sich nie zu verlassen und mit einan-
„der zu leben und zu sterben, um ihr Glück zu
„suchen".

XXIX. (Seite 100.)

Die Engländer versammeln sich vor der Schlacht
bei Pontvalain, und berathschlagen, wie sie den
Connetable du Guesclin angreifen wollen. Einer
von ihnen, Hue von Carvalai, eröfnet seine Meinung in folgenden Ausdrücken: „Traun, Bertrand
„ist

„ist der beste Ritter jetziger Zeit: er ist Herzog,
„Graf und Connetable, und war lange Zeit mein
„Gefährte in Spanien, wo ich Ehre, Freigebig-
„keit und Freundschaft in solchem Ueberflusse, und
„mit so viel Kühnheit, Grosmuth, Lehnseifer, und
„unternehmendem Geiste verbunden, an ihm be-
„merkt habe, daß aller Welt, bis nach Calabrien
„hin, bekannt war, wie sehr ich bei Tag und bei
„Nacht seine Gesellschaft liebte, um mit ihm auf
„Tod und Leben auszugehen, so lange er nicht
„meinen Regenten bekriegte; denn in diesem Falle
„muß ich meine Kräfte anwenden, um ihm zu
„schaden, und ihn, als meinen Feind, zu drücken.
„Dieß ist meine Meinung". (Hist. de Bertrand
du Guesclin, publiée par Menard, p. 407.)

XXX. (S. 102.)

Boucicaut aß und trank, auf seiner Rückreise aus Spanien, durch die Grafschaft Foix,
verschiedenemal in Gesellschaft von Engländern.
Da sie aus besondern Enthaltungen, die sie ihn bei
den Mahlzeiten beobachten sahen, schlossen, daß er
irgend eine kriegerische Unternehmung gelobt habe,
sagten sie zu ihm, daß, wenn er weiter nichts ver-
lange, man bald einen finden wolle, der ihn hiervon befreien würde. Boucicauts Antwort war:
„In Wahrheit, es geschieht um eines ernstlichen
„Kampfes willen; allein er habe einen Gefährten:
„(es war ein Ritter, mit Namen Raynald von
„Roye, ohne welchen er nichts unternehmen durf-
„te) jedoch, wenn einer von ihnen sich mit ihm
„messen wolle, so sey es ihm nicht zuwider, und
„möchten sie sich nur so lange verweilen, bis er
„sei-

„seinen Compagnon davon benachrichtigt haben wür‚
„de". (Hist. du Maréchal de Boucicaut, publiée par Godefroi, p. 51.)

XXXI. (Seite 102.)

Als der Prinz von Wallis dem Könige Heinrich von Castilien den Krieg angekündigt hatte, beschickte er alle Engländer, welche damals in dem Dienste dieses Fürsten waren, daß sie denselben verlassen, und sich zu ihm begeben sollten. Hüe von Carvalai, der auch unter dieser Anzahl war, und sich nun von Berttrand trennen mußte, nahm mit folgenden Worten Abschied von ihm: „Sire, wir müssen nun abreisen; wir sind mit ein„ander als Biedermänner umgegangen, und das „Ihrige hat uns stets zu Diensten gestanden, so, „daß deshalb nie Streit oder Murren entstanden „ist, sowohl wegen der eroberten Güter, als we„gen der verehrten Kostbarkeiten; auch verlangten „wir nie einigen Antheil davon, und gleichwohl „glaube ich mehr davon erhalten zu haben, als „Sie, wofür ich Ihnen verbunden bin. Ich bit„te Sie darum, daß wir miteinander abrechnen; „und was ich Ihnen werde herausgeben müssen, „will ich Ihnen bezahlen, oder Ihnen deshalb ei„ne Anweisung geben. — Hierauf sprach Ber„trand: es ist dieß eine blose Rede, und es ist „mir diese Abrechnung nie in den Sinn gekommen, „auch weiß ich nicht, wie es sich damit verhält. „Ich weiß nicht, ob Sie mir schuldig sind, oder „ob ich Ihnen noch herauszahlen muß. Nun, da „es also zur Abreise gekommen ist, mag alles quitt „seyn. Aber wenn wir künftig wieder gemeine „Sache mit einander machen werden, so werden
„wir

76 Beweise und Erläuterungen

„wir von neuem Schulden machen, und alsdenn
„wollen wir Rechnung darüber führen. Man muß
„stets Gutes thun, und es ist vernünftig, daß Sie
„Ihrem Herrn folgen. Reine Liebe stiftete unsern
„Bund, und dabei mag es auch bei unserer Tren¬
„nung bleiben; wegen dieser tröste ich mich damit,
„daß es so seyn muß. Hierauf küßte Bertrand ihn
„und alle seine Gefährten. Der Abschied war
„sehr betrübt". (Hist. de Bertrand du Guesclin,
publiée par *Ménaard*, ch. 24. p. 248 et 249.)

Du Guesclin fiel in der Folge in die Hände
der Engländer, die ihn lange Zeit gefangen hiel¬
ten. Nachdem er endlich seine Freiheit erhalten
hatte, unter dem Versprechen, seine Loslassung zu
bezahlen, wollte Carvalai, sein vormaliger Waf¬
fenbruder, den er wieder gefunden hatte, und der
ihm einige Zeit lang gute Gesellschaft leistete, ihm
wieder von der Rechnung reden, die sie noch mit
einander ins Reine zu bringen hatten. „Bertrand",
sagte er zu seinem Freunde, ehe sie von einander
schieden, „wir haben in Spanien in Gesellschaft mit
„einander gelebt, sowohl in Ansehung der Gefan¬
„genen, als der Beute, welche uns in die Hände
„fallen würden, worüber ich Ihnen nie Rechnung
„gethan habe; ich weiß wohl, daß ich Ihnen noch
„einen Ueberschuß herausbezahlen muß, und ich
„wünschte die Summe genau zu erfahren; allein
„für jetzo will ich Ihnen wenigstens mit dreissig
„tausend Goldpfennigen (doubles d'or *) aushel¬
„fen. — Wie es um die Rechnung steht, ant¬
„wortete Bertrand, weiß ich nicht; aber der gu¬
„ten Gesellschaft erinnere ich mich wohl, und ich
„mag

*) S. *Du Cange* gloss. voce duplex aureus. A. d. U.

„mag wegen derselben von keiner Rechnung wissen;
„doch, wenn ich es nötig habe, will ich Sie da-
„rum ansprechen. Hierauf gaben sie einander den
„Abschiedskuß". (Ebend. S. 306.) *)

*) Von den Waffenbrüderschaften sind die Tur-
nier gesellschaften, welche in der teutschen
Rittergeschichte vorkommen, so wie die unter besondern Namen im vierzehnten und funfzehnten
Jahrhundert, wegen des Faust- und Kolbenrechts
aufgekommenen Verbindungen oder Gesellschaften von Fürsten, Grafen und Adelichen, wohl
zu unterscheiden.

In Oberteutschland, oder in den sogenannten vier
Ländern, Schwaben, Franken, Baiern und am
Rhein, waren vier grosse Turniergesellschaften angeordnet, die von eben so viel Tur-
niervögten regiert wurden, welche man aus
den Fürsten dieser vier Reichsländer wählte. Nach
Rüxners Bericht (im Turnierbuche) ward diese
Einrichtung auf dem zweiten Turniere zu Roten-
burg, welches der fränkische Herzog Conrad dahin ausgeschrieben hatte, gemacht. So wenig man
auch sonst Rüxnern in historischen Umständen Glauben beimessen kann, so sehr stimmt doch diese Angabe mit der teutschen Ritterverfassung und andern
Nachrichten überein. In diesen vier Reichsländern sind nicht nur die meisten Turniere gehalten,
sondern auch meistens von einem der vier obersten Turniervögte, welche Rüxner nennt, ausgeschrieben worden, statt daß solche in andern teutschen Ländern seltner vorfielen, und nach Gefallen
bald von diesem, bald von jenem Herrn ausgeschrieben wurden. Die teutsche Ritterschaft bedurfte
Subordination, Aufmunterung, und durch enge Ver-
bin-

bindung erregten Wetteifer, um jene Früchte des ritterlichen Enthusiasmus hervorzubringen, welche unter dem gefälligern Himmelsstrich, den ihre gallischen Mitbrüder bewohnten, freiwillig, oder höchstens nur durch Nationalstolz gepflegt, reiften. Die Reichsgesetze und andere Staatsschriften des sechszehnten Jahrhunderts reden von diesen Turniergesellschaften als von einem ältern und längst bekannten Institut. (Vergl. **Politische Frag und Antwort, ob des H. R. Reichs freyer ohnmittelbarer Ritterlicher Adel ein Stand des H. Reichs sey? S. 38.**) In den wormser Reichstags-Acten von 1495 (bei Datt de pace publ. c. VII. n. 25. sqq.) wird der „Gesellschaften der Ritterschaft, als St. Ger„gen-Schilt, der Wolf, Esel, Visch, Valken und „dergleichen Torners gesellschaften" erwähnt. Die teutsche Ritterschaft war zu zahlreich, und die Beschwerde und Menge der Geschäfte zu groß, als daß die vier obersten Turniervögte allein alles hätten besorgen können. In dieser Ueberzeugung verordnete man sogleich nach dem oben gedachten zweiten rotenburgischen Turnier für den Bezirk eines jeden der vier obersten Turniervögte noch drei **Unterturnier- oder Gesellschaftsvögte**, und theilte jeden grössern Turnierbezirk wieder in eben so viel Klassen oder Unterabtheilungen. Rüxner a. a. O. Bl. 36 u. f. beschreibt die Sache so:

„Als die Unruw des Thurniers gar hin was,
„saßen sie nieder zusammen, und fingen an zu
„berathschlagen, den Turnier baß zu verfassen,
„und ein besser Ordnung anzustellen, und was
„das ihr Fürnemmen, Nachdem der ganz Thur-
„nier den vier Thurniervögten zu schwer were;
„in

„in einer so kurzen Zeit allein zu regieren, so
„wollten Sie für gut ansehen, daß man jnen
„ein Hülff thete, also, daß man in einen jeden
„Gezirk mit seinen Gränzen noch drey Gesell-
„schafft-Voigt verordnete, der jeder zu aller
„Thurniers-Zeit derjehnen, so in seiner Gesell-
„schafft waren, selbst wartet, und die in allen
„Ampten verordnete, wozu ein jeder ein Zeichen
„von ein Thier oder Vogel geben würde, daß
„er sein Gesellschafft-Knecht anhenkte, und er
„selbst das allweg führte, wobei man sein Ge-
„sellschafft erkente, Und welcher von den vier
„Landen ein Thurnierer wer, der solt derselben
„Zeichen eins an seinen Hals, der Kappen oder
„den Hut tragen, in den Gezirk, darin er gesses-
„sen, Wer er ein Ritter, so solt ers gülden
„oder vergült führen, Wer er ein Edelmann,
„so solt ers ganz weiß führen, und der Ehren-
„knecht solt das Forder vergüldt, und das
„Halbtheil weiß tragen, damit sich der Adel untereinander bekennen mögte". —

Von den Zeichen, welche diese Turniergenossen
am Halse oder am Hute führten, und wodurch sich
die Turniergesellschaften von einander unterschieden,
führten letztere ihre Benennungen, z. B. die Gesellschaften vom Schwan, vom Löwen, im Winde,
vom Falken, vom Steinbock, vom Leithund, vom
Greifen, vom Einhorn, vom Esel, vom Bären,
wozu noch sechs andere Gesellschaften dieser Art,
wahrscheinlich in spätern Zeiten, kamen, nemlich
die Gesellschaften vom Pfauen, vom Fisch, vom
Bracken, vom Kranz oder von der Krone, von
der Fürsprang, und vom Wolf. s. Rüxner a. a O.
Bl. 37 u. f. 172 u. f. Diese Zeichen mußten die

Tur-

Turniergenossen nicht blos bei Turnierfesten, sondern auch ausserdem, besonders an hohen Festen und Galatagen, führen, woferne sie nicht sich einer ernstlichen Strafe aussetzen wollten. Vor dem vierten Stücke der Wappenbelustigungen des Hrn. Consistorialraths und Historiographen Oetters findet man eine Abbildung eines solchen Turniergenossen, Johann Ingrams, Persevantens und Knechts der Gesellschaft vom Esel, mit dem Zeichen dieses Thiers am Halse.

Etwas mehr Aehnlichkeit mit den Wappenbruderschaften, als die Turniergesellschaften, haben die im vierzehnten und funfzehnten Jahrhundert in Teutschland berühmten grössern ritterlichen Gesellschaften, welche zwar den unordentlichen Befehdungen entgegengesetzt wurden, die aber der Erhaltung des Landfriedens mehr hinderlich, als zuträglich gewesen sind. Ihr Endzweck war eben so bestimmt als der der Wappenbruderschaften. Nur nahmen mehrere Antheil daran, als das enge Bündniß der Wappenbrüder verstattete. Wären sie ihrer ursprünglichen Verfassung und Bestimmung treu geblieben, so würden sie sich unsterbliche Verdienste um das Vaterland erworben haben. Aber leider entstanden sehr bald aus ihnen eben so viel Gesellschaften von Rauf- und Raubgenossen, welche oft traurige Verwüstungen anrichteten, und um so gefährlicher wurden, je grösser ihre Anzahl, und je enger ihre Verbindung war. In der That ist es zu bedauern, daß der Hang zu Räubereien und unordentlichem Herumbalgen bei der teutschen Ritterschaft so tief eingewurzelt war. Ohne diesen würde sie ohne Zweifel ihren Nachbarn weder an Ruhm, noch an edeln Früchten des ritterlichen Eifers nachstehen

stehen. Die älteste jener ritterlichen Raufgesellschaften mag wohl die **Gesellschaft der Sterner**, der **Sternerbund**, oder die **Sternergesellschaft** seyn, welche unter Kaiser Karl dem vierten um das Jahr 1370, oder allenfalls einige Zeit früher, besonders in Hessen, welches am meisten von derselben gelitten hat, vorkommt. Der Bund war hauptsächlich wider den Landgrafen Hermann von Hessen gerichtet. In den handschriftlichen Excerpten der Riedeselischen Chronik, S. 33 und 34, heißt es davon:

„In diesem Sternenbunde waren der meiste
„Theil der Edeln im Lande zu Hessen, die ge-
„schlossen Junckern, dazu durch Westphalen, Bu-
„chen, Sachßen, Francken, an den Rein und
„durch die Wetterau, daß mehr denn 2000 sol-
„cher Junckern waren, die hatten mehr denn
„viertehalb hundert Schloß, und hatten zusam-
„mengeschworen wider diesen Landgraff, ihn alle
„seine Lande zustören und unter sich zu bringen,
„und die Obersten des Bundes waren allbereits
„eins worden, was jeglichen am Lande werden
„sollte. — — — Etzliche, die in dieses Für-
„sten Hofgesinde waren, und seine Kleidung an
„ihren Hälsen trugen, und täglich sein Futter
„und Brodt assen, die trugen ihre Sterner in
„Beutel und heimlich bei sich, in der Meinung,
„ob es zu einer Mangelung oder Streit keme,
„daß sie ihre Warzeichen bei sich hetten, und
„nicht tod geschlagen würden".

Dem Herzog Otto von Braunschweig leistete dieser Sternenorden wichtige Dienste wider den Landgrafen Hermann. Den Schaden, welchen Hessen dadurch binnen drei Jahren erlitten hat, berechnet der

Verfasser der oben angeführten Excerpten, ohne Zweifel etwas übertrieben, auf 4 Millionen Gulden. Die Bundesbrüder trugen goldene und silberne Sterne auf ihren Kleidern. Auſſer dem Abte zu Hirſchfeld befanden ſich viele Grafen nnd Herren unter ihnen, z. B. die Grafen und Herren von Naſſau, Katzenelenbogen, Waldeck, Hanau, Iſenburg, Mark, Epſtein, Lißberg, Helfenſtein; und vorzüglich zeichneten ſich die Ritter und Rittermäſigen unter ihrem Anführer, dem Grafen Gottfried von Ziegenhain, aus, in Brennen und Rauben, bis endlich die Markgrafen von Meiſſen und Thüringen, Balthaſar und Friedrich, dem Landgrafen zu Hülfe kamen.

Kurze Zeit nachher kam eine Geſellſchaft von Grafen und Edelleuten wider ebendenſelben Landgrafen Hermann von Heſſen zum Vorſchein. Sie nannte ſich den Geſeller-Bund von der alten Minne. Die handſchriftlichen heſſiſchen Chroniken erwähnen deſſelben, aber ohne über den Namen einiges Licht zu geben. Das Haupt davon war Graf Johann von Dillenburg, und die Hauptexpedition ging wider einige heſſiſche Aemter und die Stadt Frankenberg, welche durch Gefangennehmung eines Raubgenoſſen, Friedrichs von Patberg, und durch Aufhängung fünf ſeiner Knechte dem ganzen ehrenhaften ritterlichen Bunde, der von ſehr kurzer Dauer war, ein Ende machte. (Vergl. Gerſtenbergers frankenbergiſche Chronik 1619, und in Kuchenbeckers annal. Haſſ. coll. V.) —

Faſt zu gleicher Zeit erhob ſich eine Geſellſchaft, größtentheils oberheſſiſcher, Edelleute wider den Landgrafen Hermann, in gleicher löblicher Abſicht, unter Anführung Conrads Spiegels von Deſenberge ge und der Herren von Hozfeld. Von den Hörnern, welche sie als Merkzeichen trugen, hiessen sie die Gesellen von Horne, die Gesellschaft mit den Hörnern, der Hörnerbund, die Hörnergesellschaft. Die hessischen Chroniken erwähnen dieser Gesellschaft mit dem Jahre 1378, und legen derselben eine dritthalbjährige Dauer bei, allein in einer Urkunde von 1382 (in Aen. Sylvii Histor. Frid. III. p. 242 seq.) wird ihrer noch als einer damals blühenden Gesellschaft gedacht. (Wilh. Dilichs hessische Chronik S. 213, Kopp von Association der vordern Reichskreyse, §. III. S. 20 u. f.)

In ebenderselben, an ritterlichen Raufgesellschaften so fruchtbaren Periode kommt auch die Falknergesellschaft in Westphalen, und insonderheit im Bißthum Paderborn, vor. Wenn je eine ritterliche Genossenschaft dieser unglücklichen Jahrhunderte den Eigenschaften des Thiers, welches sie zu ihrem Merkzeichen erwählt hatte, sich gemäß verhalten hat, so hat es diese gethan. Die mehrmals angeführten hessischen Chroniken gedenken derselben, namentlich die frankenbergische, mit folgenden Worten:

„Dornach als man schrieb 1380 Jahr, da er-
„hub sich ein ander Bund und Gesellschaft in
„Westphalen, und in den Stifft Paderborn, die
„hiessen die Felckener. Diese Vehde wehre-
„te auch bis ins dritte Jahr; die machten auch
„viel arme Leute, und thaten viel Schaden. In
„denselben Jahr sendte Landgraff Hermann die
„seinen vor Mardorff, dahin kamen die von
„Frankenberg mit 60 Pferden wohl bzeuget,
„da zutratte man die Frucht, und zogen for-
„ders

„ders vor Melnau, da zutratten auch die Flur.
„Desgleichen thaten sie auch vor Hotzfeld, denn
„die Junckern hatten ihr Schloß Hotzfeld den
„Grafen von Nassau ufgethan, wider die Hessen,
„und dies geschahe uf St. Johannis Baptistä
„Tag, nach der Geburt Christi, als man schrieb
„1381 Jahr. In demselben Jahre geschahe de-
„nen zum Frankenbergk grosser Schade von den
„zweyen Bünden, den Hörnern uud Falke-
„nern. Denn es geschahe uf eine Zeit, daß
„die von Franckenberg auszogen mit manchen
„stoltzen wohlerzeugeten Wappenern, und jagten
„ihren Feinden nach. Nun hatten die Feinde
„einen Hinterhalt, und wurfen die Bürger nie-
„der vor den Fürstenbergk".

Eine ähnliche Gesellschaft, der Grimmen Lö-
wenbund, oder die Löwengesellschaft, ward
im Jahre 1379 zu Wisbaden errichtet, wie der
Bundesbrief in Herzogs elsäß. Chronik lib. II.
c. 43. p. 70. zeigt. Das Haupt der Gesellschaft
war Wilhelm, Graf von Wied, und ausser den
Rittern und Rittermäsigen befanden sich zwei Grafen von Katzenelenbogen und zwei Grafen von Nassau darunter. Anfänglich war der Bund nur auf
drei Jahre errichtet. Allein in der Folge ward seine Dauer verlängert, und die Gesellschaft durch mehrere Gegenden Teutschlandes verbreitet, so daß verschiedene Löwengesellschaften in den Niederlanden,
im Elsaß, am Rhein, im Brisgau, und in Schwaben vorkommen (vergl. Datt de pace. publ.
p. 42 sq). In der Bundesurkunde war verordnet; „zu einem Warzeichen und Erkenntniß soll
„unser jeglicher der Ritter einen gülbnen, und der
„Knecht einen silbernen Löwen an ihn tragen".

Der

zum dritten Abschnitt.

Der Endzweck des Bundes sollte, so wie aller ähnlichen Gesellschaften, blos Vertheidigung gegen Beleidigungen seyn, den Kaiser nebst den Kurfürsten allein ausgenommen. Allein Hessen und andere Gegenden haben die Folgen dieses vorgeblichen Plans empfinden müssen.

Mehr als hundert Jahre später, im Jahre 1489, entstand in Baiern, unter Anführung Sebastian Pflugs, eine zahlreiche Löwengesellschaft, welche aus baierischen Freiherren, Rittern, und Edelleuten bestand. Sie nannte sich auch die Gesellschaft von dem Leon. Jeder Bundesgenoß mußte, wenigstens „an allen Feiertagen, Für„stentagen, Landtagen und Sammlungen" einen silbernen Löwen am Halse tragen, ausserdem aber stets irgendwo auf seiner Kleidung öffentlich einen kleinen gemahlten Löwen, ein Ritter vergoldet, ein Knecht silbern, führen. Gelegenheit zu Errichtung des Bundes gab das Mißvergnügen des baierischen Adels über ihren Herzog Albrecht, welches durch den Haß des Kaisers Friedrichs II., den sich der Herzog zugezogen hatte, nicht wenig vermehrt und begünstigt ward. Grosses Ansehen und Unterstützung erhielt der Bund dadurch, daß er sich mit dem schwäbischen Bunde, und schon 1489 mit dem Pfalzgrafen Otto vereinigte, und im Jahre 1490 von dem böhmischen Könige Uladislaus einen Schutzbrief erlangte. Die Verfassung der Gesellschaft, ihre Anlagen, Zusammenkünfte, Pflichten u. s. w. sind in der Bundesurkunde auf das genaueste bestimmt. Noch im Jahre 1492 geschieht ihrer Meldung. Wenn sie aufgehört hat, läßt sich nicht genau bestimmen. (Datt a. a. O. P. II. c. 10. n. 43 seq. *Immanuel Weber* diss. societas leonum, vulgo

vulgo die Löwengesellschaft, quae circa finem seculi XV. in Bauaria innotuit. Gieſſ. 1713.)

Zu den Rittergesellschaften des vierzehnten Jahrhunders gehört auch der Benglerbund, deſſen die heſſiſchen Chroniken bei dem Jahre 1391 erwähnen. Auch dieſe Geſellſchaft nahm ihren Urſprung in Heſſen, wo ſie dem Landgrafen viel zu ſchaffen machte. Die Glieder derſelben führten Bengel (fuſtes), von welchen die Benennung herrührt. Bei einer Expedition, die ſie wider den Biſchoff von Paderborn, einen Sohn des Herzogs von Bergen, unternahmen, wurden die angeſehenſten von demſelben gefangen genommen, nemlich die Herren von Patberg, Spiegel von Deſenberg, Falkenberg, Hertnigshuſen, Wolf von Schwarzenberg, und andere. Der Gefangenen waren ungfähr hundert, deren Ranzion man auf 30,000 Gulden ſchätzte.

Groſſe Aehnlichkeit mit dem Benglerbund hatte der Fleglerbund. Es iſt unrichtig, wenn man glaubt, dieſer Bund habe ſeinen Namen daher, weil die Mitglieder deſſelben Flegel, ſtatt der Waffen geführt hätten, oder weil die Geſellſchaft aus Dreſchern, und andern Leuten dieſer Art beſtanden habe. Vielmehr war er eine ritterliche Geſchaft, die ihre Benennung von den Flegeln hatte, welche ſie zum Spott der Löwengeſellſchaft in ihren Fahnen als Merkzeichen hatte, weil die Löwner Löwen führten. Dieſe Fleglergeſellſchaft ward auf Veranlaſſung des thüringiſchen Landgrafen Friedrichs, und deſſen Schwagers, des Erzbiſchoffs Günthers zu Magdeburg, der Löwengeſellſchaft entgegengeſtiftet, unter welche ſich verſchiedene Vaſſallen des Landgrafen begeben hatten, die von den beiden Markgrafen zu

Meissen, Friedrich und Wilhelm, begünstigt wurden. Sie entstand in Thüringen in dem Jahre 1412, also eben zur Zeit, wo zwischen den gedachten Markgrafen und dem Landgrafen Mißverständnisse herrschten.

Die angesehenste und mächtigste aller teutschen Rittergesellschaften war die St. Georgenschildsgesellschaft, welche wahrscheinlich der Keim oder die ursprüngliche Substanz unserer heutigen, unter St. Georgs Wappenschild autorisirten Reichsritterschaft ist. Den Namen führte sie von dem heil. Georg, welche die Verbündeten auf ihren Schilden führten. Auch hat sich dieser Bund am längsten erhalten. Strub (in der Reichshistorie S. 539 u. f.) scheint den Ursprung dieser Gesellschaft erst in das Jahr 1488 zu setzen, wo von der St. Georgenschildsgesellschaft, durch Vereinigung mit einigen Städten, der Grund zu dem sogenannten schwäbischen Bunde gelegt ward. (s. Datt a. a. O. B. II. Kap. VII. n. 18. 19). Allein es ist historisch gewiß, daß der St. Georgenbund schon im Jahre 1392 seinen Anfang genommen hat. Damals verbanden sich nicht weniger, als 457 Grafen, Herren und Ritter, als Wappengenossen, deren Familien grossentheils noch heut zu Tage blühen (Datt B. II. h. 3 S. 252 u. f.), Seitdem kommen mehrere einzelne Parteien und Expeditionen dieser Bundesgenossen, und im Jahre 1488, bei ihrer Verbindung mit schwäbischen Städten, eine Haupteintheilung derselben nach vier Districten vor, nemlich im Hegow oder am Bodensee, am Kocher, an der Donau, und am Neckar (Datt S. 279 u. f.) Der St. Georgenbund hat so viele und so merkwürdige, zum Theil abentheuerliche Abwechslungen

gen erfahren, und seine Geschichte ist so sehr in die Geschichte sowohl der ehemaligen Ritterverfassung, als der heutigen unmittelbaren Reichsritterschaft verwebt, daß er eine eigene Untersuchung verdiente. Einige Gedanken eines Entwurfs hierzu enthalten Joh. Friedr. Häberlins theses inaug. de statu, iuribus ac priuilegiis S. R. I. lib. ac immed. nobilitatis inde a temporibus Rudolphi I. vsque ad Maximil. I. Helmst. 1774. Vergl. auch Köhlers Münzbelustigungen Th. 7, S. 347 u. f. Th. 8, S. 76 u. f. u. Crusius in annal. Suev. lib. 2. part. 3. cap. 12.

Eine sehr vornehme ritterliche Gesellschaft scheint auch die Gesellschaft mit dem Rübenbande gewesen zu seyn, von welcher noch zur Zeit nur wenig Nachrichten bekannt sind. Sie scheint aus Fürsten, Grafen, und Rittern bestanden zu haben. Der verdienstvolle teutsche Geschichtforscher, Hr. Reg. R. u. erster geh. Archivar Spieß zu Baireuth, hat in seinen archivischen Nebenarbeiten, im I. Th. (1783. 4) S. 101 - 103, zwei Urkunden von den Jahren 1420 und 1425 aus dem plassenburgischen Archive bekannt gemacht, welche dieselbe betreffen. In der ersten nimmt Herzog Ludwig in Schlesien und Herr zu Brieg, als oberster Hauptmann der Gesellschaft mit dem Rübenbande, seinen Schwager, den Markgrafen Johann zu Brandenburg (den Alchymisten) nicht nur in diese Gesellschaft auf, sondern bevollmächtigt ihn auch zugleich, daß er in den drei Landen, Schwaben, Franken und Baiern, andere Mitglieder aufnehmen, und ihnen diesen Orden zu tragen, verleihen und geben möge, mit der Bedingung, daß jedes derselben das Schock böhmi-
scher

scher Groschen, welches nach dem besondern Gelübde der Gesellschaft jährlich an eine Marienkirche zu liefern war, künftig zur Marienkirche zu Langenzenn, bei Strafe der Ausstossung aus der Gesellschaft, liefern solle. In der andern Urkunde bevollmächtigt Markgraf Johann den Ritter Hans von Seckendorf zu Brunn zu Eintreibung der rückständigen Gesellschaftsgelder. Er nennt sich darin einen Hauptmann der Gesellschaft des Rubenbands in den drei Landen, Schwaben, Franken und Baiern, seinen Schwager aber, Herzog Ludwig in Schlesien, den König der Gesellschaft. Ein berühmter teutscher Geschichtskenner und Diplomatiker mutmaßt in der Allgem. deutschen Biblioth. B. LIX. S. 474, daß diese Gesellschaft nachher (1443) Gelegenheit zu dem Schwanenorden unserer lieben Frauen auf dem Berge bei der Stadt Altbrandenburg gegeben habe.

Noch zu Ende des XV. Jahrhunderts finden sich Spuren zwei angesehener ritterlicher Gesellschaften „vom Fisch, die man nembt Sewer, und zum Falchen, die man nembt Sthnaitholzer". Viele Grafen und Herren, auch Fürsten, standen mit denselben in Verbindung, und im Jahre 1484, „uff Måntag S. Bartholomäus Abendt" errichteten beide Gesellschaften einen Bund miteinander. (Burgermeisters Cod. dipl. equestr. §. 14 S. 67, Lünigs Reichsarchiv, Part. spec. Contin. I. 2. Abtheil. §. 24, S. 64 u. f.)

Ich würde diesen Zusatz zu dem Werke des Hrn. v. Ste. Palaye zu sehr erweitern, wenn ich auch von andern, weniger ausgebreiteten Rittergesellschaften ausführlicher handeln wollte, z. B. von der Gesellschaft mit den rothen Aermeln

(Gude-

(Gubenus Cod. dipl. II. 1048), von den Gesellschaften vom Rosenkranz und von Roßkämmen, von der Löffelgesellschaft und der Gesellschaft der Martinsvögel (Datt a. a. O. K. XI. n. 52. Gottfriebs histor. Chronik Th. VII. S. 761), von der St. Wilhelmsgesellschaft (Crusius a. a. O.) u. b. m.

Auch würde es theils überflüssig, theils zweckwidrig seyn, wenn ich hier Nachrichten einschalten wollte von den geistlichen und weltlichen Ritterorden — die zum Theil als Folgen des ächten Rittereifers, zum Theil aber auch nur als Surrogat und Nachahmung des in Verfall gerathenen Ritterwesens anzusehen sind — und von den mancherlei geistlichen Brüderschaften, z. B. von der Gesellschaft des h. Ritters Simplicii zu Fulda, deren Mitglieder männlichen und weiblichen Geschlechts bei ihrer Aufnahme vier Ahnen beweisen müssen, (Golbasts Reichshandl. S. 22) von der im Jahre 1497 von dem Kurfürsten zu Mainz gestifteten St. Martins Brüderschaft, deren Gelübde darin bestand, daß jedes ihrer Mitglieder, die ebenfalls vier Ahnen haben mußten, am Martins-Tage einen Armen kleiden, und am Charfreitage einen speisen mußten (Ioannis not. ad Serrarium T. I. rer. Moguntinar. p. 808. n. 10); von bem lübeckischen Dreifaltigkeitsorden, welcher im Jahre 1397 gestiftet, und 1778 von Kaiser Joseph II. aufs neue bestätigt, und mit einem verbesserten und vermehrten Ordenszeichen versehen ward (Fabris geograph. Lesebuch, sechstes Bändchen 1786.) u. a. m. Auch unter dem gemeinen Volke entstanden in Teutschland häufig Brüderschaften, die oft einen geistlichen Zweck hat-

hatten, die sich in ihren Capellen und Brüderschaften von Andacht brennend anstellten, und deren einziges Vergnügen es war, Processionen beizuwohnen, und Fahnen, Kreuze, Rauchfässer u. Kerzen zu tragen. Unter die zahlreichsten geistlichen Brüderschaften, die in sehr vielen teutschen Städten blühten, gehören die Calande oder Kalandbrüderschaften, wovon Hr. D. Schröter in seinen vermischten jurist. Abhandl. B. II. (1786) S. 92-103, nebst den daselbst angeführten Schriftstellern, und Hr. v. Pistorius in s. amoenit. hist. iurid. in der Vorrede zu dem dritten, und vorzüglich in der zum sechsten Bande S. 33-60 ausführlich handeln. Letzterer gibt a. a. O. S. 34 und 35 auch kurze Nachrichten von sieben andern geistlichen Brüderschaften. In Norden und in England führten dergleichen Brüderschaften den allgemeinen Namen Gilden. Doch scheint diese Gewohnheit in Teutschland nicht so sehr überhand genommen zu haben, als im Königreiche Neapel, wo Künstler und Handwerker ihr Gewerbe darüber vergassen, und dafür im Handel und Wandel desto mehr Betrug ausübten. Giannone (in b. bürgerl. Geschichte von Neapel, B. III. S. 170 der teutschen Uebersetzung) eifert daher mit Recht über sie.

A. d. Uebers.

XXXII. (S. 102.)

Der Mönch von Saint-Denys berichtiget den, im Jahre 1402 erfolgten Tod Ludwigs von Sancerre, und rühmt den Connetable in folgenden Worten: „es ist hinlänglich, dem Leser ei„nen Begriff zu machen, und im Kleinen eine „Schilderung dieses grossen Mannes zu liefern,
„wenn

„wenn sich anführe, daß er der unzertrennliche Ge-
„fährte und Wappenbruder des berühmten du
„Guesclin gewesen ist; und daß, nachdem er die-
„sen bei seiner Eroberungen in Guyenne unter-
„stützt hatte, er solche nicht nur nach dessen Tode
„erhalten und beschützt, sondern auch dieselbe durch
„verschiedene Siege erweitert hat". (Hist. de
Charles VI, liv. 22, ch. 10, p. 459. *Phil. Mouskes*, mſ. fol. 417 et 418.)

XXXIII. (Seite 103.)

Der Schwanenritter übernimmt die Vertheidigung einer Dame, deren Güter der Herzog
von Sachsen sich anmaßte, und setzt dieselbe in
ihre Rechte wieder ein. Die Romanen des Lancelot (T. II, fol. 71 verso, col. 1.) und des Perceforest (vol. I, f. 3 recto et verso) erwähnen
häufig dieses Gebrauchs, der sich auf die edelmüthigen Gesinnungen unserer alten Ritter gründet;
und der Herzog von Burgund, der sich zur
Ehre rechnete, ihnen hierin nachzuahmen, gibt uns
auffallende Beweise hiervon, wie Olivier de la
Marche (avis du gage de bataille fol. 12 verso)
berichtet.

„Zweimal, in seinem Leben, wollte er in den
„Schranken fechten, einmal wider den Herzog
„von Gloucester, den Bruder des Königs von
„England, in Ansehung des Streits wegen Hol-
„land und Hennegau; und das anderemal mit dem
„Herzoge von Sachsen, wegen des Zwistes der
„Frau Catharina von Chevoir, seiner Stieftante,
„in Ansehung des Herzogthums Luxenburg, wo-
„rauf sie aus Erbrecht Ansprüche machte, die ihr
„der

„der Herzog von Sachsen streitig machen wollte. „Also wagte dieser großmüthige Herzog sich per„sönlich zweimal in ein Gefecht mit den beiden ge„nannten Personen, in Gegenwart des Kaisers".

Man lese in der Geschichte des Marschalls von Boucicaut. (S. 146 ff.) das neun und dreißigste Kapitel, welches „die Fehdebriefe enthält, in „welchen sich dreizehn Ritter verpflichteten, die Rech„te aller artigen und züchtigen Frauen, so viel in „ihren Kräften stünde, auf Verlangen zu verthei„digen". (Ebendas. Kap. 38. S. 143.) Oft hatte es ihm mißfallen, daß Frauenzimmer genötigt gewesen waren, ihre Klagen zu den Füssen des Thrones, „als die Quelle der Gerechtigkeit", niederzulegen. Beschämt dadurch, daß die Ritterschaft nicht aus eigener Veranlassung die Waffen ergriffen hatte, um dieselbe wegen ihrer Streitigkeiten in Schutz zu nehmen, beschloß er, aus diesen dreizehn Rittern einen Orden von der weisen Dame mit dem grünen Schilde, zu errichten, welche gelobten, auf fünf Jahre den Abentheuern, die er ihnen vorschlug, sich zu widmen. „Jeder von ihnen trug auf dem Arm einen gold„nen Schild mit grünem Schmelzwerk, inwendig „mit einer weisen Dame".

Gleicher Eifer belebte zwei Ritter aus der Picardie, im Jahre 1425, daß sie Jacobinen von Baiern bei ihren Rechten schützten. Als der Graf von Saint-Pol, sagt Monstrelet (vol. II, fol. 25 verso unter dem Jahre 1425), in seinem Schlosse Hesdin die Herzogin von Burgund, seine Schwester, empfing, „so befanden sich an dem ge„dachten Orte Hesdin eben damals Johann Ba„stard von Saint-Pol und Adrian von Hü„mieres,

„mieres, deren jeder auf seinem Arm einen run„den silbernen Schild trug, worauf ein Sonnen„strahl gemahlt war; sie hatten sich vorgenommen, „wider alle Engländer und deren Bundesgenossen zu „behaupten, daß Herzog Johann von Brabant „gegründetere Ansprüche auf das Land und die Her„schaften der Herzogin Jacobine von Baiern, „seiner Gemahlin, habe, als der Herzog von Glou„cester".

XXXIV. (Seite 104.)

Als Boucicaut zum drittenmale nach Preuſsen wider die Ungläubigen zog, erfuhr er zu Königsberg, daß unter verschiedenen Ausländern, welche diese Reise in der nemlichen Absicht gemacht hatten, ein vornehmer Schottländer, Wilhelm von Duglas, von einem Engländer war ermordet worden, und daß dessen eigene Landsleute sich wenig angelegen seyn ließen, ihn zu rächen. Boucicauts edeldenkende und tugendhafte Seele empörte sich wider die Abscheulichkeit dieses Verbrechens, welches unbestraft bleiben sollte. Er forderte die Engländer auf, und verlangte jeden von ihnen zum Kampfe, welcher frech genug seyn, und behaupten würde, daß der Schottländer verdienter Weise umgebracht worden sey. (Hist. du Maréchal de Boucicaut, publiée par *Godefroi*, ch. 18, p. 67 sq.)

Man lese in des Mönchs von Saint-Denys Geschichte Karls VI. (B. 22, Kap. 8, S. 456 u. f.) den Inhalt des Fehdebriefes des Herzogs von Orleans an den Herzog von Lancastre, den Mörder des englischen Königs Richards II., vom Jahre 1402, worin er an der
Spitze

Spitze von hundert Edelleuten mit ihm zu streiten verlangte, unter der Bedingung, daß die Ueberwundenen der Willkühr der Sieger gänzlich überlassen seyn sollten. Die Ausforderung ward übel aufgenommen, der Herold, welcher sie überbrachte, ohne Geschenke, wider die damalige Gewohnheit, zurückgeschickt, und der Kampf als ungleich abgeschlagen, weil die Parteien von ungleichem Stande wären, seitdem das Haus Lancaster den englischen Thron besitze. „Ich habe alle Schriften bei„der Theile gesehen", sagt der Geschichtschreiber, „und ich habe lange Zeit bei mir überlegt, ob ich „solche hier einrücken müßte; allein da es nur zu „Wortwechsel und Schimpfreden, wie bei Zänkereien „alter Weiber, kam, so habe ich es für hinlänglich „gehalten, hier nur in der Kürze der Sache zu er„wähnen".

XXXV. (Seite 105.)

Beispiele dieser Art, die an sich von geringer Erheblichkeit sind, daß nemlich Ritter für genossene Gastfreundschaft die größre Erkenntlichkeit beobachteten, kann man nur in unsern Romanen antreffen; aber hier findet man sie auch häufig.

Beweise
und
Erläuterungen
zu dem
vierten Abschnitt.

I. (Seite 106.)

Zu den Lanzen nahm man das gerabeste und leichteste Holz, z. B. von Linden, Fichten, Maulbeerbäumen, Erlen u. a.; die besten waren von Hainbuchen. Der obere Theil der Lanze war mit einer Spitze von hartem Stahle versehen, und mit einer Fahne geziert, die einen langen und schleppenden Schweif hatte.

Sos gofainos son blancx latz trainiers.

Gerard de Roussillon, mf. en prov. fol. 54 recto et fol. 38 verso, et 39 verso. Ein Knape hatte weiter keine Lanze, als die, welche er für seinen Herrn trug; er durfte sich nur mit dem Schild und

und Schwerd herumschlagen. In dem Roman d'Alector (fol. 11) erbietet sich ein junger Mensch seine Unschuld durch „die Waffenprobe mit Schild „und Schwerd" zu beweisen, und fügt hinzu: „denn „ich bin noch nicht Ritter". *)

*) Bei den Turnieren gebrauchte man zweierlei Lanzen, spitzige und stumpfe. Diese letztern nennte man auch von den Kronen, womit solche oben statt der Spitze versehen waren, Krönige. Die spitzigen wurden im Turnier zum Scharfrennen oder ernstlichen Kampfe gebraucht, die stumpfen aber zum Stechen. (Schubart diss. de ludis equestribus, p. 70) Die Lanze mußte von geradem, leichtem, und zugleich von dem härtesten Holze seyn. Gewöhnlich war sie aus Fichten- oder Linden- oder Espen- oder, und zwar vorzüglich, aus Eschenholz gemacht. An dem einen Ende war eine Spitze von gutem Stahle aufgesetzt, womit der Ritter, wenn er solche stet hielt, und das Pferd seine Schuldigkeit that, zuweilen seinen Gegner durch und durch stieß, und denselben meistentheils aus dem Sattel hob.

Unter den Lanzenbrechern der Ritterzeit waren die Franzosen vorzüglich geschickt hierin, und deswegen berühmt. Aber nirgends herrschte auch größerer Turniereifer, als bei denselben; und bei dem Turnierspiel war die Lanze das gewöhnlichste und vornehmste Gewehr. Die alten Schriftsteller wetteifern in Lobeserhebungen, die sie den Franzosen wegen ihrer Geschicklichkeit, mit der Lanze zu fechten, machen (*Albert* Aquisgran. — *Anna Comnen.* in Alex. — *Nicetas* in Man. — *Cinnamus* u. a.); und *Fulcherius Carnotens.* sagt von

ih-

ihnen, sie wären probissimi bellatores, et mirabiles de lanceis percussores.

Oft war oben an der Lanze ein **Fähnlein** angebracht. Thurlin sagt: „Das Speer hielt „einen kleinen Vahnen". Dieses **Fähnlein** (franz. pennon, lat. pendo) führten die Ritter so lange, als sie noch keine gewisse Anzahl Lehnleute unter sich hatten, oder andere Ritter besolden konnten. Es endigte sich in einer Spitze. An der Seite des Ritters und unter seinem Fähnlein fochten seine Knechte, Knapen, Wapenen u. s. w., wenn er dergleichen unterhalten konnte. Konnte er dieses nicht, so war es seiner Würde nicht nachtheilig, der Lehnmann eines Reichern oder Mächtigern zu werden, Sold von demselben anzunehmen, und unter dessen Panier Kriegsdienste zu thun. Verstatteten aber seine Umstände, für sich selbst ein ansehnliches Gefolge von Rittern, Lehnleuten und Knechten zu unterhalten, so bat er den Kriegsherrn oder dessen Feldhauptmann, sein Fähnlein in ein **Panier** zu verwandeln. Man trennte die Spitze von dem Fähnlein, und dieser geringe Schnitt schuf aus dem Ritter einen **Panier-** oder **Pannerherrn** (bannerius, vexillifer, vexillarius). Dieser Vorzug war ehedem so lange erblich bei der Familie des Pannerherrn, als ihre Glücksumstände unverändert blieben, das heißt, so lange sie die erforderliche Anzahl Ritter und Knechte, in Frankreich wenigstens fünf und zwanzig, in Teutschland aber gemeiniglich „zehen Helme oder Spiesse wohl-„erzeugter Leute", gegen den Feind stellen und unterhalten konnte. (Scheidts Vorrede zur mantissa diplomatum &c. S. 26. Vergl. unten die Anmerk. zu Note XXXV. dieses Abschnitts.) (Du *Fresne* dissert. IX. sur l'histoire de St. Louis par

par *Joinville*.) Daher das französische Sprichwort: cent, ans bannière, cent ans civière. Doch gab es auch Pannerherrschaften oder Länder, welchen das Recht oder die Pflicht das Panier zu führen anklebte, und wo also dasselbe jedem Inhaber derselben zukam. Reste dieses Gebrauchs sind vermuthlich noch jetzt in Teutschland die F a h n l e h e n, deren Besitzer vom Kaiser mit einer Fahne belehnt werden. S c h e i d t vom Adel §. 18. S. 141.

A. d. Uebers.

II. (S. 106.)

Ich weiß nicht aus welchem Grunde le *Laboureur* (hist. de la Pairie p. 179.) von allen Schriftstellern, die ich gesehen habe, in Ansehung der Beschreibung, welche er von dem Panzerlehn gibt, abweicht. Nach seiner Meinung bedeutet dasselbe das Lehn eines Knapen. Man sehe das Gegentheil in dem Kap. 12, B. I. der Etablissemens de St. Louis, und in dem Glossaire du droit francois von *Lauriere*, welcher seine Behauptung mit vielen übereinstimmenden Zeugnissen unterstützt. *)

---

*) Es hat dieses Lehn seine Benennung von den Lehndiensten, welche der Besitzer eines P a n z e r l e h n s (feudum halsbergae s. loricae, fief de Haubert) in voller Rüstung, im Panzer und Brustharnisch, zur Zeit des Kriegs leisten mußte. *La Roque* tr. de la Noblesse p. 241. *Mascov* de iure feud. c. 3. §. 36. T h e o d. H a g e m a n n de feudo loricae. Gött. 1785. 8. Vergl. K l ü b e r s kleine jurist. Bibliothek St. III. (1786.) Num. XLII. A. d. U.

Indessen bin ich, mit le Laboureur (S. 180) der Meinung, daß die Knapen eine Art von Panzer oder Harnisch führen durften, der jedoch leichter, und von geringerm Wiberstand gegen Streiche und Stösse war, als der Panzer eines Ritters. Sie hatten keinen Waffenrock, fährt dieser Ritter fort. Und, in der That, wie hätten sie solchen haben können, da sie keine Rüstung und Wappenzierrathen führten, wie ich in der Folge bemerken werde? Die Bedeckung ihres Hauptes betreffend, so trugen sie nur eine Müße, oder einen eisernen Hut, der schwächer war als der Helm eines Ritters, und der auch mit keinen Federbüschen, Helmzeichen, und andern Zierrathen versehen seyn durfte. Ein Knape, der die Rüstung eines Ritters hätte anlegen wollen, ehe er würklich Ritter war, wäre auf ewig von dem Ritterstande ausgeschlossen gewesen (Flores de Gréce, fol. LVII recto. *)

*) Eine nähere Beschreibung der alten Ritterwaffen wird hier, in so ferne der Verf. solche übergangen hat, nicht am unrechten Orte stehen. Sie hätten am schicklichsten nach der Ordnung, welche die bekannte Eintheilung in Offensiv- und Defensiv-Waffen an Handen gibt, eingerichtet werden können. Indeß muß ich hier, wo Hr. von Sainte-Palaye selbst manches beibringt, demselben folgen.

Der Panzer oder Harnisch hieß im Französischen Haubert, Cotte de Maille, Brugne, latein. Pancera, Brunia, Lorica; und im Teutschen nannte man ihn bald Harnisch, bald Ringe, bald Halsberg, bald Brünne. Brünnen hiessen die Brustharnische schon zu den Zeiten der Karo-

Karolinger. Jeder Franke, der 12 mansos besaß, mußte mit einer Brunia und zwei Schildknappen im Felde erscheinen. Schon in den salischen und ripuarischen Gesetzen, wie auch in der Constit. de expedit. rom. kommt dieses Wort vor. Eine Brünne oder ein Halsperg bedeutet dort metonymisch soviel als ein gepanzerter Krieger, so wie Halsschare ein Heer gepanzerter Krieger, die man nicht unschicklich mit unsern Kürassiers vergleichen könnte. Eine Probe aus dem alten teutschen Heldenbuche:

> Darum will ich euch geben
> Eine Brinne wunnesan,
> Die kein Herr in sein leben
> Nit besser mag gehan.
> Wohl achzig tausent Marcke
> Ist dieselb Brinne werth.
> Zu dem geschmeid und starcke
> Gib ich euch auch ein Schwert.
> Sie kunten Helme hawen
> Und auch die brinne ganz
> Das man sie must anschawen.
> Mit manchen weiten Schranz.
> Nun legen von euch das streitgewand.
> Helm und Schild wohl von der Hand,
> Die Schwert und auch die Brinne gut
> Ihr seit vor Schaden wohl behut.

Halsberg ist, was Hals und Brust bedeckt oder verbirgt (von Hals und bergen, d. i. tegere, tegumentum colli). So war Beinberge Fußkleidung, Stiefel, Strümpfe u. d. Das Wort Halsberg (auch Alsbergum, Halsberc, Halsperga, Halbergium, Halsveste) ist ohne Zweifel fränkischen

oder

oder teutschen Ursprungs. In den Gedichten, welche in dem alten Heldenbuche enthalten sind, wird der Halsberge oft erwähnt.

Vielleicht ist es meinen Lesern nicht unangenehm, hier einige Proben dieser altteutschen naiven Dichtungsart zu lesen. Im dritten Theile, Fol. 252. Col. 1. heißt es:

Da diese starke Recken guet
Wol zu dem Streit kamen gesprungen
Ihre Halsperge gar laut erklungen

Th. I. Fol. 86. Col. 2.

Ottnit der sprach mit listen
Noch bin ich ungewerth,
Dich kan doch nit gefristen
Dein Halsberg und dein Schwert.
  Da sprach der Lampertere,
Ich bin noch ungewerth,
Geh und bring mir doch here
Mein Halsberg und mein Schwert.
  Mit Zuchten sprach der kleine,
Du bist nit eins Weibs werth,
Was wollestu so reine
Fuhren Halsberg und Schwert.

Th. II. Fol. 126. Col. 1.

  Da entstrickt sie den Herren
Die Frawe Lobesahm,
Schilt und sein Schwert mit ehren,
Helm, Halsberg sie da nahm.
  Wöllt ihr nun Fürste klare
Würcken solch schöne Werck,
So gib ich euch fürwahre
Gar ein gut Halsseberck,

So müget ihr zu Walde
Des bast den Preis bejagen,
Hundert Halsberg gar balde
Hieß man ihm dare tragen.
  Wolffdiderich der elende
Nam ihr da zwölff zumal,
Er warff sie mit der Hände
Wol nieder auf den Saal,
Daß sie da gar zersprungen
Vor manchen wehrden Man,
Und auch gar laut erklungen,
Da er das het gethan.
  Der Burger sprach geringe:
Ich sah nie stärckern Mann,
Er hieß: den Halsberg bringe
Der ihn was geliehen an,
Darin wasten ihn schire
Zween Ritter lobelich
Der dancket ihn der Ziere,
Da her Wolffdiderich.

Die Brünne oder der Halsberg war eigentlich ein aus metallenen (zuweilen auch hornenen †) Ringen, Schuppen oder Maschen gemachtes Panzerhemb. Die Maschen waren kleine durchbrochene viereckigte Stücke Eisen, und rautenförmig. Sie hiessen Maculae, welches Johannes de Janua durch squamma loricae umschreibt, und von ihnen wurden die Panzerhemden selbst Macles, Mailles, Cottes de Mailles genannt. Unsere heraldischen Rauten

---

†) In dem Chron. Colon. wird von K. Heinrichs V. gepanzerten Kriegern im Jahre 1115 gesagt: qui loricis corneis ferro impenetrabilibus vtebantur; welches in einer alten Uebersetzung so gegeben ist: die alle hatten Halsberge von Horne gemacht.

ten, oder ausgebrochene Rauten, welche die Franzosen noch itzo Macles nennen, haben die Form und Bedeutung derselben. Maculae und Maschen wurden sie wahrscheinlich genannt, weil sie die Form der Löcher in den Fischernetzen hatten. Diese Schuppen mußten so fest auf einander gelegt, und in einander geschlichtet werden, daß aller Raum dazwischen, so viel möglich, vermieden ward.

Schon die Franken gebrauchten ein förmliches Panzerhemd. In dem Gedichte de expeditione Attilae, welches ungefähr im VI. Jahrhundert, oder nicht viel später, vielleicht von einem Mönch im Kloster Nobilesa in Piemont geschrieben ist, heißt es (nach der Fischerischen Ausgabe von 1782):

V. 470. —— Praecingite corpora ferro
Fortia *squamosus thorax* iam terga recondat.

War ein Vasall verpflichtet, in völliger Rüstung gepanzert im Kriege zu dienen, so hieß davon sein Lehn, wie schon erwähnt worden ist, ein **Panzerlehn**.

Unter den Harnisch legte man gewöhnlich ein Wambs, von Leder oder Taffet, welches mit Baumwolle, Flachs, Werg oder Lumpen gefüttert war (Gobisson, Gambesson, Wambasium, Gambeso), um den Streich des Gegners zu entkräften, der ausserdem sehr empfindliche Quetschungen hätte verursachen können, wenn die Maschen zunächst am Körper gelegen hätten. Allein dieses Wambs mußte die Bewegung der Arme merklich hindern. Daher scheint man in spätern Zeiten, um dieses Wambs zu entbehren und die Streiter gelenksamer zu machen, statt des Panzerhembes den aus ganzen Eisenstücken gemachten Harnisch gewählt zu haben, welcher sogar den Schild entbehrlich machte. Diese

Rüstung nannte man noch im sechszehnten Jahrhundert den Krebs (s. Leonhard Frundsbergers Kriegsbuch) von seiner krebsartigen Gestalt, und Luther zielt darauf, wenn er Ephes. VI, 14. und 1. Thessalon. V, 8. das griechische Θώραξ durch Krebs übersetzt. — Unter das Wambs legte man noch ein Bruststück von Eisenblech, das statt eines Kürasses diente, der den Körper undurchdringlich machte. Indeß hat man die Erzählung des Wilhelms le Breton hierin nicht recht verstanden, oder dieser Schriftsteller hat sich dunkel oder unrichtig ausgedrückt; denn es scheint natürlicher, daß man dieses Bruststück zwischen das Wambs und den Panzer, und nicht auf den blosen Leib, der dadurch sehr würde gelitten haben, gelegt habe.

Ueber alle diese Stücke der Leibrüstung zogen grosse Herren und vornehme Ritter einen Waffenrock oder Oberrock in Form einer Dalmatika, ohne Aermel. Dieser Rock war von dem feinsten Tuche, zuweilen mit Gold oder Silber durchwirkt, oft auch von Pelzwerk oder kostbarem Zeug. Er reichte bis auf die Kniee, und war meistentheils mit dem Wappen des Ritters geziert. Man entdeckt darin viel Aenlichkeit mit dem Paludament der Römer. Damit der Waffenrock nicht zu sehr vom Winde ergriffen werden, und herumflattern möchte, bediente man sich eines Gürtelbandes oder einer Schärpe, deren Farbe zugleich andeutete, von welcher Nation oder aus welcher Provinz der Ritter war. Die Engländer trugen rothe, die Franzosen weise Schärpen. Die französischen Grossen wollten indeß ausser der weissen Farbe in ihrer und ihrer Vassallen Schärpen noch eine besondere, ihnen eigene Leibfarbe, die sie Livrei nannten, haben. Daher setzten sie zu der weissen gewöhnlich noch eine andere. So führten die Herzoge von Burgund roth, die von Lothringen gelb, die von Bretagne schwarz und weiß, die Grafen von Blois und Champagne morgenroth und blau, die Grafen von Flandern dunkelgrün, die Grafen von Anjou grasgrün u. s. w. Die Vassallen dieser Herren hatten wieder ihre eigenen Leibfarben, die sie durch ein mehr oder weniger breites Band der National- und lehnherrlichen Livrei beifügten. So wieder die Afterlehnleute, wodurch oft eine bunte und seltsame Schärpe zum Vorschein kommen mußte. A. d. U.

III. (Seite 106.)

Der Verfasser des Buchs l'Ordre de Chevalerie (fol. 12 verso, 13 recto et verso, & 14 recto) liefert eine moralische Erzählung der verschiedenen Waffen eines Ritters, nebst folgendem Verzeichnisse derselben: „das Schwerd [1]) in Ge„stalt eines Kreutzes, die Lanze mit ihrem Eisen „und Fähnlein, der eiserne Hut oder Helm [2]), die „Sporen [3]), der Harnischkragen, die Kolben [4]), „das Kreutzmesser oder der Dolch [5]), der Schild [6]), „die Panzerhandschuhe [7]), der Sattel, das Pferd „mit dem Zügel, der Pferdeharnisch, der Waffen„rock, das Wappen und das Fähnlein oder Panier „an der Lanze". Perceforest und Favin geben die nemliche Beschreibung [8]). Man sehe auch die ungedruckten Poesien Eustachs Deschamps, fol. 504, col. 4. Diese Stelle kann ich wegen ihrer Weitläuftigkeit nicht hierher setzen, und ich merke daher nur an, daß die vier letzten Verse derselben für die Geschichte unserer Ritterschaft von Wichtigkeit sind;

sind; sie belehren uns, daß dieselbe zu den Zeiten dieses Schriftstellers angefangen hatte, in den Schlachten zu Fusse zu streiten.

1) Das Querstück an dem Griff des Schwerdes gab demselben zugleich die Gestalt eines Kreutzes, womit man eine religiöse Idee verband. Das Schwerd, als das vorzüglichste unter den Ritterwaffen, ward sehr hochgehalten. Starb der Ritter, so hing man dasselbe häufig in den Kirchen auf. Man glaubte demselben keinen schicklichern Ort anweisen zu können, als den, zu dessen Vertheidigung und Beschirmung dasselbe seinem ehemaligen Besitzer hauptsächlich anvertraut worden war. Auch bei Turnieren gehörte dasselbe zu den ehrenvollsten Dänken. Nach Rüxners Turnierbuch S. 45, gab auf dem ersten förmlichen teutschen Turnier, das zu Magdeburg gehalten ward, „den vierten Dank eine gebohrne Gräfin von Acheln einem Grafen von Castell, als einem Franken, und ein guldenes Schwerd mit, wie er die in hohen Zeugen mit ritterlicher That erobert hatte".

Ueber die eigentliche Form der Ritterschwerder hat man sehr dunkele Nachricht, und die Meinungen der Gelehrten weichen deshalb sehr von einander ab. Nach Wilhelm Guyart, einem französischen Geschichtschreiber, waren solche in dem eilften Jahundert, wie in den nächstvorhergehenden, sehr kurz: allein wie war es möglich, mit solchen Schwerdern einen Gegner auf einmal zu durchspalten, wovon verschiedene Geschichtschreiber, vorzüglich in den Zeiten der Kreutzzüge, Beispiele erzählen? Vielleicht hat man sie von verschiedener Grösse, durchgehends aber von ansehnlicher

cher Breite gehabt. Zum wenigsten läßt sich dieses vermuthen, wenn man sich an das alte Schwerd erinnert, welches der unter Karl dem Grossen so bekannte Däne Ogier geführt haben soll, und das man zu Saint-Pharon de Maur gefunden hat. Die Klinge desselben ist drei Fuß und einen Zoll lang, gegen das Stichblat drei Zoll, und gegen die Spitze anderthalb Zoll breit; das Stichblatt hat im Durchschnitt sieben Zoll. Mabillon fand es 5 ¼ Pfund schwer. (Hist. de la milice franc. par le P. Daniel.) Fast von gleicher Grösse ist das Schwerd, welches man noch itzt in einer türkischen Moschee zu Brusia oder Bursia, in Asien, der ehemaligen Hauptstadt des türkischen Reichs, als Rolands Schwerd zeigt, ohne daß man weiß, wie es dahin gekommen ist. Vielleicht waren die Schwerder, welche Gottfried von Bouillon und Kaiser Konrad in den Kreutzzügen führten, nicht geringer; ja man sieht aus einer Zeichnung in den Monumens de la Monarchie francoise, daß die Schwerder schon seit dem ersten Kreutzzuge mehr lang, als kurz gewesen sind. Die Breite anlangend, so stimmen darin fast alle Nachrichten überein, das solche bei den Ritterschwerdern sehr ansehnlich gewesen ist, daß letztere nur einschneidig und so stark gewesen sind, daß, wenn sie die Rüstung nicht trennen, solche doch wenigstens zerschmettern konnten. Einige behaupten, daß sie ohne Spitze gewesen wären: allein dieses wird man schwerlich beweisen können. So viel ist gewiß, daß sie von sehr guter Materie gewesen sind, wenn sie Helme und Kürasse durchdringen sollten. Man führte sie an einem Gürtel oder an einem Wehrgehänge mit sich. Mailly a. a. O.

A. d. Uebers.

2) Die

2) Die Griechen machten den Helm in den ältesten Zeiten aus den Häuten der Seehunde; die Römer bald aus starkem Leder, bald aus Eisen oder Erz. In der Folge hat man ihn gewöhnlich aus Eisenblech verfertigt. Der offene Helm hieß der Turnierhelm, der geschlossene der Stechhelm; beide wurden unter dem Kinn mit einem Riemen befestigt. Der Helm war in solchem Ansehen, daß man ihn oft für den Ritter selbst nahm. Mathäus Villani gebraucht oft die Redensart: mille barbute, tausend Helme, d. i. tausend Ritter. Man zierte den Helm, schon seit den Zeiten der Griechen und Römer, oben mit Roßschweifen, Hörnern, Federbüschen, Puppen, Adlersflügeln, Mützen, Jungfrauen, u. a. Figuren. Montfaucon, Monumens de la Monarchie françoise T. II. p. 340.

Die Könige trugen gewöhnlich vergoldete, die grossen Reichsvassallen versilberte, vornehme Herren von Abel stählerne, und der niedere Abel bloß eiserne Helme; alle schützten damit wider die Kolben- und Streithammerschläge den Kopf, das Gesicht, und den Nacken. Die offenen Helme hatten vor dem Gesicht ein kleines Gitter oder Bügel, die man auf- und abschieben konnte, wenn man frische Luft schöpfen wollte. Schob man diese Bügel oder dieses Gitter herab, so schloß dasselbe an das Kinnblech, wodurch es fest gehalten ward, und auf welches das Halsblech folgte. Dieses war von dem übrigen Helm abgesondert, nur durch ein Halsband von gleichem Metall mit demselben verbunden, und ging bis über die Schultern herab. Die offenen Helme waren in Teutschland weniger gebräuchlich, als in Frankreich. Daher kamen sie auch erst ungegefähr seit 1450 in den Wappen, selbst turniermäsiger Geschlechter, auf. (Hunds Auszug etl. histor. Observ. v. Wappen.)

Diese Kopfrüstung war noch nicht schwer genug. Die meisten zierten solche, wie bereits angeführt worden, noch mit einem Auffatze (cimier). Könige und Prinzen nahmen hierzu eine Krone, der Abel aber Figuren nach Willkühr, sehr oft Ungeheuer, oder andere fürchterliche und schreckende Gegenstände. Der Graf von Boulogne, welcher in dem Treffen bei Bouvines grösser scheinen wollte, setzte Hörner, die aus den Ribben eines Wallfisches gemacht waren, auf seinen Helm. Dieses Helmschmucks, der blos eine unnütze Last war, wurden unsere Ritter bald überdrüssig. Sie suchten daher solchen durch leichtere Figuren zu ersetzen, die demselben ein weit besseres Ansehen gaben, ohne jedoch die Schwere desselben merklich zu vermehren; und man fügte überdem noch Helmdecken (lambrequins) hinzu. Diese bestanden in einer Art Bänder, wodurch die Helmmütze (chaperon) an den Helm befestigt ward, und die durch den untern Rand des Helms gezogen waren. Die Helmmütze war eine Kappe aus Maschen oder Makeln, die den ganzen Helm einhüllte, wenn der Ritter focht. Wollte er Luft schöpfen, so nahm er den Helm ab, und bedeckte sich mit der Helmmütze; alsdenn flatterten die Helmbänder über die Schultern herab, wovon man sie im Französischen zuweilen Volets (Wedel) genannt hat. Diese eiserne Helmmütze war übrigens auch die Kopfrüstung der Knapen, so wie in der Folge der leichten Reuterei, die keine Helme führen durfte. Der Verf. hat in dieser Abhandlung mehr Unterscheidungszeichen dieser Art,

wo-

wodurch Ritter und Knapen abgesondert wurden, angegeben. Eben so durften die Waffen eines Knapen nur in Schwerd und Schild bestehen, statt
daß der Ritter sich solche nach Gefallen wählen konnte. Vergl. Mailly, l'esprit des Croisades
T. I. p. 216   A. d. U.

3) Von den Ritersporen ist oben, in einem Zu-
satze zu dem ersten Bande S. 240 bis 242 gehandelt worden. Den daselbst angeführten Schriften sind noch beizufügen die Obseruationes sel.
Halens. T. II. p. 80. sq.   A. d. U.

4) Abbildungen des Kolben stehen in Montfau-
cons Monumens de la monarchie francoise,
Tome II. pl. VI. p. 24., Tenzels Saxonia
numismat. lineae Ernestinae Tab. VIII. Num.
4. Tab. IX. Num. 1. et 2. Tab. XII. Num. 1.
und an andern Orten. Etwas ähnliches findet
sich schon bei den Macedoniern (Livius, B. 40
Kap. 6). Denen Turnieren, in welchen blos höl-
zerne Kolben gebraucht wurden, gab man in Teutschland den etwas verächtlichen Namen Stecken-
spiele.

Auffer dem Streithammer oder Kolben führten
die Ritter auch noch die Streitaxt und die Dop-
pelaxt (besague, bisacuta). Letztere, die ge-
fährlichste unter allen Ritterwaffen, hieß so, weil
sie zweischneidig war. Die Streitaxt hatte einen
dünnen Griff, und war oben auf beiden Seiten so
mit Eisen beschlagen, daß sie auf der einen Seite
der gewöhnlichen Streitaxt glich, auf der andern
aber eine sehr scharfe Spitze, in der Gestalt eines
halben Mondes, der sich in zwei scharfe Spitzen
endigt, hatte. Wollten die Ritter die Waffen ihrer

rer Gegner zerſchlagen, oder dieſe zu Boden ſchlagen, ſo bedienten ſie ſich eines Kolben oder einer Keule, die mit derjenigen Aenlichkeit hat, welche die Mahler und Bildhauer dem Hercules geben; an dem dickern Theile war ſie mit langen eiſernen Spitzen beſetzt. Andere ließen mit einem Streithammer, wie ſolchen die Rolande und Oliviers führten, ihren Gegner einen eiſernen oder metallenen, runden oder länglichtrunden Klumpen fühlen, acht Pfund ſchwer, mit eiſernen Spitzen verſehen, und durch drei eiſerne Ketten an einen dicken Stock befeſtigt, der ebenfalls mit einer Kette oder einem Stricke an die Hand des rüſtigen Kriegers, der ihn führte, befeſtigt war. Ja, es gab dergleichen Kolben und Streithämmer, die 25 bis 30 Pfund ſchwer waren. Der P. Daniel (in ſeiner Histoire de la milice françoiſe) hat verſchiedene beſchrieben und abbilden laſſen.

Auch der Schleuder bedienten ſich unſere Ritter zuweilen, um Steine oder Bleikugeln wegzuſchleudern. Dieſes Stück der Rüſtung iſt ſo bekannt und ſo alt, wie der Bogen, und bedarf alſo hier keiner weitern Erklärung. A. d. U.

5) Den Dolch führten nicht ſowohl die Ritter, als die Knapen, Pferdknechte und Fußgänger. Letztere beſtanden damals blos aus Bauern und Leibeigenen, und durften auf der Reiſe und im Kriege ſich nur eines Dolchs oder großen Meſſers bedienen. Dieſe Dolche waren ihrer Form nach verſchieden, nach dem Range deſſen, der ſie führte. Der merkwürdigſte von allen war der, welchen die Franzoſen la miſericorde nennten. Dieſer war den Rittern allein vorbehalten. Sie trugen denſelben

an der Seite oder am Gürtel. Hatte ein Ritter seinen Gegner aus dem Sattel gehoben, so sprang er plötzlich vom Pferde, zog den Dolch, und stach solchen in den Leib seines Gegner, wenn derselbe durch keinen Harnisch beschützt ward, oder nicht um Pardon bat, und Miséricorde! rufte; woher auch der Dolch diesen Namen erhalten hatte.

A. d. U.

6) Den Schild hatten Ritter und Knapen miteinander gemein. Die Franzosen nannten denselben bouclier von der Erhöhung (bosse ou boucle), die auf der Mitte desseben sichtbar war, und die mit dem Umbone der Römer übereinkommt; ecu nannten sie solchen von dem lateinischen Worte scutum. Die Schilde waren in Ansehung der Gestalt und der Materie sehr von einander verschieden. Wie bei den Alten Scutum, Clypeus, Pelta, Cetra, Ancile und Gerra sich von einander unterscheiden, beschreibt Reinhard in d. Wappenkunst §. 2, und liefert zugleich Abbildungen dieser verschiedenen Arten der Schilde. Die Schilde der meisten alten teutschen Völker waren so groß, daß sie den ganzen Mann bedeckten, wenn er sich dahinter verbergen wollte, und mehr lang als breit. Die Schilde der Ritterzeit waren zum Theil ganz rund (Rondaches), zum Theil nur ovalrund (Rondelles). Einige waren oben geviereckt und rundeten oder spitzten sich gegen unten zu. Personen von hohem Range und Pannerherren scheinen sich dieser vor andern bedient zu haben. Manche Schilde waren sehr lang, und so, daß der ganze Körper durch sie bedeckt ward (Targes); diese gebrauchten eigentlich nur diejenigen, welche zu Fusse stritten. Fast alle Schilde waren flach und ein wenig erhaben;

ben; zuweilen endigten sie sich oben und unten in Spitzen, zuweilen nur unten, wo alsdenn der obere Theil geviereckt war. Die ältesten Schilde waren von Holz, oder von geflochtenen Weiden. In spätern Zeiten nahm man starkes Leder, und auch Metalle dazu. Auch die Schilde unserer Ritter waren gewöhnlich von Holz; ein eiserner Reif und ein Ueberzug von zubereitetem Leder, worauf man nicht selten das Wappen des Besitzers gemahlt erblickte, gab ihnen grössere Festigkeit und besseres Ansehen. Von den geflochtenen Weiden hat man im Teutschen die Schilde auch Hården, und von dem starken Leder Tartschen genannt, weil man gewöhnlich das Leder von dem Rücken (tergo) der Thiere dazu nahm. Die Italiener nannten daher den Schild Targa; und aus dem italienischen Targa ward hernach das teutsche Tartsche, und das französische Targe. Das Leder und die Einfassung von Metall hatten auch den Nutzen, daß der Schild nicht nur desto eher Hiebe und Schläge, sondern auch Feuchtigkeit aushalten konnte, mithin wider die Fäulniß geschützt ward. Da es beschwerlich war, den Schild immer mit sich zu führen, so liessen die Ritter solchen von ihren Knapen tragen, wenn sie selbst denselben nicht nötig hatten; und daher hat das Wort Schildknapen, Schildknecht (scutifer), und nach der richtigen Auslegung auch das französische Ecuyer seinen Ursprung; denn daß es, wie Boulainvilliers und andere glauben, von dem teutschen Worte Schiesser oder Shuiter (Pfeilschütz) abstamme, ist sehr unwahrscheinlich. Die Knapen waren keine Schützen; sie bedienten sich des Schwerdes und des Schildes; in der Folge sogar, den Gesetzen der Ritterschaft zuwider, der Lanze. — Von dem

dem Schilde, und von andern Waffen der alten Teutschen handeln Achenwall in einer Streitschrift de armis veterum Germanorum. Goett. 1754, und Joh. Strauch de armis Germanorum, eorumque ad rempublicam vſu, in Opuſc. T. I. p. 42.74.   A. d. U.

7) Dieſe verblechten Handſchuhe hatten neben der natürlichen, auch eine moraliſche Bestimmung, wie oben (in der Anmerkung zu der XXI. Note des zweiten Abſchnitts) auch von den Ritterſporen angeführt worden iſt. Man bediente ſich nemlich des von der rechten Hand als eines Unterpfandes oder Bürgen für ein gegebenes Versprechen. Unter andern war derſelbe auch vorzüglich ein Zeichen der Einwilligung des Königs zu Ausübung gewiſſer Regalien. Der König gab ſeinem Miniſter oder Abgeſandten den Handſchuh. Daher findet man auf manchen alten Münzen, welche aus Vergünſtigung des Regenten geprägt wurden, einen Handſchuh abbildet (Schertzens und Oberlins Gloſſar. S. 609. 604. von Olenſchlagers Erläut. der G. B. S. 211. *Du Fresne* v. Wanto. Guantus; Von der Uebergabe und Einwilligung durch durch den Handſchuh handelt Dreyer in ſ. Beiträgen zur Litt. und Geſch. der teutſchen Rechte, St. II. (Lübeck 1783) S. 164. ff.) Bei Hegung des peinlichen Gerichts zog ehedem der Richter „das bloſe Schwerd, und hielt es in der rechten Hand mit einem Blechhandſchuh angethan". Ja es finden ſich Beiſpiele, daß zuweilen vornehme Vaſſallen abweſend ihrem Lehnherrn einen Handſchuh überſendet, und dadurch die Lehnspflicht angelobt haben, ſtatt einer förmlichen Belehnung. Forderte ein Ritter einen andern zum Zweikampf heraus, ſo warf er

er ihm den Handschuh hin. Dieser hob solchen auf, und verband sich dadurch, zu erscheinen. Ward Jemand im Zweikampfe, oder in einer Fehde überwunden, so dienten sein Handschuh und sein rechter Sporn, oft auch sein Schwerd, zu Geisseln oder zur Versicherung, daß er die Bedingungen, welche er dem Sieger versprochen hatte, erfüllen wolle. Zu des Ritters Schärtlins Zeiten war es gewöhnlich, daß der Ueberwinder dem Besiegten Handschuh und Sporn selbst abnahm, das Schwerd aber ihm durch einen der Seinigen abnehmen ließ. Man sehe das Leben des Ritters Sebastian Schärtlins, S. VI, welches der sel. Hr. von Holzschuher aus Schärtlins eigenen Papieren 1777 herausgegeben hat; auch des Freiherrn von Seckendorfs comment. de Lutheranismo, lib. II.

A. d. Uebers.

8) Eine merkwürdige Stelle aus der Limpurgischen Chronik, welche eine ziemlich vollständige Beschreibung der teutschen Ritterwaffen zu einer gewissen Zeit des Mittelalters, und einiger damit vorgegangenen Veränderungen enthält, wird hier nicht am unrechten Orte stehen: „In derselbigen Zeit (um das Jahr 1351), und manch Jahr zuvor, da waren die Waffen als nachher geschrieben stehet. Ein ieglich guter Man, Fürst, Graf, Herr, Ritter und Knecht die waren gewapfnet mit Platten, und auch die Bürger mit ihren Wapfenröcken darüber zu stürmen und zu streiten mit Schossen und Leibeissen, daß zu der Platten gehörte mit ihrem gekrönten Helmen, darunter hatten sie kleine Bundhauben. Und führte man ihnen ihr Schilt und Tartschen (franz. Targe, ital. Targa) nach und auch ihre Glene. Und den gekrönten Helm fuhrte man ihnen

ihnen nach auf ihren Globen. Und fuhrten sie an ihren Beinen Streichhofen und darunter grosse weite Lerfen. Auch führten sie Beingewand, das war vornen von Leder gemacht, also Armleder, aber also von Syreck gestipt, und eisen Böcklein vor den Knien. Da wurden die reisigen Leute geachtet an hundert, zweyhundert und mehr gekrönter Helm". S. 23: „In dieser (zu eben derselben) Zeit vergingen die Platten wieder in diesen Landen, und die reisigen Leute, Herrn, Ritter, Knechte und Bürger die führten alle Schaupen, Panzer und Hauben. Da achtete man reisige Leute also an hundert oder zweyhundert mit Hauben. Die Manierung von den Schaupen hatte bescheidene Länge, und die Arm waren eines theils einer Spannen von der Achsel oder zweier Span, und eines theils hatte nicht mer den da man die Arm anstosset, und hatten seidene Quasten hinten niederhangen, das war freudig. Die Unterwams hatten enge Arm, und in dem Gewerb waren sie benehet, und beheft mit Stücken von Panzer, das nannte man Mußeisen". Seite 96: „Zu derselbigen Zeit (im J. 1389) führten Ritter und Knechte, Bürger und reisige Leute, Brust und glat Beingewand zu stürmen und zu streiten und keinen Tartschen und Schilt mer, also daß man unter hundert Rittern und Knechten nicht einen fand, der einen Tartschen oder Schilt hatte". Zu wünschen wäre, daß wir dergleichen Beschreibungen von mehr Perioden und teutschen Provinzen hätten.

Die Pfeile, Bogen und Armbrüste, welche unter die Waffen der Ritterzeit gehören, und deren sich ebenfalls die Ritter zuweilen bedienten, hat

hat Hr. von Sainte-Palaye ganz mit Stillschweigen übergangen. Götz von Berlichingen mit der eisernen Hand erwähnt in seiner Lebensbeschreibung noch oft der Armbrust; sie muß also noch im sechszehnten Jahrhundert unter dem teutschen Adel gewöhnlich gewesen seyn. Schon seit dem eilften Jahrhundert findet man, daß die Pfeile oder kleinen Wurfspieße nicht mehr mit dem Bogen, sondern mit der Armbrust, einem Werkzeug, wodurch nicht nur mehr Gewalt erhalten ward, sondern womit man auch richtiger zielen konnte, abgeschossen worden sind. Durch die Form, welche man den Pfeilen gab, und vornehmlich durch die Wiederhacken, die dabey angebracht waren, konnten solche den damit Verwundeten äusserst schädlich, oft tödlich werden. Zwei Arten der Pfeile, die mit der Armbrust abgeschossen wurden, sind itzt wenig bekannt; die eine war viereckigt, wie das daran befindliche Eisen (quarreau oder quarro), und zuweilen mit Erz gefiedert; die andere, deren Eisen dem Eisen einer Hellebarde glich, war schwebend, und ward von den Franzosen le vireton*) genannt, weil sie mittelst

---

*) Der Pater Daniel (in der Histoire de la milice francoise, Liv. VI. chap. 4) sagt davon: on les appelloit Viretons, parce qu'ils viroient, c'est à dire, qu'ils tournoient en l'air par le moyen des ailerons, ou pennes, ou pennons. Andere leiten das Wort von dem lateinischen Verutum. Muratori T. II. S. 519 mutmaßt, es sey teutschen Ursprungs, weil es in Italien Veretone, Werrettones und Guerrettoni heisse. Die Ableitung von dem französischen Virer mißbilligt er, weil sie mit der Hand, und nicht aus der Armbrust wären fortgetrieben worden. Allein theils hat er letzteres nicht bewiesen, theils würde solches nichts zur Sache thun; und wollte man es von dem teutschen Wirren ableiten, so würde Daniels Ableitung nichts dabei verlieren.

telst der dabei angebrachten Federn, die sie im Gleichgewicht hielten, in der Luft schwebte oder sich drehte. (Vielleicht, daß man daher noch itzt in Frankreich an manchen Orten den Volant le villeton nennt.) Auch hatte man eine Art Pfeile, die länger und weit dicker waren, als die gewöhnlichen; statt der Spitzen waren sie mit einem dicken runden Eisen versehen, das alles, Schild, Helm, Panzer, Wambs u. dergl. zerschmetterte; sie hießen **Matras** (matura, mataris), und wurden ebenfalls mit der Armbrust abgeschossen. Der **Bogen** ist eine der ältesten Vertheidigungswaffen, und zu bekannt, als daß es hier einer nähern Beschreibung desselben bedürfte.

Die **Armbrust** war nach dem Muster der Mauerbrecher und Katapulte der Alten gemacht, daher sie auch im lateinischen Arcus balistarius oder Balista manualis hieß. Sie ist wahrscheinlich europäischen Ursprungs, und wird noch itzt in verschiedenen teutschen und französischen Städten, z. B. in Leipzig und Dijon, und einigen ehemaligen herzogl. burgundischen Städten, bei dem Vogelschießen der Schützengesellschaften gebraucht. Als ein sehr gefährliches und allzuschädliches Gewehr ward sie auf der zweiten Lateranensischen Synode im Jahre 1139 verboten. Papst Innocenz III. wiederholte zwar dieses Verbot: allein nichts destoweniger ward sie nachher nicht nur in England (schon unter Richard I. mit dem Beinamen das Löwenherz) und in Frankreich (seit Philipp August), sondern auch in Teutschland sehr häufig gebraucht; ja in Frankreich ward sie gar Gelegenheit zu Errichtung einer der höchsten Kriegswürden, zu der Großmeisterstelle der Armbrustschützen" (Grand-Maître des Arbalâ-
tri-

triers), der nächsten nach der Marschallswürde. Dieser Befehlshaber hattte die Aufsicht über die gesamte Artillerie und commandirte die Bogenschützen. (Mailly a. a. O). Sonderbar ist es jedoch, daß jenes päpstliche Verbot der Armbrust nur wider die Christen ging †); denn wider die Ungläubigen erlaubte sie der heilige Vater. Schon der Glosse war ein so seltsames Verbot auffallend. Daher glaubte sie, man müsse solches blos von einem unrechtmäsigen, nicht aber von einem rechtmäsigen Kriege verstehen, (intellige de bello iniusto; secus de iusto). Ausführliche Bemerkungen hierüber hat Muratori in den antiquit. Ital. med. aeui T. II p. 52 u. f.

Dieser Schriftsteller hat am angeführten Orte S. 487 u. f. und S. 515 u. f. manche gute Bemerkung von den Waffen, welche im Mittelalter in Italien gebräuchlich waren, obwohl ohne besondere Rücksicht auf das Ritterwesen. Die vorzüglichsten, welche er mit den Worten alter Urkunden und Schriftsteller anführt, sind: Banceria, siue Cassettum, Gamberiae, siue Schineriae, Collare, Ciroteca ferri, Capellina vel Capellum ferri, siue Bacinellum, Elmus (Helm), Lancea, Scutum et Spata siue Sponto, Cultellus, Sella ad equum ab armis, Cirvileria, Zipo (i. e. tuni-

---

†) Im 29. Canon. der lateranensischen Synode heißt es nemlich: Artem autem illam mortiferam, et Deo odibilem *Ballistariorum* et *Sagittariorum aduersus aduersus Christianos et Catholicos* exerceri de cetero sub anathemate prohibemus. Vergl. was Muratori (Antiqu. Ital. med. aeui T. II. p. 521) von den abweichenden Lesarten dieser Stelle sagt.

tunica e ferro contexta), Tallavacium, Targeta, Hasta, Ensis, Claua, Gladius, Sagitta, Verutum, Iaculum, Missilia, Manarota, Bipennis, Funda, Culter, Pila, Pugio, Scutum, Transferius, Scimpus, Ronco, Falzo de Cavezo, Bordo, Aza, Maccia, u. a. Ausführlich hat M. erklärt die Carrocia (S. 489-493), welches eine Art Kriegswagen (Carrosse, Carroza) waren, und die Pfeile, S. 517 u. f., und ausser diesen hat er sich hauptsächlich mit der ehemaligen Art der Italiäner, ihre Städte und Schlösser zu befestigen und zu vertheidigen, beschäftigt.

Mehr Befriedigung in Absicht auf die Ritterwaffen und ritterliche Taktik werden Liebhaber in folgendem Werke, eines um sein Vaterland im antiquarischen Fache schon verdienten Schriftstellers erhalten: Miltary Antiquities respecting a History of the English Army from the Conquest to the present Time. By Francis Grofe. Esq. F. A. S. London 1787. 4. (Heftweise, bis 1787 6 Nummern). In diesem Werke wird überhaupt über das ältere Kriegswesen mehrerer europäischen Nationen manches Licht verbreitet. Insonderheit enthält dasselbe einen Abriß von dem Einfluß des Feudalsystems in das Kriegswesen unter Wilhelm I., eine Beschreibung der ganzen Verfahrungsart in der kriegerischen Verfassung des Mittelalters, der Artillerie, der Kriegsmaschinen, der Befestigungsart, des Angriffs, der Vertheidigung, Belagerung u. s. w., Nachrichten von den Gesetzen und Herkommen in Ansehung der Kriegsgefangenen, ihres Ehrenworts und ihrer Auslösung, u. d. m. (Vergl. Goth. gel. Z. ausl. Litt. 1787, St. 7.)

Um keine Verwechslung gewisser Zeichen, welche die Ritter zuweilen trugen, mit den Ritterwaffen oder eigentlichen Stücken der Rüstung zu veranlassen, erwähne ich hier zum Beschlusse noch der **Ringe** von Gold, Eisen, oder anderm Metall, welche manche Ritter zum Zeichen eines Gelübdes, einer auszuführenden That u. s. w. am Arme, Halse, oder auch an den Beinen trugen. Beispiele davon sind oben in diesem Bande S. 9 und 21 angeführt worden. In der Gegend von Erfurt hat man verschiedene dieser **Ritterringe** gefunden, denen Kenner des Ritterwesens diese Eigenschaft nicht leicht streitig machen werden, so sehr viel Mühe und gründliche Gelehrsamkeit auch Hr. Prof. J. H. **Herel** zu Erfurt angewandt hat †), solche zu **alten Kattenringen**, deren Tacitus in seinem Buche von den Sitten und Gebräuchen der Germanier (Kap. 31) gedenkt, zu erheben. Alle Schwierigkeiten sind bei der Erklärung dieser künstlichen Denkmäler gehoben, wenn Hr. H. sich aus dem Zeitalter der uncultivirten Katten in die neuern Zeiten unserer Ritter, wo Künste und Handlung zu blühen anfingen, versetzt. **A. d. U.**

IV. (Seite 106.)

Ich könnte anführen, daß die Ritter allein **verpanzerte** oder **geharnischte Pferde** hatten, seitdem die Pferdeharnische Mode waren *). Ein

ein-

---

†) Ueber einige in der Gegend von Erfurt gefundene **Alterthümer**, mit histor. und kritischen Erläuterungen. Mit einigen Kupfertafeln. Erfurt 1787. 4. Vergl. damit **Klübers** kl. jurist. Bibliothek St. X. (1787).

einziger Schriftsteller veranlaßt mich, diese Mut,
masung zu wagen. Derselbe unterscheidet irgend,
wo in seiner Geschichte die Ritter und Knapen
durch das Beiwort garnits, welches er jenen, und
armats, welches er diesen beilegt. (*W. de Tundela*,
hist. des Alb. in languedokischen Versen, fol. 36
verso); übrigens zählt er fol. 115 und 116, wo
er von einem furchtbaren Kriegsheere redet, fünf
und zwanzig tausend Schilde vortrefflicher Ritter,
deren Pferde Mähnen haben,

De Cavaliers mirables ab los Cavals
crinutz;

und zehn tausend, welche, nebst ihren Pferden,
mit blinkendem und glänzendem Eisen und Stah,
le bedeckt sind,

E foron li X mila ilh ils Cavals vestutz,
Del fer & del acier qu'es resplandens &
lutz.

Aus diesen beiden Stellen läßt sich schliessen, daß
die, welche armatz genennt werden, blos Knapen
waren, deren Pferde alle ihre Mähnen hatten,
und daß die, welche durch das Wort garnitz un,
terschieden werden, Ritter waren, die auf Pferden
ritten, deren Mähnen man nicht sehen konnte; ent,
weder weil die Rüstung solche bedeckte, oder weil
man solche hatte beschneiden müssen, um sie mit ge,
ringer Mühe zu rüsten. Die Jäger haben, aus
einer andern Ursache, diesen Gebrauch bei ihren
Pferden beibehalten. Man sehe unten N. XVI.
zu diesem Abschnitt, wo von den Rittern gehan,
delt wird, deren Haare oben auf dem Kopfe abge,
schnitten wurden.

Im übrigen bemerkt man, daß die Ritter, wenigstens innerhalb den Schranken, in langen Kleidern, die ihnen bis an die Knöchel reichten, stritten, und daß auch ihre Pferde mit einer Decke von gleicher Länge bekleidet waren. Es ist unbegreiflich, wie ein Ritter fechten konnte in einem so hinderlichen Aufzuge, und in einer Verfassung, wie es die alten Siegel vorstellen. Diese Untersuchung wird manchem Leser sehr mikrologisch vorkommen; andere hingegen werden solche vielleicht, aus besonderer Rücksicht, als eine der wichtigsten von denen, auf welche ich mich eingelassen habe, ansehen. Ich würde wegen des Urtheils, das man darüber fällen möchte, weniger in Verlegenheit seyn, wenn statt von französischen Sitten, von griechischen oder römischen die Rede wäre.

*) Allerdings; denn diese verpanzerten Pferde waren eben die', welche die Knapen, wegen der Unbequemlichkeit, sie zu reiten (sie waren theils sehr groß und schwer, theils mit Eisenblech und schweren Sätteln bedeckt) auf der Reise an der rechten Hand (daher dextrarii, destrier) führen mußten. In Teutschland pflegte man sie H e n g s t e zu nennen. In den alten salischen Gesetzen heissen dergleichen Streitrosse Warenniones, von W a r, d. i. Krieg und Renne, also gleichsam Kriegsrenner. H e i n r i c h K n y g t o n (in collect. scriptor. Twysdeni et Seldeni ad an. 1191.) nennt sie F e r r o c o m m u n i t o s. Raymund D u e l i u s (in miscellan. P. II.) gibt folgende Beschreibungen des Handpferdes aus einem alten im J. 1578 gedruckten Wörterbuche: dextrarius est equus qui duci solet ad manus, vt tempore necessitatis fortior inueniatur, p a l a f r i d u s (d. i.
pale-

palefroi) contra eſt equus, aequaliter plane et leuiter ſeſſorem deferens. Die Pflicht eines Knapen war es auch, die Streitroſſe zu ſatteln und zu rüſten. Daher wurden ſie zuweilen Stratores genannt. Chappeauville de geſtis pontificum Leodienſium cap. 35. (Vergl. Note XXXV. XXXVII. u. XXXVIII. zu d. erſten Abſchn. oben im erſten Bande S. 197, 198 u. 200.)

Villani nennt die Streitroſſe ricchi e groſſi Cavalli. Von den gemeinſten Pferden ſagt Radulfus Mediolanenſis (de reb. geſtis Friderici I. p. 1181 in Muratori's Script. rer. ital. T. VI.): interea milites Mediolani egrediebantur de ciuitate et auferebant ſcutiferis exercitus Roncinos; et tantos abſtulerunt, quod Roncinus quatuor Soldis Tertiolorum in ciuitate vendebatur. Die Streitroſſe ſuchte man auch auf der Reiſe zu ſchonen; daher wurden ſie als Handpferde geführt und zum Streit aufbewahrt. Als der Marcheſe Oddo vernahm, daß Prinz Manfred in die Stadt Nocera eingezogen war, miratus nimis, atque turbatus, de Roncino, quem equitabat, deſcendit, et Dextrerium ſuum, qui ſibi a dextris ducebatur, aſcendit, et verſus Fogiam retrocedebat Nicol. de Jamſilla in Hiſtoria, in Muratori's S. R. I. T. VIII. p. 532. Noch heut zu Tage iſt es nicht ungewöhnlich, daß bei feierlichen Proceſſionen eins oder mehrere Pferde des Fürſten u. ſ. w. ledig geführt werden.

Aus dieſen Bemerkungen iſt es zu erklären, was Kaiſer Friedr. I. in den von Radewich (de reb. geſt. Frid. I. c. 26. lib. 1.) angeführten Kriegsgegesetzen verordnet: si extraneus miles pacifice ad caſtra acceſſerit, ſedens in palefrido ſine ſcuto et armis, ſi quis eum laeſerit, pacis violator iudicabitur.. Nemlich die Ritter pflegten auf der Reiſe auf dem gewöhnlichen Reitpferde, paraveredus (palefroi) zu reiten, und ihren Knapen oder Waffenträgern die Waffen zu übergeben. Ein Ritter in dieſem Aufzuge ſchien eine friedliche Abſicht zu haben, und die Verletzung deſſelben hielt K. Friedrich für eine Verletzung des Landfriedens. Daher ſetzt er hinzu: Si autem ſedens in dextrario, et habens ſcutum in manu, ad caſtra acceſſerit, ſi quis eum laeſerit, pacem non violauit. Denn in dieſer Verfaſſung ſchien der Ritter feindſelige Abſichten zu haben. — Voſſius hatte übrigens den ſonderbaren Einfall, das Wort Dextrarius von Dexteritas abzuleiten. Vergl. Muratori Antiq. Ital. med. aeui, T. II. Diſſ. xxxiii. de origine ſiue etymologia italicarum vocum, v. Deſtriere p. 1195 und Diſſ. xxxi. p. 486 ſq.

A. d. Ueberſ.

V. (Seite 106.)

Um ſich einen Begriff von dem Waffenrocke zu machen, darf man nur bei Johann le Fevre von St. Remi (Hiſt. de Charles VI. p. 93) leſen, wie ſich der Herzog von Brabant einen in der Eile verfertigte, um in der Schlacht bei Aʒincourt, im Jahre 1415, auf den Feind loszugehen: „Der Herzog Anton von Brabant, welchen der „König von Frankreich geſchickt hatte, kam dazu, „lief ſehr eilfertig hin .... und nahm eines von „den Panieren ſeiner Trompeter; er machte in der „Mitte

"Mitte deſſelben ein Loch, und machte daraus einen "Waffenrock". *) Man ſehe des gelehrten Du Fres= ne Abhandl. von den Waffenröcken, bei Join= ville's Geſchichte Ludwigs IX., Num. I.

*) Die Waffenröcke waren ohne Aermel, reichten bis auf die Knie und waren meiſtentheils von Seide oder feinem Tuche. Sie waren in der Form den Chorröcken der Geiſtlichen ſehr ähnlich. Daher haben einige Schriftſteller ſie ſo, wie dieſe, Tunicas genannt. Nur Ritter durften ſolche tra= gen: und daher wird zuweilen bei ältern Schrift= ſtellern unter Cotte d'armes (Sagum, woher das franzöſ. Saye oder Sayon ſ. Menage Dict. etymol. h. v.) ein Ritter verſtanden. Anna Comnena ſchreibt (alexiad. l. X. p. 401) von dem griechiſchen Hofe, Prinz Boemund von Antiochien habe, bei einer Friedensunterhand= lung mit ihrem Vater Alexius I. verlangt, daß man ihm erlauben möchte, ſich vor dem Kaiſer mit zwei Cottes, d'armes μετὰ δύο χλαμύδων, d. i. von zwei Rittern begleitet, einzufinden.

Den Waffenrock zog man über den Küraß und über die Rüſtung, um ſich dadurch zu bedecken; wo= her auch die teutſche und lateiniſche Benennung deſ= ſelben erklärt werden muß. Die Mode beſtimmte deſſen Länge bald bis auf die Fußknöchel, bald bis auf die Knie. Die Koſtbarkeit der Waffenröcke, als eines vorzüglichen Kennzeichens der ritterlichen Wür= de, war oft ſehr groß. Gemeiniglich machte man ſie von Zeugen, die ſtark mit Gold oder Silber ge= wirkt, und mit dem prächtigſten Hermelin, Grau= werk, Zobelpelzen, und andern dergleichen koſtba= ren Sachen gefüttert waren. Die Farbe war mei=
ſtens

stens willkührlich, und nicht selten ließen die Ritter sie bemahlen, und mit Thieren, Vögeln u. d. bestreuen.

Der Luxus nahm hierin so sehr überhand, besonders in Kriegszeiten, und wenn die Ritter über Meer zogen, wo sie solche oft noch überdem sticken, und mit kostbaren Perlen besetzen ließen, daß die Regenten sich genötigt sahen, aus Staatsursachen eigene Aufwandsgesetze deshalb zu machen. König Philip August von Frankreich, und König Richard von England verordneten unter andern im Jahre 1190, daß man sich künftig des Scharlachs, Grauwerks, Hermelins u. d. enthalten sollte, welches selbst Ludwig der Heilige bei seinen Expeditionen jenseits des Meeres befolgte. Joinville versichert, daß so lange er mit diesem Könige über dem Meere gewesen, er nicht ein einziges brodirtes Kleid gesehen habe. In England ward in zwei Parlementsfitzungen verboten, daß Jemand, der nicht jährlich 100 Pfund Einkünfte hätte, sich der Waffenröcke bediene.

Durfte aber ein Ritter sich des Waffenrocks bedienen, so gebrauchte er denselben bei großen Feierlichkeiten, Kriegs-Expeditionen, u. d. m. Ja viele wurden schon daran erkannt. Wollte man sie durch ein äusseres Merkmal beschreiben, so nannte man die Farbe oder das Zeug ihres Wappenrocks. Nicht selten zierte man auch die Waffenkleider mit ritterlichen Devisen, in welchem Falle man sie Habits en devise nannte. Dergleichen Waffenröcke waren die vorzüglichsten Kennzeichen des Adels, wenn man beweisen konnte, daß Voreltern solche getragen hatten; denn unter einem Waffenrocke dachte man sich stets einen Mann mit einem Panzerhembe

hembe (Cotte de maille, Haubert), beides aber war nur Rittern zu tragen vergönnt. Starb ein Ritter, so war es nicht ungewöhnlich, denselben in seinem Waffenrocke zu begraben. Lucas (in d. schles. Denkwürdigk. S. 1198) erzählt, daß Boleslaus, Herzogs Wenzels von Böhmen Sohn, welcher 1490 zu Breslau bei einem Turnier um das Leben gekommen war, in vollem Kuraß, mit seinem lederfarbenen Waffenröcklein, ohne Rennrock, und in rothen spitzigen Stiefeln begraben worden sey. Auch fehlt es nicht an Beispielen, daß man Ritter auf Denk- und Grabmälern mit dem Waffenrock abgebildet hat. Ich übergehe den heraldischen Gebrauch der Waffenröcke.

A d. U.

Ueber den Unterschied zwischen den Waffen eines Ritters, und denen eines Knapen sehe man des P. Daniels Buch de la milice françoise T. I. p. 394. Auch findet sich in dem Roman de Blanchandin eine Beschreibung der Rüstung eines Ritters, welche sich mit diesen Worten endigt: am „Sattel hing das Schwerd, das von keinem an„dern in der Gegend übertroffen ward; denn einen „solchen Haudegen (branc d'acier) führte Niemand, „der nicht Ritter war." (Mf. de S. Germain, fol. 1752, col. 2.)

VI. (Seite 106.)

Der Knape war fast ohne Waffen, und heißt deswegen bei den ältern Schriftstellern nudus miles. (Vergl. des *P. Honoré de Sainte-Marie* Dissert. sur la Chevalerie, p. 293 sq) Er war nicht nur ausser Stande, mit einem Ritter zu kämpfen, sondern man würde ihn auch deshalb eben so angesehen haben, wie heut zu Tage einen gemeinen Soldaten, der sich unterstünde, wider einen Offizier zu den Waffen zu greifen. Als Flore in dem Roman dieses Namens [1]), den Entschluß gefaßt hatte, die Ehre des Blanche-Flore, der zum Tode verurtheilt worden, zu vertheidigen, und mit dem Richter, der das Urtheil gesprochen hatte, einen Kampf zu wagen, verlangte er zum Ritter geschlagen zu werden; denn, sagt der Verfasser des Romans, kein Knape darf sich wider einen Ritter rüsten.

Niemand, der nicht die Ritterwürde hatte, wagte es, mit einem Ritter zu kämpfen, sagt gleichfalls der Verfasser des Romans von Perceforest (vol. III, fol. 129 rect. col. 1); welches sogar in den bringendsten Fällen beobachtet ward, dem Verfasser des Lancelots vom See zufolge (T. I, fol. 97 rect. col. 1, et fol. 161 verf. col. 1). Das Gesetz stimmte mit diesem Gebrauche überein; es verstattete dem Knapen keine Ausforderung, keinen Zweikampf wider einen Ritter. Inzwischen, da die Ritter durch Mißbrauch ihrer Privilegien (Assises de Ierusalem ch. 84, p. 59), und in der Zuversicht, nicht gestraft zu werden, Gewaltthätigkeiten und Ungerechtigkeiten wider die Knapen hätten begehen können; so schaffte unsere ältere Rechtsgelehrsamkeit Mittel hierwider. Sie legte in gewissen Fällen dem Ritter auf, daß er sich mit dem Knapen zu Fusse, und, wie dieser, blos mit Schild und Schwerd bewafnet, schlagen solle. (Ebendaf. u. Beaumanoir ch. 61.)

Die

Die allgemeine Regel, welche ehedem den Knapen und andern Leuten verbot, einem Ritter einen Zweikampf oder einen Wettkampf anzubieten, gehörte wahrscheinlicherweise zu den ordentlichen Gebräuchen einer Gesellschaft von Personen, die verschiedenen Rang hatten; und ohne Zweifel würde man hier, wie noch heut zu Tage, die Regeln der Höflichkeit und des Schicklichen verletzt haben, wenn man eine Ausforderung oder eine Wette wider denjenigen, dem man Achtung schuldig war, hätte unternehmem wollen. Es läßt sich sogar vermuthen, daß, da wir von unsern Vorfahren dergleichen Ausforderungen und Wetten entlehnen, wir auch von ihnen die Lehre angenommen haben, solche nicht ohne diejenige Zurückhaltung und Achtung, welche die Höflichkeit erfordert, vorzunehmen.

Dem sey nun wie ihm wolle, so verloren doch die Ritter frühzeitig viele der Vorrechte, die ihnen so viele Vortheile und Vorzüge vor den Knapen verschafft hatten. Sie erlaubten unter andern seit dem vierzehnten Jahrhundert [2]), daß diese sich in den Turnieren und Wettkämpfen unter sie mischen durften. Die Knapen mißbrauchten diese Nachgiebigkeit, und machten daraus ein Recht, auch Wappen zu führen; ja sie maßten sich nach und nach sogar der Zierrathen an, welche ehedem nur den Schilden der Ritter vorbehalten waren. Alles war allmählig in Verwirrung, und in eine Art von Chaos gerathen. Die übrigen Stände, bis auf die von der niedrigsten Classe, mischten sich unter diese; die alte Subordination war gänzlich vernichtet. Und doch machten einige Ritter vom heil. Geistorden Versuche, solche wieder in die ersten

Zeiten ihrer Stiftung zurück zu bringen. Sie wollten sich des alten Rechts der Ritter bedienen, und sich mit Niemand, der nicht von diesem Stande war, in den Waffen messen; andere wollten lieber geradezu auf die Merkmale ihrer Würde Verzicht thun, um ihren Feinden Genugthuung verschaffen zu können, und um zu zeigen, daß sie noch mehr Ritter der Ehre, als Ritter des Ordens wären. Man kann leicht mutmassen, was für ein Urtheil Brantome, von dem ich diese Thatsache entlehne, von beiden fället.« (Duels p. 287, 289 et 290, & Cap. Fr. t. II, p. 281.)

Wenn wir dem Faden der ehemaligen Subordination bis auf die äusserste Gränze folgen wollten, so würden wir bemerken, daß sie, wenigstens bei Ausländern, noch am Ende des sechszehnten Jahrhunderts, beobachtet ward. Eduard Norris, Bruder des Obristen Norris, hatte, als er unter dem Grafen von Leycestre im Jahre 1587 diente, dem Grafen von Hohenlohe einen Ausforderungsbrief zugeschickt, worin er wegen einer Beleidigung Genugthuung, durch einen Zweikampf, von ihm begehrte. Dieser behauptete, daß, vermöge der Kriegsgesetze, es einem bloser Soldaten, wie Norris, nicht erlaubt wäre, dergleichen Ausforderungen ohne Genehmigung seines Generals ergehen zu lassen. Der Graf von Leycestre behauptete das Gegentheil; und, damit man nicht, wie es geschah, die Ungleichheit des Rangs zum Vorwand nehmen möchte, so machte er Norris zum Ritter (*Thuanus lib.* 88.)

1) Sonst

1) Sonst Blanche-flore, in einer Handschrift unter den ungedruckten Fabliaux des dreizehnten Jahrhunderts zu St. Germain-des-Pres, fol. 195 verso. — Dieser Ritterroman Florés et Blanchefleur ist nun auszugsweise gedruckt in dem Corps d'Extraits de Romans de Chevalerie, im ersten Bande, welches der, im Anfang Novembers 1783 zu Paris gestorbene Graf (Ludwig Elisabeth de la Vergne) von Tressan zu Paris 1782 in vier Bänden in 12. herausgegeben hat.

2) Le Laboureur, Pairie, S. 284. Beispiele hiervon liefert Froissart, B. II. S. 43.; ingl. das Buch du gage de bataille, von Olivier de la Marche, Bl. 12. — So viel Teutschland betrifft, ist es gewiß, daß nicht blos der wirkliche Ritter, sondern jeder Ritterbürtige, folglich auch der hohe und niedere Adel ohne Unterschied, in die Turnierschranken eingelassen ward, wenn er vier Ahnen beweisen konnte, und sich durch keine schlechte Handlung verächtlich gemacht hatte. Rüxner, Münster und Modius, in ihren Turnierbüchern, haben Beweise hierzu geliefert, die man so viel die Turniergebräuche, und nicht die Geschichte, betrifft, als glaubwürdig ansehen kann, womit ausser den oben (B. I. S. 276 *) angeführten Schriftstellern Hr. Hofr. Jung in Hist. Ant. Comitatus Benthemensis II. 2, 3, p. 69 sq., und Hr. v. Schliefsen in der meisterhaften Nachricht von dem pommer. Geschlechte der von Schliwin (1780. 4. 2te Aufl. Cassel 1784. 4.) S. 39 der ersten Ausg. übereinstimmen; wiewohl ersterer es sogar wagt, Rüxners Partei von der historischen Seite zu nehmen. (Beiläufig bemerke ich hier, daß mehrere Schriftsteller die

die älteste Ausgabe von Rüxners Turnierbuche in das Jahr 1527 setzen, s. a. a. O. Allein Herr Hofr. Jung sagt a. a. O., daß vier Ausgaben von Rüxnern existirten, welche er sämmtlich vor sich liegen habe, nemlich von den Jahren 1530, 1532, 1566, und 1578. Ich selbst kenne Ausgaben desselben von 1532 und 1577, welche letztere Herr v. Selchow in der Geschichte der in Teutschland geltenden Rechte, §. 317, die dritte nennt. Eben dieser Schriftsteller sagt, die erste wäre zu Simmern 1527, und die andere Auflage ebendas. schon 1530 herausgekommen. Die dritte aber 1577, welche er jedoch in seinen elem. jur. glem. priv. in das Jahr 1576 setzt.)

Die teutschen Ritter machten sich kein Bedenken daraus, mit ächt ritterbürtigen Knapen im Turnier und beim Rittergelage zu erscheinen. Nur die neuen Edelleute, die Brief- oder Bullenadel erlangt hatten, und die, wie sie sich auszudrücken pflegten, noch nach Knoblauch und Pfeffer rochen, waren davon ausgeschlossen, seitdem jene alten Ritterbürtigen es nicht mehr verhindern konnten, daß, nach dem Abgang so vieler alten rittermäsigen Geschlechter, an deren Stelle neue in den Stand der Ritterschaft versetzt wurden. In den Turniergesetzen, welche Rüxner ohne Grund dem Kaiser Heinrich I. zuschreibt, und die immer ein ziemlich hohes Alter haben mögen, ward schon verordnet: „Welcher von Adel wollt einreiten und thurnieren, der nicht von seinen Eltern edel gebohren und herkommen wäre, und das mit seinen vier Anichen nicht beweisen könnte, der mag mit Recht dieser Thurnier keinen besuchen". Auch das schwäbische Landrecht, und das sächsische Land- und Lehnrecht stimmen hiermit überein, wenn sie von einem Turniermäsigen verlangen, daß er von Vater und Mutter, und von seinen väterlichen und mütterlichen Großvätern und Großmüttern adelicher Herkunft seyn solle. Der Stadtadel oder die Patricier waren auch nicht ganz von Turnieren ausgeschlossen, obwohl sie, vielleicht wegen des dazu erforderlichen Aufwandes, und weil sie in kriegerischen Verrichtungen weniger geübt waren, selten dabei erschienen, oder auch wohl gar zuweilen nicht zugelassen wurden. Die Verbindung mit einer Stadt, das Bürgerrecht, der Antheil an ihrem Regimentu. d. m., waren an sich der Turnierfähigkeit der Patricier eben so wenig nachtheilig, als die Beschäftigung mit dem Ackerbau und der Oekonomie, welche der Landadel häufig trieb. Vom letztern hatte man sogar das Sprichwort: ein Edelmann mag Vormittags zu Acker gehen, und Nachmittags im Turnier reiten; welches freilich nur in die Zeiten der äussersten teutschen Simplicität passen mag. Ein Edelmann, der seine Ahnenprobe nicht machen konnte, und gleichwohl in die Turnierschranken sich begab, mußte sich gefallen lassen, daß er vom Pferde abgesetzt, aus den Schranken gebracht, und das Pferd preis gegeben, er aber genötigt wurde, auf den Schrankenzaun zu reiten; woher, nach Herrn von Ludewigs Mutmasung das Wort Zaunritter entstanden seyn mag. Noch in der Dreßdner Turnierordnung, nach welcher man sich unter den Kurfürsten August und Christian richtete, war verordnet, daß kein Graf oder Herr zugelassen werden solle, der sechszehn Ahnen, zum wenigsten vom Adel herrührend, auch keiner von Adel, der sechszehn Ahnen, acht von väterlicher, und eben so viel von mütterlicher Seite, nicht erweisen kann; es wäre denn, daß derselbe als

als General, oder zum wenigsten als Obrist-Lieutenant, mit Ehren und Ruhm vor dem Feinde seine Charge erworben, und sich rittermäsiger Tugend beflissen hätte. Auch läßt man bei feierlichen Carrousels, Frey-Kopf-Ring und Quintan-Rennen an vornehmen Höfen Niemand zu, der nicht von gutem Geschlechtsadel ist. Riccius vom landf. Abel S. 327.

Eben so nötig, als bei Turnieren, war auch die Ahnenprobe bei Duellen oder Kampfgerichten. Beide Theile, vorzüglich aber der herausfordernde, mußten ihren Adelstand oder ihre Abstammung von ritterbürtigen Ahnen beweisen. Es scheint diese Sitte so alt zu seyn, als der Unterschied des Adels und der ritterlichen Freien von den übrigen Freien. Schon Kaiser Friedrich der erste verordnete wegen des Landfriedens im Jahre 1156 §. 13.: Si miles aduersus militem pro pace violata aut aliqua capitali caussa duellum committere voluerit, facultas pugnandi ei non conceditur, nisi probare possit, quod antiquitus ipse cum parentibus suis natione (i e. natiuitate) legitimus miles exiltat. Neue Samml. der Reichsabschiede Th. I. S. 8. Wenn das schwäbische Landrecht verordnet, (Kap. 49), daß derjenige, welcher nicht sowohl von einer adelichen Mutter, als Vater geboren worden, sich nicht unterstehen solle, einen von zwei adelichen Eltern erzielten Edelmann zum Turnier und Kampf aufzufordern, so liegt dabey nichts anders zum Grunde, als jene alte teutsche Sitte von der Ebenbürtigkeit oder der Genossenschaft der Duellanten. Zum Beweise dieses Satzes mögen noch einige characteristische Stellen der Privatrechtssammlungen des Mittelalters dienen. Im alemannischen Lehnrechte Kap. 51, heißt es:

es: „welch semper Freymann ein seiner Genoß anspricht zum Kampf, der bedarf zu wissen seine vier Anchen". Der Verfasser des Sachsenspiegels sagt im 51. Art.: „Welch mann von seinen vier Ahnen, d. i. von zweien Eltern Våttern und zwei Elter-Müttern, und von Vater und Mutter, die unbescholden sind, unbescholden an seinem Rechte ist, den mag niemand beschelten an seiner Geburt. — Welch Schöppenbar Freymann einen seiner Genossen zu Kampf anspricht, der muß beweisen, wer seine vier Ahnen sind, und sein Handmahl, d. i. seine ordentliche Gerichtsstet und die benamen: oder jener wegert ihm wohl Kampfes mit Recht". Art. 63. „Ein jeglicher Mann mag Kampfes wegern dem, der nicht als wohlgebohren ist, als er". Und mehr Stellen gleichen Inhalts ebendas. Art. 29, und im sächs. Lehnrecht, Kap. 2. Ein merkwürdiger Beweis des Adels kam unter K. Ludwig dem Baiern vor. Hector von Trautmannsdorf, kaiserlicher Kammermeister, fand sich von Siegfried von Frauenberger, kaiserlichen Rath, dadurch beleidigt, daß dieser sich eines bessern Adels, als der seinige war, berühmt hatte. Trautmannsdorf brachte die Sache vor den Kaiser, dem Fraunberger die Beschuldigung sogleich gestand. Ehe man hierauf zum Zweikampfe schritt, wurd bei dem Kaiser von beiden Theilen die Ahnenprobe vorgenommen. Fraunberger nemlich bewies durch Urkunden ein zweihundert und dreizehnjähriges Alter seines Adels, Trautmannsdorf aber ein dreihundert und zwei und funfzigjähriges. Die Urkunde vom Jahre 1336, welche der Kaiser darüber ausfertigen ließ, und welche einige zum Beweise eines hohen Alters unsers Brief- oder Bullenadels gemißbraucht haben, steht in Schottels Buche de singularibus quibusdam et antiquis in Germania iuri-

iuribus, S. 538. u. f. und in Joachims Samml. vermischter Anmerk. Th. I. S. 123 u. f.

Diese Gewissenhaftigkeit der Teutschen bey ihrer Ahnenprobe verschaffte ihnen selbst bei Ausländern ein so grosses Ansehen, daß ein teutscher Schriftsteller des sechszehnten Jahrhunderts versichert, jede ausländische Familie rechne es sich zur Ehre, wenn sie ihren Ursprung vom teutschen Adel ableiten könne; Franciscus Irenicus, in Exegesi Germaniae lib. III. cap. 2.: Vestra, Germani, nobilitas totum per orbem, vt fons vberrimus inundauit, vt nulla gens, nulla regio sit, quae non nobilitatem suam a vobis habere gaudeat, iactet, laetetur. Eben dieser Schriftsteller versichert ferner: nullam Italiae, Galliae, Hispaniae alicuius amplitudinis gentem esse, quae non germanicam originem sibi laudi ducat.

Eben so wie bei Turnieren und Kampfgerichten, war ehedem auch bei den Mannengerichten (wovon unter andern Mascov, und Schottel a. a. O. S. 107 u. f., auch Gericken in Schottelio illustrato S. 19 u. f. geschrieben haben) die Ahnenprobe gewöhnlich. Und ein gleiches gilt von den Schöppengerichten, wo sie jedoch eigentlich nur Beweis der Freigebohrenschaft war, und wo sie in der Folge, seitdem die Doctoren der fremden Rechte in dieselbe einschlichen, ganz ausser Gebrauch gekommen ist. Sollte ein Ritterbürtiger vor einem Schöppenstuhle Recht nehmen, so mußten freilich die Beisitzer seine Genossen seyn, und die Ahnenprobe gemacht haben. Ausserdem aber war die blose Freigebohrenschaft hinlänglich. Ein Unterschied, den

ver-

verschiedene Schriftsteller (z. B. Telgmann von der Ahnenzahl Kap. 2. §. 24 und a.) nicht beobachtet haben.

Ueberhaupt aber mag der ehemals gewöhnliche Beweis der Freigebohrenschaft, welcher schon in einem der fränkischen Capitularien von 644 (bei Baluz Th. I. S. 154) vorkommt, und auf drei Generationen eingeschränkt wird, Gelegenheit zu Einführung der Ahnenprobe gegeben haben. Die drei Zeugungen forderten eben so viel freigebohrne Voreltern, als die vierschildige Ahnenprobe — eine mehrschildige kannte man ursprünglich nicht — ritterbürtige Voreltern. Es ist höchstunwahrscheinlich, wenn Telgmann a. a. O. Kap. 1. §. 18, und Gundling (diss. an nobilitet venter? cap. II. §. 10. 11.) glauben, die Einführung der Ahnenprobe wäre zuerst durch die eigennützigen und herrschsüchtigen Absichten der römischen Päpste, die häufig Italiener in die Präbenden und Beneficien, wozu der teutsche Abel befugt war, einzuschieben trachteten, veranlaßt worden. Allein noch ehe die Ahnenprobe bei Domstiften und geistlichen Präbenden eingeführt war, findet man sie schon bei Turnieren und Kriegspfründen oder Lehen, um die Ritterbürtigen davon abzuhalten. Aber weit strenger, gewöhnlicher, und vermehrt ward sie, seitdem die Eintheilung der Ritterwürde an bürgerliche Patricier und andere Nichtrittermäßige, und das Eindringen fremder, besonders Italiener, in die Stifter gewöhnlich ward. Jetzt fanden auch letztere nötig, solche bei sich einzuführen. Doch war man noch lange Zeit, nemlich bis unter K. Friedrich III. mit den turniermäßigen vier Ahnen zufrieden, obwohl man seit K. Sigismund bis Friedrich III. solche für 6 Ahnen rech-

rechnete: allein die Verschiedenheit hatte blos ihren Grund in der besondern Art, die Ahnen zu zählen, indem man nicht blos die Personen in der obersten Reihe, oder die Groseltern, sondern auch Vater und Mutter des Candidaten mitzählte. Im Grunde waren also die Beweise der drei Zeugungen bei der Freigebohrenschaft (wovon G. L. Böhmer de probat. ingenuor. natal. §. 7. in dessen Electis iur. civ. T. II. p. 689 sq.), der vier turniermäsigen Ahnen, und der 6 Ahnen, unter Sigismund in Ansehung der Anzahl der Voreltern nicht von einander unterschieden.

Die Stammtafeln waren schon vor den Ahnentafeln gebräuchlich. Den stärksten Gebrauch von jenen machten die geistlichen Ehrichter, und diese brachten solche nach und nach in die Ordnung, welche die Rechnung der Grade zu bequemer Uebersicht erfordert, statt daß man solche vorher auf eine sehr unbequeme Art verfertigte. Hr. Gebhardi liefert in seiner sehr schätzbaren genealogischen Geschichte der erblichen Reichsstände in Teutschland, im ersten Bande (1776. 4) in der Vorrede S. 17 u. f. eine Geschichte der Stammtafeln, und mutmaßt nicht ohne Wahrscheinlichkeit, daß solche die Ahnentafeln (nicht aber den weit frühern Gebrauch der Ahnenprobe) veranlaßt hätten, die unter Kaiser Friedrich III. bei der Reichsritterschaft in Schwaben, und in einigen teutschen Stiftern zum Beweise der adelichen Herkunft eingeführt wurden. Wenigstens glaubt er, die älteste Ahnentafel vom Jahre 1277 in einem Todenbuche eines geistlichen Stiftes, nemlich des Bißthums Seckau (Frölichs Dipl. Duc. styriae p. 363) zu finden. Zuverlässig ist es, daß die Ahnenprobe von den teutschen Stiftern sehr frühzeitig

nach-

nachgeahmt worden ist. Das Hochstiftskapitel zu Würzburg verordnete solche schon im Jahre 1293. (Salvers Proben des teutschen Reichsadels S. 166.) Die Sorgfalt die Ritterbürtigkeit zu prüfen, und insonderheit auch auf die Wappen zu achten, nahm unter K. Friedrich I. zu, weil dieser zum grossen Aergerniß der Ritterbürtigen anfing, Handwerker und geringe Kriegsknechte oder Söldner auf dem Schlachtfelde zu Rittern zu schlagen, wenn es ihre Thaten verdienten. Seitdem diese Sitte überhand nahm, seitdem besonders die Adelsbriefe gewöhnlich wurden, d. i. nach der richtigen Meinung seit K. Friedrich II., und auf diese Art eine Menge Neugeadelter entstanden, ja da endlich Friedrich III. allen Personen vom Bürgerstande die Fähigkeit, zu Rittern geschlagen zu werden, ausdrücklich ertheilte (Goldast constit. imp T. III. p. 398.), so haben die Domstifter, Ritterorden Ganerbschaften u. d. theils grössere Strenge, theils eine grössere Anzahl Ahnen bei der Ahnenprobe eingeführt, so daß unter Karl dem fünften manche derselben sechszehn, und zwei und dreissig Ahnen zu verlangen anfingen (Bucelinus in Germania topo. chrono-stemmatographica sacra et prophana p. 75).

Das Wort Ahnen (franz. quartiers, quarterins, degrés de noblesse) leitet man am richtigsten von ein (Einer, Einheit) welches noch jetzt in manchen Gegenden in der Provinzialsprache wie ahn ausgesprochen wird. Vergl. Böhmer a. a. O. Wachter, Lahr und Scherz in glossar. h. v. Die Glosse zu dem Sachsenspiegel B. III. Art. 29, S. 372 macht eine artige Ableitung: „aber das Wort Ahnen ist aus dem Latein gezogen von dem Wörtlein Anum, welches heisset ein Zagel".

VII.

VII. (Seite 106.)

Man sehe die Anmerkungen des du Cange zu den Etablissements de Saint Louis, hinter Joinville, und die Bemerkung des Lauriere über den 29. Art. der instit. cout. de Loysel, liv. I. lit I. *Bouteillier*, Somme Rurale, T. I, liv. II, p. 65. sagt: „der vergoldete Harnisch, war in „jeder Verfassung, sowohl zu Pferde als zu Fusse, „für den Ritter bestimmt; indessen konnte der Kö„nig solchen auch den Bürgern, welche er abelte, „erlauben". Dieser Unterschied ward auch bei den Unternehmungen der Ritterschaft beobachtet, wie man bei der Unternehmung des Saintré, und bei der des Herrn von Charny im Jahre 1443 bemerkt (Hist. de Saintré p. 517 et 532). Die Merkmale solcher Verbindungen, und der übrige Schmuck, welchen man unter die Ritter und Knapen, die dergleichen Vereinigungen errichtet hatten, vertheilte, waren für erstere von Golde, für letztere von Silber [1]). Mem. d'Olivier de la Marche l. I, p. 177.

Le Laboureur hat daher (in seiner Hist. de la Fairie, p. 311 et 312) mit Recht diejenigen Schriftsteller widerlegt, welche den Orden de la Genette, oder von der Bisamkatze, unter die Ritterorden rechnen. In der That war er dieses nicht [2]); eben so wenig, als der Sternorden (s. eben diesen Schriftsteller), sondern eine blose Gesellschaft. Wie konnte er ein Ritterorden seyn, da man Knapen in denselben aufnahm, die das Zeichen dieser Brüderschaft, nicht, wie die Ritter, von Golde, sondern von Silber trugen? Philelphe (in seinen Addit. à l'Hist. de Louis XI. p. 46)
konn-

konnte keine genauere Beschreibung von diesen Rittern geben, als dadurch, daß er ihnen das Beiwort aurati gab. Er lachte sich selbst Beifall zu, wie Naudé sagt, daß er der erste gewesen sey, welcher diese Benennung für sie erfunden habe.

Man erlaube mir, bei Gelegenheit dieser Note noch eine andere zu machen, über eine Stelle des St. Eloi (Spicil. T. II., p. 82, col. 1 et 2 par St. Ouen), welche hier zu einem Irrthum verleiten könnte. Dieser Schriftsteller, ein Zeitgenoß und Freund desjenigen, dessen Geschichte er beschreibt, erzählt, daß St. Eloi, den man an Dagoberts Hof gezogen hatte, und der von diesem Fürsten wegen seiner Redlichkeit geliebt ward, anfänglich in sehr prächtiger Kleidung bei Hofe erschienen sey: utebatur quidem in primordio auro et gemmis in habitu; allein da seine Frömmigkeit ihn auf diesen eitlen Putz habe Verzicht thun lassen, so habe der König ihm seine eigenen Kleider, und seinen Gürtel gegeben, mit den Worten: non esse dignum, hos, qui saeculo militarent, incedere inauratos. Dieser Ausdruck militare, welcher die Ritterwürde, nebst dem ihr zugehörigen goldenen Schmuck, zu bezeichnen scheint, könnte ihrem Ursprung ein weit höheres Alter geben, als wir demselben beilegen, oder er könnte das Alter, welches man dem Verfasser dieser Lebensbeschreibung zueignet, verdächtig machen; allein der P. d'Acheri, und nach ihm der P. Martène, haben das Wort inauratos, statt inornatos, gesetzt, wie man aus einer Note sieht. An diesem Beispiele mögen die gelehrtesten Herausgeber lernen, daß sie immer viel wagen, wenn sie ohne Noth und ohne Vorsicht den Text alter Schriftsteller veränändern; wenigstens muß man dieselbe mit der pünktlichsten Genauigkeit so liefern, wie man sie hat; nachher aber kann man mit mehr Kühnheit seine Mutmasungen vorbringen.

1) Ebenderselbe Unterschied ward auch in Teutschland bei ritterlichen Verbindungen beobachtet. Man sehe was oben in der Anmerkung zu N. XXXI. des vorigen Abschnitts S. 84 und 85 von den Löwengesellschaften gesagt worden ist.
A. d. U.

2) Indeß sehe man den Concessionsbrief des Ordens de la Genette, vom Jahre 1411, in der Hist. de Charles VI. par Godefroy, p. 445. Die Tradition macht Karl Martell zum Stifter dieses Ordens, um das Jahr 726, der ihm diesen Namen von den wohlriechenden Bisamkatzen-Fellen, welche die von ihm geschlagenen Saracenen mit sich führten, gegeben haben soll. Er wäre also der älteste Orden in der Christenheit. Die Ritter trugen drei goldene, mit rothemaillirten Rosen unterflochtene Ketten, woran eine goldene, schwarz und rothemaillirte Bisamkatze, deren Halsband mit französischen Lilien besetzt war, hing.
A. d. U.

VIII. (Seite 106.)

Die Person, welche in dem Blason des armes et des Dames, par Coquillart, p. 126. für die Waffen redet, rühmt in folgenden Worten ihre Vortheile: „Mache ich nicht einen blosen Knapen, „der die Waffen zu führen weiß, alsobald zu einem „Ritter, so daß ihn Jedermann Messire nennen muß"?

Indeß nennten Damen von dem höchsten Range einen Ritter nicht anders als Monsieur, ein Titel, den sie ohne Zweifel einem blosen Knapen nicht würden beigelegt haben. Die Dame, für deren Liebhaber sich Saintré erklärt hatte, fragt ihn, als er aus Preusen, wo er zum Ritter war ernannt worden, zurück kommt, ob seine neue Würde ihn nicht verändert habe? „Wir haben die Zeit erlebt, „sagt sie zu ihm, wo man Sie für einen artigen „Knapen hielt; sind Sie aber nicht durch Ihr Vermögen, dadurch daß man Sie Monsieur nennt, „und durch Ihren neuen Ritter verändert worden"? Histor. de Saintré, p. 309.

Dem Protokoll der königlichen Secretäre zufolge (in den Melanges historiques de Camusat, l. VIII, p. 47) schrieb der König an einen ausländischen Ritter: famoso viro, amico nostro carissimo, nostro tali Militi salutem; und (S. 48) an einen Ritter in seinem Königreiche; nostre amé et féal, unser lieber und Getreuer, weil alle diese dem Könige den Eid der Treue und der Unterthänigkeit geschworen hatten u. s. w. Dieses Formular ist aus einem um das Jahr 1470 geschriebenen Buche genommen. Aeltere Briefe beweisen, daß unsere Könige, wenn sie von Rittern reden, dieselben noble personne Monsieur nennten, und daß sie den Knapen blos den Titel noble homme, ohne Monsieur, gaben. Man sehe in dem zweyten Bande der Ordonnances, unter dem Jahre 1344, S. 208. Ich weiß daher nicht, auf wessen Ansehen sich le Laboureur gründet, wenn er, ohne seine Gewährsmänner zu nennen, sagt, daß alle Ritter „in allen Acten, und sogar von „ihren Oberherren und Königen, wären Mon„seig-

„Seigneur oder Messire genennt worden". Er setzt hinzu: „die Knapen hingegen nennte man blos „Nobles, Edle" *). (Hist. de la Pairie, p. 59, ibid. p. 272 & p. 309.)

IX.

*) Auch in Teutschland unterschied man meistens Ritter und Knapen durch besondere Ehrenbeinwörter. Die Ritter erhielten den Tittel: viri strenui, milites honesti, strenui, Herr, ehrsame, fromme, veste, strenge, strenge und veste, gute, achtbare, tapfere, ehrnveste, ehrbare u. d. m. In des Herrn von Gudenus Cod. diplom. T. II. n. 236, p. 1181, heißt es: der veste strenge Herr Daniel von Laugenau, Ritter. Vor dem dreizehnten Jahrhundert war das Ehrenwort Herr ein Eigenthum des sogenannten Herren- oder heutigen hohen Adelstandes. Aber im dreizehnten Jahrhundert fingen die Ritter an, sich dasselbe ebenfalls beizulegen.

Die Knapen hießen tüchtige, ehrbare, edle, fromme Knechte, Knapen u. s. w., auch zuweilen strenge, veste, honesti, strenui. Bei Gudenus a. a. O. S. 327 heißt es: edle veste Knechte von Wasen. Vergl. Scheidt vom Adel, §. 10, S. 66 und 67, und Riccius vom Adel, S. 259 u. f. u. oben im ersten Bande S. 107.

In Teutschland scheint man jedoch in Ansehung der Ehrenbeiwörter den Unterschied zwischen Rittern und Knapen nicht sehr strenge, wenigstens nicht durchgehends beobachtet zu haben. So heißt es in einer Urkunde von 1348 (in Menkens Script. rer. germ. T. I. p. 643. n. 83): *Strenui viri*, Henricus dictus Riche, *Miles*, et Heinricus Rosenhain, *famulus*. In des Herrn von Sommersberg Script. rer. Siles. S. 414 kommt vor: „Vrowe Katharine von Rosenaw, etwan des irbarn Knechts Polan von Hugwitz eliche Husvrowe, dem irbarn Knechte Hansen von Hugwitz Vetter genannt".

Den

IX. (S. 107.)

Die Gemalin eines Ritters wird Dame genennt (in den Coutumes de Beauvoisis c. 19, p. 147); und die Gemalin eines Knapen Damoiſſelle.

Der Dichter Euſtach Deſchamps (poël. mſſ. fol. 376, col. 4) ſetzt gleichfalls die Damen und Ritter im Gegenſatze der Demoiſellen und Knapen.

"Die Damen und die Ritter,"
"Damoiſellen und Knapen".

Dieſe Ehrentitel, eine Belohnung der Ritterſchaft, die in der Folge durch ungerechte, faſt ins Unendliche vervielfältigte Anmaſſungen beinahe verunehrt wurden, ſind lange Zeit in ihrem ganzen Wehrte geblieben. Man ſehe *Brantome*, Capitaines Fr. t. III, p. 178.

X. (Seite 107.)

Den Titel Noble Dame, Madame, gaben unſere Könige in Briefen den Gemalinnen der Ritter. Die Gemalinnen der Knapen, auch die angeſehenſten, wurden darin nur *Mademoiſelle* genannt. Ordonnances des Rois de Fr. t. II, p. 208.

Den Titel nobilis, und edler Junker, edler Mann, edler Herr eignete ſich der heutige hohe Adel bis in das vierzehnte Jahrhundert allein zu. Scheidt a. a. O. S. 68. Pfeffinger in Vitriar. illuſtr. Lib. I. tit. 20. p 856. (von Steck) von dem Geſchlechtsadel (1778. 8) S. 20-26.

A. d. Ueberſ.

Francisca von Anjou, welche Wittwe ward, als ihr Mann noch nicht die Ritterwürde empfangen hatte, ward nur Mademoiselle genannt, und nicht Madame. Indessen wenn man Briefe wider diese Behauptung anführt, in welchen Gemalinnen von Knapen Madame titulirt werden, so kommt dieses daher, weil sie ihre erste Heurath mit einem Ritter geschlossen hatten, und Wittwen geworden waren. Dadurch war ihnen der unauslöschbare Charakter der Ritterschaft mitgetheilt worden.

Nur die königlichen Prinzessinnen erhielten diesen Titel als einen Vorzug, ehe sie vermählt waren, weil man ihnen die Vorzüge der Königinnen einräumte, und dieses erstreckte sich so wenig auf die Töchter anderer Regenten, daß es schon hinlänglich ist, die Erbin des burgundischen Hauses, die Prinzessin von den Niederlanden, anzuführen, welche man stets Mademoiselle von Burgund nannte, bis auf dem Tag ihrer Vermählung mit dem römischen Könige. (Le Laboureur, hist. de la Pairie p. 316, 317) Olivier de Marche setzt (in seinen Mém. liv. I, p. 785) zu der Erzählung von der Geburt der Tochter des Grafen von Charolois, im Jahre 1446, folgendes: „die Zubereitungen zu der Taufe der Mademoiselle von „Burgund waren gemacht; denn damals nannte „man sie nicht Madame, weil Monsieur nicht „Sohn des Königs war".

Brantome (Dames Gal. t. II, p. 139) gab noch seiner Großmutter, der Landvögtin von Poitou, nur den Titel Mademoiselle.

XI.

XI. (S. 107.)

Ein Ritter mußte seinem Titel durch einen kostbaren Anzug Achtung verschaffen. Diese Lehre gab ihm ein berühmter Geschichtschreiber, in dem Anfange des funfzehnten Jahrhunderts, *Matthieu de Couci* (Hist. de Charles VII.): „wenn Leute, „welche nicht Ritter sind, einen Ritter ehren müs„sen, so muß dieser um so viel mehr sich selbst in „Ehren halten, durch schöne und vornehme Klei„dung, durch Pferde, Harnische und Diener, und „muß auch seines Gleichen, d. i. andern Rittern, „Ehre erweisen".

Der lange und schleppende Mantel, welcher den ganzen Mann einhüllte, war insbesondere dem Ritter vorbehalten, als die edelste und erhabenste Zierde, die dieser anlegen konnte, wenn er nicht mit seinen Waffen geschmückt war. Die Kriegsfarbe, d. i. Scharlach, worein schon bei den Römern die Soldaten sich kleideten, war gleichfalls für diesen ehrwürdigen Mantel bestimmt. Man gab ihm Unterfutter von Hermelin oder anderm kostbaren Pelzwerke, und nannte ihn *Ehrenmantel* (Manteau d'honneur). Unter diesem Titel besitzen wir noch ein altes allegorisches Werk in Versen, mit einem Miniaturgemählde, das eine Abbildung davon liefert. Nebst dieser Schrift kann man auch nachlesen, was le Laboureur von den Mänteln erzählt (Hist. de la Pairie, p. 119, 124, 150 sq. et p. 271).

Unsere Könige verehrten den neuen Rittern, welche sie ernannt hatten, Mäntel dieser Art. Dieses Geschenk ward gewöhnlich mit einem Paradepferd begleitet, oder wenigstens mit einem golde-

nen oder vergoldeten Gebiſſe *) zu einem Pferde-
zaum, welches mit dem bei Belohnungen, als ein
Zeichen des veräuſſerten Lehns, gegebenen Unterpfand übereinkommt. Die verſchenkten Mäntel,
Paradepferde, oder Zaumgebiſſe machten einen be-
trächtlichen Artikel in den Ausgaben unſerer Könige, und man findet ſolche oft in den alten Rechnungen, die ihnen abgelegt wurden, unter dem Namen *Pallia militum* wiederholt. *La Roque* tr. de
la Nobleſſe, p. 323 ſq. chap. 69 et p. 443.

Die Regenten erneuerten oft das Geſchenk des
Mantels, welchen man ihre Leibfarbe oder Livreí
nannte, entweder bei den Abwechslungen der beiden Jahrszeiten, des Winters und Sommers, wie
le *Laboureur* (Pairie, p. 123) ſagt, oder bei allen feierlichen Hofverſammlungen an groſſen Feſten,
wie alle unſere Romanſchreiber berichten.

Das Recht, bei dergleichen Austheilungen
Geſchenke zu erhalten, war mit hohen Aemtern
verknüpft, und ward ſeitdem in eine Summe Geldes verwandelt. Die Stücke Sammt oder ſeide-
nen Zeugs, welche noch jetzt obrigkeitlichen Perſonen gegeben werden, ſtellen jene ältern Geſchenke vor. Eben ſo wird das ehemalige Recht einen
Mantel von Hermelin zu tragen, in den Wappen
der Herzoge und der Präſidenten à mortier in
Frankreich abgebildet; dieſe haben ſolches ſelbſt von
den Teppichen und Zelten entlehnt, unter welchen
ſich

---

*) Man ſehe: Mémoire de M. l'Abbé Leboeuf ſur les
Tablettes de cire, welches ein Verzeichniß von den
Ausgaben Philipps des Schönen in den Jahren
1307 und 1308 enthält; Joinville in den Anmerkungen zu den Etabliſſemens de St. Louis, p. 186.

sich die Ritter vor dem Anfange des Turniers auf, hielten. *Méneſtrier* orig. des ornemens des arm. ch. VI et l'orig. des pavillons et des manteaux p. 120.

Bei der Promotion von vier und sechzig Rittern des heil. Geistordens, im Jahre 1688, erließ der König verschiedenen die Pflicht, bei der Ceremonie ihrer Aufnahme in den Orden einen Mantel zu tragen; nur für diesesmal that man einem der ältesten Gebräuche der Ritterschaft Eintrag. Lettres de Mme de Sévigné, t. V, p. 438.

XII. (Seite 107.)

Nur den Rittern gebührte der Vorzug, Hermelin und Grauwerk zu tragen, vermöge einer Rechnung vom Jahre 1451, welche la Roque (de la Nobl. ch. III, p. 443) anführt. Dieses veranlaßte um die nemliche Zeit einen unserer Dichter, in seine Gedanken über die Notwendigkeit zu sterben, folgendes einzurücken: „Der Tod macht „sich an alle; kein Advokat kann, aller Einwen„dungen ungeachtet, sich über diese Stelle hinaus„processiren; und auch kein Ritter, sein Herme„lin sey so neu, als er wolle". (Euſtach Deschamps, poëſ. mſſ. fol. 136 col. l.)

Man sehe auch wegen dergleichen Pelzwerks, die Orig. des armoir. p. 139 et 147 von le Laboureur, und die Verordnung des Königs vom Jahre 1294, welche *P. Méneſtrier* (de la Chev. p. 111 und 132) anführt, wo dem Bürgerstande nicht nur dergleichen Pelzwerk zu tragen untersagt, sondern auch der Gebrauch des Goldes, „kostbarer „Steine, goldener Einfassungen, weder an Stel„nen

„nen noch an Perlen, und goldener oder silberner
„Kronen verboten wird".

Indessen erwähnt einer unserer alten, in eben
demselben Jahrhunderte geschriebenen Fabliaux
(Manusc. du Roi 7615, fol. 125 verso col. 1)
eines ganz in Hermelin gekleideten Frauenzimmers,
obgleich ihr Gemal nur ein bloser Kaufmann war.
Allein sie war Tochter eines Ritters, und vielleicht
behielt sie das Vorrecht bei, welches sie durch ihre
Geburt erhalten hatte; vielleicht war sie auch unter der Zahl derjenigen, die dem allgemeinen Gesetze zuwider handelten, und die den König nötigten, dieses Gesetz von neuem bekannt machen zu
lassen. Dergleichen Verordnungen unserer Könige mußten oft erneuert werden, um der Ueppigkeit, und dem nur zu gemeinen Ehrgeitze, sich an-
maßlich über seinen Stand zu erheben, zu steuern.

Gold und Seide, die von Rittern, Knapen
und Edelleuten waren getragen worden, wurden ohne Zweifel von geringern Ständen, den Gesetzen
zuwider, getragen; denn der König schaffte diese
Unordnung ab, durch eine Verordnung vom Jahre 1486 (s. la Roque tr. de la Nobl. ch. 105
p. 325). Wie man aus dieser Verordnung bemerkt, so hatte das Gesetz schon von der ältern
Strenge nachgelassen, indem es den Knapen und
dem übrigen Adel, Gold zu tragen verstattete, welches ehedem nur allein den Rittern erlaubt gewesen war; und durch die Länge der Zeit hatte diese
Nachgiebigkeit zum Vortheile des ganzen Adels,
der reich genug war, mit Gold besetzte Kleider zu
tragen, selbst Gesetzeskraft erhalten.

XIII.

XIII. (Seite 108.)

Eine Menge Zeugnisse beweisen, daß wenn die Ritter in Sammt gekleidet waren, alsdenn die Knapen nur Damast, Atlas, oder anderes seidenes Zeug von geringerm Wehrte trugen.

Renatus, König von Sicilien, empfiehlt, in seiner Abhandlung von der Einrichtung der Turniere, den Oberhäuptern der Turniere, einem jeden der aus den Rittern erwählten Turnierrichter ein langes Kleid von Sammttuch, und den beiden andern, die aus den Knapen genommen wurden, ebenfalls lange Kleider, aber nur von Damast, zu geben. *La Colombière* théat d'hon. t. l. p. 79.

Als die Königin dem Ritter Saintré und dessen Gefährten ein Stück Sammt schenckte, machte sie zwischen ihnen und den Knapen einen Unterschied, indem sie diesen nur ein Stück Damast gab (*Saintré* chap. 68. p. 120). Und die Chroniken von St. Denys, vom Jahre 1377, reden von Rittern, die in Sammt gekleidet waren; und die vom Jahre 1448 von Knapen, die seidene Kleider trugen. Matthias von Couci (hist. de Charles VII. p. 568) in seiner Erzählung des Kampfes zwischen drei Burgundern und drei Schottländern, sagt, daß von den drei Kämpfern, die zuerst zu Pferde anrückten, zwei Ritter gewesen wären, die „lange Kleider von schwarzem Sammt, „mit sehr reichem Zobelpelze gefüttert, getragen hät„ten"; was den dritten betrifft, welcher nur Knape war, „so trug derselbe nur ein Kleid von schwar„zem Atlas, mit einem Unterfutter, wie die andern". In Ansehung dieses Unterschieds des Damastes für die Ritter, und des Atlases für die Knapen, liefert Matthias von Couci (ebendas. S. 667) ein Beispiel von dem Banquet, welches der Herzog von Burgund im Jahre 1454 zu Lille gab. Die Ritter, welche bei diesem Feste aufwarteten, waren in Damast gekleidet, die Knapen und Edelleute in Atlas, die Knechte und Diener aber nur in wollenes Tuch.

Eine Verordnung vom Jahre 1486 bestimmt noch die seidenen Zeuge, welche dieser und jener tragen durfte. Darin wird allen Unadelichen verboten, goldene, silberne, und seidene Zeuge zu tragen. Die Ritter werden hiervon ausgenommen, denen jede Art seidenen Zeugs erlaubt wird. Den Knapen wird nur „Damast, und glatter und „figurirter Atlas" zu tragen verstattet, ihnen dabei aber untersagt, Sammt zu tragen, „weder „carmesinroth gefärbten noch figurirten", der vermuthlich nur allein den Rittern vorbehalten war.

XIV. (Seite 108.)

Eustach Deschamps (Poës. ms. f. 308. col. 1) verwechselt, was den Putz betrifft, die Doctoren mit den Rittern: „wehrteste Dame, Sie haben so „eben von mir vernommen, daß die Wissenschaft, „und auch die Tapferkeit, sich stets in reicher Kleidung zeigen". Aus diesen Worten, womit sich der Dichter an die Dame der Wahrheit wendet, sieht man, daß zu Deschamps Zeiten die, welche sich durch Wissenschaft und Tapferkeit vor andern auszeichneten, Ritter und Doctoren oder obrigkeitliche Personen, in Friedenszeiten einerlei Kleidung trugen.

Der

Der Gebrauch des Scharlachs, welcher für die erhabensten Personen, sowohl vom Kriegs- als vom gelehrten Stande, bestimmt war, und das, den Rittern und Doctoren zustehende Recht, rothe Kleidung zu tragen, sind vermuthlich die Ursache, warum in der französischen Sprache das Wort rouge, roth, oft so viel bedeutet, als, stolz oder hoffärtig, vorzüglich als man bemerkte, daß Arte=velle, der Anführer der aufrührischen und siegreichen Genter, blutrothe und scharlachene Kleidung trug. Froissart vol. II. p. 187.

In dem in Reimen verfaßten Amant rendu Cordelier heißt es S. 555: „die rothesten werden dabei gefangen. „Roth wird für stolz, eitel oder „hochmüthig gesetzt". Brantome (Cap. Fr. t. I, p. 291) hat noch dieses Wort in dem nemlichen Sinne gebraucht, da er von dem Handel der Schweizer zu Navarre, wider den Herrn von la Trimouille, redet, „es war dieses eine grosse That, und „eine wichtige Kriegsverrichtung wovon sie so roth „(rouges) und so stolz zurück kamen, daß sie auf „alle Nationen mit Verachtung herabsahen, und „die ganze Welt zu bezwingen glaubten".

Aus dieser Bedeutung des Wortes rouge ist eine andere, durch geringe Versetzung der Buchstaben entstanden. Rogue statt rouge, heißt so viel als Stolz, Eitelkeit, Hochmuth.

In den Vigillen Karls VII. legt der Dichter der Kaufmannschaft, welcher er eine Rolle übertragen hat, folgende Worte in den Mund: „die Kauf-„mannschaft stand damals in ihrem Glanze, in „grossem Rufe, Triumph und Ansehen, so, daß man „rogue (stolz) ward, wegen der vielen Reichthü-
„mer

„mer, die man dabei für sich und die Seinigen er-
„warb". In dem Wörterbuche des Herrn Menage findet man, welche Mühe sich viele Schriftsteller gegeben haben, um die Abstammung dieses
Wortes aus der griechischen und lateinischen Sprache herzuleiten, die sie doch in weniger gelehrten Quellen hätten entdecken können.

XV. (Seite 108.)

Die mit der Ritterkleidung verbundenen Vorrechte sind deutlich erklärt worden von *Bouteiller*
(Somme rurale, liv. II. tit. VII. p. 718). Nachdem er von den Vorrechten, welche mit der geistlichen Kleidung verbunden waren, geredet hat, fügt
er noch hinzu: „ein verheuratheter Geistlicher muß,
„wie oben gesagt ist, Kleidung und Tonsur haben,
„wenn er genießen will u. s. w. Ueberhaupt muß
„man wissen, daß Ritter, wenn sie verheurathet
„sind, Kleidung und Tonsur nicht nötig haben;
„denn ein Ritter darf der Ritterschaft zu Ehren
„Kleidung tragen, wie sie ihm beliebt, und er darf
„ohne Tonsur seyn, ohne daß er dadurch im min-
„desten die Vorrechte des geistlichen Standes ver-
„liert".

Diese Entscheidung kann zu Erläuterung der
Bedenklichkeit dienen, welche der Präsident Aufre-
re, ein geschickter Rechtsgelehrter, nach Pasqui-
ers Bericht, äusserte; er fragte, ob nicht die Capi-
touls, (Gerichtspersonen zu Toulouse) wegen der
gestriesten Kleidung, die sie trugen, die Vorrechte
des geistlichen Standes verlören? Wenn diese Kleidung als ein Merkmal ihres vornehmen Standes,
und dieser als das Bild der Ritterschaft angesehen
ward

ward, so dürfte alsdenn die Capitoulskleidung ihnen die Vorrechte, welche die geistlichen Ritter genossen, nicht entziehen *).

XVI. (Seite 108.)

Hier ist die aus Joinville genommene Stelle, nach der lucquischen Handschrift, welche im Jahre 1740 auf die königliche Bibliothek gekommen ist: „Als wir zu Poitiers waren, sah ich ei-
„nen Ritter, Namens Gottfried von Rancon, der
„wegen einer grossen Beleidigung, die ihm der Graf
„de la Marche zugefügt hatte, bei allen seinen Hei-
„ligen gelobt hatte, daß er sich nie nach Ritter-
„mode wollte scheren lassen**), und daß er
„Stiefel, wie die Frauenspersonen, tragen wolle,
„bis er sich selbst, oder durch einen andern, an dem
„Grafen de la Marche würde gerächt haben: und
„als Herr Gottfried den Grafen de la Marche,
„nebst dessen Gemahlin und Kindern, vor dem Kö-
ni-

---

*) Vielleicht hatte in diesen und ähnlichen Grundsätzen die, seit dem dreizehnten Jahrhundert in Teutschland, Frankreich, England und den Niederlanden, eingeführte Gewohnheit, die in Gerichten sitzenden Doctoren und Ritter der Rechten, Pfaffen, Cleros, oder Clerken von Rechten zu nennen, ihren Ursprung. In einer Urkunde vom Jahre 1377 (bei Itter de gradib. acad. p. 349) sagt Hermann von Orbe von sich, „daß er Pfaff und Diener (Syndicus) wor-
„den sey der Ersamen wissen Lude des Rades und
„der Stad zu Francensord." Noch heutiges Tags erhalten in Frankreich die Secretarien und Gerichtsschreiber den Namen Clerc. *Du Cange* voc. clericus.
A. d. U.

**) qu'il ne seroit jamais roigné à guise de Chevalerie.

„nige auf den Knien liegen, und um Gnade flehen
„sah, ließ er einen Schemel herbeibringen, seine
„Stiefel abnehmen, und sich sogleich scheren,
„in Gegenwart des Königs, des Grafen de la Mar-
„che, und aller derer, welche daselbst gegenwärtig
„waren". Man vergleiche hiermit N. IV. dieses
Abschnittes.

XVII. (S. 109.)

Die Ritter betrachteten sich als Kinder derer, von denen sie die Ritterwürde erhalten hatten; daher das Wort *adouber* einen Ritter bewafnen, welches von *adoptare* herkommt; *Du Cange*, und *Sainte-Marie*, de la Chev. p. 338.

XVIII. (S. 109.)

Eine dieser ältesten Wappenverleihungen ist die von Richard von England für Gottfried Troulart, Herrn von Joinville, wovon Menestrier (Orig. des ornem. des armes, p. 384) Nachricht gibt. Statt solche als Merkmal einer Wappenbrüderschaft zu betrachten, wofür er sie ausgibt, ohne es zu beweisen, wollte ich eher glauben, daß Herr von Joinville wegen seiner Verdienste aus Richards Hand die Ritterwürde empfangen habe, der ihm auch zugleich seine Waffen geschenkt hatte; und daß dieser Herr hierauf seinen Schild getheilt habe, indem er solche mit dem Wappen seiner Familie verband *). Man sehe *S. Iulien de Baleure*, Mélang.

*) Die Familienwappen konnten jedoch nicht in ihrer
  eigenthümlichen Form auf andere übertragen werden, sondern mußten erblich bei der Familie blei-
                                                    ben

Mélang. hist. p. 293, und *le Laboureur*, orig.
des arm. p. 39 et 56. Aus einem ähnlichen Grunde der Erkenntlichkeit und Verehrung setzte der
sechszehnjährige Prinz von Antiochien sein Wappen
aus den Wappen des heil. Ludewigs, der ihn zum
Ritter ernannt hatte, zusammen (Joinville S. 98);
und daher führen auch viele Städte in Frankreich
in dem Haupte ihres Wappenschildes das Wappen
des Königs, so wie die Kardinäle das Wappen
des Papstes, von welchem sie ernennt werden,
führen.

XIX. (Seite 110.)

Man sehe die eilfte diss. des Du Cange hinter Joinville, von der Feldlosung (cri d'armes),
und die zwölfte von dem Gebrauche der Feldlosung. Auch sehe man la Colombière de la science heroique ch. 45 vom Kriegsgeschrei. *)

*) Montfaucon (in den monumens de la monar-
chie françoise, T. III, p. 271) führt die Kriegs-
losungen der französischen Prinzen und anderer Grossen in ältern Zeiten an, aus Bonnier's (eines
Wappenkönigs unter Karl VII.) Handschrift. Die
Feld-

ben. Was der Verfasser hier bei dergleichen Ue-
bertragungen sagt, ist blos zu verstehen von Beizei-
chen, Verzierungen, Helmkleinodien, Tincturen, oder
doch nur von einem Theile des Familienwappens u. s. w.,
nicht aber von dem ganzen Wappen. *Crusius* in annal.
Suev. L. II. P. III, p. 97 sagt: ad haeredes trans-
mittuntur insignia, vt excitentur ad imitandas patrum
suorum virtutes: non autem vt inani nobilitatis in-
generatae nomine tumeant.   Uebers.

Feldlosung der griechischen Kaiser bestand aus den Worten: χερὶ βοήθει. Du Fresne de numismatibus Byzant. n. 28. p. 23. Ueberhaupt bestand die Losung selten aus mehr als drei bis vier Worten. Unsere Ritter mögen sich bei den Expeditionen in das gelobte Land zuerst daran gewöhnt haben; wenn gleich nicht zu läugnen ist, daß dieser clamor bellicus, oder — wie es die Franzosen zu nennen pflegten — Enseigne, schon bei den Griechen und verschiedenen teutschen Völkern, insonderheit den Galliern, so wie in neuern Zeiten bei den Türken, Mexikanern, und andern wilden Nationen gewöhnlich gewesen ist. Die Land- und Heeresfolge ward im Mittelalter in Teutschland auch Landschreye genannt, vermuthlich vom Feldgeschrei. (Vergl. die Urkunde des Erzbischoffs Sigfried von Mainz bei Gudenus Cod. dipl T. I, p. 544. und eine andere vom Jahre 1358 in Treuers Historie der Herren von Münchhausen, im Cod. dipl. p. 31.) Die gebräuchlichste Losung bei den Kreutzzügen war: Adjuua Deus! (Hilf Gott!), zuweilen auch: Deus vult (Diex il volt, Gott will es!). Wahrscheinlich haben die normännischen Herzoge ihre Losung: Diex aie, Dame Diex aie (d. i. Herr Gott hilf; denn Dame heißt hier so viel als Seigneur) von jener unserer alten Paladine entlehnt. Viele, sehr viele ruften in ihrer Losung die Jungfrau Maria um Hülfe an. Der Papst fügte derselben in seiner Losung (Nostre Dame S. Pierre!) noch den heil. Peter bei. Von den französischen Königen finden sich keine Spuren, daß sie je eine andere Losung gehabt hätten, als die bekannte: Montjoye S. Denys. Die gelehrten Streitigkeiten über die Bedeutung des Wortes Montjoye hat Du Fresne, in der angeführten

Abhand-

Abhandlung hinter Joinville, und auch der P. Daniel de la Milice françoise L. I. c. XI. p. 87. ausführlich erzählt. Die wahrscheinlichste ist die, daß es so viel bedeutet, als ma joye, mon espoir, mein Trost, meine Freude. Die königlich spanischen Truppen ruften Gott und den heiligen Jakob, die englischen und viele andern, besonders die teutschen Ritter, den heiligen Georg, andere wieder andere Heiligen, z. B. den heil. Jvo, Aegidius, Lambert u. a. an, je nachdem sie Zutrauen zu diesem oder jenem hatten. Noch andere wählten sich aufmunternde, oder durch eine besondere Begebenheit merkwürdige Redensarten, z. B. Chevaliers pleuvent! Au feu, au feu! Au bruit! Grand joye! Au peigne d'or! Main droite! Au droit desir! Place à la banniere! Sans reproche! Montjoye au blanc esprevier! Sehr oft rufte man den Namen der Hauptstadt des Landes. Die Avalenser, welche um Cölln wohnten, rufen: Cölln! Als die Flandrer wider ihren Fürsten rebellirten, rufen sie: Gand, Gand! weil die meisten unter ihnen von Gent waren.

Das Recht, eine besondere Feldlosung zu haben, stand nur denen zu, die einen gewissen Trupp Leute oder Reissige in der Armee anführten. Daher konnte ein simpler Edelmann oder Ritter, der nicht Pannerherr war, sich desselben nicht bedienen. Daher kommt es, daß bei einer Armee oft eben so viele besondern Losungen, als Paniere waren. Rufte jede Rotte oder Route ihre Losung, so sagte man: ils crient les enseignes, oder auch les banieres. Ausserdem war noch eine allgemeine Losung für das ganze Kriegsheer bestimmt, die meistens die Losung des Regenten, oder auch des obersten

sten Befehlshabers war. Alles, was zu der Armee gehörte, ertönte beim Anfang des Treffens, oder bei dem ersten Angriff, oder auch bei Annäherung des Feindes, Bestürmung der Stadt, Besteigung der Mauern u. dergl. von dem Losungsworte, und Soldaten einer Partei erkannten sich hauptsächlich an demselben. Der besondern Losung bediente sich der Befehlshaber der Rotte unter andern dazu, seine Untergebenen zu Beschützung seines Paniers zu ermuntern, und dem Feinde hohe Begriffe von dem Muth seiner Gegner beizubringen. Wenn daher Froissart (Vol. I. chap. 330) das Treffen bei Creci beschreibt, so sagt er, daß 15000 genucsische Armbrustschützen, welche bei der französischen Armee sich befanden, indem sie auf den Feind losgegangen wären, ein entsetzliches Geschrei erhoben hätten, um den Engländern Furcht einzujagen (commencerent à jupper moult épouventablement pour les Anglois esbahir). Zuweilen ward die Feldlosung auch gebraucht, um das geschlagene und zerstreute Kriegsheer wieder zu versammeln, oder um Zeichen der Noth und Gefahr zu geben, in welchen Fällen solches insbesondere Cris à la Recousse genannt ward. Das Wort Recousse ward in der Bedeutung des neuern Delivrance genommen. Zuweilen ward zu der Zeit, wenn der Vassall die Lehnspflicht leistete, das Panier des Lehnherrn auf das Schloß des Vassallen gesteckt, und zugleich das Feldgeschrei des Lehnherrn ausgerufen. Der erstgeborne Sohn hatte der Regel nach das Recht, seines Vaters Losung ganz in dem Wappen zu führen, statt daß die nachgebornen solche nur mit einiger Veränderung aufnehmen durften. Aus allem diesem ist es nicht schwer, den Unterschied der ritterlichen Feldlosung von dem Mot du du Guet oder der Parole neuerer Zeit, von der Tessera der Römer, und dem σύνθημα der Griechen zu finden.

Seitdem die Feudalmiliz ausser Gebrauch gekommen ist, hat auch der Gebrauch der Feldlosung aufgehört. Die Lehnherren führten nun ihre Mannen unter ihrem Panier nicht mehr herbei, sondern es traten an ihre Stelle Truppen, bei denen gute Disciplin die Vortheile des Losungswortes reichlich ersetzte. In Teutschland fällt dieses in den verschiedenen Reichsländern in verschiedene Perioden des funfzehnten Jahrhunderts, in Fränkreich aber in die Zeiten K. Karls VII., wo die sogenannten Compagnies d'Ordonnances errichtet, und dadurch die Kronvassallen von der Verbindlichkeit des Lehn- und Ritterdienstes auf die ehemals gewöhnliche Art befreit wurden. Indessen haben sich doch noch verschiedene jener ältern Losungen als Devisen in den Wappen alter rittermäsigen Geschlechter und regierender Häuser erhalten. Vergl. des P. Daniels Werk de la Milice françoise L. I. ch. XI, p. 88. sq. *A. d. Uebers.*

XX. (Seite 110.)

Diese Art von Incognito war vorzüglich bei den irrenden Rittern, im ersten Jahre ihres Ritterstandes, gebräuchlich. Als einer dieser Abentheurer, dem man ohne sein Wissen die Waffen ausgetauscht hatte, denen, die ihn zu einem Ritterkampfe aufforderten, indem sie ihn durch das Wappen, das man auf seinem Schilde bemerkte, bezeichneten, keine Antwort gab, sagte man zu ihm: „ich bemerke, daß Sie zu den jährigen Rittern ge-
„hören,

„hören, indem Ihnen die Waffen, welche Sie
„führen, unbekannt sind". Perceforest col. II,
fol. 93, verſ. col. I.

Die Ritter bedeckten zu diesem Ende den Schild,
welcher ihre Wappen enthielt, mit einer Decke, mit
einigen Blättern, oder mit „einem Schleyer (von
„feiner Leinwand), welcher feiner war als Lilienblät-
„ter". (Perceforest vol. VI. fol. 93, 49, 95).
Zu einer andern Zeit bemahlten sie solchen nur mit
einer Farbe, so wie einer von unsern Romanhelden den seinigen mit dem Blute eines Ziegenbocks,
den er erlegt hatte, überstrich (*Lancelot du Lac*
t. I. f. 75 et 76 et fol. 164, et t. III. fol. 116).
Aber öfterer trug man solchen in dem ersten Jahre
seines Ritterstandes ganz weiß, um dem Beispiele
der Ritter von der runden Tafel zu folgen, wie
Sicile anmerkt, in seinem Buche: Blâson des
couleurs p. 35 verso.

Die Schilde, welche nur einen Grund, entweder von Metall, oder von Farbe, haben, und die
bei den heraldischen Schriftstellern unter dem Namen Tables d'attentes, Wartschilde, vorkommen, (*Palliot* science des armoiries p. 67) scheinen das Andenken dieser weissen Schilde erhalten
zu haben, von welchen uns übrigens ein alter Chro-
nikenschreiber folgendes glaubwürdige Zeugniß hinterlassen hat: „in dem Scharmützel, welches bei
„Lille in Flandern zwischen den Flandrern und ei-
„nigen Engländern und Franzosen vorfiel, ward
„ein Ritter erschlagen, welcher weisse Waffen führ-
„te; denn er wollte sich weder ergeben, noch zu er-
„kennen geben", u. s. w. Ch. Fr. mſ. de Nangis,
unter dem Jahre 1339.

Die standhafte Weigerung, sich zu erkennen zu geben, und die Hartnäckigkeit, eher zu sterben, als seinen Namen zu sagen, beweisen auch, daß der Verfasser des Perceforest die moralische Wahrheit in der Rede eines jungen Unbekannten, der sich vor Alexandern zeigte, richtig bemerkt hat. Als dieser Fürst ihn um sein Vaterland fragte, antwortete derselbe: „ich bin noch nicht geboren". „Was soll das bedeuten?" fragte der König. „Sire, erwiederte derselbe, ein Mann ist nicht eher „geboren, als bis er weiß, daß er mit Tugenden „gezieret ist. Dieß ist auch meine Meinung, sagte „der König; allein ich möchte wenigstens wissen, „wie euer Name ist. Einen Namen habe ich eben „so wenig, als ein Vaterland, war die Antwort „des jungen Menschen; denn ich habe noch nicht „verdient, einen Namen zu führen; aber alles, wonach ich strebe, besteht darin, daß ich mir einen „erwerben will". *)

Lorenz du Plessis scheint diese romantische Idee angenommen zu haben, indem er statt seines Vaterlandes den Ort nennt, wo er die Ritterwürde erhalten hat, und von dem er einen Namen führte, so wie man sich in den damaligen Zeiten oft den Namen seines Geburtsortes beilegte. **)

---

*) Andere ähnlichen Beispiele findet man in diesem Perceforest, vol. I. fol. 108 verso, col. 2, fol. 111 recto, col. I, et fol. 117 verso, col I. Vol. II. fol. 107 verso, col. I Vol. IV, fol. 89 verso, col. I, et Vol. VI, fol. 1 verso, col. I.

**) Man sehe Lignages deçà mer, ch. 28, p. 256, hinter den Assises de Ierusalem, welche Thaumassiere herausgegeben hat.

Nachdem Lorenz zu Morf jenseits des Meeres zum Ritter ernannt worden war, führten er und seine Söhne den Namen du Morf. Man sehe ihre Abstammung a. a. O.

Die romanenmäßigen Namen vieler in der Geschichte vorkommenden Personen, sind ebenfalls ein Beweis von dem Vorsatze, den einige unserer Ritter hatten, sich unter erborgten Namen zu verbergen.

Man findet in dem Verzeichnisse der Ritter an dem Hofe Karls V. oder VI. einen Lancelot, einen Gabifer, einen Carados, welche alle auch Namen von bekannten französischen Romanhelden sind. Eust. Deschamps poëſ. mſſ. f. 300, col. 4. Es würde leicht seyn, noch viele andern Beispiele hiervon anzuführen.

XXI. (Seite 110.)

Die Aenlichkeit oder die Anspielung der Wappen auf den Namen desjenigen, welcher solche führte, hat die redenden Wappen eingeführt. Man sehe hierüber *Palliot* des armoiries p. 64. ſq. Ich will davon nur das Wappen von Arpajon anführen, dessen Name ohne Zweifel einen Harfenspieler (Ioueur de harpe) angezeigt hatte. Man sehe auch die redenden Wappen einiger Städte in dem tr. de l'origine des armoiries par le *Père Méneſtrier* p. 56 ſq.

Einige haben die redenden Wappen, als verdächtige Erfindungen pöbelhafter und ungesitteter Leute verwerfen wollen, wie Palliot erzählt, welcher sich die Mühe nimmt, ihre Meinung zu widerderlegen. Diese Schriftsteller sind nicht bekannt mit dem Geiste der ersten Erfinder unserer Wappen.

XXII. (Seite 111.)

Ausser den Kriegsthaten, welche durch die verschiedenen Stücke des Wappens vorgestellt wurden, bezeichneten auch die gespaltenen, getheilten, rechts und links durchschnittenen Figuren und Schilde die verschiedenen Wunden, die man empfangen hatte, wenn man dem la Colombiere (Theat. d'hon. t. II. p. 163.) Glauben beimißt. Mir würde es natürlicher scheinen, dieses so zu deuten, daß man damit die Streiche habe anzeigen wollen, durch die der Schild war getheilt oder gespaltet worden. Wie würde man ohne dieses begreifen können, daß ein Ritter die Wunden überlebt habe, durch welche er das Recht erlangt hätte, seinen Schild zwölfmal, oder wohl gar sechszehnmal gestärbt zu tragen, dergleichen bei Palliot (science de armoiries p. 354) anzutreffen sind?

XXIII. (S. 111.)

Dem Beispiele, welches ich von dem Wappen unserer Könige hernehme, trage ich kein Bedenken noch eins von dem Hause Montmorency, welches so fruchtbar ist an Beispielen grosser Tugenden und Heldenthaten, an die Seite zu setzen. Menestrier (in der devise du Roi justifiée, p. 45, nach der Pariser Ausgabe von 1679 in 4) widerlegt die Meinung derer, die behauptet haben, daß die einfachsten Wappen die schönsten wären, oder er modificirt und erklärt wenigstens diese Behauptung, und sagt,

sagt, daß die sechszehn Adlersflügel in den Wappen des Hauses Montmorenci ruhmwürdige Denkmale zwei berühmter Schlachten, und zwei grosser Männer aus diesem Hause sind, und daß solche sechszehn Fahnen vorstellen, die in zwei merkwürdigen Treffen den kaiserlichen Truppen waren weggenommen worden. Der berühmte Advocat Arnaud hatte, noch vor den Zeiten dieses Schriftstellers, in seiner Lobrede auf Heinrich von Montmorenci, als dessen Connetables-Diplom im Jahre 1595 dem Parlament vorgelegt ward, gesagt, daß, nachdem Matthias II. von Montmorenci in der Schlacht bei Bovines dem Feinde sechszehn Standarten weggenommen hatte, König Philipp August verlangt habe, daß dieses Haus, zum Andenken jener That, in der Folge sechszehn junge Adler in seinem Wappen führen solle, statt der vier, die es vorher darin gehabt hatte. *Thuanus* L. 112. *)

XXIV. (S. 112.)

Unter andern Belohnungen wollen wir hier zwei ansehnlicher Vorrechte erwähnen. 1) Die Ritter waren (der Hiſt. des Albigeois, manuſc. Provencal, f. 51. zufolge) gewöhnlich von den Wachten, wozu die Pagen und Knapen verbunden waren, befreit. 2) Man kann aus einem vom Abte Leboeuf (in seiner Hiſt. civile d'Auxerre p. 139) angeführten Beispiele sehen, daß den Leuten eines Ritters, der seine Wohnung in einer Stadt

---

*) Umständliche Nachricht hiervon gibt *Du Chesne* in seiner hiſt. généalogique de la maison de Montmorency l. I. c. 3 p. 14. Ueberſ.

Stadt nehmen wollte, die Abgaben oder Schatzung nicht aufgelegt werden durften, welche die Bürger von allen neuen Einwohnern zu erheben berechtigt waren.

XXV. (Seite 113.)

Der französische Adel lernte von den Teutschen †) die erhabenste Geburt für nichts achten, bis man sich durch Kriegsdienste derselben würdig gezeigt hatte. Nur die Ritterwürde verschaffte, als eine Folge dieser Denkungsart, die eben so alt war, als unsere Nation, den Edelleuten das Recht, ein Petschaft zu führen: alle alten Denkmale bestätigen diese Wahrheit, welche von unsern neuern Schriftstellern ohne Ausnahme anerkannt worden ist *).

Da das grosse Siegel, welches bei den wichtigsten gerichtlichen Ausfertigungen gebraucht ward, zu Besiegelung oder Verschliessung der Briefe, Billets, und anderer Privatschriften nicht schicklich gewesen wäre, so ist zu vermuthen, daß die Ritter noch ein anderes von minderer Grösse geführt haben, welches mit dem übereinkam, das unsere Könige ihr geheimes Siegel nannten, und welches in einen Ring, den man am Finger trug, gefaßt war, welchen Gebrauch unsere Prälaten stets beobachtet haben. Le Laboureur führt (in seiner Hist. de la Pairie p. 267 sq.) aus dem achten Jahrhundert das Testament Eccards, Grafen von Autun, an, worin ein Vermächtniß von drei Ringen mit geschnittenen Steinen vorkommt.

†) Versteht sich, von den alten Teutschen. Uebers.

Das Vorrecht, an dem Finger einen Siegelring zu tragen, wie unsere Bischöffe, und um weiter zurückzugehen, wie die alten römischen Ritter, wage ich auch unsern Rittern zuzuschreiben, und dieses sollte mit förmlichen und glaubwürdigen Zeugnissen bewiesen werden; unterdessen, bis ich dergleichen finden werde, will ich zwei Stellen anführen, aus denen man, zum Vortheile meiner Behauptung, urtheilen kann.

Der Mönch von Vigeois (Labbé biblioth. mss t. II. ch. 44, p. 302) sagt, daß in einem Kriege zwischen dem Vicomte von Limoges und dem Grafen von Perigord, als beide Armeen ein Treffen liefern wollten, der Graf von Perigord durch die Bürger von Pui umgebracht worden, und daß alsobald einer von ihnen, der sehr wohlhabend war, dessen Pferd ergriffen, ihnen solches gezeigt, und, indem er den Siegelring dieses Herrn an seinen Finger steckte, Beleidigungen und Drohungen gegen dessen Vassallen, die nun ihres Oberhauptes beraubt waren, ausgesprochen habe.

Die andere Stelle, worauf ich mich gründe, ist ein aus unsern Fabliaux genommener Reim, der noch einer Berichtigung zu bedürfen scheint. Der Verfasser des Chastie Musart (Fabliaux ms. du Roi f. 140 recto col. I) rühmet einen Ritter:

Cil est bons, cil est biaus,
Cil porte l'escu point
Et cil porte à l'aviaux.

„Er ist gut, er ist schön; er trägt einen bemahl„ten Schild, er trägt einen Siegelring". Statt des Wortes aviaux, welches nichts bedeutet, würde

de ich lefen cil porte l'aniau, und wenn man diese Lesart aufnähme, so würde ich einigen Grund
haben, daraus zu schliessen, daß das Vorrecht, einen Siegelring zu tragen, ein ansehnliches Befugniß der Ritterschaft gewesen sey.

*) Beaumanoir ch. 19, p. 989 — La Thau-
massière, cout. de Berri ch. 44, p. 59 et p.
736 sq. — Le Laboureur Pairie, p. 270. sq.
p. 377 sq. — La Roque Nob.. ch. 104, p.
422 sq. — Le P. Ménestrier sur la Chevalerie. — Hanselmann hat aus du Fresne
beweisen wollen, daß auch solche, die noch nicht die
ritterliche Würde empfangen hatten, schon Siegel
geführt hätten; allein sein Gewährsmann beweiset
gerade das Gegentheil, und zeigt, daß die von Adel
erst nach dem 21. Jahre, wo sie Ritter zu werden
pflegten, Siegel geführt haben. Von dem niedern
Adel hat man noch keine Siegel gefunden, die älter waren, als das Jahr 1220, s. Estor von der
Ahnenprobe S. 445; und bis in das vierzehnte und
funfzehnte Jahrhundert waren die Siegel, selbst
bei Rittern und Grafen, noch selten. Es finden
sich daher häufig Beispiele, wo sich Edelleute des
Siegels eines Landesherrn, eines Vormundes, Verwandten, Freundes, Domkapitels, Gerichtshofes
u. s. w., bei Bekräftigung einer Urkunde bedienen,
und solches ausdrücklich anführen. Graf Otto
von Teckeneborg sagt in einer Urkunde vom
Jahre 1312: In cuius testimónium sigillum
Beatricis nostre matris, *cum adhuc proprio ca-
reamus*, presentibus duximus apponendum;
s. Lameys diplomat. Geschichte der alten Grafen
von Ravensberg (Mannheim 1779. 4) im Urkun-
denbuche Num 80, S. 73 u. 74, und Culemanns
ravens-

ravensbergische Merkwürdigkeiten Th. II. (1747. 8.) S. 7. Bei Scheidt in mantissa document. sagt im Jahre 1304 Iohann *miles* de Bekendorp: Sigillo proprio nunquam vsi fuimus, neque sumus, neque etiam id habemus.

Herr Gerken hat in dem dritten Abschnitte des ersten Theils seiner vortreflichen Anmerkungen über die Siegel (Augsb. 1781, 8) S. 136. u. f. so viel Teutschland betrifft, gezeigt, daß die, in den Urkunden der mittlern Zeiten so häufige Formel: quia proprio Sigillo careo, in den meisten Fällen keine Beziehung auf die Siegelfähigkeit des Ausstellers der Urkunde habe, sondern von der damaligen Seltenheit der Siegel, weil nemlich der Aussteller, der vielleicht längst siegelfähig war, sein Siegel nicht hatte stechen lassen, herrühre. Zuweilen ward solche auch von dem Aussteller der Urkunde darum beigesetzt, weil derselbe sein Siegel nicht bei der Hand hatte. Diese Bewandniß muß es z. B. gehabt haben, wenn der heßische Landgraf Ludwig der Friedfertige am Schlusse einer Urk. vom Jahre 1428 sagt: „Vnd hebben des tho Bekandnus „der Hochgebohrnen Fürstinnen, Fruwen Margreten, „vnser lewen Süster Ingesegel, Gebrekes hal„ben vnnses eigenen, an dessen Receß — — „hengen laten"; denn eine andere Urkunde desselben Jahres hat dieser Landgraf mit seinem eigenen Siegel besiegelt. Beide stehen in Ant. Ulrich Eraths historischen Nachricht von den Theilungen im Braunschw. Lüneb. Hause S. 39. u. 51. Mehr Beispiele solcher Formeln liefern Scheidt vom Abel S. 218. 227. und Horn in der Geschichte Friedrichs des Streit-

Streitbaren S. 567 u. f. Vergl. auch die Anmerk. im Texte, B. I. S. 113 u. f.

Die Ritter rechneten übrigens ehedem die Siegelfähigkeit unter die ansehnlichsten Vorrechte ihres Standes. Oft zeigen sie daher auf ihren Siegeln den Grund dieses Vorzugs, die Ritterwürde, ausdrücklich an. Aus der Menge von Beispielen, welche dieses beweisen, will ich nur einige aus Kremers Beiträgen zur Gülch- und Bergischen Geschichte, Bd. I. (Mannh. 1769 4) anführen. Auf der vierten Kupfertaf. daf. n. 1 steht ein Siegel vom Jahre 1326 mit der Umschrift: Sigillum Theodorici militis primogeniti Dni de Insberg et Blankenberg; ebendaf. n 7. ein Siegel vom Jahre 1361. Lamberti de Heynsberg militis; ebendaf. Taf. III. n. 10 ein Siegel ungefähr von 1350. S. Henrici D. Lewenberg militis.

Darum mußte auch ein Knape, der bereits ein Siegel führte (welches ich mir nicht anders als durch eine höchstseltene Ausnahme erklären kann), nach erlangter Ritterwürde solches ändern, wie in Burgund in einem Decreto Iacobi et Guilielmi Iusti vom 6. Aug. 1376 befohlen ward, bei Joh. Tilius de reb. Gall. lib. 2. p. 180.

Um noch einige historischen Beweise zu der Angabe des Verf. beizubringen, berufe ich mich auf Menenius in dclic. equestr. ord. p. 54, wo es heißt: quod descriptum Richardus Comes Castrensis sigillo matris Ermentraudis signare constituit, cum (nondum enim militari baltheo cinctus erat) literae quaelibet ab eo directae, materno sigillo iucludebantur; ingl. auf eine Stelle

Stelle einer Urk. bei Dufresne v. sigillum, wo der Aussteller sagt: et quia adhuc miles non eram et proprium sigillum non habebam, quando hanc concessionem fecimus, auctoritate sigilli domini patris mei cartam istam sigillauimus. Vergl. auch Mabillon de re diplomatica lib. 2. c. 18 p. 147.

A. d. U.

XXVI. (S. 114.)

Karl VI. änderte diesen Gebrauch durch eine Verordnung vom Jahre 1407, worin er befahl, daß alle seine Nachfolger auf dem Throne, „sie „möchten so jung oder unmündig seyn, als sie „wollten", nach dem Ableben ihrer Väter, Könige von Frankreich genannt werden, und die Krönung und Salbung erhalten sollten.

XXVII. (Seite 115.)

Die Ritterwürde verschaffte denen, die solche empfingen, „das Recht der Volljährigkeit, daß „sie ihre Güter besitzen, und den Lehn- und Ritter- „dienst davon in Person leisten dürften". *Le Laboureur*, Pairie p. 278.

XXVIII. (Seite 115.)

Da ein Ritter aller Orten ganz frei und ungehindert passiren durfte, so mußte er auch bei denen, die in seinem Gefolge waren, auf Zucht und Ordnung sehen, damit die Landeseinwohner sich nicht über Bedrükungen zu beschweren hatten. Wenn sie dergleichen begingen, so mußte der Herr dafür

dafür stehen, und die Strafe für seine Leute bezahlen. Man sieht bei Joinville (S. 106), wie derselbe mit einem seiner Ritter verfuhr, der einen andern beleidigt hatte.

XXIX. (Seite 108.)

Man sehe die Verordnung Philipps des Schönen, worin er die ihm gebührenden Rittersteuern einfordert, weil er seinem Sohne die Ritterwürde ertheilt hatte. (Ordon. des Rois de Fr. t. I, p. 534.) Diese Abgabe ward noch im J. 1540 von Franz I. erhoben, als sein Sohn die Ritterwürde empfing, und seine Tochter vermählt ward. (*Charondas* notes sur Bouteiller p. 503).

Die Grossen des Reichs erhoben auf ihren Besitzungen von ihren Lehnleuten und andern Vassallen, sowohl adelichen als unadelichen, eine gleiche Abgabe; und Bouteiller, ein Rechtsgelehrter in dem vierzehnten Jahrhundert, nennt dieses (in seiner Somme rurale tit. 87. p. 500) eine blose Gefälligkeit, die nicht „durch Strenge, durch Zwang, „oder vermöge eines Gesetzes" verlangt werden kann, sondern blos bittweise, und durch Höflichkeit. Indeß, sagt eben dieser Schriftsteller, ist es nun einmal so zur Gewohnheit worden, und Gewohnheit macht, nach einiger Meinung, Gesetz und Besitz; man darf sich von der Befolgung dieser Gewohnheit nicht ausschliessen: allein, damit diese Gewohnheit nicht zu sehr einreisse, so gibt er den Rath, nicht immer einerlei Sache zu geben, sondern darin abzuwechseln, und bald einen vergoldeten Becher, bald eine andere Kostbarkeit zu geben. Man sehe die Anmerkungen des *Charondas*, welcher

Grund-

Grundſätze dieſes Rechtsgelehrten beſtätigt, und den Orden des Königs von dem allgemeinen Ritterorden unterſcheidet. Indeß als Frau von Sevigné im Jahre 1689 (im VI. Bande ihre Briefe, S. 363) ſchrieb, daß Herr von la Trimouille, bei ſeiner Durchreiſe zu Vitré wegen ſeiner Ritterwürde mit groſſem Lärm ſey empfangen worden, ſetzt ſie hinzu: „es iſt dieß eine von den Gelegen„heiten, wo man die Ehrenbezeugnngen, und ſo„gar die Abgaben nach den Rechten gewiſſer Gü„ter verdoppelt".

Das Recht Ritterſteuer zu erheben wird auch von la Roque (de la Nobl. ch. 102 p. 416), und von Du Cange (obſ. ſur les établiſſem. de S. Louis) als ein, in den Geſetzen gegründetes, und durch Zwangsmittel durchzuſetzendes Befugniß erkannt, und mit verſchiedenen Iteln und Gewohnheiten erwieſen. Du Cange nennt dieſe Abgaben loiaux aides und unterſcheidet ſolche von denen, die aides gratieuſes, freiwillige Abgaben oder Beden, genannt werden.

Bouteiller hat nur von den Steuern gehandelt, die gegeben wurden, wenn der Herr, oder deſſen Sohn, die Ritterwürde annahm, oder wenn deſſen Tochter ſich vermählte. La Roque und andere Schriftſteller ſetzen noch diejenigen Abgaben hinzu, welche zu einer Reiſe in das gelobte Land, oder als Löſegeld, bezahlt wurden. Dieſe vier Fälle, in welchen man Ritterſteuern erhob, haben Gelegenheit gegeben zu der Benennung tailles ès quatre cas. Man ſehe Lauriere gloſſ. du droit francois unter dieſem Worte. Du Cange gloſſ. lat. voc. Talliae Franciles ſeu liberae, und

Kap.

Kap. 26 de la Taille aux quatre cas, in den coutumes locales publieés par la Thaumassière.

Den Etablissemens des heil. Ludwigs zufolge, muß „ein Edelmann, wenn er seinen Sohn ver„heurathet, demselben den dritten Theil seines Guts „geben, und eben so, wenn derselbe Ritter wird". *)

*) Auch in Teutschland ist nicht nur unter dem hohen Adel die Fräulein- und Prinzessinnensteuer gewöhnlich, sondern es fehlt auch sogar bei dem niedern Adel nicht an Beispielen, daß die adelichen Hintersassen bei Vermählung des Gutsherrn, wie auch seiner Kinder und Schwestern, gewisse Beiträge zu liefern schuldig sind. Die hinter-pomerische Lehns-Constitution vom Jahre 1694, Tit. 3. §. 13. (in Lünigs Corp. jur. feud. T. II p. 1090 sq.) sagt ausdrücklich, daß bei etlichen Geschlechtern gebräuchlich sey, daß die Bauern zu der Aussteuer der Töchter und Schwestern ein Gewisses an Federn, Victualien, und sonst, an einigen Orten zutragen müssen, und bestätigt diese Gewohnheit. Eben so waren ehedem die Bürger der Stadt Mühltorf im Vogtlande, zu Ablieferung der Fräuleinsteuer verbunden (s. M. Joh. Aug Möbius Nachrichten von Mühltorf, S. 236-239). Gleiche alte Gewohnheit herrscht in der Mark Brandenburg, wo die adelichen Gutsbauern ebenfalls ihren Guts-Herren bei ihrer, oder ihrer Töchter Schwestern Vermählung, Früchte, Vieh und Victualien, z. B. Gänse, Hüner, Eyer, Käse, Butter u. dergl. liefern müssen. Ein Decisum bei Schepliz (in consuetud. elect. et march. brandeb. P. II tit. 16) sagt ausdrücklich: es ist kundbarer Landesgebrauch,

brauch, daß wenn die Junkern Töchter ausgeben, oder selbst beiliegen, die Bauern zu Ausstattung ihrer Edelleute Töchter und Schwestern allezeit contribuiren müssen. Die Abgabe war, zumal in ältern Zeiten, sehr beträchtlich; denn es mußte jeder Bauer einen Ochsen geben, ungefähr vor 7 Rthlr., und zwei Hüfner ein Kalb, item ferner ein jeder Hüfner 2 Scheffel Haber, 2 Gänse, 4 Hüner, 30 Eyer, und ein jeder Coffate halb so viel. Lächerlich ist es, wenn einige (wie Joh. Jac. Draco in der Obs. de iure et origine patricior. p. 58) den Ursprung dieser Art Rittersteuern in der Gewohnheit der alten römischen Clienten, zu der Aussteuer der Töchter ihrer Patronen Beiträge zu liefern, haben finden wollen. A. d. Uebers.

XXX. (Seite 117.)

Ein Ritter ward wegen seiner Vergehungen nicht nur mit einer zweimal gröffern Strafe, als ein Knape, belegt; sondern dieses weise und strenge Gesetz erstreckte sich auch auf seine Verwandten. Da sie mit einer Art von Gewalt über ihre Familien versehen waren, so mußten sie solche auch in Ordnung halten: verordnete nun das Gesetz eine Geldbusse oder eine entehrende Strafe wider diejenigen, welche Vögel, Jagdhunde, Pferde oder andere Thiere, die sich verirrt hatten, nicht wieder ablieferten, so belegte es die Söhne, Brüder, oder andere Verwandten des Ritters, wenn sie das nemliche Verbrechen begangen hatten, nicht nur mit der Geldbusse, sondern auch mit der schimpflichen Strafe, welche auf den Raub gesetzt ist: „Er soll „die Strafsumme bezahlen, und den Schimpf „tragen". Assises de Ierusalem ch. 110, p. 212 *).

*) Ue-

*) Ueberhaupt hatten die **Ritter** in allen Sachen einen doppelten Vorzug vor den Knapen, Knechten, Edelknechten, Edelknapen, Schildknapen, Wappenen, Buben oder Wäppelingen. Eine merkwürdige Stelle hiervon hat Hocsemius von Lüttich in Adolpho Marca cap. 5: denique praeconizari fecerunt publice, quod si quis quempiam de fautoribus episcopi viuum aut mortuum caperet, *pro milite centum, pro armigero quinquaginta et pro garzione* decem darent libras capienti. In einer Urk. vom J. 1259: et nos fideiussores *milites, famuli* et opidani ad omnia, — — obseruanda — — nos obligamus, ita tamen, quod *miles militem vel duos famulos* pro se ponet, et *famulus famulum,* opidanus opidanum. Estor de ministerial. lib. p. 640. Nie durfte ein Knape es sich einfallen lassen, in Urkunden bei der Unterschrift sich vor einem Ritter zu unterschreiben. Dieß wäre hart geahndet worden, s. Anton Matthät de nobilit. p. 984 et 1045. Indeß konnte ein Ritter eben so gut als ein Knape zu der Hofdienstmannschaft eines Fürsten gehören. Ein Knape wird in einem alten Gedichte (in Duelii excerpt. general. histor. p. 255) redend eingeführt:

— darum ich bin
Ein Knab der Waffen, des Abels Kind
Eines theuren Fürsten Hoffgesind.

A. d. Uebers.

XXXI.

XXXI. (Seite 118.)

Die Deputation, welche die Liguisten im Jahre 1589 an den Papst schickten, bestand aus einem Ritter, einem Parlamentsrath, und einem Abt. (*Thuanus* lib. 94.) Diese Partei wollte das Ansehen haben, als wenn sie die alten Einrichtungen der Staatsverwaltung um so mehr befolgte, je weiter sie sich von den ursprünglichen Grundgesetzen des Staats entfernte.

XXXII. (S. 121.)

In dem Perceforest geht eine Königin, ob sie gleich krank ist, einem braven, aber armen Ritter, der ihr seine Aufwartung machen wollte, entgegen. Der ehrwürdige Ritter gibt ihr die Verlegenheit zu erkennen, worein ihn diese allzugrosse Herablassung einer so vornehmen Prinzessin setzt; aber sie antwortet ihm unter andern: „ein armer „Ritter empfängt, wenn ihm der Ritterschlag ge„geben wird, eben so viel Freiheiten und Ehre, „als ein reicher". Perceforest, vol. IV, f. 116. verso, col. I.

Robert II., Herzog von Burgund, Prinz vom Geblüte, und erster Pair von Frankreich, nimmt, in einer Urkunde von 1272, ehrenhalber die Eigenschaft eines Ritters an*). *Le Laboureur* de la Pai-

---

*) Es kann dieses nicht sehr befremden, nachdem wir oben gesehen haben, daß selbst gekrönte Häupter die Ritterwürde sich zur Ehre rechneten. König Wenzeslaw II. von Böhmen nahm im ein und zwanzigsten Jahre seines Alters die Ritterwürde, auf dem Heereszuge nach Krakow im Jahre 1192, vom bran-

Pairie p. 314. Ich könnte hinzusetzen, daß noch in dem vorigen Jahrhundert die Herren vom Hofe ihre Verehrung vor dem blosen Bilde, und sogar vor dem Schatten der alten Ritterschaft, in der Person der Gerichtspersonen, die nichts, als den Namen, davon führten, bezeugt haben. Man sehe in den Lettres de M. Racine denjenigen Brief, welchen ihm Herr von Guilleragues schrieb.

XXXIII. (S. 121.)

Der junge Blanchardin frägt seinen Dollmetscher (Latinier), ob der für den Thron bestimmte Prinz Ritter seyn könne? und die Antwort ist, daß er ohne dieses nicht gekrönt werden dürfe *).

Es scheint, daß unsere Könige ebendieselben Regeln haben befolgen wollen, obgleich ihre Geburt sie schon zu Rittern gemacht hatte. „Als „Ludwig XI. angekleidet und bereit war, die „Salbung zu empfangen, zieht er seinen Degen, „überreicht solchen dem Herzoge Philipp von Burgund, mit der Bitte, ihm von seiner Hand die „Ritterwürde zu ertheilen; welches eine unerhörte „Sache war, denn man sagte gemeiniglich, daß „alle Söhne der Könige von Frankreich schon bei „ihrer Taufe Ritter sind; gleichwohl gab ihm der „Her-

brandenburgischen Markgrafen an. Gebhardi's geneal. Geschichte der erbl. Reichsstände, im dritten Bande S. 97.

*) Roman de Blanchardin, unter den ungedruckten Fabliaux von St. Germain-des-Pres, welche im dreizehnten Jahrhundert geschrieben sind, fol. 175 recto.

„Herzog, um zu gehorchen, den Ritterschlag, und „machte ihn mit eigener Hand zum Ritter" u. s. w. Monstrelet, vol. III, fol. 87 rect. unter dem Jahre 1461.

Es ist nicht nötig, sehr weit zurückzugehen, um von Johann Chartier zu lernen, daß unsere Könige, noch vor Ludwig XI., sich bei ihrer Krönung haben zu Rittern schlagen lassen, ungeachtet des Vorrechts ihrer Geburt. Karl VII. hatte die Ritterwürde aus den Händen des Herzogs von Alençon empfangen (Chartier hist. de Charles VII. edit. de Godefroi p. 32); und Karl VI. aus den Händen des Regenten, Herzogs von Anjou (Hist. de Ch. VI. par le Moine de S. Denys p. 9 et 10.). Dieser Monarch hatte seine Neigung zu der Ritterschaft frühzeitig blicken lassen. Als der König, sein Vater, ihm eine mit Diamanten besetzte Krone, und einen Helm hatte vorsetzen lassen, mit der Erlaubniß, eines von beiden zu wählen, sagte der junge Prinz: „Monseigneur, geben Sie mir „den Helm, und behalten Sie Ihre Krone".

XXXIV. (S. 121.)

Man sieht aus der Chronik des Mönchs von Vigeois (T. II. de la biblioth. des mss. par le P. Labbé p. 280) welcher mit dem Jahre 1184 endigt, den Gebrauch, die Jahre, welche man im Ritterstande zugebracht hatte, nebst dem Alter, in welchem ein Ritter seine Laufbahn beschlossen hatte, anzugeben: cum jam hunc librum terminassem, contigit obire Gulpherium de Turribus (de la Tour) apud Vosias quinto idus Aprilis, feria II^a, hora VI^a, die IX^a, a Paschali solemnitate,

tate; hic pleureuſis dolore défecit anno aetatis ſuae XXXIII, duodecimo *cingulo Militiae* pollens (im drei und dreiſſigſten Jahre ſeines Alters, im zwölften ſeines Ritterſtandes). Er hatte alſo der Regel gemäs, in ſeinem ein und zwanzigſten Jahre die Ritterwürde erhalten.

Es iſt wahr, daß eben dieſer Schriftſteller bei den Biſchöffen ebenfalls das Jahr ihres Bißthums, und bei den Aebten das Jahr ihrer Ordination, oder Einſegnung, angibt welches zum wenigſten ein neuer Beweis von der Vergleichung iſt, die man zwiſchen der Ritterſchaft und dem Prälatenſtande anſtellte, wie oben, N. XII. zu dem zweiten Abſchnitt, gezeigt worden iſt.

XXXV. (Seite 112.)

Ueber den Titel und die Würde eines Pannerherrn ſehe man *du Cange* diſſ IX. hinter *Joinville* *); — Die diſſertations du *P. Honore* de Ste *Marie* ſur la Chevalerie art. II. p. 6. — *P. Daniel* de la milice francoiſe liv. 3, ch. 4; — *La Roque* tr. de la Nobleſſe ch. 9. p. 24; — *Le Laboureur* de la Pairie p 309 ſq.; — *du Tillet* Rec des Rois de France p. 318; — *Paſquier* — den *P. Mèneſtrier* u. a.

---

*) Tentſch in *Piſtor.* amoen. hiſtor. iurid. P. V. p. 138. Vergl. auch Scheidts Anm. zu Moſers Fr. Lüneb. Staatsr. §. 19. S. 141. und Fiſchers Sitten u. Gebräuche der Europäer ꝛc. ꝛc. S. 86. 87.
A. d. U.

Der Pannerherr hattte den Rang über dem blosen Ritter oder Bachelier; denn diese beiden Wörter, die man hat von einander unterscheiden wollen, sind völlig gleichbedeutend *). In der That wird es auch in den alten Musterungen der Kriegsleute (bei der Heerschau) mit den Chevaliers Bacheliers auf eben den Fuß gehalten, wie mit den Rittern; sie bekommen ebenfalls doppelt so viel Gehalt als die Knapen, und halb so viel als die Pannerherren. Ich halte sie für ebendiejenigen, welche in dem Ordre de Chevalerie, fol. 5 recto, Ritter mit einem Schilde genannt werden, vielleicht weil sie zu ihrer Vertheidigung nichts als ihren eigenen Schild hatten, und nicht, wie die Pannerherren, durch die Schilde vieler andern Ritter beschützt wurden.

Auch sehe man in Antons de la Salle Buch la Salade, fol. 53 sq, mit welchen Ceremonien ein

---

*) Das Wort Bachelier ist nichts anders, als das lateinische Bachelarius oder Baccalaureus, welches sich von dem Ritterwesen auf das akademische Promotionswesen fortgepflanzt, und in diesem bis in die neuern Zeiten erhalten hat. Es stammt ohne Zweifel von dem Worte baculus (Stock oder Stab) her; nicht aber als ob diese Ritter die Belehnung wegen ihrer Lehngüter per baculum erhalten hätten, wie einige ohne Grund behauptet haben, sondern weil sie — wie der französische Rechtsgelehrte Hauteserre (de duc. et comit. Gall. prouinc. cap. 8. p. 253) sich ausdrückt — ihre ritterlichen Beschäftigungen mit Schild und Stab anfingen. Daher wurden sie auch zuweilen baculares genannt. Vergl. Du Fresne v. Baccalaureus.

A. d. U.

ein Ritter zum Pannerherrn gemacht ward †). Eben dieser Schriftsteller erzählt auch die bei Ernennung der Baronen, Vicomtes, Grafen, Marquis und Herzoge gewöhnlichen Ceremonien. *)

*) Der Verfasser erwähnt unter den verschiedenen Graden der Ritter nirgends der sogenannten Halbritter. Diese Halbritterschaft konnte sich ein Rittermäsiger durch eine Reise nach dem gelobten Lande erwerben: sie war aber, wie schon die Benennung anzeigt, geringer als die übrige. Den Halbrittern wurden auch häufig diejenigen beigerechnet, die von dem römischen Könige, bei dessen Wahl geschlagen wurden. Bei dem Turnier, welches zu Nürnberg im Jahre 1433 gehalten ward, ließ man die von K. Sigismund bei seiner Krönung zu Rom geschlagenen Ritter nicht in die Turnierschranken. *Andreas Ratisbon.* in Chron. Bauar. Freher ad Petr. de Andlo fol. 183. fac. 2. Die Halbritter durften auch nur auf der linken Seite Gold tra-

†) Ein alter Edelmann, Landherr, oder Freiherr, welcher die Pannerherrnwürde erhalten wollte, mußte, selbst Ritter seyn, und in Frankreich wenigstens 25 (*La Lande* traite du Ban p. 56), in Teutschland aber nur 10 Helme, Lanzen oder Spieße wohlerzeugter Leute, d. i. Ritterbürtige, auf seine Kosten zu Felde führen können. Das Panier oder die Fahne, welche ihm der oberste Feldhauptmann zum Zeichen seiner neuen Würde überreichte, war damals so viel als ein Commandostab. Die Würde selbst war nicht erblich, wenigstens blieb solche nicht länger bei der Familie, als diese die erforderliche Anzahl reisiger Leute stellen konnte. Vergl. oben die Anmerk. zu Note I. dieses Abschnittes.

A. d. U.

tragen, Crusius in annal. Suev. P. 3. lib. 6. c. 18. fol. 364. —

Ueberhaupt hatte man in Teutschland viererlei Ritter:

1) Ritter des heiligen Grabes, welche für die Würdigsten gehalten wurden; (Von diesen sollen unten in einem besondern Anhang zu diesem Bande Nachrichten folgen.)

2) St. Catharinen-Perg- und Finstern Sterns-Ritter, oder die Theuersten;

3) Ritter, die auf der „Tyberpruckhen in Krönung eines römischen Kaisers" geschlagen worden, oder die Besten.

4) Ritter, die in Stürmen, Schlachten u. s. w. ihr Schildesamt erhalten hatten, oder die Gestrengsten. Diese beiden letztern Arten hieß man Ganzritter, im Gegensatze der Halbritter.

So classificirt Hund im Auszug historischer Observationen (hinter dessen Bayerischen Stammbuch S. 704) die Ritter, mit dem Zusatz: „daß wissen jetzt wenig, kombt von Weylandt Herr Marquart von Stayn, Thumb-Probst zu Augspurg seligen her ꝛc. ꝛc." (Vergl. Schilters comm. in I. F. Alem. c. 20 37. c. 21 22. Burgermeister von des teutschen Reichsadels Immed. S. 117. Grupens discept. for. p. 739.)

Die Katzenritter dürfen mit unsern Rittern nicht verwechselt werden. Sie waren Leute, die sich zu Thiergefechten gebrauchen ließen, und wurden für ehrlos gehalten. In der Nürnberger Reformation, Tit. V., bei Gelegenheit der Enterbungsursachen heißt es: „zu dem achten, so
der

der Sohn ein Katzenritter wäre, oder dergleichen sich unterstanden hätte mit andern Thieren zu beissen oder zu fechten"; und in der **Wormser Reformation** p. III. Tit. 4: „So der Sun ein Katzenritter wäre, oder dergleichen sich unterstanden hätte mit andern Thieren zu beissen und zu fechten". A. d. Uebers.

XXXVI. (Seite 111.)

Die Paniere, welche die Ritter in dem Kriege führten, und die Fähnlein, welche sie bei ihrem Eintritt in die Schranken in der Hand hielten, womit sie bei dem Anfange des Ritterspiels das Zeichen des Kreutzes machten, und die sie alsdenn zuweilen auf die Spitze ihres Helmes steckten, können die Wetterfahnen, welche wir auf die Gipfel unserer Gebäude setzen, veranlaßt haben. Wenn man Besitz nahm von einem Lehngut, von einer Herrschaft, oder von einem im Kriege weggenommenen festen Platze, so war es bekanntlich das erste, daß man das Panier des neuen Herrn auf dem erhabensten Orte, auf dem höchsten Thurm, aufpflanzte. Bei Saintrés Unternehmung trugen er und seine Gefährten zwei Paniere auf ihren Helmen, unter welchen ein Diamant war, den sie denjenigen, die sie würden überwinden können, bestimmt hatten. Hist. de Saintré p. 517.

Als eben dieser Saintré den Engländern einen Kampf zwischen Gravelines und Calais angeboten hatte, und solcher von dem Grafen von Bouquincan und dessen Gefährten angenommen worden war, „kam der Herr und Graf von Bou-
„quincan mit einer sehr ansehnlichen Gesellschaft

Sonn-

„Sonntags am ersten Tage des Monats, früh nach
„der Messe, zu der zu Eröfnung des Kampfes be-
„stimmten Zeit; er ließ auf dem Gipfel seines Quar-
„tiers sein Panier mit einem silbernen Saume, das
„er aus England mitbrachte, aufstecken, und rufte
„aus: England! Sankt Georg!" Ebendas. Kap.
54 S. 379.

Le Laboureur (origin. des arm. p. 93)
hat die Wetterfahnen als ein Merkmal betrachtet,
das blos den Häusern, die vom Adel besessen oder
bewohnt würden, gebührte: „Die Edelleute, sagt
„er, haben allein das Recht Wetterfahnen auf ih-
„re Häuser zu setzen; sie sind spitz, wie die Fähn-
„lein der blosen Ritter, und viereckigt wie die Pa-
„niere der Ritter, welche Pannerherren waren".
Es ist dieses keine blose, durch nichts erwiesene
Meinung. Man sehe hierüber die Entscheidungen
unserer Rechtsgelehrten Salvaing, Chambolas,
und la Peirère, welche in dem, im Jahre 1749
gedruckten Code Rural angeführt werden.

XXXVII. (S. 124.)

Die, in jenen Zeiten so häufigen Gelegenheiten, eine beträchtliche Anzahl Leute aus allen Ständen zu versammeln, machten es notwendig, die
Rangordnung derselben mit weit mehr Sorgfalt
und Genauigkeit, als heut zu Tage, zu bestimmen.
Die Turniere und Wettkämpfe zogen eine Menge
Zuschauer herbei; und man sieht aus dem Buche
des la Jaille, fol. 38 verso et 39 recto) die ge-
schlossenen Felder betreffend, daß daselbst bestimmte Plätze waren für den Herrn, den Marschall, für
die vornehmen Leute und Räthe, für den fremden
Adel,

Adel, nach seinem Range, für die Edelleute, Bürger, Kaufleute u. s. w.

Bei andern Gelegenheiten hätte der Rang ebenfalls müssen bestimmt werden: allein der Reichthum maßte sich oft der Vorzüge des Adels an. Dieser, seit dem vierzehnten Jahrhundert eingeschlichene, Mißbrauch erregte den Tadel eines unserer Dichter. Eustach Deschamps (poës̈. mss. fol. 556. col. 2.) berichtet den, zu seiner Zeit in der Kirche beobachteten Gebrauch, wenn man zu dem Opfer ging, und das Crucifix küßte, und die Ordnung, in der ein jeder sich, seinem Stande gemäß, hier zeigen durfte:

„Damen und Damoisellen sollen Bürgerinnen „vorgehen; und wenn dergleichen Leute höflich sind, „und von ihren Vorzügen keinen Gebrauch ma„chen, so soll man sie deshalb nicht verachten, son„dern ihnen noch mehr Ehre erweisen". Aber er klagt auch über die Unordnung, welche er durch den Uebermuth der Reichen entstehen sieht: „allein „heut zu Tage ist es sehr zu beklagen, wenn ein „Betrüger oder eine Betrügerin, ein Unglücklicher, „oder eine häßliche Person, durch ihren Uebermuth, „Rangstreitigkeiten erregt, und eher zu dem Opfer „gehen will, als ein Weiser, oder als ein Mann „von hoher Geburt, der jung oder alt ist, oder auch „wenn er minder begütert ist; denn wenn ein vor„nehmer Mann in Armuth, oder in hohem Alter „ist, oder wenn seine Gemalin in diesen Umständen „ist, so soll man ihnen um so höflicher begegnen, „und ihnen Rang und vorzügliche Ehre lassen".

XXXVIII.

XXXVIII. (Seite 124.)

Würden und Ehrenbezeugungen, dieser Schatz der Ehre, welcher den übrigen Schätzen ihren Mangel ersetzt, sind die Münze des Staats, wie der Verfasser des Esprit des Loix (liv. 5 ch. 18 p. 168), bemerkt. Man kann den Werth derselben nicht genug zu erhalten suchen; es ist eben so gefährlich, denselben übermäsig zu erhöhen, als ihn fallen zu lassen und zu mindern.

XXXIX. (Seite 125.)

Die Austheilung der, in dem Kriege gemachten Beute ward gewöhnlich nach der Schlacht vorgenommen. Gold, Silber, Pferde, Paradepferde und Maulesel wurden gemeiniglich unter die Ritter vertheilt; das übrige ward ohne Zweifel den Knapen und andern geringern Personen überlassen. Aus diesem Grunde wird oft in unsern Romanen, wenn darin die Thaten der Ritter beschrieben werden, sorgfältig angemerkt; daß diese weder Kühe, noch Schaafe wegnahmen. *)

XL. (Seite 126.)

Montluc sagte in dem ersten Theile seiner commentaires, unter dem Jahre 1555, daß er Willens sey, den Markus Antonius, einen jungen reichen Römer, gefangen zu nehmen, welcher acht-

---

*) Man sehe die ungedruckte Romanje von Arcassin und Nicollette, und den Roman Gerhards von Roussillon, in provencalischer Sprache ebenfalls ungedruckt, fol. 100 sq.

zig tausend Thaler Einkünfte hatte, und daß er eine gleiche Summe von ihm ziehen wolle, wovon er sich vornahm, die eine Hälfte dem Herrn de la Motte, seinen Befehlshabern, und den Soldaten zu geben, und die andere für sich selbst zu behalten, S. 588: „es kommt mir in den Sinn, sagt „er, daß ist diesen Herrn leicht gefangen nehmen „würde, und daß ich, wenn ich dieses thun könnte, „auf immer reich wäre; denn zum wenigsten wür„de ich achtzig tausend Thaler Lösegeld dafür er„halten, welches sein jährliches Einkommen ist, und „welches nicht zu viel wäre".

Er wiederholt S. 565 das nemliche, fast mit ebendenselben Worten, nachdem er seine Gefange-fangenen gerühmt hat, von denen keiner jemals mißvergnügt über ihn hinweggegangen war. „Sie „bis auf die Haut ausziehen, sagt er, wenn es „Personen von Stande sind, welche die Waffen „tragen, ist niederträchtig".

Diesen Grundsätzen zufolge findet man auch Offiziere, welche die eine Hälfte ihres Gehaltes als Lösegeld zahlen. *Thuanus* lib. XVII.

XLI. (Seite 126.)

Die Pracht der Fürsten und Großen schim-merte vorzüglich in der Menge von Rittern, welche unaufhörlich um ihre Person waren. Die groß-müthige Freigebigkeit, welche diese hier zurück hielt, machte das Haus des Herrn in den Augen seiner Freunde und Vassallen noch vornehmer und schätz-barer. Die Anhänglichkeit und der Eifer so vie-ler braven Krieger, die alle ein Geist belebte, mach-te solches wichtiger und furchtbarer in den Augen der

der Fremden und Feinde, die etwa den Vorsatz hatten, dasselbe zu bekriegen.

In einer auf den Tod des Herrn von Couci, welcher 1397 in einer Schlacht wider die Türken blieb, verfertigten Ballade, hält Eustach Deschamps (poës. mss. p. 383) diesem Herrn eine Lobrede in folgenden Worten: „denn er war in „seinem Leben berühmt, artig, weise, mächtig, voll „edler Freygebigkeit, ein schöner und thätiger Rit„ter, ganz rastlos; er hielt eine, reichlich und mit „gesunden Speisen besetzte, Tafel für die braven „und herzhaften Ritter, welche früh und spät um „ihn waren, und ihm zur Gesellschaft und Ausrich„tung seiner Befehle dienten.‟ Die Ritter, welche man Leibritter oder Hofritter (Chevaliers du corps ou Chevaliers d'honneur) nennte, begleiteten den Herrn gewöhnlich in seinen Pallast oder in sein Schloß; bei unsern Königen waren es ihre Kammerherren oder Kammerjunker.

Du Tillet Rec. des Rois de Fr ch. des Chev. de l'Ordre et etat de Chevalerie p. 316. „In einer Verordnung Herrn Stephans von Fla„vigny, vom eilften Februar 1384, wird er Hof„oder Ehrenritter des Königs genannt, welches so „viel ist, als Ritter der königlichen Kammer, wie „die Pagen oder Hofkinder, zum Unterschied der „Ritter und Pagen, welche bei dem Marstall an„gestellt sind. Auch die Königin hat wohl einen „Hofritter.‟

Ihre Aemsigkeit in dem einheimischen Hofdienste war Bürge für das Bestreben, welches sie in dem Kriege äussern würden, stets um die Person ihres Herrn zu seyn, denselben zu bewafnen, und zu beschützen.

Froiß=

Froissart (col. II. p. 279, unter dem Jahre 1385,) sagt von dem Hinterhalt, in welchem Herr Bernabo von seinem Enkel Galeaz Visconti gefangen genommen ward: „Daselbst war ein teut„scher Ritter, ein Hofmann und Leibritter bei Herrn „Bernabo. Als dieser sie wider seinen Herrn und „Meister heranrücken sah, trug er das Schwerd „dem Herrn Bernabo vor, zog dasselbe sogleich aus „der Scheide, und überreichte es dem gedachten „Herrn Bernabo —— und hierauf zog der Rit„ter sein Schwerd als ein tapferer Mann, um sich „in Vertheidigung zu setzen".

Die edelmüthige Freigebigkeit der Fürsten zog sehr viele Ritter an ihre Höfe, welche an ihren Wohlthaten Theil nehmen wollten; allein es gab noch ein zuverlässigeres Mittel, die Zuneigung dieser edlen und erhabenen Selen zu gewinnen. Sanftmuth und Gesprächigkeit fesselten dieselben weit besser, als das Interesse und der Durst nach Reichthümern, wie der Ritter de la Tour berichtet (in seinen instructions à ses filles, fol. 6 verso, in dem Kapitel, wo er ihnen sagt, wie sich Frauenzimmer höflich betragen sollen): „Ich kannte, sagt „er, einen grossen Herrn in diesem Lande, der „zu einer Zeit, wo er sich rüsten konnte, durch „seine Höflichkeit mehr Ritter, Knapen, und an„dere Leute an sich gezogen hat, als ein anderer für „Geld oder andere Sachen thun konnte. Es ist „Herr von Craon, welcher sich durch sein gefälli„ges und einnehmendes Betragen bei allen Rittern, „die ich kenne, Lob erwirbt".

Höflichkeit und andere Tugenden, die man sich an einem solchen Hofe durch die Beispiele und Muster, nach denen man sich bildete, erwarb, waren für die Ritter sicherere Schätze, als Reichthümer, wenn solche von andern Herren, die nicht dieselben Eigenschaften besassen, ausgetheilt wurden. Man kann darüber urtheilen, wenn man das lieset, was Perceforest (vol. I. f. 54 et 55) von den Vortheilen sagt, welche die Hofritter der Königin, in dem Pallaste dieser Fürstin, in Ansehung der Anweisung zu einem artigen und gefälligen Betragen, fanden.

Aber wie hätte ein Herr auf so viele Ritter, die er zusammenberufen, und zu seinem Dienste verpflichtet hatte, rechnen können, wenn sie uneinig untereinander gewesen wären, und wenn sie nicht selbst gegen einander die vertrauteste Freundschaft gehegt hätten? Es war ihnen eben so wenig, als Brüdern, erlaubt, gegen einander Gewaltthätigkeiten zu begehen. Lancelot du Lac, t. I. f. 36. recto col. 2.

Joinville berichtet, daß er einen von seinen Rittern fortgejagt habe, weil derselbe einen seiner Cameraden geschlagen hatte; ein Beweis, wie ansehnlich die Macht des Herrn über seine Ritter war, und welche Unterwürfigkeit diese dem, der sie commandirte und besoldete, schuldig waren.

Man konnte mehrern Höfen als Ritter zum Dienste verpflichtet seyn *); und einige Höfe, wie der des Prinzen Eduards von England, liessen zu der Bedienung des Herrn nur Ritter und keine Knapen. Lancelot du Lac t. I. f. 58 et 79. Die Bischöffe hatten eben so, wie andere Grossen des Reichs, bei ihrer Hofhaltung gewisse Ritter angestellt. Hist. de B. du Guesclin, edit. de Ménard p. 243 et 318.

Pe-

Peter von Blois schreibt (Epitre 20) an zwei seiner Freunde, die bei dem Bischoffe von Chartres in Diensten waren, und ermahnet dieselben, diesem Prälaten oft Vorstellungen zu thun, wie sehr er sich von seinen Pflichten entferne, vorzüglich durch den Mißbrauch seiner Glücksgüter, die er an Kriegsleute und Possenreisser verschwende; er empfiehlt ihnen, demselben andere Gesinnungen einzuflössen, damit er donationes, quas militibus et histrionibus facit, modestia limitaret.

*) In Teutschland finden wir statt dessen die adeliche Dienstmannschaft, das adeliche Hofgesinde, die Ministerialität, eingeführt, welche weit strenger war. Aber auch unter diesen Hofmannen fehlt es nicht an Beispielen, daß zuweilen einer die Ritterwürde empfangen hatte, ohne daß dadurch die erbliche Dienstverbindung oder Hörigkeit, womit er dem Dienstherrn zugethan war, aufhörte. Ueberbleibsel der adelichen Dienstmannschaft sind noch die Hofämter, insbesondere die erblichen, und die Pagen. (Vergl. des Grafen *Buat* origines de l'ancien Gouvernement de la France, de l'Allemagne et de l'Italie.) Der Zustand der ehemaligen adelichen Dienstleute oder eingebornen Dienstmänner (Holtaus h. v.) war in so ferne allerdings beschwerlich, daß ihre Dienstverbindlichkeit auch auf die Kinder überging, daß man sich derselben nicht anders, als durch Manumission, oder Refutation des Beneficiums, dem solche anklebte, entledigen konnte, daß zur Verheurathung die Einwilligung des Dienstherrn notwendig war, zumal wenn die künftige Wittwe des Dienstmannes sich Unterhalt und Witthum von demselben versprechen wollte (Seger

diff. de alimentis viduae indotatae ex feudo debitis. L. 1774.), und daß diese Dienstbarkeit von dem Herrn auch an andere, durch Kauf, Tausch u. s. w., überlassen werden konnte, wenn gleich sich Spuren finden, daß letzteres nicht ohne Einwilligung der Dienstleute selbst geschehen ist. Ausser den ältern Urkundensammlungen, die Beweise in Menge hierzu liefern, berufe ich mich hier wegen der Veräusserung und des Austausches der Ministerialen, welches man Concambium nennte, auf Urkunden von 1275 in v. Tröltsch Anmerk. und Abhandl. aus verschiedenen Theilen der Rechtsgel. Th. I. (1775) S. 210 u. f., von 1246, 1247 u. 1293 in des sel. Hofr. Langs diplomat. Blumenlese (in meines verehrungswürdigen Freundes, des Hrn. Hofr. Meusels Geschichtforscher, Bd. VII. S. 68-71), von 1249, 1268, 1293, 1312 und 1316, 1321, 1331, 1338 und 1341 in Hrn. Hofrath Lameys diplomat. Geschichte der alten Grafen von Ravensberg (Mannh. 1779) S. 55, §. 42, und in dem beigefügten vortrefflichen Codice diplomatico, Num. 34, 45, 67, 80 und 85, 90, 128, 34, und 104, und auf verschiedene Urkunden aus dem XIII. und XIV. Jahrhundert in des Hrn. Kanzleiraths Lodtmann Actis Osnabrugensibus T. II. (1782) St. II. Ordentlicherweise durfte ein Ministerial keine andere Frau heurathen, als eine solche, welche seinem Herrn ebenfalls durch Ministerialität verwandt war, und sein Sohn konnte auf das seinem Vater nach Hof- oder Ambachtsrecht (iure curiae) verliehene Beneficium keinen Anspruch machen, woferne nicht seine Mutter gleichfalls Ministerialin ebendesselben Herrn gewesen war. Es galt bei den Kindern der Dienstleute die Regel: partus sequitur ventrem, d. i.

wenn

wenn eine Dienstfrau eines andern Herrn Dienstmann heurathete, so gehörten die Kinder, die aus einer solchen Ungenossenehe erzeugt wurden, dem Herrn der Dienstfrau zu, wenn sich nicht beide Herren deswegen verglichen hatten. Bei Vergleichen dieser Art ward nicht selten eine Abtheilung der ministerialischen Kinder zur Hälfte beliebt, oder auch wohl eine Austauschung der Eheleute selbst getroffen. Eben dieses geschah, wenn eine Dienstmannin sich in zweiter Ehe an einen Dienstmann eines andern Herrn verheurathete, wovon viele Urkunden zeugen; f. z. B Langs Blumenlese a. a. O. Num. 83, im Geschichtforscher Bd. III. S. 230. Die Veräusserung der Dienstmannen geschah sowohl einzeln, als auch mit Ländern, Gütern und Herrschaften.

Die Ministerialen konnten sogar ihre eigenthümlichen Güter ohne Hand ihrer Herren nicht veräussern, sondern sie mußten ihr Eigenthum dem Herrn auflassen, damit alsdann dieser in den Stand gesetzt würde, das an ihn auf solche Weise übertragene Eigenthum dem Käufer zu überlassen, (von Gütern, die sie vom Dienstherrn nach Hof- oder nach Lehnrecht besassen, ist die Rede nicht), wie Lang a. a. O. Num. 113, im Geschichtf. Bd. V. S. 238 aus einer lateinischen Urkunde vom J. 1293 zu erweisen sucht, womit jedoch Hrn. Prof. Püttmanns (in obs. iur. feud. cap. 31) Zweifel dawider zu vergleichen sind. Der Herr konnte sogar wider einen Ministerialen, der ihm entwichen war, die Vindicationsklage, oder den sogenannten processum assertorium anstellen (Riccius vom Landsäß. Adel S. 153 u. in spicil. ad Engau p. 181-189).

Wer mit der Hof- und Hausverfassung des hohen Adels im Mittelalter wenig bekannt ist, dem kann es auffallend seyn, daß nicht nur Männer, sondern auch unverheurathes adeliches Frauenzimmer, oder sogenannte Dienstjunkfrauen, den Bischöffen, Aebten und dem hohen Adel mit Dienstmannschaft zugethan waren. Ja ich mußte einst plötzliche unwillkührliche Röthe auf den Wangen einer sehr würdigen adelichen Dame bemerken, als ich ihr erzählte, daß ein Fräulein von ihrer Familie von einem weltlichen Herrn an einen geistlichen vertauscht worden wäre, und ich war genötigt, um sie augenblicklich zu beruhigen, meine Zuflucht zu einer vortheilhaften Vergleichung zu nehmen, zu der Versicherung, daß der Stand der ehemaligen Dienstjunkfrauen bei geistlichen Herren dem unserer Hofdamen nicht unähnlich sey. So viel ist ausgemacht, daß die Feminae ministeriales vorzüglichen Antheil an der Besorgung des Hauswesens, und der Oekonomie hatten, und daß sie nicht selten zugleich die Stelle der Kammerfrauen bei der Gemalin ihres Dienstherrn vertreten mußten, wiewohl auch andere Frauen Kammerdienste thun konnten. Eine Urkunde vom Jahre 1274 (bei Lang a. a. O. N. 84) beschreibt sie daher als Feminas ministeriales, quae dominae *die noctuque* servire debeant fideliter.

So wenig auch, diesen Bemerkungen zufolge, die adelichen Dienstmannen sich selbst überlassen waren, so ist doch ihr Zustand bei weitem nicht mit der Leibeigenschaft oder Sclaverei zu vergleichen, wie der vormalige Kammergerichts-Beisitzer von Plönnies und Estor, wahrscheinlich aus besondern Absichten, behaupteten. Es finden sich im

Gegentheil viele Spuren, welche deutlich zeigen, daß ihr Zustand, bei allen den angeführten Einschränkungen, sehr ehrenvoll gewesen ist, und von einzelnen Ministerialen lehrt die Geschichte, daß sie die wichtigsten Rollen an Höfen und bei der Staatsverwaltung gespielt haben. Als Graf Otto II. von Ravensberg im Jahre 1224 seinen Ministerialen ihre Rechte erneuerte, nennte er sie honoratos viros et de alto sanguine propagatos. Lamey a. a. O. Num. 32. Vergl. auch Mosers osnabrückische Geschichte, Th. II. S. 121-126 und 129-134. Und durch die Ausdrücke: Seruus, Familia, Knecht u. d. m. sollte man sich nicht irre führen lassen; denn diese waren im Mittelalter nichts weniger, als der leibeigenschaftlichen Verbindung eigen. Ein Mißverstand, der sogar Pottgießern (de statu seruorum), und viele andere berühmte Männer verführt hat, die ehemalige Zahl der Leibeigenen als unbeschreiblich groß vorzustellen. — Die Einschränkungen bei der Verheurathung der Hofdienstmannen, so sehr sie auch ein unerträglicher Zwang zu seyn scheinen, gründeten sich damals auf gesunde Politik. Das Interesse des Dienstherrn würde auf sehr vielfache Art unter willkührlichen Verheurathungen gelitten haben. Man denke nur an den einzigen Fall einer Verbindung seiner Ministerialen mit auswärtigen oder feindlichen. Wenn selbst die Kriegsmannnen, die Vassallen, in der vollen Blüte des Lehnssystems, in Frankreich, in Neapel und andern Reichen sich gleiche Einschränkungen mußten gefallen lassen (*Dalrymple* Essai towards a general History of feudal property in Great-Britain p. 38 sq. *Fleischer* instit. jur. feud. p. 270, n. b, *Alteserra* de ducib. et comitib. Galliae l. 3, c. I, p. 306, 307, 308, 313),

313), und wenn in England und Schottland eine Wittwe ihr Lehn verwürkte, sobald sie ohne Wissen ihres Oberherrn sich an einen Fremden vermählte, hingegen der männliche Vassall nur den Wehrt seines Brautschatzes, oder doppelt so viel zur Strafe zahlte, sobald er diejenige nicht annahm, mit der ihn sein Lehnherr vermählen wollte, oder sobald er ein fremdes Frauenzimmer ohne dessen Wissen sich antrauen ließ (*Dalrymple* a. a. O. S. 40), wenn selbst in Teutschland diese lästige Gewohnheit galt (wovon K. Rudolph von Habsburg die steyermärkischen Vassallen befreite s. *Ludewigii* reliqu. mss, T. IV. p. 260); so kann solche den Dienstmannen um so weniger zum Vorwurfe gereichen.

In den That war auch, was den Rang betrifft, der Unterschied zwischen den Ministerialen und den eigentlich sogenannten Ritterbürtigen sehr gering, allenfalls so, wie heut zu Tage in Frankreich der Hofadel (noblesse de robe) von dem Kriegsadel (noblesse d'epée) unterschieden ist. Und es fehlt nicht an Beispielen, daß von einer und ebenderselben Familie einige Hofmannen, andere Kriegsmannen gewesen sind. Letztere genossen alsdenn größere Freiheit, und einige Vorzüge im Range. Die Dienstmannen lebten meistens nach Hofrecht, versahen die Hof- u. Landämter, wurden in wichtigen Angelegenheiten an andere Höfe verschickt, beförderten die Verträge und Handlungen ihrer Herren, halfen die Gerichte verwalten und besetzen, suchten die entstandenen Mißverständnisse, Streitigkeiten und Irrungen beizulegen, und mußten, wenn Gefahr vorhanden war, zu Begleitung und Vertheidigung ihres Herrn aufsitzen und zu Felde dienen; statt daß die Kriegsmannen oder Vassallen ihre Güter

ter nach Lehnrecht besaßen, und, außer den Lehndiensten und übrigen gewöhnlichen Lehnspflichten, zu keinen Amtsverrichtungen verbunden waren, überhaupt aber weit gelinder behandelt wurden, weil ihre Verbindung mit dem Lehnherrn mehr eine politische und conventionelle, als häusliche, und auf empfangene Wohlthaten gegründete war. Doch mußten auch sie sich die Veräußerung der lehnherrschaftlichen Gerechtsame über sie eben so gut gefallen lassen, als die Dienstmannen die des Dienst-Nexus. Graf Günther von Schwalenberg verkaufte im Jahre 1321 aus Noth alle seine Ministerialen und Vassallen dem Grafen Otto von Ravensberg (Lamey a. a. O. Cod. dipl. Num. 99).

Man thut nicht zu viel, wenn man annimmt, daß die Ministerialen, nach heutiger Art zu reden, das Geheime-Raths-Collegium, oder das Cabinet ihres Herrn ausmachten. Sehr oft berufen sich regierende Herren bei wichtigen Angelegenheiten in Urkunden darauf, daß sie die Sache de consensu (d. i. nach unmaßgeblichem unterthänigsten Gutachten) amicorum nostrorum et hominum unternommen haben; wie z. B. in einer gräflichen Truendingischen bei Lang a. a. O. Bd. II. S. 169. Ja die Ministerialen waren gewissermaßen Erbräthe ihrer Herren. Nicht selten wurden sie dazu erwählt, die Streitigkeiten zwischen ihren Herren, entweder in Güte, oder nach Recht, beizulegen. Erst wenn sich die Güte verschlagen hatte, oder sie die Sache nicht entscheiden konnten, ging man alsdenn zum Kaiser oder König. Praeterea ad decidendam caussam, (heißt es in einer Urk. von 1214 der Brüder Konrads und Ludwigs, Grafen zu Oettingen, und des Abts Albrechts zu Oettingen,

gen und Propsts zu Wiesenbach bei Lang a. a. O. B. III S. 230. Num. 82 und B. II. S. 165) quae vertebatur inter nos et praedictum Dominum abbatem super immunitate iudicando inter arbitros vtriusque partis tres *ministeriales* videlicet compromisimus, per quos si definiri nequierit, in praesentia regiae maiestatis ex condicto terminetur Noch in einem Schreiben des Kurfürsten Philipps von der Pfalz, d.d. Heidelberg 1589, welches ich handschriftlich besitze, heißt es: „die Grauen v. Hoenloe, die Vns Ampts-Ratsdienste (d. i. Erbräthe) und schirms gewant sin" u. s. w. Die fürstlichen und gräflichen Erbämter wurden aus den Ministerialen besetzt, und sie wurden häufig Marschalken, Truchseße, Kämmerer, Schenken u. d. Das sogenannte Erbritteramt, welches verschiedentlich vorkommt, scheint eben so, wie die übrigen Erb- und Landhofämter, ein Ueberbleibsel der Ministerialität zu seyn, und eine ähnliche, jedoch erbliche, Verpflichtung gegen einen Hof zum Grunde gehabt zu haben, wie diejenige, deren Hr. von Sainte-Palaye in dieser Note erwähnt. Den regensburgischen Reichsabschied vom Jahre 1557 hat unter andern unterschieben: „Carl von Frauenberg, zu Boxau und „Erlenbach, des heil. röm. Reichs Erbritter". (N. Samml. der Reichsabsch. Th. III. S. 150). Und Hanß Christoph von Frauenberg empfing im Jahre 1582 von K. Rudolph II. das Erbritteramt im heil. röm. Reiche zu Lehn. (Mosers Reichshofrathsproceß, Th. III. S. 703). Das in der unmittelbaren Reichsritterschaft blühende freiherrliche Geschlecht der Kämmerer zu Worms von Dahlberg, welches sich für das Haupt der ältesten Ritterfamilien in Teutschland hält, ist

des

des teutschen Reichs **erster Erbritter** (Springers Progr. von den Gränzen des hohen und niedern teutschen Adels S. 13); und die gräfliche Familie Waltbott von Baffenheim trägt das Erbritteramt des teutschen Ordens (s. das Varrentrappische geneal. Handbuch). — Von der ältern englischen Hofdienstmannschaft verdient nachgelesen zu werden: Curialia or an historical account of some branches of the Royal Houshold, by *Samuel Pegge*. London P. I. et II. 1784. 4., wo z. B. die Verrichtungen der königlichen Leibknapen, (Es. quires of the kings body, deren Amt unter K. Wilhelm III. aufhörte, der Gentlemens of the kings prior Chamber und der Gentlemens Pensioners, eines besondern Corps der königl. Haustruppen, beschrieben werden.

Durchgehends werden die Ministerialen von den Knechten oder Leibeigenen sorgfältig unterschieden, und wenn sie homines, homines proprii, serui heißen, so werden sie zum Unterschiede von jenen maiores genennt. Ja die Dienstmannin ward von ihrem Herrn sogar mit dem Ehrenworte Domina belegt (s. Lang a. a. O. Num. 82 u. 83, Bd. III. S. 230). Ein merkwürdiger Proceß zwischen dem Abte zu St. Stephan, Berengar, in der Vorstadt zu Würzburg, und dessen Ministerialen, gibt einen auffallenden Beweis hiervon. Der Abt wollte einige Dienstmannen zu Hörigen (mansuales) oder wachszinsigen Bauern seines Klosters machen. Diese widersprachen und behaupteten bei dem Bischoff, sie wären Ministeriales der Kirche zu St. Stephan, welches sie durch Zeugniß der angesehensten Leute im Bißthum beweisen wollten. Dieses Zeugniß brachten sie zur bestimmten Zeit, und es verlautete dahin,

hin, daß sie von angesehenen Vasallen des Herzogs Otto von Schweinfurt abstammten, und daß die Enkelin des Herzogs, Frau Adelheit, Tochter des Grafen Bobo, und Gemahlin des Herzogs Heinrich von Linburc (Lüneburg), als dieselbe mit allem ihrem Hofgesinde die Reliquien des heil. Märtyrers Stephan besucht hatte, ihre Rechte über sie der Kirche zu St. Stephan überlassen habe. Ueberdieß bekräftigen sie dieses durch einen Eid mit sieben Eideshelfern (septima manu). Joh. Frid. Schannats Vindem litter Coll. 1. p. 78. n. 59. Wie hätten auch die Hofdienstmannen zu den Leibeigenen gerechnet werden können, da sie in der Herrschildsverfassung den sechsten Herrschild einnahmen, und mit den Militibus und Milicaribus, die im fünften Herrschilde waren, den Stand der Mittelfreien bildeten? Zwischen ihnen, und den Leibeigenen waren noch die Freigebohrnen des siebenten Herrschildes, die Angesehenen vom Bürgerstande (de bonne bourgoisie), und die freien Landeigenthümer. Ja, einige Ministerialen waren sogar aus dem Stande der Hochfreien oder dem heutigen hohen Adel, wohin insonderheit die Reichsdienstleute (Ministeriales regni seu imperii) grossentheils gehören. (Vertheidigte Freiheit und Unmittelbarkeit der Reichsritterschaft Th. I. S. 56 und f.) Und selbst unter den Land- oder fürstlichen Dienstleuten fehlt es nicht an Beispielen, daß einige aus dem hohen Adel gewesen sind. (Scheidt vom Adel, §. 14, S. 103 u. 107.) So war Graf Rudolph von Habsburg ein Dienstmann des Abts zu St. Gallen (Vertheid. Freiheit ꝛc. ꝛc. S. 57); und Graf Ulrich mit dem Daumen zu Wirtemberg Dienstmann des Herzogs Conradin von Schwaben, da ihm von diesem das Marschallamt von Schwaben

ben übertragen wurde (Sattlers Gesch. Würtembergs unter der Regierung der Grafen, Th. I. S. 634, Spittlers Gesch. Wirtembergs S. 10).

Seit dem funfzehnten Jahrhundert hat diese Dienstmannschaft, und auch der Name Ministerialts, aufgehört; denn was in den heutigen Erbämtern noch davon übrig ist, kann nicht darunter verstanden werden. Die neuere Art Krieg zu führen, die veränderte Hofverfassung, und die Einführung stehender Kriegsheere, so wie die Aufnahme der Doctoren in die Gerichte, mögen die vorzüglichsten Ursachen ihres Untergangs seyn.

A. d. Uebers.

XLII. (Seite 126.)

Im Perceforest wird dieser, auf die Gipfel der Schlösser gesetzten, Helme oft Erwähnung gethan. Sie werden vorgestellt als Merkmale „der Gastfreundschaft und des Aufenthalts „für irrende, und auf Abentheuer ausgegangene „Ritter": „Vol. V. f. 46 recto col. I. Vol. VI. f. 26 verso col. 2 et f. 52 recto col. I, etc.)

„Es war in Großbritanien, sagt der Ver„fasser des Perceforest, so lange daselbst Wieder„sinn herrschte, die Gewohnheit, daß alle Edelleu„te und adeliche Damen auf die höchsten Gipfel „ihrer Landsitze einen Helm befestigen liessen, als „ein Merkmal, daß alle adeliche Herren und Frauen, „welche vorbeipassirten, nur unverzagt daselbst, „als wenn es ihre eigenen Häuser wären, einkeh„ren möchten; denn ihr Vermögen gehörte eigent„lich allen edlen Herren und Frauen, die durch das „Kö-

„Königreich reiseten". Ebendas. Vol. III. fol 103 recto col. 2.

XLIII. (Seite 127.)

Die dreissig tausend Franken in Golde, welche der Herzog von Anjou dem bourbonischen Herzoge, Ludwig III. dieses Namens, für die ihm in dem Guienner Kriege geleistete Hülfe schenkte, kann man als Subsidiengelder ansehen, die ein Fürst seinem Bundesgenossen bezahlte. Der Herzog von Anjou bezahlte auf einen Monat die Leute des Herzogs von Bourbon, und machte den Rittern, die ihn begleiteten, kostbare Geschenke mit silbernen Gefäsen und seidenen Tüchern: einer von ihnen erhielt noch ein Reitpferd, das zwei tausend Thaler werth war. Hist. de Louis III. Duc. de Bourgogne, publiée par *Masson* ch. 22, p. 71.

Froissart erwähnt oft der Geschenke, welche die Grossen, aus ächten Grundsätzen einer edelmüthigen Freigebigkeit, an die Ritter, die sich an ihren Höfen aufhielten, vertheilten. Der Hof des Grafen von Foix, wo sich derselbe lange aufgehalten hatte, war in dieser Art von Pracht vorzüglich glänzend. Als Auberticourt im Jahre 1357 Boucicaut, den ältern von zwei Brüdern dieses Namens, der ihn zu einem Kampfe herausgefordert hatte, aufsuchte, „kam er nach Ortais und besuchte da-„selbst den Grafen von Foix, der ihn sehr gut be-„wirthete, ihn bei sich behielt, und bei der Abrei-„se ihm zwei hundert Gulden und ein sehr schönes „Pferd schenkte". Froissart, Vol. III. ch. 91 p. 252.

Die

Die großmüthige Freigebigkeit dieses Grafen übertraf sich selbst, als er den, von dem castilianischen Kriege zurückkommenden Herzog von Bourbon bei sich aufnahm; Froissart sagt (chap. 92 p. 155 ad an. 1387) hiervon: „Drei Ritter, „Namens Espaeng von Lion, Peter Campestan „und Mernault von Noailles, kamen von Seite des „Grafen von Foix zu dem Herzoge von Bourbon, „und redeten ihn also an: Empfangen Sie hier, „gnädigster Herr, ein Geschenk, das Ihnen der „Graf von Foix bei Ihrer Rückreise aus Spanien „überreichen läßt, da er weiß, daß Sie viele Ko„sten gehabt haben. Er übersendet Ihnen, zu De„ro glücklichen Ankunft in seinem Lande Bearn, „acht tausend Franken, diesen Maulesel, diese bei„den Reitpferde, und diese beiden Paradepferde. „Also, antwortete der Herzog, grossen Dank, „meine schöne Herren, dem Grafen von Foix; aber, „das Geld betreffend, so werden wir dasselbe nicht „annehmen; allein das übrige will ich gerne behal„ten. Und so ward das Geld nicht angenommen, „sondern nur die Pferde und der Maulesel. Bald „hierauf kam auch der Graf von Foix zu dem Her„zoge und führte denselben unter seinem Fähnlein „in die Stadt Ortais, wo er den Herzog in sei„nen Pallast, und alle dessen Leute in die Stadt „quartierte. Der Herzog blieb drei Tage lang zu „Ortais, wo man Mittags und Abends prächtige „Tafel hielt, und wo der Graf von Foix dem Her„zoge einen Theil seines Staats zeigte, welches ei„nem Herrn, wie er, viel Empfehlung bringt. Am „vierten Tage nahm der Herzog Abschied, und „der Graf machte dessen Rittern und Knapen schö„ne Geschenke; man hat mir versichert, daß der
„Besuch

„Besuch des Herzogs von Bourbon dem Grafen „zehn tausend Franken gekostet habe".

Aus dem 91. und 92. Kap. von Froissarts Chronik sieht man, wie die Ritter an allen Höfen, wohin sie kamen, aufgenommen, bewirthet, in allem frei gehalten, und endlich noch mit Geschenken, an Mausseln, Pferden, und sogar an Gelde, überhäuft wurden.

Froissart, der nicht müde wird, die Freigebigkeit des Grafen von Foix, an welcher er Theil gehabt hatte, zu rühmen, liefert zu dem Jahre 1387 (vol. III. p. 184) noch folgende Beschreibung: „Der Graf (von Foix) gab aus gutem „Willen — denn er war nicht dazu verbunden — „den Rittern und Knapen, die durch Ortais rei„seten, und die ihn in seinem Pallaste besuchten „und ihm Neuigkeiten erzählten, ansehnliche und „herrliche Geschenke; einem hundert, dem andern „zwei hundert, einem andern dreißig, einem andern „vierzig, einem andern funfzig Gulden, je nachdem „sie es verdienten; und der erste Durchzug kostete „dem Grafen von Foix, wie mir seitdem der Schatz„meister zu Ortoie versichert hat, wohl tausend „Franken, die verschenkten Pferde ungerechnet".

Ein Geist der Ordnung und natürlichen Billigkeit, den ich in den meisten Gesetzen und Gebräuchen der Ritterschaft zu erblicken glaube, erstreckte sich bis auf die Austheilungen dieser Geschenke; es mögen nun die Grundsätze dieser austheilenden Gerechtigkeit von den Römern, denen sie bei ihren Einrichtungen in sehr vielen Stücken folgten, abstammen, oder es mag unsere Ritterschaft solche von dem, in dem salischen Gesetze, unter

ter Perſonen von verſchiedenen Ständen, in Anſehung der Geldbuſſen, beobachteten Verhältniſſe hergenommen haben. Man ſehe über dieſes ſaliſche Geſetz die Gedanken des Abts du Bos etabl. des Franc. t. II. p. 505.

Dieſe Regel, die ſich in unſern Gerichten noch nicht verloren hat, ward auch in Anſehung der Gefangenen bei unſern Gerichtshöfen, (Coutumes de Beauvoiſis, edit. de la Thaumaſſière ch. 43. p. 237) und bei den Kriegsheeren oder Muſterungen unſerer Truppen beobachtet. „Ein Pannerherr erhielt, wie du Tillet ſagt, „(Rec. des Rois de Fr. ch. des Chev. p. 319) „doppelt ſo viel, als ein Ritter, und ein Ritter „doppelt ſo viel, als ein Knape"; und ein Artikel der im Jahre 1351 vom Könige Johann für die Kriegsvölker gemachten Vorſchrift, verlangt ausdrücklich, daß „ein Pannerherr an Ge„halt täglich bekommen ſoll vierzig Stüber (ſols „tournois), ein Ritter zwanzig Stüber, ein an „ſeiner Seite bewaffneter Knape zehn Stüber, und „ein Knecht, der bei ihm mit einem kurzen Pan„zer, mit einer Sturmhaube, Halskragen, Pan„zerhandſchuhen und einem Kamiſol über den Pan„zer, gerüſtet iſt, fünf Stüber." Ordonn. des Rois de Fr. t. IV, p. 67.

Aus der Geſchichte Ludwigs III., Herzogs von Bourbon, ſieht man, daß, wenn die Knapen geringern Sold erhielten, als die Ritter, ſie auch eine verhältnißmäſig geringere Summe bezahlten, wenn eine Ausgabe mit gemeinſchaftlichen Koſten zu beſtreiten war. In der Hiſt. de Louis III., Duc de Bourbon par Iean Dorronville, genannt

nannt Cabaret, Kap. V, S. VI. und 18, heißt es: „Der Königstag rückte heran, an welchem „der Herzog von Bourbon ein grosses Fest hielt; „er machte seinen König aus einem achtjährigen „Kinde, dem ärmsten, das man in der ganzen „Stadt finden konnte, er ließ demselben königliche „Kleidung anlegen, gab ihm alle zu seiner Füh- „rung nötige Diener, und bewirthete diesen Kö- „nig sehr gut, zur Ehre Gottes. Am folgenden „Tage speisete der König zu Mittag an der Hofta- „fel. Nach dem Essen kam sein Haushofmeister, „der für den armen König einsammelte; diesem „schenkte Herzog Ludwig von Bourbon gemeini- „glich vierzig Livres, um denselben zur Schule zu „halten, und alle Ritter vom Hofe gaben Beiträ- „ge, jeder einen Franken, und jeder von den Kna- „pen einen halben Franken. Auf diese Art belief „sich die Summe einigemal auf beinahe hundert „Franken, die man dem Vater oder der Mutter „gab, um die Kinder, die, so wie sie die Reihe „traf, Könige waren, zur Schule zu halten, oh- „ne ihnen andere Arbeit aufzulegen. Manche von „diesen lebten hernach in hohen Ehrenstellen. Und „diese Gewohnheit beobachtete Herzog Ludwig von „Bourbon, so lange er am Leben war."

XLIV. (Seite 128.)

Dü Guesclin *), dem der Graf von Mont- fort das Gut Roche = Derien schenkte, und der

---

*) Dü Guesclin und alle seines Hauses hiessen im XIV. Jahrhundert Gleaquin, ein Name, der ur- sprünglich niederbretagnisch war, und so wie die Na- men anderer bretagnischer Häuser in der Folge nach frander in der Folge vom Könige Heinrich von Castilien mit Gütern und Ehrenstellen überhäuft ward, hatte, seinem Geschichtschreiber Chatelet zufolge, (Hist. de du Guesclin p. 27 und 48.) von dem Könige das Gut Roche=Tesson, dessen Schloß er den Engländern abgenommen hatte, geschenkt erhalten. Eustach Deschamps, der bei dem Herzoge und der Herzogin von Orleans in Diensten war, sagt, daß du Guesclin, der denselben Dienste geleistet hatte, durch ihre Freygebigkeit, und nicht durch die Freigebigkeit des Königs, zu dem Besitze dieses Guts gelangt sey. Eust. Deschamps poës. mss. p. 97 col 2. Lai du Connétable du Guesclin: „Er diente zuerst „dem Herzoge und der Herzogin von Orleans, „und bekam Roche=Tesson von ihrem Reichthum „erblich. Der Herzog schenkte ihm das Gut mit „allen Zubehörungen, und trat ihm solches ab, „weil

französischer Methode verstümmelt oder französirt ward. Die alte handschriftliche, nie gedruckte, und in Versen geschriebene Lebensgeschichte dieses merkwürdigen Ritterhelden führt den Titel: Roman de Bertrand de Gléaquin. Eine lesenswerthe Schilderung dieses Ritters findet sich in des Hrn. von Arcenholz Litteratur= und Völkerkunde, im IV. Jahrgang, 1785, im V. VI. und VII. Stück, unter dem Titel: Bertrand du Guesclin, Connetabel von Frankreich, ein historisches Gemählde. Auch in der vor einigen Jahren zu Madrit in 5 Bänden in 4. herausgekommenen Cronicas de los Reyes de Castilla, die überhaupt viel lesenswerthe Nachrichten von dem spanischen Ritterwesen enthält, sind manche interessante Erzählungen von diesem Helden der Weilandszeit eingeschaltet, vornehmlich im zweiten Bande, in der Geschichte Peters des Grausamen und Heinrichs von Transtamare. Er heißt daselbst immer verstümmelt *Mosen Beltran Claquin.*

A. d. Uebers.

„weil er ihm treu gedient hatte ꝛc." Dü Gueſ=
clin betrachtete vielleicht das ihm geſchenkte Ro=
che-Teſſon nur als eine Belohnung ſeiner Dienſte,
und nicht als ein bloſes Geſchenk, oder vielleicht
hatte er dieſes Gut noch nicht gehabt, als der
Engländer Wilhelm von Blamboure ihm einen Rit=
terkampf anbieten ließ: er ſchenkte dem Herolde
des Herzogs von Lancaſtre, der ihm die Ausforde=
rung überbrachte, ein ſeidenes Oberkleid *) mit
hundert Goldgulden; und als ihm dieſer Fürſt ein
ſehr ſchönes Pferd zum Gegengeſchenk machte, ſag=
te er demſelben: „Sire, Gott bewahre Sie vor
„Unglück; denn in meinem Leben fand ich noch
„keinen Herzog, Grafen, oder andern groſſen Herrn,
„der mir eines Hellers Wehrt geſchenkt hätte, das
„ich nicht mit dem Degen verdient hätte". ibid.
edit. de Ménard ch. 11 p. 37.

XLV. (Seite 128.)

Alle unſere Romanen ſind voll von Lehren für
die Groſſen, der dürftigen Ritterſchaft, die
ihrer Beihülfe nötig hat, beizuſtehen. Sie em=
pfehlen denſelben unaufhörlich, an den Rittern
nichts als die Vorzüge, womit ſie ſich bereichert
haben, in Erwägung zu ziehen, und das, was den=
ſelben im übrigen abgeht, dadurch zu erſetzen, daß
ſie ihnen Mittel angeben, wodurch ſie ihre Talente
anwenden, ſich bekannt machen, und zu dem ver=
dienten Rang erheben können.

In

---

*) In der Hiſt. de du Gueſclin a. a. O. wird es ge=
nannt: Un bon gipon de ſoie tout neuf, que oncques n'avoit veſtu.   Ueberſ.

In dem Lancelot du Lac (vol. I. f. 56 verso c. 1) sagt ein Biedermann zu dem König Artus: „Da, wo du Ritter in Armuth finden „wirst, vergiß ihrer nicht, wenn du Biedersinn „schätzest und solchen an ihnen bemerkest, und sieh „nicht auf ihre dürftigen Umstände und geringe „Abkunft; denn ein Armer hat oft grossen Reich„thum des Herzens und der Sele". Und in dem Roman Gerhards von Roussillon, der in provenzalischer Sprache verfaßt ist, (mſ. f. 108 et 109) bemerkt man, daß diejenigen Ritter, denen das Glück ungünstig gewesen war, an grossen Herren edelmüthige Beschützer fanden, die sie unterhielten, ernährten, bewaffneten, und mit Kleidung versahen. Die Dichter, die übrigen Schriftsteller, und die ganze Nation forderten ebenfalls den Schutz der Grossen für die Ritterschaft auf. Viele von ihnen empfanden, daß ihre Ehre, verbunden mit dem Vortheil ihrer Grösse und Macht, sie hierzu bewegen müsse; oft machten sie Gebrauch von den nützlichen Lehren, die man ihnen gegeben hatte.

Ich habe schon angemerkt, daß die neuen Ritter aus den Händen derer, von welchen sie ihre Würde empfingen, Geschenke und andere Gnadenzeichen erhielten, und man könnte diesen Punkt noch der Vergleichung beifügen, welche unsere Schriftsteller zwischen dem Prälaten- und Ritterstande angestellt haben. Es war dieses, wenn ich so reden darf, der geistliche Titel, den man dem Ritter mitgab, damit er die Würde seines Standes behaupten könne *). Güter, Renten, Schlösser,

---

*) Leser, denen die Grundsätze der kanonischen Rechte bekannt sind, werden diese Vergleichung ganz verstehen,

ser, Lehen, und Jahrgehalte waren zuweilen unter dieser Freigebigkeit begriffen.

Ein Knabe, der, dem Roman des Lancelot du Lac zufolge (T. III. f. 11 recto, c. 1), für seine geleisteten Dienste die Ritterwürde und ein Schloß zum Geschenke verlangt, erhält beides, und wird ein Mann oder Vassall seines Wohlthäters, und wartet nebst den Rittern, seinen Mitvassallen, demselben bei Tafel auf. In eben diesem Roman (t. III. f. 13 vers. c. 2) stehen noch andere Concessionen von Gütern, die mit der Ritterwürde verschenkt wurden; aber zu besserer Ueberzeugung verweise ich meine Leser auf die Anweisung vom Jahre 1332, wovon la Thaumassiére (cout. de Berri p. 763) berichtet, und auf das Zeugniß des la Roque (nobl. ch. 79 p. 324) der ebenfalls durch Anweisungen, die unsere Könige der von ihnen ertheilten Ritterwürde beifügten, bemerklich macht, daß solche in Jahrgehalten und in Zinsen, die man von ihren Domänen erheben durfte, bestunden.

Froissart führt (L. I. p. 47) ein ähnliches Beispiel an von dem Könige von England im Jahre 1338, das aber eine im Krieg ertheilte Ritterwürde betrifft: „Sobald der König von „England, der den König von Frankreich angriff, „den Fluß bei Escaut passirt, und das Königreich Frankreich betreten hatte, rufte er Herrn Hein-

verstehen, und solche passend, obgleich ein wenig gekünstelt, finden, wenn sie sich an das erinnern, was daselbst die Worte dignitas und titulus ordinationis bedeuten.   A. d. Uebers.

"Heinrich von Flandern, der noch ein junger Kna-
"pe war, machte denselben zum Ritter, schenkte
"ihm zwei hundert Pfund Sterling jährlicher Ein-
"künfte, und gab ihm gute und hinlängliche An-
"weisungen in England".

Die Turniere, die so oft den Ruin der mächtigsten Herren verursachten, wurden oft für einen blosen Ritter eine Quelle von Reichthümern;
die Dänke, welche den geschicktesten Kämpfern ertheilt wurden, waren eigentlich nur für ihre Damen bestimmt, aber zuweilen fielen solche auch denen heim, welchen sie waren zuerkannt worden, und
oft fügten fürstliche Personen dem Turnierdanke
noch Diamanten und andere beträchtliche Geschenke bei; auch Rechte und Einkünfte von gewissen Gütern wurden bei dergleichen Spielen als Dänke
ausgesetzt. Man findet in den Privilegien von
Willefranche (bei la Thaumassière cout. de Berri
ch. 101 p. 230) eine, von dem Herrn und der
Dame des Orts im Jahre 1217 gemachte Stiftung zu dem Dank eines Pferderennens, welches
jährlich am Pfingstfeste gehalten werden sollte.
Die Einkünfte von den Jahrmärkten zu Willefranche waren dazu bestimmt.

Vielleicht waren dieß nur Pferderennen, wie
die der Engländer, welche die Herren auf ihren
Gütern anstellten, um ihre Vassallen zu üben;
allein es ist auch zu vermuthen, daß andere die
nämlichen Mittel anwendeten, um durch Turniere die ihnen durch Lehnsverbindung verpflichteten
Edelleute, Knapen, und Ritter zu dem Kriege
zu bilden.

Regenten und andere grosse Herren, die im Stande waren, sich Ritter zu erkaufen, glaubten die Dienste, welche sie von berühmten und verdienstvollen Rittern erwarteten, nie zu theuer zu bezahlen. Die dringenden Bedürfnisse eines Kriegs verstatteten der Freigebigkeit des Fürsten, der solchen führen mußte, keine Schranken. Um seinen Truppen Muth einzuflössen, überhäufte er den Ritter, den er in seinen Dienst ziehen wollte, mit Gütern aller Art; alles, bis auf ganze grosse Herrschaften, ward angewendet, um denselben zu gewinnen, und ihn der Partei des Gegners zu entziehen. Der tapfere Ritter, der noch frei von Verbindungen war, konnte, so zu reden, die Regenten brandschatzen. Seine Dienste waren, wie bei einer öffentlichen Versteigerung, für den Meistbietenden. Betraf es einen ernstlichen Zweikampf, den ein mächtiger Herr oder eine Dame beschicken mußte, was hätte man da nicht einem Kämpfer gegeben, durch den man seine angegriffene Ehre, die von dem Feinde streitig gemachten Güter und Besitzungen wieder zu erlangen, und die Rache, die man begehrte, zu erhalten hoffte? Wenn man auch mit diesem biedern Kämpfer alle seine Glücksgüter theilte, so konnte man damit doch noch nicht alle ihm schuldige Erkenntlichkeit an den Tag legen. In dem Perceforest (fol. III. f. 96 verso c. 2) wird erzählt, daß ein Ritter, nachdem er einen ernstlichen Wettkampf gefochten hatte, das Anerbieten ausgeschlagen habe, welches ihm der Herr in Ansehung der Abtretung seines halben Gutes machte, und wodurch dieser den Ritter für den Sieg belohnen wollte, den derselbe in seinem Namen im Kampfe davon getragen hatte. Derselbe Roman erwähnt noch anderer

rer ähnlicher Fälle, wo Erbschaften und Lehngüter abgetreten worden sind.

Die ansehnlichsten Reichthümer waren billig dazu bestimmt, daß sie als Belohnungen für wichtigere Heldenthaten, bei den verschiedenen Kriegsvorfällen sollten ertheilt werden. Alle Kriegsthaten ohne Ausnahme, konnten die Vermögensumstände desjenigen, der sich daselbst hervorthat, in die vortheilhafteste Lage setzen. Einer unserer ältesten Romanschreiber, (Roman de Brut mf. f. 29r. c. 2) der einer seiner Hauptpersonen an der Spitze der Truppen in einer Schlacht auftreten läßt, sagt, daß derselbe seinen Leuten versprochen habe, ihre Lehngüter zu vergrössern, wenn er den Sieg erhalten würde: „Hierauf sagte er, daß „wenn er siegen würde, einem jeden sein Lehn ver„mehrt werden solle". Aehnliche Versprechungen eines Herrn an seine Ritter werden in dem Roman des Lancelot (T. III. f. 127) wiederholt, und werden durch das Zeugniß unserer Geschichtschreiber bekräftigt.

Bei dem Sturm, welchen Karl VI. im Jahr 1441 zu Pontoise veranstaltete, erhob er, ausser den ertheilten Ritterwürden, den, welcher zuerst den frisischen Thurm bestiegen hatte, für ihn und dessen Nachkommen, wegen seiner grossen Tapferkeit, in den Adelstand, und machte ihm einige kostbaren Geschenke, um daraus für sich und sein Hauswesen den nötigen Unterhalt zu haben. Monstrelet vol. 2. p. 109.

Noch vor diesem hatte uns Froissart (vol. I. p. 196 - 198) einen grossen Begriff gemacht von der Pracht des Prinzen von Wallis gegen

einen seiner Ritter, der seiner Seits keine geringere in Ansehung seiner Knapen blicken ließ. Eduard schenkte, nach seinem Siege bei Poitiers,
fünf hundert Mark jährlicher Einkünfte dem Johann von Endeler, der sich bei diesem Vorfall ausgezeichnet hatte, und den er als seinen Ritter bei
sich behielt. Da nun derselbe dieses Geschenk sogleich unter seine vier Leibknapen, die ihn während
der Schlacht nicht verlassen hatten, vertheilte,
schenkte ihm der Prinz von Wallis, welcher Nachricht
hiervon erhalten hatte, noch andere sechshundert
Mark.

Diese Züge von edelmüthiger Freigebigkeit gegen die Ritter, die sich im Kriege auszeichneten,
wurden von allen europäischen Fürsten nachgeahmt.
Man sehe in den Mémoires de la Maison de
Brandebourg, wie viele Güter braven Rittern,
zu Belohnung ihrer Dienste, zu Lehn gegeben
wurden. Regenten überliessen ihnen zuweilen, diesem Schriftsteller zufolge, die Gefangenen, von
denen sie sehr starke Lösegelder zogen. Besaßen
diese Gefangenen freie Güter oder Allodien, so mußten sie davon denen, in deren Gewalt sie waren,
den Lehnseid schwören, und auf diese Art verschafften sich die Markgrafen von Brandenburg im Jahre 1334 sehr viele Vassallen, die sie noch gegenwärtig im Oesterreichischen haben. *).

Unabhängig von den Gütern, die ein Ritter durch die Freigebigkeit des Fürsten, dem er
gedient, erhalten hatte, konnte er oft noch für
sich selbst ein ansehnliches Glück machen. Hatte
er in einem Kampfe über einen reichen und mächtigen Herrn die Oberhand erhalten, so stand es bei
ihm

ihm, dessen Freiheit so hoch zu schätzen, als er wollte, und einen so grossen Theil von dessen Gütern für sich zu nehmen, als ihm beliebte. Als ein Knape aus der Picardie, der von einem englischen Pannerherrn in der Verwirrung bei Poitiers verfolgt ward, diesen, sich ihm zu ergeben, genöthigt hatte, ließ er sich von demselben in der Folge sechstausend Rosenobel zahlen; und ward aus einem Knapen ein Ritter „wegen des grossen „Vortheils, den er hiervon hatte", wie Froissart sich ausdrückt (L. I. f. 194).

Einige haben sogar, nachdem sie ihren Feind umgebracht hatten, die Freunde und Verwandten des Ueberwundenen, die blutige Beute, die das Recht des Sieges ihnen zum Besitz überließ, theuer erkaufen lassen, wie solches bei der Belagerung von Rouen im Jahre 1418, bei Gelegenheit eines Ausfalls geschah. Der Leichnam des Ueberwundenen mußte von denen, die solchen zurück erhielten, mit vierhundert Rosenobel bezahlt werden. *Iean le Fevre de S. Remi* Hist. de Ch. VI. p. 127 sq.

Homers Helden waren nicht viel menschlicher. Andere Ritter bedienten sich ihrer Siege mit mehr Mäsigung, den Grundsätzen der Ritterschaft gemäs; und wenn sie sich hiervon entfernten, so liessen ihre Oberhäupter sie dieses oft auf eine merkwürdige Art entgelten: Die Geschichte hat uns die Worte des Herzogs von Lancaster aufbehalten, da er auf immer einen untreuen Ritter von seinem Hofe fortjagte, dessen Pferd und Rüstung er, nebst noch einer Summe von tausend Livres, dem du Guesclin überließ: „Ich bin unbesorgt", sagt der Herzog, „um Leute, welche Verrätherei begehen, „und

„und wir sind dieses auch in unserm Lande nicht
„gewohnt: allein der Garten ist schön und edel, wo
„das Unkraut nicht reif werden, und Früchte tra-
„gen kann". Hist. de du Guesclin, edit. de
Ménard, p. 61 sq.

*) Die Stelle in den Mémoires de Brande-
bourg, worauf sich der Verf. beruft, steht im ersten Th. S. 3 (der Ausgabe von 1751). Es ist
wahr, der erhabene Verfasser dieser Abhandlung
setzt (ohne jedoch des Jahrs 1334 zu erwähnen)
den Ursprung der **markgräflich brandenburgischen Lehen in Niederösterreich** in die Zeiten,
wo Burggraf Friedrich IV. von Nürnberg in dem
Kriege zwischen dem Kaiser Ludwig IV. und dessen
Gegenkönige, Herzog Friedrich von Oesterreich, vor-
zügliches Glück hatte, und deswegen vom Kaiser mit
allen den Gefangenen, die er von den Oesterreichern
genommen hatte, beschenkt ward, die er nachher unter Vorbehalt der Lehnsverbindung wieder auf freien
Fuß stellte. Auch andere, z. B. **Thomas Eben-
dorfer von Haselbach**, und der fabelhafte **Aven-
tin**, nebst seinen Nachschreibern, z. E. **Crusius,
Sugger, Giovanni** u. a., sehen diese Feuda
extra curtem als eine Folge der berühmten, in
dem gedachten Kriege bei Ampfingen oder Mühldorf
im Jahre 1322, am 28. Sept., vorgefallenen Schlacht
an. — Hr. **Gebhardi** (in der geneal. Geschichte
der erbl. Reichsstände, B. III, S. 241) hält für
wahrscheinlicher, daß es diejenigen Reichslehen seyn
möchten, die der römische König Rudolph, zu der
Zeit, da Oesterreich ein eröfnetes Lehnherzogthum
war, den Burggrafen zu Nürnberg zuwandte. —
Allein durch die mühsamen Untersuchungen des verdienstvollen Hrn. Regierungsraths und ersten gehei-
men

men Archivars **Spieß** zu Baireuth (in dessen archivischen Nebenarbeiten, Th. II, Abschn. III. Nachricht von dem Ursprung und dermal. Besitz der dem Fürstenthum des Burggrafthums Nürnberg zu Lehn gehenden Herrschaften und Güter in Niederösterreich) ist es nunmehr ausgemacht, daß der Ursprung dieser Lehen von der Vermählung des Burggrafen Friedrichs von Nürnberg mit Sophien, Grafen Konrads von Ragze (Raz) Erbtochter, herzuleiten ist. Als Graf Konrad seinen Mannsstamm beschloß, fiel seine Herrschaft dieser Erbtochter zu, und diese übergab solche schon im Jahre 1204 ihren Söhnen, als sie zum Kloster Zwettal in Oesterreich eine Stiftung machte. Von dieser Zeit an bis auf das Jahr 1320 finden sich allein schon sieben Urkunden die auf dieses Lehn gehen, welche Hr. Spieß nebst andern aus dem XIV. Jahrhundert, a. a. O. S. 23-27, bekannt gemacht hat, nebst einem alphabetischen Verzeichniß der vom Burggrafthum Nürnberg bis jetzt zu Lehn gehenden Oerter. — Schon B. G. **Struv** (in einer im Jahre 1724 zu Jena erschienenen Streitschrift, die in den Jenichenschen Thes. iur. feud. T. I. p. 774 eingerückt ist,) und der von ihm angeführte Geh. Rath **Stelzer** (in einer Abhandl. von dem Ursprung der brandenb. Lehen in Oesterreich, welche nun dem historisch-diplomat. Magazin für das Vaterland, B. II. S. 151, Nürnberg 1782, einverleibt ist), auch **Schrötter** (in dem Versuch einer österreichischen Staatsgesch. S. 355), und **Lambacher** (in d. österreichischen Interregnum, S. 201) vermutheten, daß die Burggrafen von Nürnberg diese Erbschaft durch die Ragzische Erbschaft erhalten hätten. — Inzwischen ist im XI. Art. des Teschner Friedens von 1779 vorläufig festgesetzt worden, „daß auf den Fall der Wiedervereinigung

des

des Burggrafthums Nürnberg mit der Kur Brandenburg die Lehnsverbindlichkeit einiger Appertinenzstücke dieses Burggrafthums gegen die Krone Böhmen, und hinwiederum die Lehnsverbindlichkeit jener in Oesterreich gelegenen Güter gegen das Burggrafthum Nürnberg wechselsweise aufgehoben werden solle". Schorch progr. de feudis Marchion. Brandenburg. tamquam Burggrauior. Norimb. in Austria, occasione pacis nouiss. Teschenens. Erfurt 1781. A. d. U.

XLVI. (Seite 128.)

Diese Thatsache wird umständlich erzählt von dem Mönche von St. Denys, in seiner Hist. de Charles VI., die le Laboureur übersetzt hat, unter dem Jahre 1405, S. 558.

XLVII. (Seite 129.)

Zum Beweise dieses Gebrauchs kann ich nur Romanen und dergleichen erdichtete Werke anführen: allein man kann leicht glauben, daß diese romantische Idee von Herren und Rittern angenommen ward, die sich von der Geschicklichkeit und Tapferkeit derer überzeugen wollten, die sie zu Männern für ihre Töchter, und also zu Beschützern der Lehngüter, welche sie diesen dereinst hinterliessen, bestimmt hatten.

„Als der mächtige König Odescalk seine Toch„ter, Namens Doralisce, anständig vermählen woll„te, hatte er ein Turnier in dem ganzen Königrei„che ausschreiben lassen, indem er beschlossen hat„te, seine Tochter nur demjenigen zu geben, der in
„die-

„diesem Turniere den Dank und Sieg davon tra„gen würde. Viele Herzoge, Marquis, und an„dere mächtige Herren, hatten sich von allen Or„ten her eingefunden, um diesen kostbaren Dank zu „erobern". Nuits de Straparole, t. I, p. 236. Im Perceforest (vol. V, f. 22, 28) steht die Beschreibung eines berühmten Turniers, worin ebenfalls der Dank in einem jungen Frauenzimmer bestehen sollte; der Sieger ward ihr Gemal.

Eine andere ledige Dame wählte sich selbst, dem in provenzalischer Sprache verfaßten Roman, Gerhards von Roussillon (mf. f. 99 recto) zufolge, einen braven Ritter, der Castellan ihrer Güter seyn und sie beschützen sollte, den sie in der Folge heurathete. Man erinnere sich hier dessen, was Froissart von den Liebeshändeln Eustachs von Auberticour mit Frau Isabellen von Juliers erzählt, (L. I. p. 222) nämlich, daß ihm diese Dame oft Geschenke mit Pferden machte, und die Heldenthaten dieses braven Ritters endlich durch die Heurath, die sie mit ihm schloß, krönte.

XLVIII. (Seite 132).

Johann Bouchet hat uns die Geschichte Ludwigs de la Trimouille, unter dem Namen des Ritters ohne Tadel, hinterlassen. Daselbst, S. 57, findet man, daß Herr von Trimouille, in einem Alter von sieben und zwanzig Jahren, in dem bretagnischen Kriege von König Karl VII. zum General-Lieutenant ernennt ward, und S. 61 eine Beschreibung des Sieges, den er zu St. Aubin du Cormier erfocht.

XLIX. (Seite 132.)

La Colombiére hat in seiner im Jahre 1654 gedruckten Abhandlung von dem Amte eines Wappenkönigs, S. 97 ff., die bei Absetzung von der Ritterwürde und Verstossung aus diesem Stande gewöhnlichen Formalitäten beschrieben; er setzt solche von neuem, und umständlicher auseinander in seinem théatre d'hon. et de Chevalerie, welches 1648 gedruckt ist. Man verbinde damit, was man in dem Buche: de l'origine de Chevalerie par Beloi p. 45 sq, und bei la Roque, tr. de la Noblesse Kap. 116, findet. Auch empfehle ich zum Nachlesen den Roman des Tiran le Blanc, t. 50. p. 87, wo eine Beschreibung steht, wie ein Ritter auf eine schimpfliche Art aus den Schranken gestossen ward, und S. 256 ff. mit welchen Formalitäten christliche Ritter, die in der Armee der Ungläubigen gedient hatten, in Gegenwart des Kaisers und des ganzen Hofes feierlich abgesetzt wurden.

Endlich, wenn man nichts von dem, was diese Materie betrifft, übergehen will, so ist auch ein Miniaturgemählde zu sehen, daß einen seiner Waffen beraubten, und feierlich abgesetzten Ritter vorstellet, fol. 361 du Roman de Tristan de Léonois, msc. du Roi n. 6773. *) La Colombiére hat ebenfalls die Vorstellung dieser beschimpfenden Ceremonie in Kupfer stechen lassen,

---

*) Ist abgedruckt in dem ersten Bande des Corps d'Extraits de Romans de Chevalerie (Paris 1782) des verstorbenen Grafen von Tressan. Uebers.

fen, in feinem théatre d'honneur t. II, pag. 558. *)

L. (Seite 132.)

Man sehe du Cange unter dem Wort: Arma reversa, und die Noten dieses Schriftstellers über die Etablissements de Saint-Louis, hinter Joinville S. 186 und 187. Man sehe auch Beloi de l'origine de la Chevalerie p. 45 et 46. La Roque de la Noblesse p. 416, den Roman des Tiran le Blanc t. I. p. 87, 146 u. 458.

Ein, mit in die Höhe gekehrter Spitze auf den Körper eines Ritters geworfener Schild bedeutete, daß der, dem solcher gehörte, tod wäre. Jeder, durch seine schlechte Aufführung entehrte Ritter ward eben so angesehen, als wenn er ein Leichnam wäre, der aller Empfindung beraubt ist. (Perceforest vol. I. f. 34 verso col. I.; vol. IV. f. 19 verso c. I; vol. VI. f. 7 verso c. I.) Die Geschichte berichtet uns, daß, als bei der, von du Guesclin unternommenen Belagerung von Moncontour, „ein Engländer, welchem du Guesclin, wegen „des

*) Mehr Beispiele dieser beschimpfenden Ceremonie, insonderheit von Teutschland, findet man auch bei Höpping de iure insignium, cap. 16, und in Fichtners, oder des Respondenten Joh. Wilh. Pertsch, Streitschrift de fractione insignium. Altdorf 1708 u. 1751. Vergl. auch Riccius vom Adel S. 40, S. 479 u. f. Insbesondere war bei dieser Ceremonie die Abnehmung der Sporen, und die Gewohnheit, dem Pferde des degradirten Ritters auf einem Misthaufen den Schweif abzuhauen, merkwürdig, wovon die vom Verf. angeführte seltene Abhandlung des la Colombiere. P. II, S. 560 ausführliche Nachricht gibt. A. d. Uebers.

„des Kostgeldes für einen seiner Söldner, sein Ver-
„mögen und sein Gut, mittelst eines mit seinem
„Pettschafte besiegelten Schuldbriefes auf eine
„gewisse Summe verschrieben hatte, aus Verges-
„senheit des dù Gueselin, nicht war bezahlt worden,
„derselbe dessen Waffen abmahlen und herumschlep-
„pen, nachher aber verkehrt aufhängen ließ, als
„wenn dù Guesclin eidbrüchig geworden wäre."
(Hist. de Bert. du Guesclin edit. de Ménard
p. 487 et 489.) Die Stadt ward erobert, und
der Engländer weggeschleppt, und an dem nemlichen Orte aufgehangen, wo derselbe den Schild
des dù Guesclin hatte aufhängen lassen. Dieser
gab zu, daß sein Gläubiger wohl das Recht gehabt
hätte, sein Vermögen und Güter anzugreifen und
sich wegen seiner Forderung, nach Ablauf der gesetzten Zeit, daran zu erholen, nicht aber, ihn so
zu beschimpfen, wie er gethan hatte. Es war dieses gleichwohl eine von den Strafen, denen sich die
Ritter selbst unterwarfen, wenn sie Verbindlichkei-
ten übernahmen *), f. Morice preuves pour l'hist.
de Bretagne pref. p. 8. Viele Beispiele hiervon
kommen vor bei dem Eide der Treue, und bei Versprechungen, nicht aus der Gefangenschaft zu
weichen.

„In

*) Auch in Teutschland war in dem mittlern Zeitalter
nichts gewöhnlicher, als daß man sich in Verträgen,
„bei Schelmschelten, bei Strafe Hohn- und
„Spott- und Schandgemähldes, auch Schmäh-
„briefen", sein Versprechen zu halten, verbindlich
machte, bis endlich die Reichs-Polizeiordnung von
1577, t. 35. §. 7 dergleichen Clauseln in Verträgen,
wegen des daraus entstandenen Unfugs, verbot. Pet.
Müller de caussis honorum. Ien. 1670. Brunnquell
de pictura famosa. Ien. 1734. I. L. Klüber de pictura contumeliosa. Erlang. 1787. Ueberſ.

„In dem Revers, den Hr. Johann von Gres-
„li, Captal von Buch, als Kriegsgefangener Kö-
„nigs Karls V. im September 1364 ausstellte,
„daß er seine Gefangenschaft richtig aushalten wol-
„le, verlangte er auf den Fall, wenn er dem ent-
„gegen handeln würde, für einen falschen, gottlo-
„sen und treulosen Ritter, für eidbrüchig, und für
„einen Lügner gehalten zu werden; und daß, zum
„Zeichen dessen, sein Wappen umgekehrt, und so
„verkehrt hingestellt werden solle, und daß man
„ihn als einen solchen an allen Höfen solle verfol-
„gen dürfen". *Du Tillet* Rec. des Rois de Fr.
ch. des Chevaliers de l'Ordre p. 318.

Die Statuten des Sternordens verordnen auch
die nemlichen Strafen wider Leute von schlechter
Aufführung in folgenden Worten: „Und wenn ei-
„ner mit Schande, was Gott und unsere liebe
„Frau verhüten wollen, aus einer Schlacht oder
„von einem ihm übertragenen Geschäfte weicht, so
„soll er von der Gesellschaft ausgestossen werden,
„und ihm verboten seyn, dergleichen Kleidung zu
„tragen; und man soll ihm den Schild und Helm
„in dem edeln Gemache seiner Rüstung umkeh-
„ren, ohne solchen wieder umzuwenden, bis er von
„dem Fürsten und dessen Rathscollegium wird in
„seinen vorigen Stand eingesetzt, und wegen gu-
„ter Aufführung wieder aufgenommen seyn". Ord.
des Rois de Fr. tr. II. p. 466. Dieser letztere
Umstand ließ dem Schuldigen noch die Macht, sein
Vergehen wieder gut zu machen, und seine Schande durch Handlungen, die ihm den verlornen
guten Namen, und seine Ehre wieder verschafften,
auslöschen zu können; eine von Menschenliebe begleitete Politik, von welcher Herr von Türenne

seitdem auf eine kluge Art Gebrauch machte, indem er dadurch ein schlechtes Betragen zu bestrafen, und die Fehltritte der Nichtswürdigen zuweilen ihnen selbst und dem Staate nützlich zu machen wußte.

Bei der Verurtheilung des Admirals von Coligni im Jahre 1572 ward befohlen, daß dessen Wappen an die Schweife der Pferde sollte gebunden, und so in der Stadt herumgeschleift werden. *Thuanus t. VI. lib. 53.*

LI. (Seite 133.)

Dieser Umstand bei der Absetzung eines Ritters erinnert an das, was Tacitus von den Strafen der alten Teutschen berichtet. Bei ihnen wurden die Verräther und Entwichenen an Bäume aufgehangen. Nichtswürdige, Feige, und andere, die sich ehrenrühriger Verbrechen schuldig gemacht hatten, wurden in ein Mistloch, oder in einen Morast geworfen, und ihr Körper ward mit einer Schleife bedeckt. Er gibt folgenden Grund von der Verschiedenheit dieser Behandlung an: „Die Bestrafung gewöhnlicher Verbrechen muß, wenn sie ein Beispiel für andere seyn soll, öffentlich geschehen; infamirende Verbrechen hingegen müssen in Vergessenheit gebracht werden".

Unsere Ritter waren von eben den verabscheuenden und verdammenden Gesinnungen durchdrungen, welche die alten Teutschen gegen niederträchtige Selen gezeigt hatten.

LII.

LII. (Seite 134.)

Die Strafe der Zerschneidung des Tisch=
tuches, die sich vielleicht auf ein uns unbekanntes
altes Gesetz gründet, scheint sich gewissermasen auf
das, was man bei Joinville (S. 96) lieset, zu
beziehen. Als dessen Ritter von den Brüdern des
Hospitalordens übel waren behandelt worden, ver=
langte er deshalb Genugthuung von dem Groß=
meister dieses Ordens, der ihm dieselbe auch ver=
sprach. Sie bestand darin, daß man die Thäter
wollte aufsuchen lassen, wenn sie auf ihren Män=
teln speisen würden, damit alsdenn die beleidigten
Ritter ihnen solche wegnehmen könnten. Als Join=
ville mit den Seinigen erschien, um auf Erfül=
lung der Zusage zu bringen, und die Brüder von
ihren Mänteln aufstehen zu heissen, weigerten sich
diese, solches zu thun. Hierauf verschafften die
Ritter sich selbst Genugthuung dadurch, daß sie
Platz nahmen, um mit ihnen zu essen, und daß
sie dieselben nötigten, ihre Mäntel zu verlassen,
und sich an einer andern Tafel niederzulassen. *)

P 3   LIII.

*) Die hier von dem Verf. nur kurz berührte Ritter=
sitte, vor einem Ritter, den man beschimpfen wollte,
das Tischtuch entzwei zu schneiden, wobei zugleich
auch dessen Brod umgekehrt ward, mußte eigentlich
durch einen Wappenherold verrichtet werden. Dem
beschimpften Ritter war es hernach unbenommen,
entweder seine Unschuld zu beweisen oder durch ei=
ne untadelhafte Aufführung sich wieder in Credit zu
setzen. Auch bei dieser Strafe leuchten die absichts=
vollen Gesinnungen der Ritterschaft hervor. — Als
einst Wilhelm von Hennegau, Graf von Ostrevan,
an der Tafel Königs Karls IV. speisete, trat ein
Herold

LIII. (Seite 134.)

Ein Ritter, den man als einen berüchtigten Menschen ansah, weil man ihn an einem Karren angetroffen hatte, kommt an den Hof des Königs Artus, und will an der Rittertafel Platz nehmen; aber keiner will ihn daselbst leiden. Verstossen aus jedem Range, wo er sich zeigt, will er sein Tischtuch auf der Knapentafel auflegen. Hier empfing man ihn nicht besser; sie jagten ihn ebenfalls von sich; endlich war er genötigt, seine Tafel ausserhalb des Speisezimmers zu suchen. Lancelot du Lac, t. II. f. 15 verso col. 2.

LIV. (Seite 135).

Wir haben gesehen, wie ein junger, für die Waffen bestimmter Mensch in seinem siebenten Jahre aus den Händen des Frauenzimmers, das ihn erzogen hatte, in den Stand eines Pagen trat, wo Herold in den Saal, und schnitt vor dem Grafen das Tischtuch entzwei, unter der Ankündigung, daß ein Unbewaffneter nicht verdiene, an der königlichen Tafel zu sitzen. Der Graf, den dieser unerwartete Auftritt äusserst befremden mußte, antwortete, daß er so gut, wie andere Ritter, Schild und Lanze führe. Unmöglich, erwiederte der älteste Herold, denn Sie wissen, gnädigster Herr, daß Ihr Grosonkel von den Friesen getödet worden, und daß sein Tod bis jetzt ungerächt geblieben ist: hätten Sie Waffen, so würde dieses längst geschehen seyn. Diese beschimpfende Ceremonie erregte den Ehrgeiz des Grafen, der nun an nichts mehr dachte, als wie er diese Schande wieder gut machen möchte. Er erreichte auch seine Absichten. f. Histoire générale de la vie privée des François. Uebers.

wo er bis in sein vierzehntes Jahr blieb, um sich in diesem Stande Artigkeit und Weltkenntniß zu erwerben. In seinem vierzehnten Jahre ward er Knape, und setzte die Verrichtungen dieses Standes gewöhnlich noch sieben andere Jahre fort, nemlich bis in sein ein und zwanzigstes Jahr; alsdenn erhielt er, dem gemeinen Gebrauche gemäs, die Ritterwürde, deren unaufhörliche Beschwerlichkeiten er den ganzen Rest seiner Lebenszeit hindurch tragen mußte.

Balduin von Condé behauptet (Mſ. de M. de Sardière, p. penult.), daß ein Ritter das Kriegshandwerk, so lange es seine Kräfte und Mittel verstatten, nicht verlaſſen dürfe.

> Car il n'en doit finer
> Chevalier tant qu'il puiſt finer
> D'avoir ne de ſanté de cors:
> Tes eſt d'armes li vrais recours.

Allein es kommt eine Zeit, wo die Natur, die sich erschöpft, nicht mehr erlaubt, sich mit gleicher Kraft den mühevollen Geschäften, welche die Ritterschaft erfordert, zu widmen. Die ersten Uebungen, von denen man sich losmachte, und denen man sogar entsagte, weil man sie für weniger notwendig hielt, waren die Turniere. Die Geschichte Ludwigs XII. liefert hiervon ein merkwürdiges Beispiel.

In den Ritterspielen, die in Gegenwart des ganzen Hofes zu Paris in der St. Antonsstraſſe, nahe bei den kleinen Thürmen, dem schönen Sitter gegenüber, gehalten wurden, fiel mancher schöner

ner Streich vor, wie der Geschichtschreiber (*Iean de S. Gelais* hist. de Louis XII. p. 128 et 139) sagt; „unter andern zeichneten sich Herr von Clerieux, ein Mann, der schon im Winter seiner Lebenszeit war, auf das bewundernswürdigste aus. „Denn durch einen Lanzenwurf warf er einen Edel„mann aus der Picardie, Reuter und Pferd zu„gleich, zu Boden; und alsobald, nachdem er die„ses gethan hatte, ging er hin, und legte die „Rüstung ab, um frische Luft zu schöpfen; zwischen „zwei schönen Tüchern; er überschickte seinen Helm „einer pariser Dame mit der Bitte, daß sie sol„chen aufbewahren möchte, indem er nun seine „Laufbahn geschlossen habe, und gesonnen sey, nie „wieder bei einem Ritterspiel oder Turnier, wo „man einen Harnisch tragen müsse, sich einzufinden". Indem der Ritter dieses rühmliche und letzte Zeugniß seiner eben so heldenmäsigen, als liebvollen Gesinnung zu den Füssen seiner Dame niederlegte, konnte er zu ihr, die ihn zu solchen Gesinnungen angefeuert hatte, wie Horaz (L. III. Ode 26.) zu der Venus, wiewohl auf eine mehr heroische Art sagen:

Vixi puellis nuper idoneus,
Et militaui non sine gloria.
Nunc arma, defunctumque bello
Barbiton hic paries habebit.

Man entsagte den kriegerischen Beschäftigungen, die das Wesen der Ritterschaft ausmachten, ungern, und die Ritter machten mit Widerwillen Gebrauch von der traurigen Wohlthat des Alters, die ihnen das Gesetz zugestanden hatte. Da die römischen Gesetze die sechzigjährigen Rathsherren
von

von der perſönlichen Erſcheinung in den Verſamm-
lungen befreite (Traité de l' Emp. Rom. par
Middleton), ſo waren auch unſere Ritter in demſelben Alter nicht mehr ſchuldig, einen Kampf zu
übernehmen, und wenn ſie ein Panzerlehn beſaſſen,
ſo durften ſie auch die Ritter- oder Lehndienſte davon nicht mehr leiſten; ſondern ein Ritter mußte
in dieſem Falle, ſtatt ſeiner Perſon, ſein Pferd und
ſeine Waffen an den Herrn, dem er den Lehn-
dienſt ſchuldig war, überſchicken. Aſſiſes de Ie-
ruſalem, ch. 244, p. 264.

LV. (Seite 135.)

Die Ritter wurden, dem Roman des Lancelot (vol. II. f. 7 recto c. 1) zufolge, in ältern
Zeiten nicht anders, als mit ihrer ganzen Rüſtung
begraben. Ein glaubwürdigeres Zeugniß ſoll uns
belehren, wie man ihnen im vierzehnten Jahrhundert die letzte Ehre erwies, und daß die Pracht bei
ihren Leichenbegängniſſen beinahe dem Aufwande groſſer Herren gleich kam.

D. Vaiſette (hiſt. de Languedoc t. IV. p.
520 ad an. 1443) ſagt: „in jenen Zeiten ließ man
„es in Anſehung der Pracht bei Beerdigungen oder
„Begräbniſſen an nichts fehlen, und die Groſſen
„verordneten hierzu in ihren Teſtamenten auſſer-
„ordentliche Summen. Man beobachtete eine ſon-
„derbare Gewohnheit bei den Begräbniſſen der Ba-
„ronen und andern Ritter; man ließ in das Pa-
„radebett, das man an den Ort des Begräbniſ-
„ſes trug, einen lebendigen, vom Kopfe bis zu
„den Füſſen gerüſteten Mann liegen, der die Per-
„ſon des Verſtorbenen vorſtellen ſollte. In den

„Rechnungen des Hauses Polignac findet sich, daß
„man im Jahre 1573 fünf Sous an Blaisen gab,
„weil derselbe bei der Beerdigung Johanns, Sohns
„des Randonnet Armand, Vicomte von Polignac,
„den toben Ritter gemacht hatte".

Als die Engländer im Jahre 1591 mit
Heinrich IV. die Stadt Rouen belagerten, bestimmten sie dem Obersten ihrer Fußvölker einen
Leichenpomp, welcher der alten Ritterschaft, deren
Geist sich lange Zeit bei dieser Nation erhielt, vollkommen würdig war. Als dieser brave Oberster,
ein Vetter des Grafen von Essex, in einem Angriff an ihrer Spitze umgekommen war; so legten
die Engländer seinen Leichnam in einen bleiernen
Sarg, und bewahrten solchen bis zu ihrer Abreise
auf, in der Absicht, wie sie selbst sagten, solchen
durch die eingeschossene Mauer in die Stadt zu
schaffen, wenn sich Gelegenheit zu einem Sturme
zeigen würde. Sie wünschten solchen durch einen
Weg hinein zu bringen, auf welchem er sie würde
geführt haben, wenn der Tod ihn nicht daran verhindert hätte; allein, da sie ihrem Anführer diese
kriegerische Ehre nicht hatten erweisen können, so
nahmen sie dessen Leichnam mit sich nach England.

LVI. (Seite 136.)

La Colombière hat sich (in seinem théat.
d'hon. t. II. p. 625 sq. und in seiner science heroique ch. 46) sehr weitläuftig auf die Materie von
den Gräbern unserer Ritter eingelassen und auf
die verschiedenen Ehrenzeichen, womit solche ausgeschmückt waren, nach den Würden und Thaten
derjenigen, deren Asche sie bedeckten, und nach den
ver-

verschiedenen Arten ihres Todes. Dieser Schriftsteller ist indessen so aufrichtig und versichert, daß seine Bemerkungen mit den Monumenten, die uns noch übrig sind, wenig übereinstimmen.

LVII. (Seite 137.)

Die Gewohnheit, seine Waffen in der Kirche aufzuhängen, und daselbst zu befestigen, berührt Savaron, tr. de l'Epée Francoise. Der Mönch von Vigeois (Labbé t. II p. 336) hat uns eines der ältesten Zeugnisse von der Verehrung, die man für die Waffen berühmter Ritter hegte, aufbehalten. Man hob solche sorgfältig bei den Schätzen der Kirche auf. Bei einem Verzeichniß der, von dem Könige Heinrich von England aus den Kirchen weggenommenen kostbaren Sachen, welches er a. a. O. liefert, macht er folgenden Zusatz: Loricam, quae in armario seruabatur Guidonis de Grandimonte nocte quadam petiit et accepit.

Bayard zielt auf diese ruhmwürdige Belohnung seiner Heldenthaten, und auf das ewige Denkmal derselben, welches mit seinem Degen aufbewahrt werden mußte, als er folgende Worte zu dem Degen, womit er so eben dem Könige Franz I. den Ritterschlag gegeben hatte, sprach: „Du bist „glücklich, daß du heute einem so schönen und so „mächtigen Könige die Ritterwürde ertheilt hast; „zuverlässig wirst du, mein wehrter Degen, wie „eine Reliquie aufbewahrt, und vor allen andern „in Ehren gehalten werden; hierauf that er zwei „Sprünge, und steckte den Degen in die Schei„de". La Colombière théat. d'hon. t. I p. 16 sq.

Dieser Vorfall ist mit einigen geringen Abweichungen erzählt in dem Supplement zu der Geschichte des Ritters Bayard (edit. de Godefroi p. 462 sq.), woraus ich folgende Worte abschreiben will; man wird daraus sehen, daß dieser Degen nicht das Schicksal hatte, das er hätte haben sollen, aller Bemühungen ungeachtet, die der Herzog von Savoyen anwendete, solchen wieder zu erhalten.

„Bayard machte nach dieser Handlung eine tiefe Verbeugung, und sagte, indem er seinen Degen küßte: ruhmwürdiger Degen, der heute die Ehre gehabt hat, den größten König der Welt zum Ritter zu machen; ich werde dich nie mehr, ausser gegen Ungläubige, oder Feinde des christlichen Namens, gebrauchen. Dieser Degen ist schlecht aufbewahrt worden; die, welche noch seinen (Bayards) Namen führen, wissen nicht, was daraus geworden ist. Der Herzog Karl Emmanuel von Savoyen, Enkel Königs Franz, der, tapfer wie dieser, auch die Tapfern schätzt, und ihr Andenken in Ehren hält, hat solchen zu erhalten sucht, um ihn unter die Seltenheiten, die er auf seiner Gallerie zu Turin aufbewahren läßt, zu legen; allein, da er dessen, alles fleißigen Nachsuchens ungeachtet, nicht hat habhaft werden können, so hat er an dessen Stelle den Streitkolben, dessen sich dieser Ritter im Kriege bediente, hingelegt. Diesen hat er auf inständiges Bitten von Karl du Motet, Herrn auf Chichiliane, einem braven und klugen Edelmanne aus Dauphiné, der solchen sorgfältig aufbewahrte, erhalten. Er schrieb demselben einen sehr höflichen Brief, worin er ihn bat, ihm ein Geschenk damit zu machen, unter dem

dem Versprechen, daß er solchen als eine grosse Kostbarkeit betrachten werde, indem er zur Ehre des Ritters noch beifügte, daß seine Zufriedenheit, dieses Stück an dem würdigsten Orte seiner Gallerie zu sehen, von dem Mißvergnügen begleitet seyn werde, solchen nicht in so guten Händen, als in denen seines ersten Besitzers, zu wissen.

LVIII. (Seite 128.)

Man behauptet, daß Sainte-Katharine de Fierbois (dem Dictionnaire universel de la France, Paris 1726, zufolge) ein Flecken in Touraine, eine halbe Meile weit von Sainte-Maure, der Ort sey, wo das Mädchen von Orleans das Schwerd Karls des Grossen gefunden habe, welches sie bei ihren Kriegsverrichtungen gebrauchte, und das man hernach in den Schatz zu Saint-Denys niedergelegt hat. Man sagt, daß sie solches in dem Grabe eines Soldaten gefunden habe. In der Kapelle, welche diesen Namen führt, hat der Erzbischoff von Tours das Präsentationsrecht.

Beweise
und
Erläuterungen
zu dem
fünften Abschnitt.

I. (Seite 139.)

Ich würde eine unendliche Menge Schriften anführen müssen, wenn ich alle Zeugnisse unserer alten Schriftsteller, welche die Ritterschaft mit den häßlichsten Farben mahlen, erzählen wollte. Peter von Blois, ein Schriftsteller nach dem zwölften Jahrhundert, zielt auf die Ausschweifungen der Ritter, denen er den Namen Milites beilegt, wenn er sagt, daß ihre Packpferde (summarii) krumm gingen, unter der Last von Geräthe und von Vorrath, welchen die Unmäßigkeit in Essen und Trinken mit sich führt, statt daß sie mit dem nötigen Waffengeräthe hätten beladen seyn sollen: Non ferro sed vino, non lanceis sed caseis, non ensibus sed vtribus, non hastis sed verubus onerantur. Dem äussern Ansehen nach hätte man denken sollen, sie gingen zu einem

Gastmale, und nicht zu einem Kampfe (ad domum conuiuii, non ad bellum). Sie sind, in Wahrheit, mit Schilden, von denen das Gold aller Orten hervorschimmert, bedeckt, allein sie bringen solche wieder so zurück, wie sie dieselben mitgenommen hatten (virgines et intactos): ihre Sättel und Schilde sind indessen ganz bunt von Gemählden, welche ritterliche Scharmützel vorstellen. Durch so vortreffliche Bilder werden sie in Entzücken gesetzt; allein sie getrauen sich den Krieg nur im Gemählde zu betrachten: Bella tamen et conflictus equestres depingi faciunt in sellis et clypeis, vt se quadam imaginaria visione delectent in pugnis quas actualiter videre et ingredi non audent.

Diese Gemählde führen uns augenscheinlich auf den Ursprung der Wappen unserer Ritter. Wenn sie durch Feigherzigkeit die erste aller ihrer Pflichten verletzten, so wird es uns nicht befremden, wenn wir andere Schriftsteller ihnen Vorwürfe machen hören, wegen der Gewaltthätigkeiten, die sie wider das gemeine Volk, wider die Geistlichkeit, Kirchen, und deren Vassallen, die sie beschützen sollten, verübten. Man wird bemerken, mit welcher Heftigkeit unsere alten Schriftsteller sich ausdrücken über den Geiz, die Habsucht, die Lügenhaftigkeit, die Treulosigkeit, die Räubereien, Plünderungen, und Diebereien, und über alle andern Ausschweifungen einer zügellosen Miliz, die von Grundsätzen, Sitten und Empfindungen gleich weit entfernt ist. Was für eine Meinung muß man hegen von diesen Truppen, wenn man das auf die Ritterschaft anwendet, was man von dem Grafen von Champagne unter dem Jahre 1231 liefet, set, daß er nemlich in seine Bürgergemeinden mehr Vertrauen gesetzt habe, als auf seine eigenen Ritter: Comes Campaniae communias Burgensium fecit et rusticorum, in quibus magis confidebat, quam in Militibus suis. Chron d'Alber. p. 541.

Sogar diejenigen Ritter, welche ein regelmäßigeres Leben führten, und welche keinen geistlichen Ritterorden erwählt hatten, waren eben so wenig, als die andern, vor dem Tadel der Schriftsteller ihres Zeitalters gesichert. Auſſer benen Verbrechen, die damals dem ganzen Ritterstande vorgeworfen wurden, werden diese noch der Simonie beschuldigt. In den Häusern der Hospitalritter und anderer Ritter, die das Gelübde der Demuth, der Armuth und der christlichen Liebe hatten, sah man Stolz, Pracht und Weichlichkeit herrschen. Betrug und Verrätherei waren daselbst der Glaube, zu welchem man sich bekannte:

 Enians e tracios
 Es lor confessios.

Hochmuth, Eitelkeit und Stolz waren vorzüglich die Laster der Ritter, aller, so oft wiederholten Lehren von Menschenfreundlichkeit, Höflichkeit und Bescheidenheit ungeachtet. Dieß war der herrschende Character ihres Standes, der Beweggrund ihres ganzen Verfahrens, der Grundsatz bei allen ihren Handlungen; einem Schriftsteller zufolge, dessen Gedichte übrigens eine sehr umständliche Beschreibung liefern von den Gebräuchen, Uebungen, Kleidungen, und von dem Geräthe der Ritter.

Der vielleicht zu strenge Tadel moralischer Schriftsteller, und die Vorwürfe einiger unserer Poeten, die sich dem Feuer ihrer Einbildungskraft über-

überliessen, werden durch die Erzählungen der Geschichtschreiber jener Zeiten nur zu sehr bestätigt. Da bemerkt man, daß viele der wackersten, oder, besser zu reden, der furchtbarsten Oberhäupter der Ritterschaft sich mit allen Verbrechen, welche die Barbarei erdenken kann, besudelten; man findet daselbst ein zahlreiches Verzeichniß neuer Namen, die man erfunden hatte, um dadurch die verschiedenen Truppen von Räubern zu bezeichnen, welche sie in ihren Sold und Gefolge, als Diener ihres Ehrgeizes und ihrer Rache, mit sich führten. Eine einzige Stelle des Mönchs von Vigeois enthält alle diese Namen, die täglich der Schrecken des Volkes wurden. Primo Basculi, postmodum Theutonici, Flandrenses, et vt rustice loquar, Brabanſons Hannuyers, Asperes, Pailler, Nadar, Turlau, Vaies, Roma, Catarel, Arragones quorum dentes et arma omnem pene Aquitaniam corroserunt. (Labbé, Biblioth. mſ. t. II, p. 339.)

Jedermann kennt die Privatkriege, deren Feuer kaum durch die strengen Gesetze des heiligen Ludwigs erstickt ward. Auch sind die bürgerlichen Kriege eben so bekannt, wo in der Folge, unter den Königen aus dem Hause Valois, die mächtigsten Kronvasallen und die tapfersten Ritter wider einander zu den Waffen griffen. Auf diese Art fand die Ritterschaft fast alle Tage unter ihren Kindern Ungeheuer, die begierig waren, den Busen ihrer Mutter ohne Nachsicht und Mitleid zu zerfleischen; zu eben der Zeit, wo andere sich unaufhörlich bestrebten, der Ritterschaft ihren ganzen Glanz wieder zu geben, indem sie die Gesetze und Tugenden in frisches Andenken zu bringen suchten,

ten, welche ihnen durch dieselbe von Jugend auf eingeprägt worden waren.

Die nemlichen Schriftsteller, aus denen ich die satyrischsten Züge wider die Ritter genommen habe, können sich nicht enthalten, der wahren Ritterschaft Lob zu ertheilen, das heißt derjenigen, die dieses Namens in der That würdig war. In einem Stücke des Peire Vidal, eines Provenzaldichters, (das zu lang ist, als daß ich hier einen Auszug davon geben könnte), wo von den Rittern geredet wird, den Nachfolgern derer, die man unter König Heinrich von England, und dessen drei Söhnen, Heinrich, Richard und Gottfried, gekannt hatte, werden selbige mit den Marabotinern verglichen, die, nur bedacht auf den Genuß der Ehre und Vorzüge, welche ihnen durch ihre Vorfahren waren erworben worden, von den Mamelusen vertrieben wurden, von Leuten, die von schlechter Herkunft waren, in denen aber der Adel des Herzens die Vorzüge der Geburt reichlich ersetzte: „So, sagt er, drohte dem Adel oder der Ritter„schaft, die ihre alte Tapferkeit, ihren Edelmuth, „ihren Glanz, und ihre übrigen Tugenden verlo„ren hatte, eine ähnliche Veränderung".

Ein anderer satyrischer Dichter erweiset der alten Ritterschaft nicht weniger Ehre. In der kläglichen Beschreibung des Uebels, womit die Welt geplagt ist, und der Wunden, welche sie peinigen, wagt er es nicht, von der dritten Wunde, die ihr die Ritterschaft verursacht, zu reden.

Chevalier est si grant chose,
Que la tierce plaie ne ose
Parler.

Dieſer Stand ſcheint ihm ſo ehrwürdig, daß er denſelben nicht zu berühren wagt; er iſt reines Gold, das alle andern Metalle übertrifft; er iſt die Quelle, wo man allen Verſtand, alles Gute und alle Ehre ſchöpft.

Tot, ſen, tot bien et tot honor,
  S'il eſt droitz que je les honor.

Allein die Ritterſchaft ſeiner Zeiten iſt der ehemaligen nicht mehr ähnlich, als ein altes zerlumptes Kleid einem reichen Anzuge, der noch den ganzen Glanz ſeiner Neuheit hat. Eben dieſer Schriftſteller zielt auf eine Sage des gemeinen Volks dieſer Zeiten, wenn er ſagt, daß der weiſſe Wolf die treuen und biedern Ritter aufgefreſſen habe, und daß man ſich daher nicht mehr wundern dürfe, daß die Art derſelben nicht mehr anzutreffen ſey.

Die Gedichte Euſtachs Deschamps, der unter den Königen Johann, Karl V., und Karl VI. ſchrieb, ſind voll der bitterſten Klagen über die Ritterſchaft dieſes Jahrhunderts, die, in Vergleichung mit der vorigen, immer tiefer ſank, und ſich ihrem gänzlichen Verfall und ihrem allgemeinen Untergang näherte. „Die Ritter waren tugendhaft, „redlich, verſchwiegen, munter, gefällig und liebevoll gegen die Ritterſchaft: jeder hatte ſeine „Dame, ſein Liebchen, mit welcher er in enger „Verbindung lebte. Auch wurden ſie aufrichtig „geliebt; man hörte nichts von Klatſchereien und „Verläumdungen; aber jetzt wird geklatſcht und „gelogen. Beſſer war die Vorzeit." ſ. *Euſt. Deſchamps* pöeſ. mſ. du Roi fol. 160 col. 2 *).

---

*) Die Sitten der teutſchen Ritter anlangend, beziehe ich mich auf das, was ich oben, in der Vorrede zu dem erſten Bande, von ihnen angeführt habe.
          A. d. Ueberſ.

II. (Seite 141.)

Man sehe Alain Chartiers Klagen über die schlechte Ordnung und Mannszucht, die in unsern Kriegsheeren herrschte, und über das böse Beispiel, welches sogar diejenigen gaben, die andern hätten sollen zum Muster dienen. Dieß ist der Inhalt einer langen Stelle des Quadriloge invectif dieses Schriftstellers, nach Duchesnes Ausgabe in 4. S. 450 u. f. Dieser Quadrilog ward unter Karl VII. aufgesetzt.

III. (Seite 141.)

Seit dem Kriege mit den Albigensern machte man den Franzosen Vorwürfe, in denen sie vielleicht noch Ehre suchen würden. Man warf ihnen vor, daß sie ihr Spiel mit gefährlichen Unternehmungen trieben, und daß sie sich wenig um die Art und Weise, wie man sich rüsten müsse, bekümmerten.

W. de Tudela, ein Feldherr der Abigenser sagt: (hist. des Alb. en Prov. mf. de M. de Bombarde, 104 verso) „Ich kenne die Gewohn„heit der prahlerischen Franzosen; zufrieden damit, „daß sie ihren Leib bewaffnen, verachten sie die Be„deckung der Beine, und gehen mit gewöhnlichen „Schuhen zu dem Kampfe".

Yeu conosę las costumas delz Frances Bo-
banciers,
Qu'illz an garnitz lors corset finament ad-
obliers,
E de jos en las cambas non an mas cauciers.

IV

zum fünften Abschnitt.

IV. (Seite 142).

In Ansehung der irrenden Ritter von der Tafelrunde, und von ihren Abentheuern kann man nachschlagen das Théatre d'hon. par la Colombière, t. I, ch. 8 et 9. †) Wenn unsere Geschichtschreiber von unsern wahren Rittern, und deren Reisen reden, so brauchen sie ebenfalls das Wort errer, irren, und cherche, suchen oder streben *), welches an der wirklichen Existenz unserer irrenden Ritter nicht zweifeln läßt.

Wenn der Geschichtschreiber des Marschalls von Boucicaut von den Reisen redet, welche dieser Marschall in das gelobte Land und wider die Saracenen unternahm, so bedient er sich des Worts errer, statt gehen oder reisen, und des Worts cherche, statt des Kriegs, den er aufsuchen wollte, statt der Reise oder der Pilgerreise, die er unternahm. Hist. de Boucicaut, publiée par Godefroi, chap. 16, p. 55 sqq.

Brantome (Dames ill. de Fr. p. 375 sq.) bestätigt den Gebrauch der irrenden Ritterschaft noch genauer, in der Nachricht von einer Unternehmung des Galeaz von Mantua, die derselbe zur Erkenntlichkeit für die Gunstbezeugung der Königin Johanna von Neapel, die ihn zum Tanz aufgefordert hatte, wagte. Er that ein Gelübde, daß er

---

*) Franz. faire des quêtes, und im Englischen going in quest of adventures. *Hurd's* Lettres on Chevalry, p. 205. Diese ritterlichen Wallfahrten, und was man sonst noch zu den Ritterzügen rechnet, heissen in teutschen Ritterbüchern: auf Avanture ausreiten. A. D. Uebers.

er so lange in der Welt herumirren wollte, bis er zwei Ritter würde gefunden haben, mit denen er ihr ein Geschenk machen könnte. Nach Verlauf eines Jahres, das er in Frankreich, in Burgund, in England, in Spanien, in Teutschland, in Ungarn und andern Orten mit Schlägereien zugebracht hatte, gelang es ihm endlich, sich zweier Ritter zu bemächtigen, die er zu ihr brachte und „knieend" vorstellte, zu Erfüllung seines Gelübdes. Die Königin setzte sie wieder in Freiheit, mit einer Großmuth, die der Verfasser dem ganz verschiedenen Betragen der Domherren von Sankt Peter zu Rom, bei einer ähnlichen Gelegenheit, entgegensetzt, und welche ein immerwährender Beweis von den Gebräuchen der irrenden Ritterschaft ist. Als nemlich ein Ritter, dem vom Verfasser angeführten italiänischen Schriftsteller zufolge, zu Erfüllung eines ähnlichen Gelübdes einen andern Ritter nebst dessen Waffen zum Gefangenen gemacht, und denselben mit Pferd und seiner ganzen Beute den gedachten Domherren zugeschickt hatte, so blieb dieser Gefangene sein ganzes Leben hindurch in der Gefangenschaft, ohne daß er sich jemals von der Kirche entfernen durfte.

Auch kann man über diese Materie nachlesen das Buch oder den Roman des irrenden Ritters, von F. Jehan von Carthenn, einem Carmeliter.

†) Die Gesellschaft von der Tafelrunde kommt schon in der ersten Hälfte des sechsten christlichen Jahrhunderts in Schottland vor. Merlin, dessen Höle man noch zeigt, und worin derselbe nach seinem Tode noch geweissagt haben soll, war einer der größten Zauberer, Sohn einer weisen Jungfrau, und Stifter der Gesellschaft. Kein Mitglied trug besondere

dere Ordenszeichen, sondern jeder mußte sich durch seine Thaten auszeichnen. Merlin ließ zu Carduel eine runde Tafel mit dreizehn Stühlen, zu Ehren der dreizehn Apostel, verfertigen. Alle Stühle wurden mit biedern Rittern besetzt, der dreizehnte ausgenommen, welcher für den verrätherischen Judas bestimmt war. Ein saracenischer Ritter, der kühn genug war, sich darauf zu setzen, ward sogleich von der Erde unter dem Stuhl verschlungen. König Artus war Vorsteher der Gesellschaft. So sagt die Geschichte, ohne Zweifel mit Fabel vermischt; wiewohl Hippolit. Helyot (Gesch. der geistl. und weltl. Ritterorden Th. 8. S. 525) die ganze Sache für ein Mährchen hält. Einer der der gepriesensten Helden an Arturs runder Tafel, war Giron, der von seiner Beflissenheit, den Damen zu angenehmen Diensten zu leben, den Beinamen der Galante (courtois) führte. Auſſer verschiedenen französischen Ritterbüchern, die von diesem Helden handeln, hat ihn Luigi Allamanni, ein berühmter ital. Dichter des XVI. Jahrhunderts, in in einer Ritterepopee besungen: Girone il Cortese. Par. 1548. 4. In einem alten Ritterroman, die Avanturen des Ritters Irwins betittelt (wovon die academ. Biblioth. zu Bützow eine schätzbare, von Hrn. Prof. Sprengel in den gemeinnützigen Aufsätzen zu den Rostock. Nachrichten 1773, S. 10 beschriebene Handschrift besitzt), werden dergleichen Ritterabentheuer erzählt. Peter von Urach, der Verfasser sagt daselbst:

Der sint nun wohl zehen Jar
Das ich nach Aventure reit,
Gewapnet nach Gewohnheit.

Hierauf schildert er einen irrenden Ritter des zwölften und dreizehnten Jahrhunderts (s. Sprengel a. a. O.);

> Nun sich wie ich gewappet bin
> Ich heis ein Ritter und hab den Sinn
> Das ich suchende rite
> Ainen Mann der mit mir strite
> Der gewappet sie als ich
> Des brisent in flecht er mich
> Besiege ich ihm aber an
> So hat man mich fur ainen mann
> Und wurde werber banne ich sy.
> Sy dir nun verre oder by,
> Kund um solliche Wege icht,
> Des verschwieg mir nicht
> Und wise mich dar
> Wenn ich nach ander nicht var.

Die irrenden Ritter wurden allenthalben, wohin sie kamen, mit Achtung aufgenommen und von andern Rittern frei bewirthet. Die Ritterschlösser, auf deren Thoren Helme aufgepflanzt waren, dienten ihnen statt der damals noch seltenen Herbergen und Gasthöfe. Auch wurden sie mit Zöllen und andern Abgaben der Reisenden verschont. Sobald diese ritterlichen Gäste in den Schlössern ankamen, wetteiferte alles, ihnen Erfrischungen zu verschaffen und den Aufenthalt angenehm zu machen. Peter von Urach läßt seinen Ritter erzählen, als er sich der Burg näherte:

> Darnach was vil un lang
> Unz dort herfur sprang
> Des würtes samenunge
> Schön und Junge

Junkherren und Knechte
Gecleidet nach im gerechte
Die hiessen mich wilkommen sin
Mints Rosses unde min
Ward vielmal wargenommen.

Als hierauf der Ritter in die Burg trat, kam ihm eine abeliche Jungfrau entgegen, half ihn seiner Rüstung entladen, und gab ihm leichte Kleidung:

Als ich in die Burg gie:
Ain iuncfrouw mich emphie
Ain scharlattes mäntelein
Das gab sie mir an.

s. **Sprengel** a. a. O. Mehrere Höflichtsbezeugungen dieser Art, welche das Frauenzimmer in den abelichen Schlössern reisenden Rittern erzeigte, hat Hr. v. Sainte-Palaye oben bemerkt. A. d. U.

V. (Seite 143.)

Dieß ist ungefähr die Schilderung unserer ehemaligen Rächer der Ungerechtigkeit, und ihres Lebens, so viel ich davon, nach Durchlesung der vornehmsten Romanen, habe zusammen bringen können.

Mehrere, an einem Hofe versammelte Ritter, die daselbst so eben die ritterliche Würde empfangen, oder dergleichen Feierlichkeiten beigewohnt hatten, verbanden sich gemeinschaftlich miteinander, daß sie Wanderungen oder Reisen, die sie Questes nennten, unternehmen wollten, entweder um einen berühmten Ritter, den man vermißte, wieder zu finden, oder um eine, in der Gewalt der Feinde gebliebene Dame zu befreien, oder endlich um anderer noch wichtigerer Gegenstände willen, wie die

die Aufsuchung des heiligen Graal. Diese Materie hat sich in der Einbildungskraft unserer Romandichter in das Unendliche erweitert und vervielfältigt. Unsere Helden, die aus einem Lande in das andere irrten, durchreiseten vorzüglich die Wälder, fast ohne alles andere Gepäcke, ausser demjenigen, welches zur Sicherheit ihrer Person nötig war, und lebten einzig und allein von ihrer Jagd. Platte, auf der Erde liegende Steine, die man besonders für sie hingelegt hatte, dienten zur Zubereitung ihrer Speisen, so wie zu Einnehmung ihrer Mahlzeiten. (*Perceforest* v. V. f. 36 recto, col. 1. et 2. vol. I. fol. 126 et 155 et vol. III. fol. 4 verso.) Die Rehböcke, welche sie erlegt hatten, wurden auf diese Tische gelegt, und mit andern Steinen bedeckt; auf diese Art ward das Blut heraus gepreßt, und daher wird dieses Fleisch in unsern Romanen „gepreßtes Wildpret, Heldenspeise" genennt; es ward blos mit Salz und einigem Gewürze, dem einzigen Vorrath, womit man sich beschwerte, zubereitet. Die Pflichten der irrenden Ritter findet man im Perceforest (vol. IV, fol. 54 verso, col. 1 et 2). Damit sie die Feinde, die sie aufsuchten, um so zuverläßiger überraschen möchten, gingen sie nur in kleinen Haufen, von drei oder vier Personen, und damit man sie nicht erkennen möchte, veränderten oder verstellten sie sorgfältig ihre Wappen, oder sie verbargen solche unter einer Decke. (Perceforest vol. I, fol. 57 vers. col. I.) Ein Zeitraum von einem Jahre und einem Tage war gewöhnlich das Ziel ihrer Unternehmung. Bei ihrer Rückkunft mußten sie, ihrem Eide zufolge, getreuen Bericht von ihren Begebenheiten abstatten, und ihr Versehen und Unglück aufrichtig anzeigen.

Auch

Auch bemerke man in unsern Romanen den Eifer des Frauenzimmers, dieselben in ihre Schlösser aufzunehmen und zu bewirthen. (*Lancelot du Lac* t. I, f. 78 verso c. 1, t. II f. 72 recto, et f. 123 verso, t. II, f. 102 et f. 119 recto col. 2.) Nachdem man alle diese Erdichtungen gelesen hat, so glaubt man es eben diesen Schriftstellern leicht, wenn sie sagen, daß Könige Kronen ausgeschlagen haben, um sich den wohlthätigen Uebungen der irrenden Ritterschaft ungehindert widmen zu können.

Die größten Seelen sind nicht immer diejenigen, welche am meisten von abentheuerlichen Grillen befreit sind. Die im Jahre 1603 verstorbene Königin Elisabeth hatte diesen gewissermasen ihre Würklichkeit gegeben. Dem Geschichtschreiber Thuanus (lib. 129, p. 1052, unter dem Jahre 1603) zufolge, verlangte sie, daß man Sorgfalt und Ehrerbietung für sie hegen, und an den Tag legen sollte, die nur ihre eigene Person zum Gegenstande hatte. Sie war nicht mehr jung, als sie es noch für rühmlich hielt, sich mit der Galanterie zu beschäftigen; es war dieß ein Spiel ihrer Einbildungskraft, wodurch sie das Andenken jener fabelhaften Inseln bei sich erneuerte, wo die irrenden Ritter herumschweiften, belebt durch das Bestreben, solchen Schönheiten zu gefallen, die ihnen eben so reine, als tugendhafte Gesinnungen einflößten.

VI. (Seite 143.)

Die Abneigung der Ritter für ein müssiges Leben, ihre Liebe für Krieg und Turniere, und die Begierde, sich in der Kriegswissenschaft zu vervollkommnen, die sie in alle Länder hinführte, rechtfertigen

tigen sich durch „das Grabmal des Johann von „Arces, eines Sohns des Ritters Blanc, welches „in der Arceser Kapelle, in der Pfarrkirche von „Coindrieu, zu sehen ist; es wird auf demselben „der Unternehmungen des Vaters gedacht, und „seiner Reisen in Spanien, Portugall, England „und Schottland, wo er die Absicht hatte, die „tapfersten Kämpfer aufzufordern, daß sie mit ge- „schliffenen Schwerdern, oder mit stumpfen Lan- „zen (d. i. zu Schimpf und Ernst) sich mit ihm „messen möchten". (Vie du Chev. Bayard ann. de Godefroi p. 35)

Eben so schildert Tacitus die Teutschen (de morib. Germ. c. 14). „Wenn ein Land, sagt er, „in dem Busen eines dauerhaften Friedens, ohne „Beschäftigung ist, so begibt sich beinahe der ganze „junge Adel, als Freiwillige, in fremde Dienste. „Ruhe ist eine Art von Zwang für Teutsche; ge- „fahrvolle Gelegenheiten bieten ein kürzeres Mit- „tel, sich einen Namen zu machen" u. s. w.

VII. (Seite 143.)

Ehedem gingen die Ritter in grüner Klei- dung auf ihre Abentheuer aus, wie uns Sicile (blason des couleurs p. 36) berichtet. Die- ser Umstand war nicht vergessen worden bei dem Turniere, welches Karl VI. zu Saint-Denys im Jahre 1380 feiern ließ, als der König von Si- cillen und sein Bruder, der Graf von Maine, die ritterliche Würde erhalten hatten. Der Mönch von Saint=Denys (Hist. de Charles VI, t. 9, ch. 2, p. 169 sq.) der uns eine Beschreibung da- von hinterlassen hat, schildert die zwei und zwanzig Ritter, welche in dem Turniere, worin man die Gebräuche und Vorschriften der alten Ritterschaft gewissenhaft beobachtete, die vornehmsten Kämpfer gewesen waren.

„Sie hatten, sagt er, einen grünen Schild „am Halse hängen, mit der in Gold eingegra= „benen Devise des Königs der Cater, und jedem „von ihnen folgte ein Waffenträger nach, der ihre „Lanzen und Waffen trug; und damit sie eher zu „viel, als zu wenig darin thun möchten, was bei „den Ritterspielen und Kriegsübungen der alten „Paladine und irrenden Ritter die meiste Pracht „ankündigte, so erwarteten sie die Damen, welche „der König dazu ernennt hatte, daß sie dieselben „an die Schranken begleiten sollten, und welche „sich mit Kleidung von der nemlichen Farbe ver= „sehen hatten, nemlich mit einem grünen Schnür= „kleide (brun), das mit Gold und Perlen besetzt „war. Sie kamen zu ihnen, auf schönen Para= „depferden reitend; und wenn es mir erlaubt ist, „mich des Ausdrucks der Fabel zu bedienen, da= „mit ich in wenig Worten die Beschreibung dieses „bewundernswürdigen Gefolges vollende, so will „ich nicht sagen, daß es schien, als wenn sie alle „Königinnen, sondern als wenn sie alle Göttinnen „wären; denn Niemand war zugegen, der bei dem „Anblicke so vieler Schönheiten, Reichthümer und „Majestät, nicht hätte gestehen müssen, daß die „Erdichtungen der Poeten, in allen ihren Werken, „nur sehr unvollkommene Begriffe davon erwecken, „und daß diese Versammlung weit erhabener und „glänzender war, als alle Versammlungen der „heidnischen Gottheiten".

VIII.

VIII. (Seite 146.)

Die von den alten Rittern gestifteten und beschützten Kirchen fanden in den Nachkommen derselben nicht sowohl Erben der Frömmigkeit ihrer Voreltern, als vielmehr eifersüchtige Nachbarn, die, betrübt über den Verlust der Güter, die man ihnen genommen hatte, darauf bedacht waren, wie sie solche wieder in ihr Eigenthum verwandeln möchten. Man sehe die Chronik Gottfrieds, Priors von Vigeois; *Labbe*, bibl. mss. t. II, ch. 73, p. 328 gegen das Jahr 1182.

IX. (Seite 146.)

Man beichtete und hörte nicht nur die Messe vorher, ehe man einen ernstlichen Kampf unternahm — eine christliche Vorsicht, die bei solchen Gelegenheiten, wo eine nahe Lebensgefahr bevorsteht, nöthig ist (*Froissard* t. II ch. 180, p. 115 et 116.) *Ménestrier* Ornemants des Armes p. 167.); sondern die Ritter gaben auch ihre Frömmigkeit in den blosen Turnieren zu erkennen, deren Verkündigungen gewöhnlich im Namen Gottes und der heil. Jungfrau geschahen (*Saintré* p. 522). Wenn sie sich in die Schranken begaben, so hielten sie eine Art von Bild in der Hand, womit sie das Zeichen des Kreuzes machten (ibid. p. 593 et 602). Der Herr von Lalin hatte, bei den kriegerischen Uebungen im Jahre 1449, „sein Fähnlein, das „mit andächtigen Figuren geziert war, in der Hand, „womit er sich zugleich bezeichnete". Dieß sind die Ausdrücke des Olivier de la Marche, Mem. liv. I. p. 279.

So wie die weltlichen Turnierfeste von dergleichen andächtigen Handlungen begleitet waren, eben so folgten auch zuweilen Vorstellungen aus unsern Turnieren auf die Feste der Kirche. Matthias von Couci (Hist. de Charles VII. p. 718 sb) beschreibt ein andächtiges Fest, oder eine Procession, welche die burgundischen Gesandten im Jahre 1459 zu Mailand sahen, und wobei Vorstellungen oder Schauspiele „von Manns- und Frauenspersonen, als Kriegsleuten, die aus Liebe zu ihren Damen folgten, den Schluß machten„. Die, welche in unsern Tagen die Processionen des Fronleichnams-Festes zu Aachen gesehen haben, und die Rolle, welche der Fürst der Liebe dabei spielte, werden das, was Matthias von Couci von dem mailändischen Hofe erzählt, leicht glauben können. (Esprit du céremon. d'Aix à la Fête-Dieu par le P. Ioseph, in 12, Aix 1730). Sie werden von der Religion unserer Voreltern eben das Urtheil fällen, wie Herr Fleury, wenn er von den Sitten der Christen im zehnten Jahrhundert, redet (p. 380 sq.): „Jedermann, sagt er, war Christ, „und zwar so, daß es schien, als wenn man es „von Natur gewesen wäre, und als wenn Christ „und Mensch eine und ebendieselbe Sache wären. „Hier war kein Unterschied mehr; das Christen„thum war ein Theil der Sitten geworden, und „bestand fast in nichts mehr, als in äusserlichen „Formalitäten. Die Christen waren, was Tugend „und Laster betrifft, nicht mehr von Juden und „Ungläubigen unterschieden, sondern bloß durch „ihre Ceremonien, welche doch die Menschen nicht „besser machten".

X.

X. (Seite 146.)

Chapelain kannte die Sitten der meisten ehemaligen Verwahrer unserer Lehrsätze und Wissenschaften sehr wohl, wenn er (in seinem Dial. de la lect. des vieux Romans, in den Mem. de litt. et d'hist. t. VI, part. I, p. 317 sq), von den Priestern sagt: „Sie wußten selbst weiter nichts, „als lesen, und unterrichteten das Volk nur in „den sonntäglichen Lehrstunden, wie es in ihren alten Ceremonialbüchern vorgeschrieben war. Hatte „einer von ihnen den Einfall, sich den schönen „Wissenschaften zu widmen, oder seinen Geist bis „zu Betrachtungen über den Lauf der Himmelskörper zu erheben, so ward er sogleich für einen „Zauberer, oder für einen Ketzer gehalten".

XI. (Seite 147.)

Unsere alten Ritter unterließen fast nie, die Messe zu hören, sobald sie aufgestanden waren, der Vorschrift zufolge, die man in dem Doctrinal mf. de Saint-Germain, Fol. 103 recto, col. 1. findet.

XII. (Seite 147.)

Ich weiß nicht, ob man dem Zeugnisse Wilhelms von Malmesburi, eines ausländischen Geschichtschreibers, Glauben beimessen darf. Er ist der einzige, welcher berichtet, daß König Philipp I., der in der Abtei Fleury begraben liegt, die Mönchskleidung in diesem Kloster angenommen habe. Dem sey, wie ihm wolle, so ist doch der Gebrauch, am Ende seines Lebens in den Mönchsstand zu treten, oder vor seinem Ableben zu verlangen, daß man in
einem

einem Mönchskleide wolle begraben werden, nicht weniger gewiß. Die zahlreichen Beispiele unserer größten Herren, welche man anführen könnte, würden nicht immer Menschen von der erbaulichsten Aufführung darstellen. Als Graf Gottfried von Anjou, der lange Zeit einen, bis auf das äusserste getriebenen Krieg mit seinem Vater führte, im Jahre 1060 das Ende seines Lebens herannahen sah, entsagte er, am Abend vor seinem Tode, den Waffen und irdischen Dingen; er ward Mönch in dem Kloster Sancti Nicolai, quod pater eius et ipse multa deuotione construxerant et rebus suis suppleuerant. Hist. Andegav. Frag. spicileg. t. III. p 233.

D. Morice sagt (in seinen Mémoires pour l'hist. de Bret., Pref. p. 28) von der andächtigen Gewohnheit, in Mönchskleidung zu sterben, dieselbe wäre so allgemein worden, daß „sie sich sogar „bei den Frauenspersonen eingeschlichen habe, gleich„sam als wenn die Mönchskleidung denjenigen gerecht machen könne, der nie die Pflichten des „Mönchsstandes erfüllt hat".

Ein weit älterer Schriftsteller, ein Dichter aus dem dreizehnten Jahrhundert, hatte schon gesagt, daß Kriegsleute, die in der Absicht, ein ruhiges und bequemes Leben unter Begünstigung ihrer Unwissenheit zu führen, sich in die, Gott gewidmeten Häuser begeben haben, dadurch nicht besser würden: „Gott macht die Welt, d. i. die Weltlichen, „nicht besser".

Oncques li mons n'amenda Dieus.

Der Gebrauch der Laien von beiderlei Geschlecht, sich in Mönchskleidung begraben zu lassen, herrschte noch im Anfange des vierzehnten,

ten Jahrhunderts. Arnold, Abt zu Caunes, in dem Narbonesischen Kirchsprengel, und dessen Mönche erklärten im Jahre 1309 durch eine feierliche Urkunde, daß alle die, welche in ihrem letzten Willen verordnen würden, daß man sie in ihrer Abtei in Mönchskleidung begraben solle, deswegen nicht verbunden seyn sollten, ihnen ein Vermächtniß zu hinterlassen. Sie ernennten zugleich zwei Mönche vom Hause, welche diejenigen mit diesem Kleide versehen sollten, die solches aus gottesfürchtiger Gesinnung verlangen, und als Mönche und Klosterbrüder aufgenommen zu werden begehren würden. (*Du Vaissette*, Hist. du Lang. t. IV, p. 520, unter dem Jahre 1443.) Diese Gewohnheit hat sich noch lange nach dem vierzehnten Jahrhundert erhalten.

Es scheint, daß die in Frankreich mit den Reformirten entstandenen Kriege dieser Art von Andacht einigermasen nachtheilig gewesen sind. Heinrich Stephanus, ein protestantischer Schriftsteller, der die Meinungen seiner Religionspartei annahm, sagte, in seiner Apologie d'Herodote p. 612, daß „der Graf von Carpi, der einer von den letzten gewesen, die diese schöne Rolle gespielt haben, allein im Sprichwort und Gelächter geblieben ist".

XIII. (Seite 149.)

Das Beiwort joyeuse, lat. jocosa, welches seit undenklichen Zeiten dem Schwerde Karls des Grossen gewidmet war, ist eines der ältesten Zeugnisse von der, den Franzosen natürlichen Munterkeit. Sie haben immer einen Anschein von Munterkeit, der ihnen eigen ist, über alle Scenen des Kriegs verbreitet: sie haben nie anders davon gesprochen, als wie von einem Feste, einem Spiele, und einem Zeitvertreib. Iouer leur jeu, ihr Spiel treiben, haben sie von Bogenschützen gesagt, die einen Hagel von Pfeilen regnen liessen; jouer gros jeu, ein wichtiges Spiel unternehmen, statt: eine Schlacht liefern; jouer des mains, ins Handgemenge kommen, und eine unzähliche Menge anderer ähnlicher Redensarten findet man oft bei dem Lesen der Nachrichten unserer Schriftsteller von Kriegssachen. Wenn Froissart (t. II. p. 260) den Tod des Herzogs Wenzeslaus berichtet, so entwirft er folgende Schilderung von ihm: „In dieser Zeit (1383) schied aus dieser Zeitlich„keit der artige und muntere Wenzeslaus, Her„zog von Böhmen, Luxenburg und Brabant, der „zu seiner Zeit edel, munter, klug, verliebt, und „ein guter Soldat gewesen ist".

XIV. (Seite 149.)

Die Liebe zur Wildpretsjagd und zur Falkenjagd war, nach dem Kriege und den Damen, diejenige Leidenschaft, die unsern Helden die meiste Ehre bei ihren Zeitgenossen machte. Sie trug viel bei zu dem berühmten Namen des Herrn Yvain, der in unseren Romanen eine der bekanntesten Rollen spielt: „Der König nahm seinen „Freund, Herrn Yvain, einen Sohn des Königs „Urien, bei der Hand; dieser war ein guter und „kühner Ritter, der Hunde und Vögel sehr liebte". Court Mantel fabl. mss. du Roi n. 7615, fol. 114 recto col. 3.

Der Verfasser des Romans Gerhards von Roussillon, in provenzalischer Sprache (mf. du Roi, 7991, fol. 52 verso), rühmt den tapfern Foulque, Gerhards Brudersſohn, und endigt deſsen Schilderung mit dem Zuſatze, daß er geſchickt geweſen in der Jagd des Geflügels auf den Flüſsen und auf der Jagd in den Wäldern.

De bos e de riviera es eſſ*nhatz.

Er fügt noch bei, daß er ſich nicht weniger auf das Schach-Tafel- und Würfelſpiel verſtanden habe.

D'eſcays ſab e de taulas, de joxs de datz.

Auch wenn Bayards Geſchichtſchreiber (edit. de Godefroi ch. V, p. 18) eine Erzählung von dem Mittagsmahle, das Karl VIII. dem Herzoge von Savoyen zu Lyon gab, liefert, ſo rühmt er, daß „man ſich dabei verſchiedentlich ſowohl von Hunden, Vögeln und Waffen, als von Liebe unterhalten habe". *)

*) Zu den, oben in der Anmerkung zu dem Texte im fünften Abſchnitt (B. I. S. 150 u. f.) gemachten Bemerkungen von den Gerichtshöfen der Liebe (Cours d'Amours) verdiente noch folgende Schrift, in welcher glückliche Verbindung der Gelehrſamkeit mit dem Angenehmen und Ergötzenden herrſcht, angeführt zu werden: Recherches ſur les Prerogatives des Dames, chez les Gaulois, ſur les Cours d'Amour. à Paris 1786. 224 S. in 12. Verfaſſer davon iſt der Präſident Rolland. (ſ. Goth. gel. Zeit. 1787. Ausl. Litt. St. 17.) Er betrachtet die Cours d'Amours als

als eine Art von Hof- und Höflichkeitsparlement. Die Grafen von Provence, der Dauphin, der Monarch selbst, machten darin wechselsweise die Präsidenten, und alle Streitfragen, die zwischen Verliebten, und selbst Verehelichten, entstehen konnten, wurden da vorgetragen und entschieden. Freylich war es nur Spiel und Ergötzlichkeit, aber alles hatte gleichwohl seine Regel nnd gemessene Einrichtung. Nicht jeder konnte in diesen Senat aufgenommen werden, und die Urtheile, die man hier fällte, blieben nicht ohne Folgen. Die ganze Einrichtung äusserte ihre Würkung auf die Sitten dieser guten alten Zeiten, und noch in den unsrigen sind Spuren davon übrig geblieben. Diese Gerichtshöfe der Liebe waren gewissermasen etwas würklich ernsthaftes, uud dürfen daher mit der Cour amoureuse, die unter Karl V. von Frankreich entstanden war, und die blos zur Absicht gehabt zu haben scheint, die ehrwürdigsten Dinge lächerlich zu machen, ja nicht vermengt werden; denn dort wurden die Versammlungen durch die Troubadours belebt, von denen man ohnehin weiß, daß Tugend ihnen schätzbar, und Religion heilig war. Die Epoche, wo diese Cours d'amours nach und nach wieder verfielen und eingingen (sie waren seit Ludwigs des Heiligen Zeiten gewöhnlich, wo Joinville, der ihrer erwähnt, lebte), läßt sich so genau nicht bestimmen. Der Präsident Rolland macht es in dem angeführten, auch mit litterarischen und rechtlichen Erläuterungen begleiteten Buche, wo Hr. v. Sainte-Palaye eine gute Quelle für ihn gewesen zu seyn scheint, wahrscheinlich, daß dabei gewisse Sporteln bezahlt werden mußten. — Hr. von Sainte-Palaye erwähnt oben im Texte (B. I. S. 151) auch der Art einer Cour d' Amour, wel-

welche der Cardinal Richelieu errichtete. Dieselbe ward zu Ruelle unterhalten. Mademoiselle Scudery war Generaladvocat, und Maria Prinzeßin von Gonzaga, nachherige Königin von Polen, war Präsident dabei. Seitdem haben die Damen in Frankreich keine Parlementsstellen mehr erhalten, aber darum eben nichts von ihrem Credit und Einfluß in die öffentlichen Angelegenheiten eingebüßt. A. d. Uebers.

XV. (Seite 152.)

Nie ist die Ausschweifung der Einbildung, nie der Fanatismus weiter getrieben worden, als von den in Poitou hin und wieder zerstreuten Liebhabern, deren Geschichte uns der Ritter de la Tour aufbewahrt hat, und von denen derselbe als Zeuge spricht. Wenn man sich an den Frevel des Hirtengesindels erinnert, das während der Gefangenschaft des heiligen Ludwigs, und unter dem Vorwand, ihn befreien zu wollen, die Gränzen von Flandern und der Picardie überzog, und endlich nach Orleannois vertrieben ward (Choisi, vie de S. Louis, p. 248); wenn man sich derer erinnert, die, unter gleichem Namen und Vorwande, gegen das Jahr 1320 Languedoc verheerten (*D. Vaissette* Hist. du Languedoc, t. IV. p. 184 sq.); so wird man bemerken, daß unsere weniger boshaften, verliebten Schwärmer ihrer Thorheit in Nichts nachgaben. Diese neue Art von Landstreichern errichtete unter sich eine Gesellschaft, die man eine Brüderschaft der verliebten Bußfertigen nennen könnte; unser Schriftsteller gibt ihnen den Namen Galois und Galoises; denn die Frauenspersonen beeiferten sich eben so gut, als die Mannspersonen, um um die Wette, wer von ihnen die Ehre dieser ausschweifenden Religion auf die würdigste Art behaupten würde, deren Gegenstand dieser war, daß man den Drang seiner Liebe durch eine unüberwindliche Standhaftigkeit, womit man die Strenge der Jahreszeit ertrug, an den Tag legte.

Die Ritter, die Knapen, und das Frauenzimmer, welche diese Reformation annahmen, mußten, der Stiftung zufolge, bei der größten Sonnenhitze sich mit guten Mänteln und doppelten Mützen warm bedecken, und grosse Feuer unterhalten, bei welchen sie sich wärmten, als wenn sie dessen höchst bedürftig gewesen wären. Mit einem Worte, sie thaten im Sommer alles das, was man im Winter thut, und vielleicht sollte dieses eine Anspielung auf die Macht der Liebe seyn, die, unsern alten Dichtern zufolge, die seltsamsten Metamorphosen würkt. Wenn der Winter sein Eis und seinen Reif über die ganze Natur verbreitete, so veränderte alsdenn die Liebe die Ordnung der Jahreszeiten, sie erhitzte mit ihrem heftigsten Feuer die Liebenden, die sich ihren Gesetzen unterworfen hatten. Ihre ganze Kleidung bestand in „einem kleinen einfachen Rocke" nebst einer langen und dünnen Mütze; es wäre ein Verbrechen gewesen, wenn man Pelzwerk, „einen Mantel, eine Decke oder eine doppelte Hau„be, einen Hut, Handschuhe und Pelzhandschuhe" hätte tragen wollen; es wäre Schande gewesen, wenn man in ihren Häusern Feuer angetroffen hätte; das Kamin ihres Zimmers war mit Baumblättern oder andern grünen Sachen, wenn man dergleichen haben konnte, geschmückt, und man streute solche auch auf den Fußboden des Zimmers; ein leichtes Zeug war die einzige Decke, die man auf ihrem Bette gewahr ward. Vielleicht hatten sie den Grundsatz angenommen, den man in den Gedichten Gontiers, eines unserer ältesten Dichter, findet: wer eifrig in der Liebe ist, fürchtet keine Kälte,

 Ki sert boine amor
 Ne crient la froidure.

 Wenn ein Galois, einer von diesen Liebhabern, sich in ein Haus begab, ließ der Ehemann, bekümmert, das Pferd seines Gastes mit allem Nötigen zu versehen, denselben in seinem Hause nach Gefallen schalten und walten, und ging nicht eher wieder in dasselbe, als bis der Galois dasselbe verlassen hatte. Ihm ward nun wiederum, wenn er zu der Brüderschaft der Galois gehörte, die nämliche Gefälligkeit von Seite des Ehemannes erwiesen, dessen Gemalin, die unter dem Namen Galoise mit dem Orden in Verbindung stand, der Gegenstand seiner Sorgfalt und seiner Besuche war.

 „Auf solche Art dauerte dieses Leben, „und diese Liebeshändel lange Zeit", sagt der Verfasser am Schlusse seiner Erzählung, „bis „die meisten von ihnen gestorben und erfroren wa„ren: denn viele starben blos wegen der Kälte; sie „verschieden ganz erstarrt, in Gegenwart ihrer „Geliebten, und auch diese in Gegenwart ihrer „Liebhaber, unter erbaulichen Gesprächen von Lie„beshändeln, wobei sie sich über diejenigen lustig „machten, welche sich mit guter Kleidung versehen „hatten. Den übrigen mußten die Zähne mit Mes„sern von einander gebracht werden; sie mußten als „Erstarrte und Erfrorne erwärmt, und bei dem „Feuer gerieben werden. . . . . Man zweifelte „nicht,

„nicht, daß die Galois und Galoises, die in die„sem Zustande starben, Märtyrer der Liebe wären" u. s. w.

XVI. (Seite 152.)

Wenn man von den Schriften eines Jahrhunderts auf die Sitten desselben Schlüsse machen kann, so sind wir berechtigt zu glauben, daß unsere Vorfahren die Gesetze des Wohlstandes und der Anständigkeit schlecht beobachtet haben. Die ausschweifendsten und ungesittertsten Dichter haben hierin unsere alten französischen Dichter nicht übertroffen. Ich kann indessen mir nicht vorstellen, daß die Höfe der Grossen, für welche die Fabeln und Erzählungen so grossen Reiz hatten, einige unserer fabelhaften Erzählungen (Fabliaux) geduldig sollten angehört haben. Wenig Leute würden es noch heut zu Tage bei dem Lesen derselben aushalten, wenigstnes nicht ohne ein heftiges Verlangen nach gewissen lehrreichen Nachrichten für unsere Geschichte und Alterthümer. Man studirt solche nur wie gewisse Gemählde, denen blos die Liebe zur Kunst einige Achtung verschafft. Die Kunst der Liebe von Guiart, welche in keiner Stelle mit Ovids Gedichte verglichen werden kann, enthält die ausschweifendsten Lehren der Liebe, die mit den erbaulichsten und heiligsten Ausdrücken der Religion beschlossen werden (Fabliaux mss. du Roi num. 7615 fol. 178 et s.). Und nun wage man es, uns die Jahrhunderte der Unwissenheit und Barbarei zu rühmen.

XVII. (Seite 153.)

Einige Züge, die aus verschiedenen Jahrhunderten genommen sind, sollen mir zum Beweise dienen, daß das Verderbniß der Sitten bei unsern

sern Vorfahren nicht geringer war, als in jedem andern Zeitalter, wo es den Eifer derer, die über die Sitten wachen sollen, erweckte *). Der Mönch von Vigeois, der von dem, damals unter den Truppen herrschenden, ausgelassenen Leben redet, zählte gegen das Jahr 1180 in einem unserer Kriegsheere gegen funfzehn hundert unzüchtige Weibspersonen, deren Putz unermeßliche Summen gekostet hatte: Quarum ornamenta inaestimabili thesauro comparata sunt. Eben dieser Schriftsteller berichtet, daß ihnen ein höherer Grad von öffentlicher Achtung, als ihnen eigentlich gebühret hätte, zu Theil ward. Da sie wie die vornehmsten Damen geputzt waren, so verwechselte man sie mit den achtungswürdigsten Personen; selbst die Königin irrte hierin, als sie einst in der Kirche eine Weibsperson dieser Art erblickte: quandam meretricem Regiam insignibus stipatam vestibus; als sie zu dem Kusse des heiligen Bildes hinging, umarmte sie

---

*) Es sey mir erlaubt, diese so wahre Bemerkung des Herrn von Sainte-Palaye durch eine Stelle zu unterstützen, welche vielleicht mancher Leser um so eher Glauben beimessen wird, weil sie aus einem Zeitalter genommen ist, das man gewöhnlich wegen der Reinigkeit der Sitten zu preisen pflegt. Modestinus Pistoris, ein berühmter teutscher Gelehrter um die Mitte des sechszehnten Jahrhunderts, sagt (Consil. 46, n. 10): „Will nicht glauben, daß derjenige, der da Unzucht treibet, und simplicem fornicationem exerciret daduch zu einem Richter oder Schöppen untüchtig gemacht werde, sonst würden ihrer gar wenig in die Schöppenstühle kommen können; denn man gar selten einen findet, der da nicht in der Jugend, weil er frey und ledig ist, mit solchen freyen Dirnen — — — unterweilen zu thun hat". A. d. Uebers.

sie dieselbe eben so, wie das übrige Frauenzimmer: Dum Pax acciperetur a Populo in Ecclesia, putans ex ordine fore sponsarum, osculata est. Als sie nachher besser davon unterrichtet worden, beklagte sie sich deshalb bei dem Könige, ihrem Gemahl; und der Monarch verbot den öffentlichen Weibspersonen in Paris Mäntel zu tragen, die nun das Merkmal wurden, woran man die verheuratheten Frauenspersonen erkannte: Tunc prohibuit Rex mulieres publicas clamyde seu cappa vti Parisiis, vt tali nota a legitime nuptis discernerentur.

In dem dreizehnten Jahrhundert blieb man eben so wenig in den gehörigen Schranken; sogar zu der Zeit, wo der heilige Ludwig Muster und Beispiel eines durchaus christlichen Lebenswandels war. Ohne daß ich mich auf das Zeugniß des Heinrich Stephanus (Apol. pour Herodote ch. VI.), der jedoch die angesehensten Prediger anführt, berufe, will ich nur auf die Verordnungen dieses frommen Königs verweisen, die man in dem Traité de la Police T. I. p. 489 sq. findet. Man sieht daraus, daß ein Dichter jener Zeit *) die Freiheiten der Dichtkunst in folgenden Zeilen nicht mißbrauchte: „Wenn man nach Recht und Billigkeit „handeln wollte, so müßte man, so wahr Sanct „Aegid lebt, die reichen Weiber, die sich zu betrügerischen und verdächtigen Sachen (barat et „guille) gebrauchen lassen, und die, um Gewinn„stes willen ihren Leib verkaufen und entehren,
wie

---

*) *Chastie Musart*, fable mss. n. 7615; f. 140 recto, clo. 1 et 2.

„wie einen Aufsätzigen (mesel), aus der Stadt
„jagen, daferne es gewöhnlich wäre, gewisse
„Frauenspersonen, wegen gewisser Ursachen (achoi-
„sons), aus der Stadt zu vertreiben; dieß war
„billig und recht: aber jetzt ist eine Zeit gekommen,
„wo man aller Orten mehr Hurenhäuser, als an-
„dere Häuser, antrifft, und wo man nichts da-
„wider einwendet„.

Ein achtungswürdigeres Zeugniß, das ich
noch hierher setzen will, wird den Sitten des Zeitalters, welches auf die Regierung Ludwigs des
Heiligen folgte, eben so wenig Ehre machen. Man
sieht daraus, daß unter Karl VI. der Hof selbst
ein Schauplatz des Aergernisses ward. Das älteste und erbaulichste unserer religiösen Häuser hatte
dieses traurige Schauspiel, dem Mönch von Saint-
Denys zufolge, der in folgenden Ausdrücken das
Unglück seines Klosters beweint.

Nach der Beschreibung des im Jahre 1389
zu Saint-Denys, zu Ehren der Ritterwürde des
Königs von Sicilien und dessen Bruders, gehaltenen Turnierspiels, fährt dieser Geschichtschreiber,
im sechsten Kap. (S. 170 und 171 seiner Histoire de Saint-Denys) also fort: „Bis dahin ging
„alles ganz gut, allein die letzte Nacht verdarb al-
„les, wegen der nachtheiligen Erlaubniß, sich ver-
„larven, und alle Arten von Geberden machen zu
„dürfen, die sich besser für einen Possenreisser, als
„für die Würde so angesehener Personen schicken;
„ich halte für zuträglich, solches in dieser Ge-
„schichte anzumerken, damit man in Zukunft an
„den daher entstandenen Unordnungen ein Bei-
„spiel nehmen möge. Dieser schädliche Gebrauch,
„aus

„aus Nacht Tag zu machen, nebst der Freiheit,
„unmäsig zu essen und zu trinken, machte, daß
„viele Leute sich Dinge erlaubten, die sowohl we-
„gen der Gegenwart des Königs, als wegen des
„heiligen Orts, wo er sein Hoflager hatte, höchst-
„unschicklich waren. Jeder suchte seine Leidenschaf-
„ten zu befriedigen; und man sagt alles, wenn
„man versichert, daß es hier Ehemänner gab, de-
„ren Rechte durch die übele Aufführung ihrer Wei-
„ber gekränkt wurden, und daß es auch unverheu-
„rathete Frauenspersonen gab, welche die Sorge
„für ihre Ehre fahren liessen. Dieß ist kürzlich
„die Beschreibung dieses Festes, dessen Feierlich-
„keiten sich damit endigten, daß der König tau-
„sendfache Geschenke sowohl an die Ritter und
„Knapen, die sich dabei auszeichneten, als auch
„an das verheurathete und unverheurathete Frauen-
„zimmer austheilen ließ; er schenkte ihnen diaman-
„tene Ohrgehänge, viele Sorten von Edelgesteinen
„und reichen Zeugen, nahm Abschied von den
„Vornehmsten, die er küßte, und ließ den ganzen
„Hof auseinander gehen".

Man befolgte endlich die Grundsätze der so
sehr empfohlenen anständigen Liebe so schlecht, daß
unsere Romandichter und Poeten in ihren Lobreden
auf diejenigen Herren, welche in ihren Schlössern
den Fremden die meiste Höflichkeit erwiesen, denselben eben dieselbe Gefälligkeit gegen ihre Gäste
zuschreiben, welche die Völker an dem Nilflusse,
den Berichten unserer Reisenden zufolge, ihren Gä-
sten erzeigen (*Buffon* Hist. nat. v. III.). Man
lese bei dem Verfasser des Roman de Gérard de
Roussillon (Mss. du Roi, 7991, fol. 40 verso)
in provenzalischer Sprache, die sehr umständliche
Be-

Beschreibung, wie Graf Gerhard den Gesandten des Königs Karl aufgenommen hatte; man wird darin seltsame Nachrichten finden, die uns einen wunderlichen Begriff von den Sitten und der Artigkeit dieses eben so verderbten als unwissenden Zeitalters machen.

Wenn ich noch folgende Zeilen eines unserer französischen Dichter (Fabliaux mss. du Roi num. 7715, fol. 210 verso col. 1) hersetze, die man nicht im buchstäblichen Verstande nehmen darf, so geschieht es nicht sowohl deswegen, daß ich den Leser mit dem Verderbniß des Zeitalters bekannt machen will, als vielmehr in der Absicht, demselben einen Begriff von dem Geiste unserer Schriftsteller zu geben, die ihre Leser mit dergleichen Erdichtungen unterhielten *).

Eine Dame, die einen Ritter bei sich aufnimmt, will nicht eher einschlafen, bis sie ihm eine ihrer Frauenspersonen geschickt hat, die ihm Gesellschaft leisten soll: „Dieser höflichen Gräfin war „es nicht unangenehm, einen solchen Gast bei sich „zu sehen; sie ließ ihm daher eine grosse Gans zu„bereiten, und ein kostbares Bette in ein Zimmer „setzen, worin man gut ruhte. Die Gräfin legt „sich zu Bette, und ruft das schönste und artigste „von ihren Mädchen zu sich; sie sagt ihr heimlich: „liebes Kind, gehe jetzt hin, und lege dich zu die„sem Ritter ins Bette . . . . . „. . . . . „. . . bediene ihn, wie es sich gebührt. „Ich ging gerne dahin, wenn ich es nicht aus „Schamhaftigkeit unterliesse, und zwar um des „Herrn

„Herrn Grafen willen, der noch nicht eingeschla-
„fen ist".

*) Es wäre zu wünschen, daß die Auslegung,
welche Hr. von Sainte-Palaye von den Worten
des Dichters macht, gegründet wäre. Allein man
lese Geschichtschreiber der damaligen Zeit, und die Zeugnisse, welche Stuart in d. Abriß des gesellsch.
Zustandes von Europa S. 387 daraus gesammelt
hat; und man wird ein grosses Sittenverderbniß
entdecken. Bei den Geistlichen war es eine sehr
gewöhnliche Sache, eine eigene Beischläferin (Fo-
cariam, *Du Fresne* und *Spelmann* h. v.) zu haben, und die Früchte dieser Liebe öffentlich zu er-
ziehen. Die Annehmlichkeiten einer künftigen Welt
zu lehren, ohne sich den vollkommensten Genuß der
gegenwärtigen zu versagen, war der tröstlichste
Grundsatz ihrer Philosopie des Lebens. Die Pilgrime und die frommen Helden der Kreuzzüge veranlaßten ein nachtheiliges Commerz der Laster und Ueppigkeit des Morgenlandes und derer von Europa.
Eigene gesetzliche Vorschriften wegen des Handels,
welchen die Ehemänner mit der Keuschheit ihrer
Weiber trieben, gehörten zu den Bedürfnissen des
Zeitalters. (*Du Fresne* v. Cucucia, Cugus,
Licentia mala, Vxorare.) In den Wohnsitzen
und Palläsien der Reichen waren Zimmer für Frauenzimmer, die zum Nähen und Waschen gebraucht
wurden, zugleich aber das Serail des Gebieters
ausmachten. (*Du Fresne* v. Gynaeceum.) Do-
mus meretricum Domini Cardinalis, war die
Innschrift einer Thüre im Pallaste des Cardinals
Wolsey. Zwar soll dieses nach einigen damals so
viel, als das Waschhaus Sr. Eminenz (lotrices,
Wäscherinnen) bedeutet haben. Allein die Verbes-
serung

ſerung der Lesart wird wenig ändern, wenn man bedenkt, daß beides damals gleichviel war, und daß unter der Regierung der Königin Eliſabeth von England ein Befehl erging, daß keine Wäſcherinnen, noch Trödler- und Höckerweiber in gewiſſe Zimmer von Grayns Inn kommen ſollten, wenn ſie nicht volle vierzig Jahre alt wären. An gewiſſen Orten war es in England ein ehrenvoller und einträglicher Poſten, Marſchall der H.... des Königs zu ſeyn, oder als Lehmann die Einkünſte eines H.... hauſes zu genieſſen. In Cambdens Brittania (Vol. I. p. 181) findet ſich bei der Beſchreibung von Surrey folgende Nachricht: „Hamo von Catton beſaß Catteſchul-Manonr, vermöge ſeines Amtes, als Marſchall der H... des Königs, wenn er in dieſe Gegend kam. Unter der Regierung Eduard des zweiten empfing Thomas von Warblynton, Shirefeld in Hampſhire, vom Könige zu Lehn, weil er Marſchall der H.... in der Haushaltung Sr. Majeſtät war, das Amt eines Nachrichters bei verurtheilten Miſſethätern, und die Maaſe und Scheffel in der königlichen Wirthſchaft zu ächten hatte. Die Worte der Urkunde hat Stuart a. a. O. S. 388 ausgezeichnet. Die Grafen von Henneberg wurden ehedem von den Biſchöffen von Würzburg mit dem Frauenhauſe und Scholderplatze, der oberſte Kampfrichter, Hans Ruckendorfer 1395 mit dem gemeinen Frauenhauſe zu Wien, und Michael Kuhle 1577 mit dem Frauenhauſe zu Oberehenheim, letztere von Kaiſer und Reich, belehnt. (Bubers amoen. iur. feud. n. 14. p. 65.) In den angeſehenſten Städten, z. B. in Mainz, Frankfurt, und Nürnberg waren die feilen Frowen und fahrende Weiber und Töchter unter öffentlichem Schutze, gegen Erlegung des Milchzolles oder Cappenpengelbes; ja man hatte öffentliche Frauenhäuser, die so privilegirt waren, daß sogar im XIV. Jahrhundert zu Nürnberg die Töchter des gemeinen Frauenhauses, mit Bewilligung des Magistrats, einige Winkelhäuser, wo Mädchen gehalten wurden, die ihnen Eintrag thaten, stürmen durften. (Malblancs Gesch. d. peinl. Ger. Ordn. Karls V. S. 50-52.) Zu Calvins Zeiten waren öffentliche Bordelle zu Genf, deren Aufseherinnen man reginas bordelli s. meretricum nannte. An andern Orten gab es ganze Straßen, die von öffentlichen Buhlschwestern bewohnt wurden. Zu Paris und in London war die Anzahl dieser Geschöpfe, wie noch jetzo, unglaublich; und in England gab es mehrere öffentliche privilegirte H.... häuser, wovon Stuart a. a. O. S. 391 die urkundlichen Beweise angibt. Heinrich der siebente von England gab zwölf solchen Häusern Freiheitsbriefe; und die Königin Johanna I. von Neapel war 1347 veranlaßt, eine vollständige Polizeiordnung für ein Hurenhaus zu Avignon bekannt zu machen, welche in Krünitzens Encyclopädie, unter dem Wort: Hure, S. 659 bis 661, und in Frankens System einer vollständigen medicinischen Polizey Th. 2. S. 53 bis 36 abgedruckt ist. Vergl. auch Giannone bürgerl. Gesch. von Neapel Th. III. S. 315. Die Ueppigkeit des Frauenzimmers in Stellungen, Kleidung, und im Putze ward so weit getrieben, daß es das Haar des Kopfes nicht allein war, welches sie auszuputzen suchten. Als die Mutter der schönen Gabriele ermordet war, lag ihr Leichnam verschiedene Stunden öffentlich den Zuschauern ausgestellt, und in einer so höchst unanständigen Stellung, daß man eine sonderbare Mode oder Art von Zierrat entdecken konnte. Dieser Putz, der wahrscheinlich

lich bei dem Verfalle des Ritterwesens eingeführt ward, bestand in Bändern von verschiedenen Farben, und scheint Frauen von Stande vorzüglich eigen gewesen zu seyn. Stuart a. a. O. S. 389. St. Foix Essais histor. Vol. 4. p. 82. A. d. U.

XVIII. (Seite 153.)

Man sehe, wie Herr Fleury (in seinen moeurs des Chretiens p. 399) alle die Ausschweifungen schildert, die in der Armee der Kreuzfahrer herrschten, zu Joinvilles Zeiten; sie waren noch schlimmer, als bei andern Kriegsherren: „alle Arten von La„stern, setzt er hinzu, herrschten daselbst, sowohl „diejenigen, welche die Pilgrime aus ihren Ländern „mitgebracht hatten, als die, welche sie in fremden „Ländern angenommen hatten„.

XIX. (Seite 154.)

Hugo Brunet, einer unserer ältesten Troubadours, (Mss. du Roi, n. 7326, f. 265, verglichen mit den Mss. du Roi 7614; d'Urfe, du Marquis Piccardi à Florence, et de Modéne) beklagt sich, daß er das Reich der Liebe zerrüttet sehe, wegen Ungeduld der Liebenden, die, aus verkehrter Anwendung ihrer alten Gesetze, auf einmal erlangen wollten, was ehedem nur die Frucht einer langen Beharrlichkeit war. Er gibt zu erkennen, daß die Liebe in jenen Zeiten den Weg zur Glückseligkeit mit tausend jetzt unbekannten Blumen bestreute; und daß man jetzt in einem Tage ein Vermögen durchbringt, das ehedem hinreichend gewesen wäre, drei Monate lang das Glück eines zärtlichen und vernünftigen Liebhabers zu machen.

Es

zum fünften Abschnitt.

Es genügt ihm nicht, sich über die Liebhaber seines Zeitalters zu beklagen: er beweiset ihnen auch noch, daß sie nicht nur wider die Gesetze der Moral sündigen, sondern auch, daß sie ihrer Leidenschaft sogar, aus übertriebener und übel verstandener Lebhaftigkeit, nachtheilig handeln.

„Ich habe Zeiten gesehen, fährt er fort, wo „eine kleine Schnur, ein Ring, ein Paar Hand„schuhe, einen Liebenden auf ein ganzes Jahr be„zahlten, für alle Merkmale und Versicherungen „seiner Liebe, und für seine Reime und Liebesge„dichte. Heut zu Tage ist alles verloren, wenn „man nicht auf der Stelle erhält, was man ver„langt. In jenen glücklichen, nun verschwunde„nen Zeiten wollte man das höchste Gut lieber „hoffen, als erwarten; und warum? Der allzu„bald befriedigte Liebhaber würde die sanften Rei„zungen seiner Begierde verloren haben; warum? „ich wiederhole es nochmals, weil ein Geschenk, „das die anständige Liebe lange zurückhält, tau„sendmal mehr werth ist, als dasjenige, welches „die andere Liebe verschwendet„.

Noch andere Troubadours schildern uns in kraftvollen Ausdrücken die verderbten Zeiten der Galanterie, und diese Zeiten fallen in weit entferntere Jahrhunderte. So wie man damals ungetreue, flüchtige, betrügerische, unhöfliche, prahlende Liebhaber fand, und solche, die man in unsern Tagen Petits-maitres und Frauenzimmerhelden nennen würde; so fanden diese Liebhaber auch veränderliche, eigensinnige, und eigennützige Frauen, die, kurz zu reden, alle Merkmale der verderbten, und in Verfall gerathenen Liebe an sich trugen.

Eustach Deschamps verurtheilt, in einer von seinen Balladen (poëſ. mſ. fol. 365), die verheuratheten Frauen, welche ihren Männern ungetreu ſind, daß ſie auf die Leiter der Liebe ausgeſetzt werden ſollen, welches eine Art von infamirender Strafe iſt; aber, ſetzt er hinzu, „dieſe Lei„ter war in der Vorzeit, wo noch Redlichkeit „herrſchte, nicht gewöhnlich, weil Ehre, Liebe, „Dienſtfertigkeit, Verſchwiegenheit, Gefälligkeit „und gute Aufführung edlen Selen ſo tief einge„prägt waren, daß man in enger Verbindung mit „einander lebte, einander herzlich liebte, und Rit„terſpiele und Turniere feierte. Auſſerdem packe „dich fort; eine Dame, welche die Veränderung „liebt, muß auf die Leiter der Liebe geſetzt werden„.

XX. (Seite 154.)

Die von Unterthanen oder Bundesgenoſſen unſerer Könige errichteten Wappenbrüderſchaften gaben oft Gelegenheit zu Argwohn wider die Treue und Aufrichtigkeit derer, die ſich in dergleichen Verbindungen begeben hatten. Der König bezeugte im Jahre 1370 ſein Mißvergnügen über das Betragen des Grafen von Oſtrenant, ſeines Bundesgenoſſen, der den Orden vom Hoſenbande angenommen hatte. (*Froiſſart* t. IV, p. 193. ſq. et l Hiſt. de Ch. VI par le *Moine de Saint-Denys* p. 197); und es gab kein geringeres Aergerniß, als man 1399 bemerkte, daß der Herzog von Orleans eine Wappenbrüderſchaft, und einen Bund errichtete mit dem Herzoge von Lancaſter, der bald nachher den König Richard von England, den Tochtermann K. Karls VI., des Throns entſetzte (Hiſt. de Ch. VI. par le *Moine de S. Denys* liv. 19, c. 3, p. 410.

p. 410). Das Ansehen, welches dergleichen Verbindungen verschafften, war in der That von gefährlichen Folgen für die Ruhe des Staats. Einer der Hauptankläger wider den des Essars soll im Jahre 1413 nach Paris gekommen seyn, unter dem Vorwande, daß er einem Turnier beiwohnen wolle, welches in dem Thiergarten bey Vincennes sollte gehalten werden; im Grunde aber in der Absicht, den König und den Herzog von Guienne dahin zu führen, und dieselben mittelst einer grossen Anzahl Truppen, die sie bereit hielten, mit Gewalt wegzunehmen; denn man sagte, daß er in Brie fünf hundert bewaffnete Leute in Bereitschaft habe. (l. c. liv. 33, chap. 863.)

Karl VII. ward oft von Eifersucht und von Argwohn geplagt, wider die Herzoge von Orleans *) und von Bretagne **), und wider andere, die seinem Ansehen entgegengesetzte Absichten zu haben schienen, entweder, weil sie seinen Orden ausgeschlagen, oder weil sie den Orden des Herzogs von Burgund angenommen hatten.

XXI. (Seite 155.)

In den ersten Zeiten unserer Monarchie gab es noch vornehme Herren und Hofleute, die sich bestimmten, eben sowohl die Rechte der Nation mit den Waffen, als die Gerechtsame einzelner Unterthanen durch ihre Beredsamkeit zu vertheidigen.

---

*) Man sehe *Monstrelet.* vol. II, fol. 179 recto, 180 recto et verso, et vol. III, fol. 85 recto et verso.
**) Chron. scandal. de Louis XI. unter dem Jahre 1459. S. 155 u. f.

Sie ahmten das Beispiel der Römer nach, die sich den kriegerischen, und den gerichtlichen Uebungen zugleich widmeten. Zum wenigsten scheint es mir, daß man dieses aus dem achten Canon der Rheimser Kirchenversammlung vom Jahre 630, wo von der Blutschande die Rede ist, schliessen könne. Das Wort Blutschande verstehe ich hier von denen, die sich in den verbotenen Graden der Verwandschaft verheurathet haben. Der Dienst bei Hofe, und die Freiheit in gerichtlichen Rechtshändeln zu arbeiten, werden den Schuldigen untersagt: Neque in palatio militiam, neque agendarum caufarum licentiam habent. Das Wort militia, das in so entfernten Zeiten sich nicht auf unsere Ritterschaft beziehen kann, bedeutet so viel als: Dienst, welches wir sowohl von Kriegsdiensten, als von Hofdiensten der königlichen Hofbeamten gebrauchen. Die Lehnherren hatten in den folgenden Zeiten, seitdem die Ritterschaft vorhanden war, auf ihren Lehngütern die Justiz, wie Yvo von Chartres (epît. 247) berichtet *).

Dieses doppelte Amt, eines Kriegers und Richters, war oft in der Person der vornehmsten Herren und der Ritter vereinigt. Gui Cap de Porc wird in der Geschichte der Albigenser (Mſ. de M. de Bombarde fol. 17 verſ.) gerühmt als ein Ritter von der höchsten Geburt, oder von der größten Tapferkeit und als der beste Rechtsgelehrte in der Christenheit. In dem Roman de Gérard de Rouſſillon (par *W. de Tudela*, mſ. du Roi, fol. 67 verſo, in provenzalischer Sprache) wird auch von dem tapfern Feldherrn Peter von Monrabei, der in einem Treffen eine gefährliche Wunde empfangen hatte, gesagt, daß er fünf Jahre lang

das

das Bette habe hüten müssen, ohne daß er hätte reiten, oder in Rechtshändeln arbeiten können **).

Indeß widmeten sich nicht alle Ritter auf gleiche Art dem Dienste der Waffen, und der Rechtswissenschaft. Einige widmeten sich blos dem Kriegsstande, oder dem Stande eines Richters, je nachdem sie durch Neigung Fähigkeit, und Kräfte bestimmt wurden. In einem unserer Fabliaux findet man zwei Beispiele hiervon beisammen in einer Erzählung. Einer Dame, die einen reichen Lehnsbesitzer (Vavassour) zum Gemahl hatte, ward von einem Ritter eine Liebeserklärung gethan; ihr Gemahl, ein guter und gelehrter Redner, verrichtete seine angenehmste Beschäftigung, nemlich gerichtlichen Verhandlungen beizuwohnen, und rechtliche Bescheide zu geben. Der Liebhaber hingegen fand sein Vergnügen darin, daß er die Welt durchwanderte, um sich Ruhm zu erwerben, um Dänke in Turnieren zu gewinnen, und um den Namen eines biedern Ritters zu erhalten. (La Robe vermeille, unter den fabliaux mss. du Roi, 7615, f. 149 recto col. 1.)

*) Ich kann mich hier, zu Berichtigung und Erläuterung desjenigen, was Herr von Sainte-Palaye von der Gerichtsbarkeit der Lehnsbaronen sagt, auf das berufen, was ich davon bereits in dem Versuch über die Geschichte der Gerichtslehen S. 18 u. f. ausgeführt habe. Der Umstand, daß man, so weit die Archive der französischen Nation zurückführen, die Gerichtsbarkeit mit den Lehen vereinigt findet, läßt auf eine ehemalige Allgemeinheit des Grundsatzes schlies-

sen: Besitz eines Lehns, und das Recht der richterlichen Gewalt in' demselben sind unzertrennlich mit einander verbunden. Der verstorbene Parlements-Advocat Bouquet setzt im ersten Theile seines vortreflichen Droit public de France, in der Vorrede S. 3, als eine Grundwahrheit des französischen Staatsrechts voraus: Les Iustices sont patrimoniales en France. L'exercice de la Puissance publique en premiere instance dérive de la proprieté du territoire; deren strengen Beweis das Publikum in der Fortsetzung seines Werkes erhalten haben würde, wenn die Erscheinung derselben nicht durch Tyrannen der Publicität hintertrieben worden wäre. Daher hatten auch sogar diejenigen Afterlehen, welche die Grafen ertheilten, die Gerichtsbarkeit als ein Recht, das mit dem Lehn selbst verbunden war. (*Doyen* récherches sur les Loix féodales. p. 89.) Indeß hindert dieses nicht, wenigstens anfänglich gewisse Bestimmungen und Einschränkungen von Seite des Königs darin anzunehmen, die aber endlich, bei der Indolenz der Monarchen, und bei der Wachsamkeit der Lehnsbaronen, aufhörte, so daß diese schon im zehnten Jahrhundert im völligen Besitze der Ober- und Untergerichte waren, (Etablissemens de S. Louis. Liv. I, ch. 24, 25.) ohne nur eine Appellation zu gestatten. (*Brussel* examen de l'Usage des Fiefs, L. 3, ch. 11, 12, 13.) K. Ludwig VI. mußte daher auch seinen Entwurf, das Amt eines Missi dominici unter dem Titel eines Juge des Exempts wieder einzuführen, aufgeben. (*Henault* abregé chronologique de l'Histoire de France, T. II, p. 730.) Seinen Nachfolgern ist es endlich durch andere Mittel gelungen, wenigstens einen Theil ihrer ehemaligen Gerichtsbarkeit

in

in den Lehnsgebieten der Kronvassallen wieder an sich zu bringen, und dadurch ihren Einfluß in die Territorialregierung derselben nach und nach wieder herzustellen. Die Einführung der Appellationen von den Gerichten der mindermächtigen Vassallen, die ihre Gerichtshöfe nicht mit der nötigen Anzahl Beisitzer versehen konnten, und die Appellation de défaut de droit, d. i. wegen versagter oder verzögerter Justiz, bahnten den Weg dazu. (*Montesquieu* l'esprit des Loix, L. 28, ch. 28.) Daher kam es schon im dreizehnten Jahrhundert so weit, daß man von dem bisherigen Grundsatz, die Gerichtsbarkeit als einen notwendigen Anhang der Lehen zu betrachten anfing, und den Lehnherrn oder Lehnmann und den Gerichtsherrn nicht mehr für Synonime hielt. (Hervé théorie des matieres féodales, T. I. 1785.) Durch die Wachsamkeit der königlichen Justizbedienten, und durch ihren Eifer für das königliche Interesse ward es endlich so weit gebracht, daß auch von den Gerichtshöfen der mächtigern Vassallen an den Gerichtshof des obersten Lehnherrn appellirt werden konnte. Die Abhängigkeit der grossen Lehnsbaronen ward nun wieder gegründet, und diese, mit dem Gebiete selbst, als königliches Lehn betrachtet. A. d. U.

**) Indessen muß hier wohl unterschieden werden ob der Ritter als Rechtsgelehrter, oder als Ritter, oder endlich als beides zugleich den Gerichten beiwohnte. Vergl. oben den Zusatz im ersten Bande S. 118 u. f. In dem Riterhofe war der Ritter doch nur als Genoß zugegen, um Ehren- und Kriegshändel zu entscheiden, und der Constabel und Marschall hatte dabei in England und Frankreich den Vorsitz. Streitigkeit über Rang und Waffenvorzüvorzüge, Ehrenhändel, Verrätherei, und ausserhalb Landes verübte Gewaltthätigkeiten gehörten vor diesen ehrenvollen Richterstuhl, der nicht selten Eingriffe in die Angelegenheiten anderer Gerichtshöfe wagte. Der Ritterkampf war hier ein gewöhnliches Mittel Beweis zu führen, und Streitigkeiten zu entscheiden. Ueberbleibsel des Ritterhofes entdeckt man in den Ehren- und Heroldsgerichten, so wie in den Ritterlehnsgerichten neuerer Zeit, bei den Herolden oder Wappenkundigen, die bei Stammbäumen, Ahnenproben, Leichenbegängnissen u. d. Geschäfte finden. Die Ebenbürtigkeit oder Genossenschaft, dieser ächte Grundsatz in der Sittengeschichte der Teutschen und ihrer Abkömmlinge, ist die Grundlage aller dieser Einrichtungen. Mit den Rittersitten fiel auch das Ansehen des Ritterhofes. In England findet sich seit dem dreizehnten Jahre der Regierung Heinrichs des achten kein Großconstabel von England mehr, und das Amt eines Marschalls hat sich in einen blossen Ehrentitel verwandelt. (Gilbert Stuarts Abriß des gesellschaftl. Zustandes in Europa S. 317.

In Teutschland hatte man keinen allgemeinen Ritterhof, wie in England und Frankreich, aber das Kampf- und Kolbengericht, welches in einzelnen Fällen niedergesetzt ward, so oft es die Umstände erforderten, tritt an die Stelle desselben; denn es waren sowohl Richter und Beisitzer, als Secundanten oder Griegwärtel zugegen. Vermöge der Ordnung des Kampfes des Burggrafthums Nürnberg, vertrat der Landrichter, gleich dem Constabel in England und Frankreich, die Richterstelle. Die Ordnung des Kampfrechts am Landgericht zu Franken, wo auch Ehrenkämpfe abgethan werden konnten

ten, beschreibt den Ritterhof beim Kampfgericht in folgender Stelle. Es heißt: „daß der Landrichter, als ein Herzog in Franken, sein Schwerdt zwischen den Beinen liegenhabend, auf einem hohen Stuhl ein Harnisch, vnd bey ihm auf einem niedernstuhl IX. XI. oder mehr Ritter auch im Harnisch sitzen sollen. Der Forderer und Antworter soll in ihrem Kampfgewandt, nehmlich in einem grauen Rock mit einem Kampfhut, vernehet mit Riemen, in grauen Hosen ohne Füßling, mit Kolben und Schild durch den Caemmerer, so auch ein Ritter war, bey der Hand mit Gesang und Geschrey: in Namen Gottes fahren wir ꝛc. vor Gericht gebracht, jedem ein Fürsprecher durch Urthel der Richter gegeben, drey Gerichtstäge von XIV. zu XIV. Tagen (d. i. drei alte teutsche Ladungen) gehalten, im dritten Gerichtstag der untere Krays beschrenkt, vnd die Schranken mit Rittern, Knechten und Wapnern bestellt werden„. Eben so merkwürdig ist die Erzählung, welche Seb. Münster in s. Cosmographie (3. 808), bei Beschreibung der Stadt Schwäbisch Halle, von den Feierlichkeiten bei Vollziehung des Ritterkampfgerichts macht. „In dieser Stadt, sagt er, ist ein Kampf-Gericht, wenn zwei Edel-Rittermaessige mit einander kaempfen wollen, um Ehr und Glimpf. — Nachdem ein Erbar Rath daselbst vom Kayser vnd Koenigen vor vielen Jahren gefreyet ist, so sich also zween Edel Rittermaessig mit einander verwilligen, vnd beyd ein Rath vm Platz vnd Schirm bitten — — benennt ihnen ein Rath ein Tag darauff zu erscheinen — und thut moegllchen Fleiss, sie in ein anderMittel vnd Weg gütlich — zu vereinen. So daß aber nit sein will — — saget ihnen ein Rath Platz und Schirm zu, und benennet ihnen ein Tag zu kommen, vnd ist

ihr

ihr Begehr noch wie vor, so müssen sie beyde schwehren zu Gott, ihrem Fürnehmen ge-
stracks auf den bestimpten Tag Folge zu thun, vnd
benennt ihnen ieden ein Anzahl Leut, moeg er mit
ihm bringen, vnd nicht mehr Personen. — Auf
dieselbig Zeit laest ein Rath den Mark oder Platz
mit Sand beschütten, vnd vmschranken, vnd
jeden ein Hütten, da er mit den Grieswarten
vnd seinen Verwandten seyn moeg, machen, vnd
jeden ein Todten-Bahr mit Kertzen, Bahr-
Tücher, vnd andern Dingen, die zu einer Leicht
gehoerend. Es wird auch ein jeden seines Ge-
fallens, ein Beicht-Vater, zween Grieswarten
vnd einem als den andern gleich Harnisch und
Wehr zugelassen, oder morgen sich das als selbst
zu Roß oder Fuß vereinen, wie sie deshalb, in
Schriften versprochen vnd zugesagt haben. Vnd
alsdenn in gegen ihren beyden laest ein Rath als
gleich Schutz und Schirm oeffentlichen ausrufen und
verkünden, daß niemand schrey, deut, wink,
oder sonst zeichen thu vnd gaeb. Vnd welcher
das nit thut, den woll ein Rath durch den Nach-
richter, der dann gegenwärtig seyn soll, mit einem
Handbeil vnd Block die rechte Hand vnd den linken
Fuß abhauen lassen ohne Gnad. Es werden alle
Thor verschlossen, alle Thüren, Wehr vnd Mau-
ren besetzt, vnd alle Gassen mit eysen Ketten durch-
zogen, bewart vnd versehen. Weiter wird verboten, daß kein Frauenbild noch Knab vnter XIII.
Jahren alt darbey seyn, oder zu sehen gestatt werde. Alsdann bestimmpt ein Rath ihnen beyde Stund,
auff den Platz in sein Hütten zu kommen, mit seinen Beicht-Vater vnd Grieswarten vnd verwechselt alsdann ein Grieswarten vnd befehligt iedem
in sein Hütten zu gehen vnd auff das allerhefftigst

mit

mit allem Fleiß aufmerken zu haben, daß keiner wider den andern Untrew, sonder Gefahr noch Vortheil der Wehr und Waffen suche, thue, noch hab in kein Weiß noch Weg. So daß alles geschicht, alsdenn laest man sie gegen einander austreten, und wird bestellt mit lauter Stimme dreymal zu ruffen. Zum ersten, zum andern und zum dritten mal, so wenden sie einander an. Welcher verwundt wird, und sich dem andern ergiebt, der soll hinfüro geachtet werden Erbloß, auf kein Pferd mehr sitzen, kein Bart scheren, noch Waffen oder Wehr tragen, auch zu allen Ehren untügtich. Und welcher tod liegen bleibt, und also, wie lauter, überwunden wird, der soll zur Erden ehrlich bestattet werden. Und dieser, der also obligt, der soll sein Ehr gnugsamlich bewert haben, auch forthin ehrlicher gehalten werden„. — Auch benennt dieser Schriftsteller verschiedene Ritter, die zu Halle gekämpft, als Jost von Burggraw, und Jeorg Hail, Grentter und Bamsteller u. a. m. Und in der vorhin von K. Ludewig ausgestellten Urkunde findet sich ein anderer merkwürdiger Umstand, wie nämlich der Ueberwinder den Ueberwundenen der Kaiserin zu einer Ehrung geschenkt; und nur unter der Bedingung wieder frey gesprochen worden, daß die Familie seines Besiegers forhin in allem, mit ihr Leib und Wappen den Fürstandt (vor ihm) haben sollten„. S. Stuart a. a. O. nach der Uebers. S. 322 f. und oben S. 136 u. f. dieses Bandes.

Nachdem bereits oben (B. I. S. 118 u. 167) in den Anmerkungen zum Texte des vierten und fünften Abschnittes das Nötigste von der Rechtspflege der teutschen Ritter beigebracht worden ist, so
will

will ich zu den dort gemachten Bemerkungen hier einige historische Zeugnisse liefern: In einem Urtheil des Landgerichts zu Hirschberg vom J. 1345 heißt es: „darum wurden die Ritter und die Urtheiler gefraget, die ertheilten auf ihre Eyde„; und König Albrecht sagt selbst in einer Urk. vom J. 1306: „ist es also verrichtet nach den Urtheil, die ehrbare Leut und Ritter darüber gesprochen haben„. (Falkensteins Cod. dipl. ad Antiqu. Nordgav. p. 179. u. 133.) Der Teschensche Herzog Primislaus, Hofrichter K. Wenzels, sagt (in Menkens Scr. rer. germ. T. I. p. 451): „darum fragten wir die Ritter, die bey uns an dem Rechte saßen, was sie recht deucht; die nahmen ein Gespräche, und kamen wieder für uns, da mahnten wir sie der Urtheile auf den Eid„. Aus Grupens observ. (p. 565. 719) sieht man, wie zur Zeit Herzogs Wilhelms von Lüneburg eine Streitsache von Grafen, Rittern und Knechten in des Herzogs Rede entschieden worden ist. Bei dem höchsten kaiserlichen Gerichte unter K. Sigismund kommen Fürsten, Grafen, Pannerherren, Ritter und Knechte vor. In andern Urtheilen des XV. Jahrhunderts wird oft der Edlen Räte, der erbern Mannschafft, der Ridderschap, der gude Manne, der Gerichte besetzende mit unsern Knechten, der Richter zum Heerschild geboren u. d. m. gedacht. Im übrigen verdient die unten vorkommende XXXIII. Note zu diesem Abschnitt hiermit verglichen zu werden.   A. d. Uebers.

XXII.

XXII. (Seite 155.)

Die Schlüsse der Kirchenversammlungen und die päpstlichen Bullen drohten umsonst mit der Strafe des Kirchenbannes wider die Turnierkämpfer, und wider diejenigen, welche ihnen den Kampf-Platz erlaubten. Ihre Drohung, denen, welche in einem solchen Kampfe ihr Leben einbüssen würden, ein ehrliches Begräbniß zu versagen, ward nicht geachtet*). *Fleuri* instit. au droit eccl. t. II, ch. 12, p. 120).

---

*) Als einst in Sachsen in einem Jahre (1175) sechszehn Ritter bei Turnieren ihr Leben eingebüßt hatten, fand sich der Erzbischoff Wichmann von Magdeburg bewogen, alle die in den Bann zu thun, welche künftig ein Turnier besuchen würden. Des Markgrafen Dietrichs von Meisen Sohn, Conrad, wohnte dessen ungeachtet einem Turnier bei, und hatte das Unglück, sein Leben dabei zu verlieren. Nun weigerte sich der Bischoff, diesem Unglücklichen das Begräbniß in der Kirche zum Petersberge zu verstatten; und nur auf inständiges Bitten der Verwandten des Entseelten und eines zahlreichen Adels, welche dem Bischoffe zu Fusse fielen, und versicherten daß der Verstorbene seine Sünde noch vor seinem Tode bereut habe, ließ er sich bewegen, denselben von dem Banne loszusprechen: jedoch mußten Conrads Vater und Brüder schwören, daß sie nie einem Turnier beiwohnen, in ihrem Gebiete keines gestatten, auch ihre Vasallen und Dienstmannen keinem wollten beiwohnen lassen. Chron. Mont. Seren. ad an. 1175 bei Menken in script. rer german. T. II, p. 194 sq. Hiermit kann man die Bemerkungen vergleichen, welche Friedrich der Grosse in den Memoires pour servir à l'Histoire de Brandebourg T. I. p. 16. u. f. (der Ausg. von 1751) über die Turniersucht des Adels, und die Bemühungen der Päpste, derselben Einhalt

Die Turniere blieben stets in Ansehen und wurden besucht, aller Einwendungen der Geistlichen und der Mönche ungeachtet. (*Le Laboureur* orig. des arm. p. 202. *Favin* théat. d'hon. p. 1810 et la Colomb. th. d'hon. t. I, p. 36.) Sechzig Ritter und Knapen, die sich dadurch nicht hatten abhalten lassen, mußten im Jahre 1240, diese Unachtsamkeit mit dem Leben bezahlen (Chron. Alberici, p. 578), in einem zu Nuys, bei Cölln (super Rhenum apud Nutiam sub Colonia), gehaltenen Turniere, das vielleicht ebendasselbe ist, dessen ich oben, aus dem Philipp Mouskes unter dem Jahr 1228 S. 839, erwähnt habe, und wovon dieser erzählt, daß darin zwei und vierzig Ritter und eben so viel Knappen umgekommen wären.

Der Kardinal Nicolaus untersagte (der Chronik von Saint-Denys, t. II. p. 145, zufolge) „alle Turnierspiele, sowohl den Kämpfern selbst, „als auch denen, die es ihnen verstatten oder hülf„liche Hand dabei leisten konnten, ja sogar den Für„sten, die dergleichen in ihren Ländern erlaubten, „er sprach den Bannfluch wider sie aus, und be„legte ihre Besitzungen mit dem Interdict: aber in „der Folge machte der Papst, auf Ansuchen der „Söhne des Königs und vieler andern Leute, „in Ansehung ihrer, weil sie neue Ritter waren, „eine Ausnahme hiervon, so, daß sie drei Tage „lang vor den Fasten, aber nicht länger, sich mit „den gedachten Spielen belustigen durften„.

Unsere

zu thun, gemacht hat. Was sind indeß unsere Lustlager nach der heutigen Verfassung anders, als das, was ehemals die Turniere waren? A. d. U.

Unsere Könige thaten sogar durch ihre Verordnungen der Turniersucht oft Einhalt *), da sie doch, wie wir oben gesehen haben, noch öfterer die Turniere durch ihr eigenes Beispiel wieder belebten. (Rec. des Ordonn. unter den Jahren 1280, 1295, 1304, 1311, 1312, 1314, 1315, 1316 und 1318). Die Kriegs- oder Friedens-Verhältnisse waren die gewöhnlichen Ursachen dieser verschiedenen Verordnungen; (*Saintré* p. 135 sq. La *Colombière* th. d'han, p. 259 sq.) und es wird in einem unserer Fabliaux eines solchen vorübergehenden Verbots auch Erwähnung gethan, auf welches sogleich die Verkündigung eines, zu la Haie in Touraine gehaltenen Turniers folgte. (Mf. du Roi n. 7615, fol. 208 verso, col. 1.)

Der Mißbrauch, den man hier von der Ritterwürde machte, indem man solche allen Arten von Leuten ertheilte, und der Aufwand, welchen die Turniere dem Adel verursachten, und wodurch dieser unfähig ward, die Kosten eines Kriegs zu ertragen, waren die vornehmsten Ursachen, warum unsere Könige den Gebrauch der Turniere aufhoben, und solche gänzlich untersagten. (*Ménéstrier* Chev. anc. et mod. ch. VI. p. 246.) Andere Monarchen hingegen beförderten solche aus ganz verschiedenen Ursachen. Eine wilde Neigung hatte ihnen, zu Unterdrückung ansehnlicher Vasallen,

---

*) Von den Einschränkungen und Verboten der Turniere in England s. Stuarts Abriß des gesellsch. Zustandes in Europa S. 250 f., welcher in dem Anhange S. 402 u. f. sogar einige Verbote der Turniere von K. Heinrich III. und Eduard III. in lateinischer Sprache hat abdrucken lassen. A. d. U.

fallen, über die sie eifersüchtig waren, die listigen Mittel eingegeben, die man seitdem als List der Staatskunst angesehen hat. Da ihnen an Ernie drigung derjenigen Grossen, die durch ihren Reichthum zu mächtig waren, gelegen war, so suchten sie ihnen solchen abzunehmen. Seit dem funfzehnten Jahrhundert veranlaßten sie dieselben vorsäßlich zu dem eiteln Ehrgeiße, einander durch die Grösse ihrer Pracht und ihres Aufwandes zu übertreffen. Da die Ueppigkeit bei den Turnieren immer mehr zunahm, so mußte sie endlich das unermeßliche Vermögen derer Vassallen, die Mißtrauen ihrer Lehnherren erregten, in einem Tage durchbringen, wie der Mönch Gottfried von Vigeois berichtet. (Labbe, bibl. mf. t. II p. 322.)

Beaucaire, ein Ort, der noch jeßo wegen seiner Messen berühmt ist, war es damals noch mehr, wegen der ausserordentlichen Feste, welche die Fürsten, Herren, oder Helden der Provence daselbst an den schönsten Sommertagen gaben. Man wählte diesen Ort im Jahre 1174, als den würdigsten Schauplaß, zu dem Turniere welches der König von England bekannt machen ließ, als er die Aussöhnung des Herzogs Raymund von Narbonne mit dem Könige von Arragonien feiern wollte. Dieser Monarch, und der König von England, die durch ihre Gegenwart den Glanz dieser Versammlung würden erhöhet haben, fanden sich nicht dabei ein: aber sie bestand dessen ungeachtet aus zehntausend Rittern; und die regierenden Herren (Tiranni) vermehrten den Ruf desselben nicht weniger durch ihren unsinnigen Aufwand. Der Graf von Toulouse schenkte bei dieser Gelegenheit an Raymund von Agout hundert tausend Stücke

(Goldes

(Goldes, oder wenigstens Silbers, solidorum), und dieser, als ein edelmüthiger und prachtliebender Ritter, vertheilte solche sogleich wieder, in gleichen Theilen, an hundert andere Ritter. Bertrand Raiembaus, oder Raibauz, der den Turnierplatz mit zwölf Paar Ochsen hatte umpflügen lassen, ließ gegen drei tausend Stücke Geldes (solidorum) darauf säen. Sollte wohl die französische Redensart: semer de l'argent (Geld säen) eben so alt seyn? Wilhelm Gros von Martello, der mit einer Begleituug von vier hundert Rittern an dieses Hoflager kam, fährt der Geschichtschreiber fort, soll zu dem Kochen der Speisen für seine Tafel das Feuer von Wachslichtern und von Pechfackeln (candelas de cera et toedas) gebraucht haben. Die Gräfin Sorgest, (melius Orgel, vielleicht von Sorgue, oder von der Sorguebrücke in Provence, oder von Urgel, einer spanischen Stadt in Catalonien) schickte eine, auf vierzig tausend Sous geschätzte Krone für Wilhelm Meta, oder Yveta, den man als König der Gaukler (regem super histriones vniuersos) auszurufen beschlossen hatte, wenn nicht eine gewisse Ursache denselben abgehalten hätte, sich bei dieser Versammlung einzufinden. Endlich ließ sich Ramnous von Venous, oder Raymund le Venoul dreißig Pferde herbeiführen, und, um ein Schauspiel einer beispiellosen Pracht zu geben, ließ er diese unglücklichen Opfer seiner Eitelkeit vor den Augen aller Umstehenden verbrennen. In der Folge dieser sonderbaren Erzählung kann man noch unglaublichere Züge von der Verschwendung der Grossen, bei der gewöhnlichen Verfassung ihres Hauses und ihrer Tafel bemerken. Wenn man unsern Geschichtschreiber lieset, der im Uebrigen sehr wahrheitliebend erscheint,

erscheint, so sollte man fast diese Mährchen und Erzählungen unserer alten Gaukler zu hören glauben *).

*) Zum Beispiel mag folgende Erzählung dienen, die aus *Marschalki Thurii* teutscher meklenburgischer Reim-Chronik genommen ist. B. I. Kap. 54. (in *Pistorii* amoenit. T. V. p. 1224.)

Es ist ein adelich tugendsam Rath,
Die Alten haben in Ubung gehabt,
Untugend ungestraffet nicht
zu lassen, so worten ufgericht
Tournier und ander Ritter Spiel,
Des Adels kamen ohne Ziel,
Ein jeder wolt nach Ehren streben,
Gelobet durch Adel in seinem Leben,
So waren in Ehren die Tafel runde,
Der Grael erfuhr all Ding die Stunde,
Doldet nicht berichten Schild,
Ich weiß nicht wie es wird so wild,
Wer besser kann und mehr vermag,
Der stecket den andern in den Sack,
Von Dennemarck König Ehrich reich,
Der alten Schlag erfolget gleich,
Berief aus einen theuren Tag,
Luth König und Fürsten als man pflag,
Uß Pohlen, Böhmen, Ungarn, Schwaben,
Bayern, Reinländer sach man braben,
Engern, Sachsen, Düringer, Franken,
Viel ander, der König schloß sein Schranken,
Vor Rostock die Schrifft zeiget an,
Zu Pferd waren zwölf tausend Mann
Darüber an der Zahl vier hundert
Ist jemand den, der viele verwundert,

Der

zum fünften Abschnitt.

Der lese die alten Bücher nach,
Die Zeit dem Adel maß ganz iach;
Zu üben sich im Ritterspiel,
Ringer, springer ohne Ziel,
Wettlauff, dazu werffen den Stein,
Allerley Kurtzweil waß gemein,
Den Tag besuchte Trommel und Pfiff,
Sänger, Narren man spüret bo Kiff,
Iglicher begehret des Königes Holde,
Ihr Mäntel schmuckten schon mit Golde,
Zu dem Tische die Laute erklang,
Schwebelein mit der Geige sang,
Er Nitar warff auch mit ein Schantz,
Man sagt sich hub darnach ein Tantz,
Ein jeder juchet unverdrossen.
So ward damit der Zinuer geschlossen,
Sie wolten theilen unter sich
Des Adlers Federn waren säuberlich,
Dieselbige kunten ihre Hute schmücken,
Nicht lange sich hub ein Rauffen und pflücken.

XXIII. (Seite 157.)

Unsere Nation hat beinahe in jedem Zeitalter dem ererbten Adel, oder der Geburt, Vorzüge und Ehrenbezeugungen zugestanden. Sie hat bei den Nachkommen derer, die ihr Dienste geleistet hatten, Titel, Rechte und ruhmvolle Belohnungen, welche berühmte Voreltern auch für ihre Nachkommenschaft verdient hatten, in Ehren gehalten; sie hat solche als das kostbarste und heiligste Stück ihres Erbtheils angesehen.

Indeß hat man in jedem Zeitalter Menschen von niedriger Abkunft sich zu dem höchsten Range erhe-

erheben sehen, ohne daß ihr Verdienst, oder ihre Tugend ihnen dazu verholfen hätte; ja, man kann sagen, daß viele auf solchen Wegen dazu gelangt sind, auf welchen sie am wenigsten dieses Ziel hätten erreichen sollen.

Nach dem funfzehnten Jahrhundert kam einst ein Bauer (Rusticus), der seinen mit zwei Ochsen bespannten, und mit Wachs beladenen Wagen zu Martie fuhr, in den Schloßhof seines Herrn, und ward daselbst auf einmal in einen Edelmann umgeschaffen, wodurch er Stammvater eines berühmten Geschlechtes ward; als er nun, zu gelegener Zeit, der Eitelkeit und dem Geschmacke seines Herrn für unsinnigen Aufwand dadurch schmeichelte, daß er in dessen Schlosse eine kostbare Erleuchtung veranstalten ließ, so wurden sein Eifer, seine Betriebsamkeit und Gefälligkeit, sogleich mit einem Geschenk belohnt, das in einem Lehn, einem ihm und seinen Nachkommen verliehenen Rittergute, bestand. Der Verfasser dieser Nachricht erlebte noch, daß die Kinder dieses Bauers sich sehr ansehnlich verheuratheten, und mit der ritterlichen Würde beehrt wurden. Und dieses ist nicht das einzige Beispiel dieser Art, welches uns die Geschichte aufbewahrt hat. Gaukler erhielten mehrmahls die Ritterwürde, und Ritter hingegen gaben ihrer Seits der Zitter und den übrigen Gaukler-Instrumenten den Vorzug vor dem Degen und den Waffen.

Nachdem die Gewohnheit, die nur für Tapferkeit und Kriegsdienste bestimmten Belohnungen zu mißbrauchen und zu verschwenden, einmal eingeführt war, so griff solche immer weiter um sich, obgleich der alte Adel sich häufig darüber beschwerte,

re, und von Zeit zu Zeit Verordnungen wider die,
sen Mißbrauch ergingen. Die fast immerwähren,
den Parteien unter Karl VI. und Karl VII. hiel,
ten hierin weder Maas noch Ziel: jede Partei glaub,
te viel zu gewinnen, wenn sie einen Mann mehr
dadurch erhielt, daß sie demselben die ritterliche
Würde ertheilte; man glaubte auf eine sehr wohl,
feile Art dazu zu gelangen, wenn man ihn um die,
sen Preis erkaufte. Indeß gewann Niemand dabei,
und man brachte beiderseits dadurch das kostbarste
Pfand des Staatscredits in Geringschätzung. Die
ritterliche Würde ward so gemein, daß Niemand
Bedenken trug, sich den Titel derselben eigenmäch,
tig beizulegen. (*Monstrelet* unter dem Jahre 1440,
vol. II fol. 180 verso.) Ein Mensch ohne Ansprü,
che, der sich des Degens zu bedienen anfing, nahm
zu gleicher Zeit auch den Knapentitel an; bald
darauf spielte er schon den Ritter (*Eust. Deschamps*
poës. mf. f. 80, col. 2 et 3). Und dennoch, wenn
er mit diesem Degen dem Staat gedient hätte,
wäre diese Ungebührlichkeit zu übersehen gewesen;
aber nein; derselbe ward die meiste Zeit hindurch
nur zu Raub, zu Plünderungen, und zu Unter,
drückung des Volks gebraucht.

So schildert Eustach Deschamps sein Zeit,
alter. Er war in dem Besitz höherer Würden, als
daß er den Knapentitel sich hätte beilegen sollen,
den man ihm auf dem Titelblatte seiner Gedichte
gegeben hat. Für die mechanischen Künste fanden
sich keine Arbeiter mehr, die sich damit hätten ab,
geben wollen; alle wollten sich dem Stande der
Knapen, der zu der ritterlichen Würde führte, wid,
men. „Heut zu Tage hegt man ganz falsche Be,
„griffe; denn jeder strebt nach einem vornehmen
„Stan,

„Stande, und daher will Niemand die nötigen
„Arbeiten übernehmen. Jeder sollte bei seinem
„Stande bleiben, und Niemand sollte sich seines
„Gewerbes schämen: aber alle wollen Knapen wer«
„den, und kaum trifft man heut zu Tage noch
„einen Handwerker an„ (ibid. fol. 55. col. 4).

Landstreicher und lüderliches Gesindel vermehr«
ten noch die Verwirrung, dem Bericht ebendessel«
ben Schriftstellers (ibid. p. 255) zufolge: „Kohl«
„brenner, Schuflicker und dergleichen Gesindel maß«
„ten sich des Degens an, und nannten sich Kna«
„pen„.

Es ist daher nicht befremdend, wenn man
anderswo (ibid. fol. 9, col. 2.) hört, daß die Rit«
ter in weit geringerer Achtung gestanden hätten,
als die Rechnungsbeamten und Geldeinnehmer.

Auf diese verwirrten Zeiten, wo der, ehedem
durch so viel Beschwerden und Blut erkaufte, Kna«
pentitel so gering geschätzt ward, folgten andere
glücklichere. Ohne Zweifel wollte man den, in so
grosse Unordnung gerathenen Staat in eine neue
Form umschaffen, indem man bemerkt, daß in der
Folge ebenderselbe Knapentitel unsern königlichen
Prinzen ertheilt ward (man sehe oben Note XLVI
zu dem ersten Abschn.). Allein der Streich war
geschehen; die Ritterschaft konnte sich nie wieder
erholen, einige Zwischenzeiten ausgenommen, die
unglücklicherweise von kurzer Dauer waren. Mit
jedem Tage that man neue Angriffe, um, ohne
den mindesten Vorwand, sich der ruhmvollen Wür«
den eines Knapen und Ritters anzumassen.

Bran«

Brantome, der den Eifer rühmte, womit in vorigen Zeiten die Kriegsleute sich in Schlachten hervorgethan hatten, um die Ritterwürde zu verdienen, sagt, daß man zu seiner Zeit sich dessen gerne überhoben habe: „Leute von dem niedrigsten „Stande," setzt er (Cap. Fr. t.I, p. 16) hinzu, „machen sich eigenmächtig zu Rittern, ohne sich „deshalb an den König zu wenden; und man kann „sagen, daß es heut zu Tage, ohne Unterschied zu „machen, mehr Ritter und Damen, ihre Gemalinnen, gibt, als man ehedem Knapen und Fräulein zählte; ein so grosser Mißbrauch herrscht unter der Ritterschaft,". Und Charondas, der im Jahre 1603 seinen Commentaire sur la Somme Rurale du Bouteiller bekannt machte, schildert (rit. 86, fol 502 sq.) diese Menge Ritter und Knapen als eine über alle Stände des Staats allgemein verbreitete Ueberschwemmung. „Jetzt, „sagt er, macht sich jeder zum Richter, und seine „Gemalin zur Dame," (d. i. er gibt ihr den Titel Madame), „und manche legen sich diese Titel bei, „wenn sie gleich weder Knapen noch Edelleute sind,".

Du Tillet (Rec. des Rois de Fr. p. 318) seufzet in folgenden Worten über die Verwirrung, die er allenthalben bemerkte: „Den Ritter erkannte „man an seinen goldenen Sporen: der Knape „trug weisse, und es war ihm nicht erlaubt, goldene zu tragen: jetzt trägt sie der gemeine Mann; „so sehr ist die alte und gute Ordnung nach und „nach abgekommen, und Verwirrung, die Mutter aller Ausschweifungen, ist durch Nachsicht „und Duldung herrschend geworden,".

Einige

Einige unserer Könige suchten die Ritterschaft wieder in Ansehen zu bringen, durch Stiftung besonderer Orden, zu deren Großmeister sie sich erklärten. (Pasquier rech. liv. II p. 123, und dessen Litt. t. I p. 305. et le Laboureur Pairie p. 320 sq.) Unsere Schriftsteller (Montl. comment. t. I p. 527 sq. et t. II p. 516) hörten nie auf mit ihren Klagen über die schlechte Auswahl, die man bei der Aufnahme vieler von diesen Rittern machte, deren Orden in vorigen Zeiten „den Ehrgeiß des „vornehmsten französischen Prinzen,, befriedigt hätte, und über die ausserordentlich häufigen Ritterpromotionen. Man rechnet, la Noue (Disc. polit. et milit. p. 202) zufolge, mehr als dreihundert Edelleute, die durch zu heftige Zubringlichkeit den Sankt Michaels-Orden von dem Könige erhalten haben, und von denen es viele in der Folge bereuten; man bemerkte vielleicht hundert Ritter, welche die königlichen Ordensstücke in ihre Kasten verschliessen mußten, um dadurch dem Aufwande auszuweichen, welchen dieser Stand erforderte, "der „sie in das Hospital gebracht haben würde", wie sich der angeführte Schriftsteller ausdrückt. Wenn wir dem bittern und satyrischen, dem eben so eifersüchtigen als verdächtigen Brantome (Duels; p. 289 et 290) Glauben beimessen wollen, so hatte Heinrichs III. Orden bei einigen Personen, die man aufgenommen hatte, kein besseres Schicksal.

XXIV. (Seite 157.)

Eustach Deschamps rühmt in einer Ballade (poëf. mss. fol, 137) mit Bedauern die Vorzeit, wo das, den Knechten untersagte Studium der freien Künste dem Adel allein vorbehalten war. Da-

Damals erhielt sich der Adel in Ansehen, und machte auch ruhmvolle Eroberungen durch den Nachdruck, welchen die Wissenschaften, in Verbindung mit den Waffen, haben müssen. Ehedem brachten junge Leute von Adel die ersten ein und zwanzig Jahre ihres Lebens mit ihrem Unterricht zu; hierauf empfingen sie die Ritterwürde. Heut zu Tage macht man den Anfang ihrer Erziehung damit, daß man sie reiten läßt; man übt ihre noch schwachen Glieder, ohne daß man diesen Zeit läßt, stark zu werden; man verdirbt vollends ihr Temperament durch den unmäsigen Genuß der Lebensmittel, und durch andere Dinge. Allen ihren Leidenschaften, und der Liebe zu dem Spiele ergeben, haben sie die Wissenschaften den Knechten überlassen, welche dadurch das Uebergewicht über sie erhalten, und sie nun ihrer Herrschaft unterworfen haben. Jeder Vers, der diese Klagen enthält, ist mit folgenden Worten geschlossen: „denn die Ritter schämen sich Gelehrte (Clercs) zu seyn„.

Ebenderselbe Dichter macht an einem andern Ort eine traurige Schilderung der Sclaverei, in welche der Adel und die Kriegsleute unter der Regierung der Gelehrten gefallen waren, seitdem diese Austheiler der Gnadenbezeugungen des Königs, und uneingeschränkte Gebieter über seine Finanzen geworden waren. Man kann hierüber in den Poës. Mss. (f. 522 und 523) das Stück nachlesen, welches überschrieben ist: „wider die heuti„gen Prälaten, die zu sehr Hofleute sind, und sich „zu weltgesinnt betragen„. Nachdem sie ihre Bißthümer und Beneficien verlassen haben, damit sie sich weltlichen Geschäften widmen können, so be-

handeln sie auf eine sehr stolze Art „die Kriegs-
„leute, die Soldaten, und die armen Officiere„,
welche ihren Sold verlangen. Nach vielen leeren
Versprechungen, nachdem sie ihnen zweideutige
Antworten und harte Worte gegeben, schickten sie
dieselben endlich mit einer ungestümmen abschlägigen
Antwort zurück, die sie ihnen lieber bei dem ersten
Ansuchen hätten geben sollen. Zum wenigsten
hätten diese das erborgte, und unnötigerweise ver-
zehrte Geld ersparen können, welches sie auf die
Fortsetzung der, eben so vergeblichen als demüthi-
genden, Besorgung ihrer Angelegenheit wenden
mußten. So sehr brüsteten sich diese stolzen Prälaten, indem sie der armen Leute spotteten, und den
König, dessen Dienst verlassen, und dessen Staat
verloren ward, verriethen.

Eustachs Klagen über die Unwissenheit des
Adels, und über dessen Verachtung der Wissenschaften, waren wohl gegründet*). Es lebte zu
derselben Zeit ein Gouverneur einer Festung, der
so unwissend war, daß er sich einen wichtigen Befehl von einem andern mußte vorlesen lassen: und
dü Güesclin, der erste Mann im Staate, und
der Größte seines Zeitalters, hatte eben so wenig
Kenntnisse. (Hist. du Guesclin ed. de Ménard
p. 34.) Als derselbe in Rennes belagert ward,
und ein Herold von dem Herzoge von Lancaster
zu ihm kam, der ihm einen Geleitsbrief zu einer
Unterredung mit diesem Fürsten überbrachte: „so
„nahm er den Geleitsbrief, und gab solchen zu le-
„sen; denn er kannte keine Buchstaben, und hatte
„nie einen Lehrmeister gefunden, von dem er sich
„hätte unterrichten lassen, indem er nur hauen,
„schlagen und stechen wollte„. Zum wenigsten
war

zum fünften Abschnitt. 301

war er nicht von der Zahl derer, die sich von den
gelehrten Geistlichen unterjochen und beherrschen
liessen: man findet ebendaselbst (S. 451 und 452),
mit welchem Stolze er sich der unumschränkten
Macht in Staatsgeschäften widersetzte, deren sich
Leute — die er Chaperons fourrés, gefütterte
Kutten, (geistliche Fuderfässer) nennt — anmaß-
ten, und wie sehr er wider den Mißbrauch eiferte,
den sie von der ihnen anvertrauten Verwaltung
der Finanzen machten.

*) In der That ist die Unwissenheit, welche man
in Urkunden und Denkmälern des Mittelalters bei
Personen vom höchsten Range, geistlichen und weltlichen Standes, entdeckt, äusserst auffallend. Vornehme Geistlichen, die den Concilien als Mitglieder
beiwohnten, waren oft nicht fähig, die Schlüsse derselben zu unterschreiben. (Nouveau Traité de
Diplomatique T. II. p. 424, wo man mehrere
Nachrichten dieser Art nachsehen kann.) Es war
daher keine unnütze Frage, welche den Geistlichen
bey der Priesterweihe und den bischöflichen Visita-
tionen vorgelegt ward: ob sie die Evangelien und
Episteln lesen könnten? und Alamus (in arte
praedicat. ap. *Le Beuf* Dissert. T. II. p. 21)
verdient wegen seines possirlichen Witzes gerade kein
historisches Mißtrauen, wenn er sich folgenderma-
ßen über die Unwissenheit der Geistlichen ausdrückt:
Potius dedit gulae, quam glossae; potius
colligunt libras, quam legunt libros; libentius
intuentur Martham, quam Marcum; malunt le-
gere in Salmone, quam in Salomone. Personen
von hohem Range, die des Schreibens unkundig
waren, machten daher ein besonderes Namenszei-
chen, Monogramm, oder auch ein blosses Kreutz
unter

unter die Urkunden, die sie durch ihre Unterschrift bekräftigen sollten. Wahrscheinlich hat der Ausdruck unterzeichnen, statt unterschreiben, seinen Ursprung in dieser Gewohnheit. Inzwischen scheint diese Unwissenheit durch die Gewohnheit so sehr privilegirt gewesen zu seyn, daß selbst Personen vom vornehmsten Stande kein Bedenken trugen, solche öffentlich zu gestehen. Daß sie Signum crucis manu propria *pro ignoratione literarum* unterzeichnet hätten, war ein nicht ungewöhnliches Bekenntniß der Urkundenaussteller. *Du Fresne* glossar. v. *Crux*, Vol. III. p. 191. Robertsons Gesch. der Regier. Karls V. Th. I. S. 326 (der Uebers. von 1781.) A. d. U.

XXV. (Seite 150.)

Loysel (in seinem Dialogue des Avocats) merkt an, zu Philipps Zeiten, und nachher, wären die besten unter ihnen „geistliche Personen, die „das geistliche und bürgerliche Recht studirt, und „das Practische vorzüglich durch die Decretalen er„lernet hätten, und zwar seitdem der päpstliche „Stuhl nach Avignon verlegt war, welches im „Jahre 1386, am Ende der Regierung Philipps „des Schönen, geschah; und von jener Zeit an, „setzt er hinzu, sind wir mit der Schikane bekannt „worden, wenn es mir erlaubt ist, so zu reden,,.

XXVI. (Seite 159.)

Fouchet (orig. Fr. t. I. p. 28) mutmaßt, daß die Schwächlichkeit des Grafen Roberts von Clermont, Sohns des heiligen Ludwigs, welche von Kolbenschlägen, die er in einem Turnier erhalten hatte

hatte, herrührte, Anlaß gegeben habe zu der Verordnung, worin den Prinzen vom Geblüte verboten ward, sich bei Ritterspielen in Gefahr zu setzen. Ohne Zweifel waren ihm andere, weit ältere Verordnungen (die *Favin* théat. d'hon. t. II. p. 1751, 1802 und 1803 anführt) unbekannt, worin seit den Zeiten Ludwigs VII. und Philipp Augusts ebendieselben Vorschriften enthalten waren. Unsere ältesten Romanen, welche, überhaupt genommen, die Gebräuche ihres Zeitalters sehr genau beobachten, haben sich nach diesem, für die Turniere gegebenen Gesetze gerichtet. Wenn bei ihnen Personen, die nicht fürstlicher Herkunft waren, wider regierende Herren in den Schranken erschienen, so mußten sie wenigstens vorher bei diesen deshalb um Erlaubniß gebeten haben (*Partenopex* de Blois mss. de St. Germain p. 170 col. 1. et *Blanchandin*, mss. de S. Germain fol. 175. rect. col. 1).

Ich halte dafür, daß der Verfasser des provenzalischen Roman de Gerard de Roussillon (ms. fol. 100 et 101) auf diesen Gebrauch anspielt, wenn er sagt, daß Gerhard, nachdem er dem Turnier zwischen seinen Lehnleuten zugesehen hatte, sich ganz allein wider einen Pfahl, welches vielleicht eine bewaffnete menschliche Figur war, geübt habe. Da er sich nicht mit Leuten, die unter seinem Stande waren, hatte einlassen wollen, so gefiel es ihm, diesen seine Geschicklichkeit, und den guten Anstand, womit er die Waffen zu führen wußte, zu zeigen, und ihnen dadurch ein Muster zu geben. Karl VI. kehrte sich nicht daran. Bei der Vermählung des Grafen von Hennegau, im Jahre 1385, "gab es grosse Feierlichkeiten und schöne

„Ritterspiele", sagt ein Geschichtschreiber jenes Zeitalters; „und obgleich die Könige bei dergleichen „Ritterspielen sich nicht zu üben pflegten, so woll„te dennoch der König mit einem gewissen Colart „von Espinay, einem berühmten Lanzenwerfer, ver„suchen, einige Lanzen zu brechen; er that dieses „auch, und betrug sich dabei sehr tapfer, so, daß „er von allen deshalb gelobt und gepriesen ward,". Iuv. des Ursins, hist. de Ch. VI, p. 45 unter dem Jahre 1385.

Ein heftiges Bestreben, seine Tapferkeit, Stärke, Geschicklichkeit, und seinen Muth sehen zu lassen, und andern eine gute Meinung von sich beizubringen, kann leicht entschuldigt werden, und sogar das Lob einer Nation verdienen, die gewohnt ist, an ihren Beherrschern nachahmungswürdige Beispiele zu sehen. Die unsrige lobte und bewunderte diesen Fürsten in seiner ersten Jugend: aber da er nach seinem ein und zwanzigsten Jahre, und nachdem er vermählt war, fortfuhr seine schon hinlänglich bekannten Talente glänzen zu lassen, „so waren viel wohlgesinnte Leute sehr übel „damit zufrieden, daß man ihn noch in Ritter„spielen kämpfen ließ; denn bei dergleichen Gelegen„heiten können sich viel Gefahren ereignen; sie sag„ten, daß dieses nicht wohl gethan wäre, und man „entschuldigte sich damit, daß es sein eigner Wille „sey;" (ibid. p. 75, unter dem Jahr 1398). Ein anderer Geschichtschreiber spricht davon beinahe in ebendenselben Ausdrücken: „Viele tadelten es, und „man hielt dafür, daß es unschicklich wäre, auf „diese Weise die königliche Majestät auf das Spiel „zu setzen, und sich mit so wenig Zurückhaltung „und Ernsthaftigkeit in das Gedränge zu wagen,".

(Hist.

(Hift. de Ch. VI, par le Moine de St. Denys p. 175 unter dem Jahre 1389). Die Schwachheit seiner Gesundheit, die er durch diese heftige Uebungen noch mehr erschütterte, machte, daß man solche „als einen Zeitvertreib ansah, der unter seiner Würde wäre„. (ibid. l. X, ph. 7, p. 448 unter dem Jahr 1420.) Die Unzufriedenheit eines Volks, das seinen Fürsten liebte, war nicht fähig, dieselben davon abzuhalten. Als die englischen Gesandten, die wegen der Vermählung seiner Tochter Katharina Unterhandlung pflegen sollten, angekommen waren, beehrte er dieselben mit Feierlichkeiten jeder Art, und vorzüglich mit Ritterspielen, in denen er selbst, in Gegenwart der Königin und der Prinzessinnen seines Hofes, mit dem Herzoge von Alençon kämpfte (*Monſtrelet*, vol. I, ch. 134, p. 216 recto et verso, unter dem Jahre 1414); auch verlangte er, daß sein Sohn, der junge Herzog von Guyenne, der vermuthliche Erbe sowohl seiner Talente als seiner Krone, kämpfen sollte: „er verlangte, daß der Herzog von „Guiesne eine Probe seines Muths und seiner schö„nen kraftvollen Jugend ablegen sollte. Dieser „machte hierauf verschiedene Gänge, und man be„wunderte seine Stärke eben so sehr, als seine Fer„tigkeit und seinen Muth„. Hiſt. de Ch. VI. p. 970 unter dem Jahre 1414.

XXVII. (Seite 159.)

Die Schweitzer legten sich, wie *Brantome* (Cap. Fr. t. I. p. 290) berichtet, den Titel: Bezwinger der Fürsten bei, bis auf Franz I., der ihnen solchen bei Marignan auswischen ließ.

XXVIII. (Seite 155.)

Franz I. scheint, voll von Heldentugenden, bei allen seinen Handlungen auf strenge Beobachtung der Gesetze der alten Ritterschaft Rücksicht genommen zu haben, denen er stets den Vorzug vor den gemeinen Staatsmaximen einräumte. Er strebte nicht allein nach dem Ruhme, unter die neun Biedermänner (neuf Preux) gerechnet zu werden, die durch Ueberlieferung, und durch die Ceremonien unserer Wappenkönige bei uns in Andenken ruhen; sondern es gefiel ihm auch, an seinem Hofe in der Kleidung zu erscheinen, in welcher man diese alten Helden abzubilden pflegte. Ein Frauenzimmer das ihn einst in diesem Aufzuge sah, machte ihm das Compliment, daß sie in seiner Person einen von den neun Lépreux (Aussätzigen) zu erblicken glaube; sie wollte sagen, einen von den neun Preux (Biedermännern), wie Heinrich Stephan (apolog. pour Herodote ch. III.) berichtet, der dieses als einen Beweis des Mißverstandes erzählt, dem man, ohne an etwas Böses zu denken, zuweilen ausgesetzt ist, wenn man unsere Sprache redet. Favin hat ein besonderes Kapitel von den neun Biedermännern: allein er berührt nur diese Materie, die an unsern alten Höfen so bekannt war, und wovon wir heut zu Tage nur sehr unvollkommene Begriffe haben *).

---

*) Der gelehrte Graf Buat (in seinen Origines de l'ancien gouvernement de la France, de l'Allemagne et de l'Italie T. III. ch. IX. §. X. p, 212) sucht den Ursprung der *preux Chevaliers* in den gerichtlichen Zweikämpfen. Eine Dame, und überhaupt jede Frauensperson bedurfte

hier

hier eines Kämpfers, woferne sie nicht sogleich sachfällig werden wollte. Lex Alamann. c. 1. tit. 56. bei Georgisch, Cap. apud Verm. circa an. 725. c. 5. Ruhmliebe und Galanterie spornten die Tapfern an, sich zu dieser Ehre zu drängen. Bei Anklagen nahm man, in Ermanglung anderer Beweise, seine Zuflucht zum Zweikampfe, Lex Baiuv. tit. 16. c. 2. Inzwischen konnte eine Frauensperson den Zweikampf selbst übernehmen, wenn sie Muth und Kraft genug hierzu hatte. Daß es nicht ganz an Beispielen dieser Art gefehlt habe, oder daß man wenigstens dem Frauenzimmer so viel Muth zugetraut habe, beweiset die angeführte L. Baiuv. tit. 3. C, 13. Aber mit dem Grafen Büat den Ursprung der Ritterinnen daher ableiten, ist eben so unsicher, als wenn man die preux Chevaliers in den alten Champions des femmes findet. Aenlichkeit der Sitten und Grundsätze ist eben so wenig Jdentität, als sich der Ursprung der ähnlichen, aber neuern Sitte mit Zuverläßigkeit in der ältern aufsuchen läßt. Man sollte nirgends behutsamer seyn, als in Ableitungen dieser Art. Man urtheile aber hiernach von dem, was der sonst so einsichtsvolle Graf Büat a. a. O. vom Ursprung der Chevalerie sagt. Der scharfsinnige Schriftsteller sieht eine Muthmasung für eine Entdeckung an.

XXIX. (Seite 161.)

„Es ist besser," sagt der Ritter, de la Tour, (in seinem Guidon des guerres fol, 90 verso col. 1. et 2.*), „daß ein junger Mann deswegen

*) Ein pergamentenes Exemplar dieses seltenen Werkes befindet sich in der Bibliothek der gelehrten Buchhändler und Brüder, Herren Viet zu Augsburg, unter
dem

„getadelt werde, weil er die Ritterwürde vor dem „bestimmten Lebensalter erhalten hat, als daß man „es bedauern muß, daß diese Zeit, ohne dieselbe „erhalten zu haben, verstrichen ist,„: aber er hält das zu frühzeitige Streben der jungen Krieger nach der Ritterwürde zurück, indem er ihnen sagt, daß wenn sie auch Kraft und Muth, die Beschwerden derselben zu ertragen, besitzen, dieses doch nicht die einzigen erforderlichen Eigenschaften sind, und daß es noch wesentlichere gibt: „die ganze „Stärke liegt nicht darin, daß man guten Willen „zeige, und daß man tapfer zuschlagen, und sei„ne Streiche wohl anzubringen wisse; sondern alles „liegt daran, daß man wisse, was zu thun ist, „und daß man die Hindernisse, die in den Weg „kommen können, wegzuräumen verstehe,„. (ibid. fol. 92 recto, col. 2.)

Einige französische Könige waren nicht immer aufmerksam genug auf diesen andern Grundsatz, „daß ein Ritter besitzen solle Verstand, Stärke, „Kühnheit, Redlichkeit*) und Uebung in seiner „Kunst. Ueberlegung vermag oft bei einem Sie„ge mehr, als eine grosse Anzahl Leute, und als „Stärke der Kämpfer,„. (ibid. verf. c.) Sie verschwendeten die Ritterwürde an Leute von jeder Gattung**), sogar an Kinder, ohne zu bedenken, daß „ein kleiner wohlgeübter Haufen eher einen „Sieg erhalten kann, als eine grosse Anzahl un„wissender Leute, die mit den Waffen unbekannt „sind

---

dem Titel: Le Chevalier de la Tour, et le Guidon des Guerres. Imprimé à Paris l'An Mille Cinq Cens et quatorze le neuffiesme jour de Novembre par Guillaume Eustace, Libraire. In fl. Fol. Vergl. Hrn. Gerkens Reisen Th. I. S. 262.   A. d. U.

„sind; denn jene ist stets zum Tode gerüstet„. (ibid. col. 2.) Diese heilsamen Drohworte, die an Fürsten und Generale, welche solche anhören wollten, ergingen, machten nicht Eindruck genug auf sie. „Niemals hat ein Kriegsheer dem, der „keine Auswahl unter den Rittern machte, grossen „Nutzen geschafft; denn wegen dieser Ursache sind „viele Kriegsleute von dem Feinde gänzlich geschla„gen worden; indem die Ritter lange sorglos und „in Ruhe lebten, und jeder wegen seines Reich„thums, oder wegen besonderer Gunst das Amt, „für das gemeine Beste zu sorgen, erhielt, ohne „daß man ihn vorher genau geprüft hatte„. ibid.

Nie war man weniger aufmerksam auf diese nützlichen Vorstellungen, als unter Karl VI.; nie machte man so wenig Auswahl unter den Personen, die man zu der ritterlichen Würde erhob, als damals †). Man lese bei Eustach Deschamps (Lai de Vaillance, poës. mss. fol. 6 et sq. et fol. 78 col. 2) eine Schilderung der Verwirrung, die damals unter den Regenten und Rittern herrschte. Jene furchtbaren Krieger, die man allenthalben erblickte, und die jedermann bedrohten und schlugen, waren zu gleicher Zeit Adonise, welche sich mit Perlen, die weisser und glätter als das weisseste Elfenbein waren, behingen, und sich stets mit ihrem Putze und ihrem Anzuge beschäftigten. Sie führten allezeit das Nöthige bei sich, um die Ordnung ihres Haarputzes wieder herzustellen. Ein zärtliches, weichliches und ruhiges Leben verursachte, daß man an ihnen die Nachfolger der unermüdeten Helden, ihrer Vorfahren, verkannte. Wenn dieses die Uebungen waren, die ein Ritter vornehmen soll: wenn dieses die Lebensart war, die er führen soll, so hatten Karl VI., und nach ihm Karl VII., allerdings Ursache, Ritter aus Kindern von zwölf bis dreizehn Jahren zu wählen: wie dieses Monstrelet (vol. III. p. 23) und Alain Charrier Hist. de Ch. VI et VII p. 191) berichten. Der Dichter Eustach Deschamps (in seinen poës. mss. fol. 78 col. 1) geht noch weiter: „Und noch auffallender ist es „für mich, daß viele in allzujungen Jahren die „Ritterwürde erhalten, oft solche, die noch nicht „acht oder zehn Jahre alt sind,, ††).

*) Desto mehr scheint man in England auf diese ächten Grundsätze der Ritterschaft aufmerksam gewesen zu seyn. Ein merkwürdiges Beispiel ritterlicher Großmuth liefert der heldenmüthige Eduard, Prinz von Wallis, als seine Ritter den König Johann von Frankreich zum Gefangenen gemacht hatten. Der Graf von Warwick führte den König, mit allen Bezeugungen der Ehrfurcht, nach dem Zelte des Prinzen, der damals nur 27 Jahre alt, noch warm von dem Toben der Schlacht, und voll von einem eben so ausserordentlichen als ganz unerwarteten Fortgange, der nur jemals die Waffen irgend eines Feldherrn krönte, war. Er kam dem gefangenen Könige mit allen Merkmalen der Achtung und Theilnehmung vor das Zelt entgegen, suchte denselben über sein Unglück zu trösten, bezahlte ihm den Tribut von Lob, welchen er seinem Muth schuldig war, und schrieb den Sieg dem blinden Ungefähr des Kriegs, oder einer höhern Vorsicht zu, die alle Bemühungen menschlicher Stärke und Klugheit zu Schanden macht. Eduard ließ in seinem Zelt ein prächtiges Gastmahl für die Gefangenen zubereiten, und er selbst wartete dem unglücklichen

lichen Könige dabei auf, als wenn er zu dessen Gefolge gehört hätte. Er stand während der Mahlzeit hinter dem Könige, schlug es durchaus ab, an der Tafel einen Platz einzunehmen, und erklärte, daß er zu wohl mit dem Unterschiede zwischen einem Könige und sich bekannt sey, um sich solcher Freiheit anzumassen. Alle Ansprüche seines Vaters an die Krone Frankreich wären nun in Vergessenheit begraben. Johann, in der Gefangenschaft, erhielt königliche Ehrenbezeugungen, die man ihm streitig machte, da er noch auf dem Thron saß. Sein Unglück, nicht sein Rang, zog ihm Ehrerbietung zu; und die französischen Kriegsgefangenen, mehr durch diese erhabene Denkart überwunden, als durch ihre vorhergehende Niederlage, brachen in Thränen der Freude und Bewunderung aus, in Thränen, die, wie der engländische Geschichtschreiber Hume sich ausdrückt, nur durch die Betrachtung gehemmt wurden, daß solch ein ächter, unveränderlicher Heldensinn in einem Feinde gewiß am Ende ihrem Vaterlande um desto gefährlicher seyn müsse. Hume's Geschichte von England, B. II. S. 214.

Auch in Teutschland fehlte es nicht an Beispielen ritterlicher Großmuth und Tapferkeit. Man erinnere sich nur an die Schotten von Schottenstein, Georg Förtschen, Hans Adam von Stein, Reinhard von Seinmingen, Adam von Thüngen, Lerchen von Dürmstein, Casp. von Aufseeß, Friedrich von Freyberg, Daniel von Redwitz, Jerg von Truchseß, Veit von Lendersheim, die Seinsheime, die Camerer von Worms u. a. Insonderheit war das sechszehnte Jahrhundert in Teutschland fruchtbar an Männern von dem Schlage, bei denen, wie Shakespear sagt, die Natur aufstehen und sagen mochte: das ist ein Mann! Schon die, welche ich hier nennen will, mögen dieses bestärken:

Wilh. Birkheimer, geb. 1470. gest. 1530.
Sebast. v. Rotenhan, geb. 1478. gest. 1532,
Franz v. Sickingen, geb. 1481. gest. 1523.
Götz v. Berlichingen, geb. ungefähr 1481. gest. 1562.
Ulrich von Hutten, geb. 1488. gest. 1523.
Sebast. Schärtlin, geb. 1496. gest. 1577.

Welchen Stoff zu einem teutschen Heldensaale würde das Leben dieser Männer liefern, wenn es nach Verdienst beschrieben würde! Einige, wie Götz von Berlichingen und Schärtlin, haben uns eigene Lebensbeschreibungen hinterlassen. Von andern sind uns hier und da bald mehrere, bald weniger Nachrichten aufbewahrt worden. Einen brauchbaren Versuch machte Heinrich Pantaleon in seinem Heldenbuche, wovon 1566 in lateinischer Sprache, hernach aber 1578 eine teutsche, und etwas vermehrte Uebersetzung erschien. Schade, daß seitdem in Bearbeitung dieses lehrreichen und unterhaltenden Theils der teutschen Geschichte nicht fortgefahren worden ist.   A. d. U.

**) Man vergl. die Anmerkung zum Texte im ersten Bande S. 162. Otto's von Freisingen Erzählung von K. Friedrich I. stimmt nicht ganz überein mit der, welche der Abt Commo von Ursberg in seinem chron. ad an. 1187. liefert. Nach diesem hat Friedrich ein Gesetz zu Nürnberg gegeben, vermöge dessen die Söhne der Priester, Diakonen und Bauern für unfähig, die Ritterwürde zu erlangen,

gen, erklärt wurden; und wenn ja einige solche erlangt hätten, so sollten die Landrichter sie derselben wieder entsetzen. Nach den Gesetzen Königs Jacob I. von Arragonien vom J. 1234 sollte Niemand der Ritterwürde fähig seyn, der nicht wenigstens Sohn eines Ritters wäre; welches auch in den Constitutionibus Siculis lib. 3. tit. 39. §. 2. vom König Roger von Sicilien verordnet ward.

A. d. Uebers.

†) Der Verfasser hat ausser dem Alter, den moralischen und physischen Eigenschaften, und dem Stande eines Kandidaten der Ritterwürde keine Erfordernisse angegeben, deren Daseyn Jemanden die Fähigkeit zum Ritterstande beilegte. An einzelnen Orten aber scheint man auf dergleichen eben sowohl Rücksicht genommen zu haben, als heut zu Tage manche Ritterstifter, Domkapitel, Orden und Ritterschaften verlangen. Nichts ungewöhnliches war es in den Ritterzeiten, daß man von dem, der das Ritterschwerd führen wollte, Beweis von einigen vollbrachten Feldzügen forderte. In den Acten der Stadt Löwen zu dem Jahre 1260 wird verordnet, daß Niemand die Ritterwürde erlangen solle, der nicht wenigstens drei Feldzüge unter einem Befehlshaber mitgemacht hätte. Kein Wunder also, wenn in Ritterdiplomen, Begräbnißdenkmälern und dergl. die Zahl der Feldzüge bemerkt wird, wie z. B. auf dem Grabmahl des tapfern Ritters Wilhelms von Rode, s. Lipsius in Louanio lib. II. c. 8.

Zur Zeit des Verfalls des Ritterwesens sah man freylich so wenig auf vorhergegangene Feldzüge, als auf die langen und beschwerlichen Waffenlehr-Jahre, in welchen ehedem die Kandidaten der Ritterwürde sich zu den Arbeiten und Beschwerlichkeiten des Ritterstandes vorbereitet haben mußten. Der Besitz eines mäsigen Grundstücks, oder irgend eine persönliche Verbindung war hinreichend, ein Recht auf die Ritterwürde zu verschaffen, oder auch gar die Notwendigkeit, solche anzunehmen, aufzulegen, so daß die Sache aufhörte, ein Gegenstand freier Wahl zu seyn. So ward die Ritterwürde in England eine Auflage, deren Versäumniß die Einziehung der Besitzungen des Lehnmannes von Seite der Schatzkammer nach sich zog, wovon man die Beweise bei Stuart in d. Abriß d. gesellsch. Zust. in Europa, S. 369 u. f. nachlesen kann. So erkaufte man dort als ein Vorrecht die Frist oder die Verschonung von der Ritterwürde, und die Fürsten füllten dadurch wenigstens ihre Schatzkammer, wenn schon ihre Heere unvollzählig blieben. Unter Heinrich III. erlegte Bartholomer Fitz-William fünf Mark für Aufschub der Aufnahme unter die Ritter; Robert von Menewill bezahlte eben so viel für eine zweijährige, Peter Fouden für eine dreijährige 48 Sch. u. 8 P., und unter Eduard III. John von Drokensford zehn Pfund für eine gleichlange Frist. Stuart a. a. O. S. 372 und die Anmerk. oben S. 40. A. d. U.

††) Das ein und zwanzigste Lebensjahr war zwar der Regel nach das gesetzmäsige Alter, die Ritterwürde zu erlangen. Allein man pflegte oft Ausnahmen hiervon zu machen; und zwar anfänglich blos in Ansehung solcher jungen Leute, die vor diesem Alter vorzüglich geschickt zum Kriegsdienste waren. In der Folge geschahen dergleichen Ausnahmen aber auch oft aus andern Ursachen, vornehmlich ausser Teutschland, in welchem die Natur später reifte, und wo man die getriebenen Früchte weniger

ger liebte, als anderwärts. In Teutschland fiel das Jahr der Großjährigkeit, der Fähigkeit zu eigener Verwaltung der Lehngüter, und zu der Ritterwürde bei den Ritterbürtigen fast durchgehends in einen und ebendenselben Zeitpunct. In andern Ländern ward es nicht so streng damit gehalten, und daher trug man dort weniger Bedenken, die Ritterwürde auch jungen Personen zu ertheilen. So ward schon im Jahre 1060 Fulco, Graf von Anjou, von seinem Oheim Gottfried Martell im siebenzehnten Jahre seines Alters zum Ritter geschlagen. *Mabillon* de re diplomatica lib. II. cap. 18. p. 147. Die Söhne der irrländischen Grossen erlangten ebenfalls im siebenzehnten Jahre die Ritterwürde. *Iac. Waraeus* antiqq. hybern. c. 19. p. 101. 𝔄. d. 𝔘.

XXX. (Seite 163.)

Karl VII. bemerkte, daß sein Volk durch die unaufhörlichen Gewaltthätigkeiten und Plünderungen seiner Gendarmes gedrückt ward, und faßte im Jahre 1444 (*Oliv: de la Marche*, Mem. t. 1. p. 240) den Entschluß, dieselben auf einen beßern Fuß zu setzen (*Monstrelet* l. III fol. 32 recto et verso), und daraus ein Corps regulärer Truppen zu machen, das in Compagnien eingetheilt werden sollte, deren jede ihren Capitain erhalten müßte*). Seine Absicht war, daß sie an die Gränzen vertheilt werden (Pasquier rech. l. II p. 124 sq.), daselbst immer und täglich im Dienste seyn (le P. Daniel de la milice franc. t. I. l. IV. ch. 1 et 2.), und einen

---

*) Man sehe: La Gendarmerie de France, son origine, ses prérogatives et son Service, par *Dinard*. Paris 1782. 8. 𝔄. d. 𝔘.

einen bestimmten Sold erhalten sollten; die hierzu nötigen Summen sollten von einer neuen Auflage bestritten werden. Diese, obgleich sehr lästige Auflage war doch weit weniger beschwerlich, als die Gendarmerie es wegen ihrer Raubereien gewesen war, wie man aus Talbots Ausdruck, den Fabri in seiner Art de Rhetorique aufbewahrt hat, abnehmen kann. Wenn dieser Lehrer der Redekunst von dem mannichfaltigen Schmuck einer Rede, vorzüglich von den Figuren, die er „Farben der Rede„ nennet, handelt, so gibt er Talbots Figur als Muster an, der, wenn er die hartnäckige Raubsucht der Gendarmes schildern wollte, zu sagen pflegte: „wenn der liebe Gott ein Gen„darme wäre, so würde er auch gerne plündern„. Diese rhetorische Figur, diese militärische und andächtige Redensart, wenn sie gleich nicht ehrerbietig gegen die Gottheit ist, stimmt vollkommen mit dem Gebäte des wackern la Hire überein, das ich oben angeführt habe.

XXXI. (Seite 165.)

Die Geschichtschreiber stimmen in Ansehung der Zeit, wo Franz I. von Bayard zum Ritter geschlagen ward, nicht mit einander überein. Einige sagen, daß es vor der Schlacht, andere, daß es nach dem Siege geschehen sey. Der Marschall von Fleuranges, der, „ob er gleich noch jung war, „ein Amt bekleidete, welches einer der ältesten Mar„schälle von Frankreich verwalten sollte", sagt als zuverlässig in seinen Mémoires, ms. fol. 271 sq., der König habe, nachdem er gesehen, „daß die „Schlacht gewonnen wäre, den Herrn von Ba„yart, einen sehr artigen Ritter, ersucht, ihn mit
„eigner

zum fünften Abschnitt.

„eigner Hand zum Ritter zu schlagen; diesem Herrn „von Bayart gereichte es sehr zur Ehre, daß er „einem Könige die ritterliche Würde ertheilen durf„te, in Gegenwart so vieler Ordensritter und recht„schaffener Leute„. Es ist schwer, ein solches Zeugniß zu verwerfen; indessen muß man gestehen, daß die Erzählung des Verfassers von Bayards Lebensbeschreibung (edit. de Godefroi p. 375) welcher mit andern diese Handlung in die Zeit nach der Schlacht setzt, mit der ehemaligen Gewohnheit, den Ritter, welcher sich in dem Treffen am meisten hervorgethan hatte, zu ehren, mehr übereinstimmt *).

Der Herzog von Lothringen und dessen Bruder, der Herzog von Guise, General-Capitain bei den Landsquenets (Lanzenknechten), wurden ebenfalls nach diesem Treffen von Bayard zu Rittern geschlagen, nachdem sie durch ihre Tapferkeit viel zu dem Siege beigetragen hatten. (Rec. des hist. de Louis XII. par Godefroi p. 425 sq.) Indessen besaß Bayard selbst, einigen Schriftstellern zufolge, die Ritterwürde nicht. Allein die so eben angeführte Stelle aus den Memoires de Fleuranges, wo er „ein artiger Ritter„ genannt wird, beweiset, daß er Ritter gewesen ist; nur hatte er noch nicht den königlichen Ritterorden erhalten; erst in der Folge ward er damit beehrt, und dadurch für die Aufhebung der Belagerung von Mezieres belohnt. (*Hist. de Bayard*, edit. de Godefroi p. 319.

Das

*) Man sehe auch the History of the Chevalier Bayard by *Iof. Herlings* (London 1781.) und oben die Anmerk. in M. XV. in den Beweisen zu dem dritten Abschnitt.   Uebers.

Das Beispiel Franz des ersten ward von dessen Sohn, Heinrich II., nachgeahmt, welcher noch als Dauphin, in dem Lager bey Marseille, im Jahre 1536, die Ritterwürde von Niemand anders, als von dem Marschall von Biez empfangen wollte: „der König, welcher dem Marschall „von Biez nach der Uebergabe von Boulogne, durch „seinen Schwiegersohn, Gnade erzeigte, war von „der Hand ebendesselben Marschalls von Biez zum „Ritter geschlagen worden, so wie sein Vater, „der König, von der Hand des Ritters Bayard. „Als man das Urtheil an ihm vollziehen wollte, „(sagt Montluc) ließ ihm König Heinrich, der sich „erinnerte, daß er von demselben die Ritterwürde „empfangen hätte, Gnade verkündigen,,. (Comment. t. II p. 218. Histoire des Hommes ill. t. VII p. 180. Brantome Cap. Fr. t. II, p. 218 *).

*) Die thüringische Geschichte liefert ein ähnliches Beispiel an dem Landgrafen Fridrich II. von Thüringen, und dem tapfern thüringischen Ritter Friedrich von Wangenheim. Als der Landgraf auf seinem Kriegszuge nach England sich wollte zum Ritter schlagen lassen, verlangte er das Ritterschwerd nur von einem solchen, der nie vor einem Feinde geflohen wäre; und hierzu fand sich dieser Herr von Wangenheim, sein Unterthan. Karl VII., König von Frankreich, erhielt am 7. Jul. 1429 vom Herzoge von Alençon die Ritterwürde. *Savaron* traité de l'epée francoise p. 32. K. Ludwig XI. von Frankreich ließ sich am Tage nach seiner Krönung zu Rheims im September des Jahres 1416 vom Herzoge Philipp von Burgund zum Ritter schlagen. *Chopin* de domaniis Galliac lib. 3. tit. 26. n. 13. *Bodinus* de republica lib. V. c. IV.   A. d. U.

XXXII. (Seite 166.)

Die Prälaten und Herren, d. i. die Geistlichen und die Militär-Personen, oder wenigstens die vornehmsten aus diesen beiden Ständen, waren lange Zeit allein, im Namen des Königs, mit der Staatsverwaltung beschäftigt. Die Verwaltung der Justiz, und der Kriegsdienst waren beinahe unter sie getheilt. Jene, die in der Folge zu sehr mit ihren heiligen Amtsverrichtungen beschäftigt waren, giengen seltener in den Krieg, und fanden sich um so öfterer in den Gerichtshöfen ein; diese hingegen, die durch den Krieg stets entfernt wurden, wohnten den Gerichtssitzungen nichs so oft bei. Einige Privatpersonen aus diesen beiden Ständen, widmeten sich ganz, wie man oben in einer Anmerkung zu diesem fünften Abschnitte gesehen hat, der Sorge für die Verwaltung der Justiz; dahin gehörten die Geistlichen, die, wenn sie in keinen Ordensverbindungen standen, sich ganz und gar dem Studium der Gesetze widmen konnten; auch geschah dieses von denen, die ihr Adel, oder ihre Geburt, oder der Besitz gewisser Lehngüter zu dem Dienste der Waffen rufte, die aber, bei ihrer Unfähigkeit zu denselben, dieselbe mochte nun von Temperamentsschwäche, oder von dürftigen Umständen, oder von andern Ursachen herrühren, durch ihren anhaltenden Fleis in den Gerichtshöfen dasjenige zu ersetzen suchten, was sie auf eine andere Art, im Kriegsdienste, dem Vaterlande nicht leisten konnten; mit solchen Personen waren unsere ersten Gerichte besetzt.

Da die geistlichen Würden ein stets offener Schatz für diejenigen gelehrten Geistlichen waren, welche

welche die Gerechtigkeit auf eine würdige Art verwaltet hatten, und da auf der andern Seite die Weltlichen, welche sich dem Kriegsdienste und den gerichtlichen Geschäften zugleich widmen konnten, für beides ihre Belohnung in der Ritterwürde fanden; so würde sich der Staat des Undanks schuldig gemacht haben, wider diejenigen, welche zwar weder Geistliche noch Kriegsleute waren, aber gleichwohl demselben durch ihre Richteramts-Verrichtungen keine geringern Dienste leisteten, wenn er nicht Mittel gefunden hätte, ihnen solche zu vergüten. Und dieß ist, nach meiner Meinung, der Beweggrund, warum man eine neue Klasse von Rittern einführte, die unter dem Namen: **Ritter der Rechte, gelehrte Ritter, oder geistliche Ritter** bekannt sind, Milites iustitiae, Milites litterati, Milites clerici, oder Ritter der Rechte, im Gegensatze der Ritter der Waffen *). (*Honoré de St. Marie* de la chev. p. 169.) Vielleicht trugen jene anfänglich nur die Kleidung und den Anzug der letztern, wie ich in dem vierten Abschnitt angeführt habe; in der Folge aber hat man ihnen alle Ehrenbezeugungen, Rechte und Vorzüge zugestanden.

Diejenigen aus dem Bürger- und Bauernstande, die so viel Wissenschaften besassen, daß sie andern mit ihren Einsichten und mit ihrem Rathe beistehen konnten, wurden allmählich in die Gerichte aufgenommen, wo sie immer unentbehrlicher wurden, je mehr die Gesetze und Prozesse sich vervielfältigten; endlich erhielten sie gleichen Rang mit den übrigen, und zuweilen auch höhern in denjenigen Gerichten, wo Wissenschaft und billige Denkart die wesentlichen Eigenschaften ausmachten,

durch

durch deren Besitz man daselbst zu Sitz und Stimme gelangen konnte. Sie wurden ebenfalls mit der Ritterwürde beehrt. Ein gerichtlicher Aufsatz aus den Zeiten Philipp Augusts, welchen *Favin* (theat. d'honn. p. 272) nach den Parlamentsregistern anführt, enthält, ausser den Namen vieler Gerichtspersonen, die Ritter der Waffen waren, die Namen einiger andern Gerichtspersonen, die gelehrte Ritter (Chevaliers de lettres) benannt werden. Man müßte diese Urschrift bei der Hand haben, wenn man entscheiden wollte, ob unter letztern solche zu verstehen sind, die durch ein königliches Diplom die Ritterwürde erhalten haben, oder ob sie dieselbe durch ihre wissenschaftlichen Kenntnisse erworben hatten. Man kann ohne Bedenken die Stellen bei Froissart (liv. VI, ch. 32 p. 130) hiervon erklären; dieser unterscheidet, im Jahre 1391, ausdrücklich Ritter der Waffen und Ritter des Rechte, welchen Unterschied der englische Geschichtschreiber Matthaeus Parisius seit dem Jahre 1251 schon gemacht hatte. Es ist mir genug, diese kurzen Untersuchungen über den Ursprung und die erste Verfassung der Ritterschaft der Rechte angestellt zu haben. Man kann darüber die Schriftsteller nachlesen, welche von der Ritterschaft der ersten Präsidenten, und von den Präsidenten à mortier gehandelt haben. Es hat sich solche seit dem J. 1331, in welches sie ihre Entstehung setzen, ununterbrochen mit allen ihren Vorrechten erhalten. Man sehe die erwähnten Schriftsteller, nebst denen, die von den geringern obrigkeitlichen Personen, denen die Ritterwürde ebenfalls ertheilt ward, geschrieben haben. (*La Roche Flavin* des Parlemens de Fr. p. 48 sq. *Honoré de Ste Marie* sur la Chev. p. 170. *Pasquier* recherches l. I, II, p. 122. *Ménestrier* p. 59 sq.)

Einer unserer ältesten Rechtsgelehrten, der gegen das Jahr 1380 schrieb (*Bouteiller*, sommeRural. p. 671 sq.), gibt den Ansprüchen der Gerichtspersonen auf die ritterliche Würde eine weit größere Ausdehnung, indem er eine Vergleichung zwischen den Verrichtungen der Ritter und der Advocaten anstellt. „Sie müssen und dürfen, sagt er „(l. II, t. II), Gold tragen, wie die Ritter. Sie „werden in den geschriebenen Gesetzen Ritter der „Rechte genannt, und sie erhalten eben so wenig „etwas von ihrem Gewinnste, als die Ritter; denn „in dem Ritterstande und bei der Advocatur wird „alles auf einerlei Art behandelt„. Der Herausgeber, Charondas, macht S. 692 eine Anmerkung, worin er diese Meinung im Ernste widerlegen will; mit letzterer stimmt auch überein Petrus Calefatus in seiner Abhandlung: uter dignior sit, praeferrique debeat, an doctor vtriusque Iuris, an eques Auratus? †) vid. Eiusd. Tractatus de Equestri dignitate Art. 58, 59, et 60.

Der Streit ward in dem teutschen Reiche, auf der Kirchenversammlung zu Basel **) im Jahre 1431, von Kaiser Sigismund entschieden; dieser sprach den Doctoren den Vorgang vor den Rittern der Waffen zu, weil er, wie er sagte, in einem Tage hundert Ritter der Waffen ernennen könne, aber einen guten Doctor könne er, wenn er das Leben behielte, in tausend Jahren nicht zu Stande bringen (*La Roque* de la Nobl. ch. 42 p. 220); und Kaiser Karl IV. hat dem Rechtsgelehrten Bartolus

---

†) Vergl. Scheidts Vorrede in der mantissa documentorum zu dessen Nachrichten vom Adel. S. 22. N. 5.

tolus zum Ritter geschlagen, und demselben sogar das Recht gegeben, das böhmische Wappen zu führen. Dial. de Thaureau, p. 147 verso ††).

Es ist, so viel Frankreich betrifft, ausser allem Zweifel, daß man die Advocaten auch der Ritterwürde fähig gehalten hat. Wilhelm Bailli, Parlamentsabvocat zu Paris, ward von Herrn Karl von Cossé, Herzog zu Brissac, zum Ritter ernannt, und in dieser Würde von Heinrich II. und Karl IX. bestätigt. (Opuscules de Loysel, dial. des Avocats, p. 635.)

Die Doctoren und die Gelehrten, ohne Unterschied, wurden von Franz I. zu dieser Würde gelassen; man kann hierüber seine Briefe vom Jahre 1533 nachlesen, worin er den, zu der Universität gehörenden Doctoren die ritterliche Würde bewilliget, und wo man auch die Beschreibung von der Aufnahme des ersten dieser Ritter findet. D. Vaisette hist. du Languedoc t. V. Kaiser Karl V. ertheilte diese Würde auch berühmten Künstlern. Ueberbleibsel dieser ehemaligen Zierde

††) Man sehe auch *Dubrav.* hist. Boëm XXII. p. 181. Bartolus erhielt dieses Wappen als er von der Stadt Perugia an Karl den vierten deputirt war, wo er das Glück hatte, den Beifall des Kaisers zu erlangen. Inzwischen war es nicht das böhmische Wappen, wie Hr. v. Ste-Palaye und andere melden, sondern die Tincturen waren verändert. Das böhmische Wappen besteht, wie bekannt, in einem silbernen Löwen mit doppeltem Schwanze, in rothem Felde. Und Bartolus erhielt einen rothen Löwen mit doppeltem Schwanze, in goldenem Felde. Eine Abbildung desselben liefert der sel. Hommel in seiner Litteratura Iuris p. 17 (der Ausg. von 1779). A. d. U.

bei uns bemerken wir noch an denen, welchen der König Belohnungen zu ertheilen für gut findet. *Honoré de Ste Marie*, de la Chev. p. 176 sq.

*) Vielleicht hat auch dieses etwas zu Einführung der **Ritter der Rechte** beigetragen, daß man auf diese Art die eigentlichen Ritter, und die Personen vom gelehrten Stande, welche beisammen in den Gerichten saßen (wo die letztern wegen der Unwissenheit der erstern beinahe unentbehrlich wurden) einander gewissermasen gleichstellen, und dem Gericht seine bisherige innere Verfassung erhalten wollte. *Ayrer diff. de equitibus Legum; Du Cange*, voce: miles literatus. Matthaeus Parisius gedenkt schon im J. Christi 1251 solcher Rittter der Rechte. *Ménéstrier* de la Chevalerie p. 7 und the history of the Reign of the Emperor Charles V, by *Robertson*, vol. I. N. XXVI. Milites clerici wurden eigentlich die Doctoren auf Universitäten genannt; denn diese stritten mit den Rittern um den Vorzug, und viele von ihnen brachten es dahin, daß sie zu Rittern ernannt wurden. Aber auch ohne eine förmliche Ernennung zu dieser Würde behaupteten die Doctoren ein Recht auf dieselbe zu haben, die bei ihnen Chevalerie de Lecture heißt. Der Rechtsgelehrte **Bartolus** behauptete, doctorem actualiter legentem in iure ciuili per decennium effici militem ipso facto. Dissertations historiques sur la Chevalerie par Honoré de Ste Marie p. 65. — Eine dritte Art von Rittern hat der Verf. hier übergangen, nemlich diejenigen, welche durch eine Reise in das gelobte Land sich die ritterliche Würde erwarben, und **Halb-Ritter** genannt wurden. Hund im Auszuge historischer Observationen, welcher dessen bayrischen Stammbuche angehängt ist, S. 704, verdient hierüber nachgelesen

zu

zu werden. Vergl. auch oben N. XXXV. **) zu dem vierten Abschnitt. Merkwürdig ist es, daß noch jetzt auf der Universität zu Königsberg diejenigen, welche den Titel eines Doctors der Philosophie oder Magisters annehmen, zugleich zu polnischen Edelleuten ernennt werden, s. Goldbecks u. Arnolds Geschichte dieser Universität. A. d. U.

**) Nicht nur auf der Kirchenversammlung zu Basel, sondern auch auf der Costnitzer und Tridentinischen wurden die Doctoren und Licentiaten denen von Adel gleich geachtet; und in der ersten gerichtlichen Audienz des kaiserlichen Kammergerichts 1459 wurden die graduirten Beisitzer zur rechten Hand des Kammerrichters, und die adelichen zur linken gestellt. Auch werden in den Kammergerichts-Ordnungen von 1500, 1521 und 1555, und in der Reformation guter Polizei von 1548 die „der Rechten gelehrte und gewürdigte denen von der Ritterschaft„ vorgesetzt Strubens rechtl. Beb. Th. III. Beb. 129 und dessen Nebenstunden T. III. Abh. XV. §. 15. K. Sigismunds erster Staatsminister und Liebling, Caspar Schlick, war Doctor der Rechte; und als ihn der Kaiser unter vielen andern Gnadenbezeugungen zum Ritter ernannt hatte, schrieb er sich nie anders, als Doctor und Ritter. — Häufig setzten auch noch im XVI. Jahrhundert die teutschen Fürsten in Schriften ihre gelehrten Räthe den adelichen vor. Unter vielen Beispielen nur eins: Kurfürst August von Sachsen nennt in der, der Stadt Annaberg im J. 1556 ertheilten Bestätigung ihrer Privilegien (in Horns Handbiblioth. von Sachsen Th. IV. S. 460): „Haubold Pflug zum Stein, Ulrich Mordeisen Orbinarius zu Leipzig, Hieronymus Kiesewetter, Canzler, beyder Rechten Doctores, Joachim von Gerstorf, Dann von Serbottendorf, Vollrath von Watzdorf, Caspar Curio der Rechten Doctor,,. Und noch heut zu Tage findet an manchen teutschen Höfen unter den abelichen und gelehrten Räthen kein anderer Rang statt, als der des Amts oder Alters.

Auſſer den Gründen, welche den päpſtlichen Hof bewogen haben, den Domkapiteln die Aufnahme graduirter Perſonen anzubefehlen, mögen die bisher erwähnten Grundſätze von den Vorzügen der Doctoren, und von ihrer Ritterſchaft der Rechte vorzüglichen Antheil an den Gerechtſamen haben, die man ihnen in Anſehung der Canonicate bei Kapiteln eingeräumt hat. — Was den Rangſtreit zwiſchen denen von der Ritterſchaft und den Doctoren betrifft, welcher im XIV. und XV. Jahrhundert ſehr heftig war, und wo ſich dieſe hauptſächlich auf das Cedant arma togae, und auf die Worte der Novelle XV. Kap. 5: leges in ipſa etiam arma imperium habere volumus, beruften, ſo wird ſolcher von Hommel in der Litteratura iuris (1779. 8.) p. 211 ſp. erzählt, und in Rhapſod. obſ. 618. Wer ſich übrigens von dem Einfluſſe, welchen die Doctoren in die wichtigſten Staatsgeſchäfte am kaiſerlichen und andern Höfen hatten, wo ſie die höchſten Ehrenſtellen und Geſandſchaftspoſten bekleideten, unterrichten will, findet hierher gehörige Nachrichten bei *Heineccius* in hiſt. iur. rom. et germ. (edit. Argent. 1765) Lib. II, §. 97 et 98.

A. d. Ueberſ.

XXXIII.

XXXIII. (Seite 167.)

Unsere alten Schriftsteller bestätigen den ununterbrochenen Gebrauch unserer Könige und der hohen Lehnsbaronen, die Ritter zu ihren Rathsversammlungen zu ziehen, wie auch die den Rittern obliegende Pflicht denselben hier mit eben so viel Rechtschaffenheit und Offenherzigkeit zu dienen, als sie bei ihren Kriegsdiensten Tapferkeit und Unverzagtheit bewiesen. „Solche Achtung bezeugten „die Ritter den hohen Baronen vor dem gemeinen „Volke", sagt der Verfasser des Buches de l'Ordre de Chevalerie (f. 17 r. et verso); „aber auch „die Könige und die hohen Baronen müssen die „Ritter höher, als andere Leute, schätzen. Die „Ehre eines Ritters erfordert, daß er wegen sei„ner wohlwollenden Gesinnung geliebt, wegen sei„ner Stärke gefürchtet, wegen seiner Thaten und „biedern Denkungsart gelobt, und wegen seiner „Leutseligkeit gesucht werde, und auch deswegen, „weil er Ritter des Königs, oder eines Fürsten, „oder eines andern hohen Barons ist„. Den Fürsten und Herren wird daher auch sehr nachdrücklich empfohlen, den klugen Rath dieser Ritter zu hören und zu befolgen, wie man aus folgenden Zeilen, die aus dem zum Lobe sachverständiger Ritter verfaßten Stücke: Manteau d'ounour (ML de M de Sardière) genommen sind, sehen kann: „Wer einen Sachverständigen um „Rath gefragt hat, er sey König oder Graf, dem „rathe ich, um seiner eigenen Ehre willen, den „Rath desselben zu befolgen„.

Als König Karl VIII. in dem Hause des Bischoffs von Paris einen Staatsrath halten wollte, wegen

wegen eines, von dem Erzherzoge Maximilian im Jahre 1486 an die Einwohner von Paris geschriebenen Briefes, worin dieselben zu einem Aufruhr ermuntert wurden, so versammelte er seine Ordensritter und seine übrigen Räthe, um ihnen die Antwort vorlegen zu lassen, und ihren Rath darüber zu vernehmen. (Ialigni hist. de Ch. VIII. p. 5.) Montluc folgte diesem Beispiele noch lange nachher in den Kriegsraths-Versamlungen. Da er Ordensritter war, und die Armee commandirte, so sagte er selbst, er unterlasse nicht, den Rittern von ebendemselben Orden die Briefe, welche er schrieb, zu zeigen, und ihnen seine gefaßten Entschlüsse vorzulegen, um darüber ihre Meinung zu vernehmen (Comment. t. II. p. 330, 334 et 338). Dieses Betragen würde den Beifall des Herrn Pelisson gefunden haben, welcher mit Bedauern auf die Zeiten zurückzusehen scheint, wo ebendieselben Männer, die durch ihre vorzüglichen Einsichten den Staat regierten, demselben auch mit der Stärke ihres Arms dienten. In seiner Erzählung von der See-Expedition der Holländer, in welcher der Pensionär de Witt das Oberkommando führte, sagt er von diesem, daß derselbe den Vorstellungen, die man ihm wider dieses Vorhaben that, nicht Gehör gegeben habe, aus Gründen, die von den Geschäften, womit er sich bisher abgegeben hatte, hergenommen waren. (Hist. de Louis XIV, unter dem Jahre 1665. t. I. p. 406 sq.) „Sein Kopf,„ sagt der Geschichtschreiber, „war angefüllt mit Bildern aus der Vorzeit, wo „die ersten Glieder der Republik, nachdem sie ih„re Stimmen in dem Senate gegeben, die Pro„cesse der Privatpersonen geführt, und dem Vol„ke Recht gesprochen hatten, in entlegene Pro„vin-

„vinzen abgeschickt wurden, um solche zu regie-
„ren, und das Commando über die Kriegsvölker
„zu führen, wodurch sie Gelegenheit erhielten, sich
„zu grossen Feldherren zu bilden. . . . Er bemerkt
„mit Mißfallen, daß man auf ewig zwei Dinge
„gleichsam von einander getrennt hatte, deren Ver-
„bindung er für notwendig hielt, nemlich Hand-
„lung und Berathschlagung; eben als wenn Ein-
„sichten und erworbene Kenntnisse dazu dienen soll-
„ten, daß wir dem gemeinen Wesen etwas weni-
„ger, als es ohne dieselben geschehen seyn würde,
„nützen möchten„.

XXXIV. (Seite 168.)

Montluc (Comment. t. I. p. 228) rühmt in folgenden Worten die Ehre, welche ihm der Graf von Anguien dadurch erwiesen hatte, daß er ihn nach der Schlacht bei Cerisoles, im Jahre 1544, zum Ritter schlug „Wir kamen nun auf „das Feld, wo Hr. von Anguien sich aufhielt; „ich ritt auf ihn zu, und fragte ihn, indem ich „mein Pferd herumtummelte: Glauben Sie, mein „Herr, daß ich zu Pferde eben so tapfer bin, als „zu Fusse? Er antwortete mir mit traurigem Bli- „cke: Sie werden sich auf die eine Art, so wie „auf die andere, immer tapfer halten. Er bückte sich, „erwies mir die Ehre mich zu umarmen, und „machte mich auf der Stelle zum Ritter; daß ich „an diesem Tage der Schlacht, und aus der Hand „eines solchen Fürsten die Ritterwürde empfangen „habe, werde ich, so lange ich lebe, mir zur Ehre „rechnen„. In der Folge ward er auch zum Ritter des königlichen Ordens ernannt. (ibid. l. I. p. 327. et 328.

Ebenderselbe Graf von Anguien ernannte auf den Schlachtfelde bei Cerisoles auch den tapfern Frölich, General-Obristen über dreizehn Schweitzerfahnen, zum Ritter, welchen der König adelte, und zum (General-) Lieutenant über die Schweizer machte. (Zur *Lauben* hist. mil. des Suisses t. IV, p. 218.)

Als ein Ueberbleibsel der ehemaligen Gebräuche dieser blos militärischen Ritterwürde könnte man dasjenige noch ansehen, was bei dem Besuche, den Heinrich IV. dem verwundeten Herrn von Rosni, nach dem Treffen bei Yvri 1590, machte, vorgefallen ist. Der König „sagte, indem er den„selben in Gegenwart vieler Fürsten, Feldherren „und vornehmer Ritter umarmte: Ich will Sie „mit beiden Armen umfassen, und Sie, vor den „Augen dieser Herren, zu einem wirklichen und „freien Ritter ernennen, nicht sowohl mittelst des „Ritterschlags, den ich Ihnen hiermit gebe, noch „auch im Namen des heiligen Michaels oder des „heiligen Geistes, sondern aus unbegränzter und „aufrichtiger Zuneigung,„. (Mem. de Sully t. I, p. 353, edit. d'Amst. 1725.)

XXXV. (Seite 168.)

Männer, denen die Ehre unserer Nation und unsers Adels am Herzen lag, wagten noch einige, wiewohl ganz fruchtlose Versuche zu Erhaltung der Ritterschaft. (*Thuanus* lib. 94.) Der Erzbischoff von Bourges, welcher im Jahre 1589 in seiner, bei dem Schlusse der Versammlung der Stände gehaltenen Rede von den Beschwerden, die den Staat drückten, sprach, verlangte, daß man

zum fünften Abschnitt.

man dem Ritterorden wieder aufhelfen möchte, welcher während der bürgerlichen Kriege ganz erloschen war; daß man die französische Reuterei, nach ihrer ehemaligen Verfassung, wiederherstellen möchte, die sich ehedem so furchtbar gemacht hatte, und die aus Edelleuten bestehen mußte: Ut Equestris Ordo per bella ciuilia intermortuus in aliquem splendorem restituatur, equitatus Gallicus, toto orbe olim formidabilis, qui nobilitate constrare debet, restituta disciplina, instauretur. (ibid. p. 388 unter dem Jahre 1589.)

Dergleichen edle Absichten enthielt auch der Plan des weisen Rosny, wenig Jahre vor Heinrichs IV. Tode. Frankreich sollte den völligen Glanz einer guten Verfassung wieder erhalten, durch Einführung einer Hofritterschaft, wozu er Plane machte, und welche le Laboureur noch unter Ludwig XIV. wünschte. (Mem. de Sulli t. X, p. 311 gegen das Jahr 1608.) Man entdeckt das unaufhörliche Aufleben derselben noch heut zu Tage, unter verschiedener Gestalt, in dem Ritterorden des heil. Ludwigs, welcher die Fehler der ehemaligen Ritterschaft nicht mehr an sich trägt, und die für ihn erforderliche Tapferkeit bei sich erhält.

Unter Ludwig XIII. haben viele Schweitzer-Offiziere von diesem Fürsten die Ritterwürde erhalten, (M. *de Zurlauben* hist. mil. des Suisses, t. VI. p. 320 et 374.) und der König ertheilt solche noch in gewissen Fällen, der ehemaligen Gewohnheit zufolge, den Botschaftern der Republick Venedig. Sie ist für dieseben ein Pfand der Einigkeit und der fortwährenden Freundschaft ihrer Republik mit der Krone Frankreich.

XXXVI.

XXXVI. (Seite 168.)

Die Schriftsteller schreiben die Erlösung der Ritterschaft verschiedenen, vereinigten oder abgesonderten Ursachen zu. Alle fallen auf den Mißbrauch, den man von der Ritterwürde machte *). Dieses geschah, nach einigen, indem man bei der Belagerung von Bourges zu viel Ritter, nemlich gegen fünf hundert, machte. (Hist. de Fr. par Pierre Matthieu t. I. p. 589.) nach andern, weil man die Ritterwürde auch Bürgerssöhnen, wie z. B. den Bürgermeistern und Schöffen von Poitiers und von Rochelle, denen Karl V. den Adel auf solche Art verlieh, daß ihre Kinder von jedwedem Ritter die ritterliche Würde empfangen konnten (Ordonn. des Rois de Fr. t. V, p. 565 et 575); noch andere behaupten, es rühre daher, weil man die Vortheile und Vorzüge der Ritterwürde allen Parisern verstattet habe, der Verordnung ebendesselben Karls V. zufolge, welcher ihnen im Jahre 1371 erlaubte, vergoldete Zügel und andere Zierrathen zu gebrauchen, die der Ritterschaft, als einem adelichen Stande, eigentlich gebührten; und endlich, weil man die Anmaßungen derer, die den Rittertitel eigenmächtigerweise annahmen, duldete (*Laboureur*, Pairie p. 305 sq., Ordonn. des R. de Fr. t. V, p. 418 sq.). Man könnte noch hinzufügen, daß das Schießgewehr und grobe Geschütz, welches stärkere und heftigere Würkung that, und welches sehr häufig gebraucht ward, die Angriffs-Waffen der Ritterschaft beinahe unnütz machte, und dieselben nöthigte, sich mit einer ausserordentlichen Last Vertheidigungs-Waffen, die sie nicht mehr ertragen konnten, zu schleppen.

Man

Man sehe, was la Noue (in seinen Disc. polit. et mil XV, p. 542 sq.) von der nieblichen Beschaffenheit der ehemaligen Waffen der Ritterschaft, bis auf Heinrich II, sagt, wo er noch bejahrte Officiere, einen ganzen Tag lang, in ihrer vollkommenen Rüstung, an die Spitze ihrer Compagnien hatte marschiren sehen; statt dessen waren zu der Zeit, als er schrieb, die Edelleute in einem Alter von fünf und dreissig Jahren schon ganz lendenlahm von dem ausserordentlichen Gewichte der Rüstung, die man seitdem eingeführt hatte, um sich dadurch „vor der Gewalt des Schießgewehrs und der Pi„stolen„ zu sichern.

Zu diesen verschiedenen Ursachen, die alle, mehr oder weniger, zu dem Untergange der Ritterschaft hinwürkten, rechnet le Laboureur (Paric, p. 314) noch die Stiftung des heiligen Geist-Ordens. Das Aufhören der Turniere gab ihr noch den letzten Stoß.

Diese Uebungen, die den Herzen des Adels eine fast ununterbrochene Gährung und Thätigkeit einflößten, waren etlichemal, wiewohl nur auf einige Zeit, unterblieben (*Favin* theat. d'honn. t. II. p. 1796. *Boulainvill.* Nobl. p. 271): aber die Ritterschaft erweckte im Nothfall allezeit wieder ihre vorigen Wetteifer. Philipp Mouskes, einer unserer ersten Dichter und französischen Geschichtschreiber, (Mf. p. 2) eiferte wider die Nachlässigkeit seines Zeitalters in Ansehung der Turniere und anderer löblichen Gewohnheiten der Vorzeit. Diese Klagen wurden unter Karl VII, im Jahre 1443, von dem Verfasser des Iournal de Paris (p. 195) erneuert. In diesen Vorwürfen, die er denen, welche

welche das Staatsruder führten, machte, sagt er: „es lag ihnen nichts mehr am Herzen, als Wür„felspiel, oder die Jagd in den Wäldern, oder „Tanz; sie hielten nicht mehr, wie ehedem, Rit„terspiele, oder Turniere, oder andere Waffenü„bungen, aus Furcht, dabei verwundet zu werden; „kurz, alle Herren von Frankreich waren ganz „Weiber geworden, denn sie zeigten keine Kühn„heit und keinen Muth mehr, ausgenommen ge„gen den armen Landmann und die bedauernswür„digen Kaufleute, die wehrlos waren,".

Allein wir haben eben gesehen, wie der französische Adel die Oberhand und den Eifer wieder gewann, welchen er für alle militärische Uebungen beibehielt. Diese konnte nichts mehr, als der Verlust des Königs, bei demselben in Vergeßsenheit bringen; er unterließ auch solche nur mit Widerwillen. Die Königin Mutter erlaubte, ungeachtet sie es bei dem Tode ihres im Turniere verunglückten Gemals, Heinrichs II., verschworen hatte, dennoch einen Kampf in den Schranken, wo Karl VI. und dessen Bruder mit einander auf einem eingeschlossenen Platze fochten. (*Brantome*, Cap. Fr. t. IV., p. 26, 27 et 28.)

Man hatte so viel Geschmack dafür behalten, daß einige die Zubereitungen zu der pariser Bluthochzeit für Zubereitungen zu einem militärischen Feste hielten; und daß man unter diesem Vorwande den schüchtern gewordenen Hugenotten allen Argwohn benahm. (*Thuanus* hift. fui temporis lib. 51.) War denn die Ritterschaft zu einem so auffallenden Umsturze ihrer Gesetze und Grundsätze bestimmt!

Ueber

zum fünften Abschnitt. 335

Ueber einige andere Ritterspiele und Kämpfe in den Schranken unter den folgenden Regierungen, kann man nachlesen: *Baſſompierre*, Mem. T. I. p. 163 und *Basnage*, duels p. 51.

*) Unter den Ursachen, welche den Verfall des Ritterwesens bewürkten, gedenkt Herr von Sainte-Palaye nicht der geringern Achtung der Lehnsverbindungen. Und doch fühlte das Ritterwesen den Stoß, welcher das Intereſſe des Lehnherrn und Vaſſallen trennte, auf die empfindlichſte Art; denn Feudalſyſtem und Ritterwesen waren auf das genaueſte verbunden; eine Bemerkung, die den meiſten Feudſſten entgangen iſt. (Vergl. meine Abh. de iure nobilium feuda militaria conſtituendi. Göttingen 1786. 8. S. 18 u. f.) In der Feudalmiliz zeigte ſich die Ritterſchaft in ihrer ganzen Gröſſe und in vorzüglichem Glanze. Die Fähigkeit, Ritterwürden zu ertheilen, war in der Hand eines angeſehenen Lehnherrn eine ſehr ergiebige Quelle, welche ſeinen Glanz in Friedenszeiten und ſeine Macht in Kriegszeiten ſehr anſehnlich vermehrte. Sie war ein beträchtliches Glied in der ſtarken Kette, in den Banden des perſönlichen Intereſſe, wodurch der Mann an ſeinen Herrn gefeſſelt ward. So wie man gegen die Lehnsverbindungen, und vorzüglich gegen die Lehnsmiliz gleichgültiger ward, eben ſo vermied auch der Lehnherr nicht weniger aus Eigennutz, als aus Leidenſchaft, Ritter in ſeinem Gefolge zu haben; er blieb nicht länger geneigt, den Verdienſtvollen auszuwählen, und zu einer Ehre zu befördern, deren vorzüglichſter Glanz nicht mehr auf ihn zurückſtrahlte. Und der niedere Adel, die eigentliche Pflanzſchule der Ritterſchaft, drängte ſich nicht mehr hin zu dem Ver-
dien-

dienste, das ihm ein Merkmal des Ruhms gewähren konnte, seitdem dasselbe nicht mehr so sehr, wie vormals, auszeichnete. Zwar hörten die Ritterpromotionen, so wenig als die Lehnsgenossenschaften, mit dem Verfall der Lehnsmiliz nicht gänzlich auf; denn die Fürsten, die seitdem als Quelle aller Ehren betrachtet wurden, fuhren noch fort, Ritterwürden zu ertheilen. Zwar verschwand mit der Trennung des traulichen Bandes zwischen Lehnherrn und Vassallen nicht die Verpflichtung dieses gegen jenen, welche dem Lehnsbesitz anklebte; vielmehr dauerte das Band des Eigenthums, welches das Interesse des Lehnmannes an den Lehnherrn unzertrennlich knüpfte, noch fort, wenn schon Neigung und Pflichten des Vassallen miteinander in Zwietracht lagen. Allein der mächtige Trieb der Ehre spornte diesen nicht mehr an; denn der grosse Zweck der Heldenthaten, nach welchem man ehedem mit Enthusiasmus rang, war größtentheils verschwunden. Erging noch zuweilen ein Aufgebot an die Mannen, so legte man seine Rüstung mit kaltem Herzen an, und folgte mit langsamen Schritten den Befehlen des Lehnsgebieters.

Auch mag insonderheit in Teutschland die Einführung des Briefadels dem ächten Ritterwesen keinen geringen Stoß versetzt haben. In den Adelsbriefen wurden die neuen Bullen-Edelleute nicht nur zu Schild, Helm, und Turnieren privilegirt, sondern sie wurden auch dadurch zugleich in die ritterliche Rangordnung eingeflochten. In Teutschland ward es insonderheit seit dem sechszehnten Jahrhundert gewöhnlich, daß der Titel: **Ritter des heiligen römischen Reichs**, auch ausser den Krönungsfeierlichkeiten ertheilt ward. Man nannte dieses:

dieses: in den Ritterstand erheben. Den deshalb ausgefertigten Urkunden ward die Clausel eingerückt: „gleich als sie von Uns mit dem Schwerdt und de„nen hierzu gewöhnlichen Solennien zu Ritter ge„schlagen worden,„. Selbst der Papst ernannte Ritter des goldenen Sporns. Die Könige von Ungarn schlugen Ritter mit dem Schwerdte des heil. Stephans, die von Böhmen mit dem des heil. Wenzeslaus, und die von Polen mit dem polnischen Reichsschwerdte, wenn sie gekrönt wurden. (*H. G. Thulemarius* de ordine equit. S. Georgii et Periscelidis coeruleae in Anglia §. 2.) Die Kaiser, nicht zufrieden, daß sie selbst eine grosse Anzahl verdienstloser Ritter schufen, theilten auch andern, Fürsten, Grafen und Baronen, diese Fähigkeit mit, in und ausser Teutschland. Kenner des teutschen Staatsrechts wissen die Privilegien zu adeln, und die grössere Comitiv, welche verschiedene reichsständische und reichsunmittelbare Familien erlangt haben. Alein diese Privilegiengewalt erstreckte sich auch ausserhalb Teutschland. Kaiser Ludwig IV. gab in dem Diplom von 1328, worin er Lucca in ein Herzogthum erhob, Castruccio de Altesminelles facultatem *militares* quoque in dicto Ducatu et extra constitutos *militari cingulo* decorandi. *Meibom* T. III. rer. germ. p. 210. K. Karl IV. beschenkte den Bischoff von Florenz im J. 1364 mit der Würde eines Reichsfürsten, und ertheilte ihm zugleich die Erlaubniß, sowohl Abeliche als Unabeliche durch die Ritterwürde von andern zu unterscheiden. (Lünigs Cod. diplom. T. I. p. 2470.) Und eben dieses Recht erlangte vom Kaiser Graf Christian von Ranzau im Jahre 1650, in Ansehung „der Kriegspersonen, so sie des

„ritterlichen Ordens würdig erkennet werden„. (Mosers Staatsr. Th. IV. S. 187.) Nun bedurfte es nicht mehr ächter Verdienste, um jene ansehnlichen Vorrechte der Ritter und Knapen zu geniessen. Eine mäsige Summe Geldes bewürkte das, was eine Reihe von rittermäsigen Ahnen und Heldenthaten kaum hatte verschaffen können. Ueberdem entstanden hier und da Ritterorden, deren sichtbarer Glanz oft mehr Vortheile und Ansehen brachte, als die dem besten Verdienste zu Theil gewordene Ritterwürde. Die ritterliche Miliz, mit ihrer Disciplin, und dem Unterschied zwischen Rittern und Knapen, paßte endlich nicht mehr zu den neuen Legionen der Landsknechte, die unter Maximilian I. entstanden, und von dem berühmten kaiserlichen General Georg von Fronsberg in bessern Stand gesetzt wurden.

Eine der wichtigsten Folgen, die der Verfall der Lehns- und Ritter-Miliz nach sich zog, und die nachher sich über ganz Europa verbreitet haben, waren diese Sold- und Landsknechte, und überhaupt die stehenden Kriegsheere, mit dem ganzen Heere von Auflagen, welches diesen auf dem Fusse folgte. Stuart a. a. O. S. 105 u. f.

A. d. Uebers.

XXXVII. (Seite 172.)

Ich habe schon von dem du Gueselin und von andern angesehenen Personen angeführt, daß sie nicht einmal lesen konnten. Man lese, wie sehr Alain Chartier (in der Esperance unter dessen

sen Oeuvres ed. de Duchef. p. 316) sich über die Unwissenheit und Unthätigkeit der Fürsten, der grossen Herren, der Ritter und des ganzen Adels beschwert.

„Die, welchen die Sorge für das gemeine Be„ste übertragen ist, denken nur auf ihre Privat„Bequemlichkeit, und auf ein träges, unthätiges „Leben, gleich als wenn sie blos für Essen und „Trinken geboren wären, und als wenn das Volk „nur da wäre, um ihnen Achtung zu erweisen. „Noch mehr, unter den Hofleuten herrscht heut „zu Tage der thörichte Grundsatz, daß ein Edel„mann mit den Wissenschaften unbekannt seyn „müsse, und sie tadeln es, wenn einer gut lesen „oder schreiben kann. O, wer könnte eine grössere „Thorheit sagen, oder einen gefährlichern Irrthum „hegen!

Wie reimten doch die Ritter und Edelleute diese unrichtige Meinung mit dem, von ebendemselben Alain Chartier weiter unten angeführten Sprichworte: „Ein König ohne Wissenschaften, „ist ein gekrönter Esel„! Dieses Sprichwort gefiel vorzüglich unserm Dichter Eustach Deschamps, der oft Gelegenheit nahm, solches anzuführen: „denn ein irdischer König ohne Wissenschaften „gleicht einem gekrönten Esel„, sagt er in seinen poëf. mff. fol. 550, col. 1, und anderswo: „Ein „König ohne Wissenschaften würde einem Esel „gleichen, wenn er die Schrift oder die Gesetze „nicht lesen könnte, so würde sich Jedermann über „ihn lustig machen„. (ibid. fol. 1.) Ebendasselbe drückt er mit andern Worten in folgenden Zeilen aus:

aus: „Ein unwiſſender König gleicht einem Vo-
„gel in ſeinem Bauer: beſitzt er aber Kenntniſſe
„in Wiſſenſchaften, oder Künſten, ſo kann er es
„allen zuvorthun„. (ibid. fol. 118, col. 4.)

Man ſehe in den Anmerkungen des Herrn Dü-
chesne über Alain Chartiers Werke (S. 353)
die Stelle von den Geberden der erſten Grafen
von Anjou, wovon er den Urſprung dieſes Sprich-
worts herleitet. Man bemerkt daſelbſt zugleich, wie
ehedem unſere Hofleute deswegen getadelt wurden,
weil ſie gern fremde Sachen lächerlich machten,
vornehmlich die Wiſſenſchaften, und diejenigen
Perſonen ihres Standes, welche ſich auf dieſelben
legten. Naudé erzählt (in ſeinen additions à
l'hiſt. de Louis XI. p. 4. et 5) die Sache in wenig Worten, die er mit verſchiedenen ſinnreichen
Betrachtungen begleitet: „Graf Foulques von An-
„jou, der Graurock, war aufgebracht darüber, daß
„Ludwig, Sohn Ludwigs des Einfältigen, und
„deſſen Hofleute ſich über ihn luſtig gemacht hat-
„ten, als ſie ihn in der Kirche zu Tours unter
„gelehrten Geiſtlichen antrafen, und er gab ihnen
„die ſehr freimüthige Antwort: daß zwiſchen einem
„König ohne wiſſenſchaftliche Kenntniſſe, und ei-
„nem gekrönten Eſel gar kein Unterſchied wäre:
„Inliteratus Rex eſt aſinus coronatus, ſagt die
„Chronik„.

XXXVIII. (Seite 172.)

Von dem Gewerbe der Troubadours, der
Spielleute, der Gaukler, und vielleicht auch der
Korbkrämer (Colporteurs), lebten ſehr viele Fa-
milien

millen, die sich über alle Länder †) verbreiteten *).
Die meisten waren nichts anders als Lugstigma,
cher oder Marktschreyer, deren einzige Beschäfti,
gung darin bestand, daß sie die müssigen Leute,
die nur auf ihr Vergnügen bedacht waren, ergöß,
ten. „Die Fabliaux, oder Erzählungen, sind jetzt
„sehr gewöhnlich, und diejenigen, welche solche er,
„zählen, haben sich damit manchen Pfenning ver,
„dient; denn sie machen dadurch müssigen und lu,
„stigen Leuten grosses Vergnügen.„ **)

†) Ganz richtig; denn es ist ein sehr gemeiner
Irrthum, daß die Troubadours nur in Frankreich
und Italien gewesen wären. Heinrich der dritte,
König von England, hatte einen eigenen Hofpoe-
ten oder Troubadour in seinem Dienste, dem eine
regelmäsige Besoldung ausgesetzt war. Madox
(hist. of the Exchequer vol. 1. p. 391) hat
deshalb eine eigene Urkunde: Rex thesaurario
et Camerariis suis salutem. Libertate de thesauro nostro, dilecto nobis *Magistro Henrico
versificatori* centum solidos, qui ei debentur
de arreragiis stipendiorum suorum. Et hoc
sine dilatione et difficultate faciatis, licet
Taccarium sit clausum. T. R. ap. Wodstoke
XIV. die Iulii. 35. H. 3. Man hat eine Verordnung Heinrichs VI., Königs von England: de *Mi-
nistrallis* propter solatium regis prouidendis.
Der fünfte Graf von Northumberland hatte seine
Ministrals und Schauspieler, und es gehörte zu den
Verrichtungen seines Kapellans, daß er Zwischenspiele (Entremets) machte. Vergl. Wartons
history of English poetry. Lond. 1774., und
Stuart a. a. O. S. 338. A. d. U.

*) Mit

*) Mit dieser Gattung von Musik der mittlern Zeiten waren vornemlich drei Klassen von Leuten beschäftigt. Die Dichter der Provenzalen, oder Trovatoren, wohin auch in gewisser Rücksicht die Romanciers gehören, lieferten die musikalischen Texte. Die Hauptgattungen ihrer Dichtungen waren: *lais*, d. i. in Stanzen oder Strophen abgetheilte Gedichte; *syruentes*, die mit eloges und Satyren vermischt, oft auch mit Allegorien, und moralischen Denksprüchen angefüllt waren; *fabliaux*, oder kleine Histörchen und scherzhafte Erzählungen; und *tenzones*, worin die Dichter allerlei Streitfragen über Liebes- Galanterie- und Ritter-Angelegenheiten aufwarfen, die hernach in den galanten Gerichtshöfen der Liebe (Corte oder Parlamento d'amore) den Schulen der damaligen schönen Geister Frankreichs und Italiens, untersucht und entschieden wurden.

Die Ménéstrels setzten die Gedichte in Musik, und begleiteten hernach die Instrumente mit ihrem Gesang. Die Ménéstriers spielten blasende und Saiten-Instrumente. Die Menestrels und die Menestriers zogen beständig an Höfen, bei dem Adel, bei Turnieren und andern Feierlichkeiten herum, und liessen sich gegen Bezahlung hören; (vergl. die Anmerk. zu N. LXXII. des zweiten Abschn.) sie führten auch überdem noch Gaukler, Lustigmacher und Luftspringer (Iongleurs, Ioculatores, Batalores) mit sich, die während ihrer Musik die Zuhörer mit allerlei Possen und Sprüngen vergnügen mußten; oft verrichteten sie zugleich das Amt dieser Leute. Durch ihre unstete und niederträchtige Lebens-

Lebensart schwächten sie bald das Ansehen, in welchem sie anfänglich standen. Dieses, nebst der immer wachsenden Anzahl derselben, hatte den nachtheiligen Einfluß auf sie, daß man sie endlich in die Klasse gemeiner Bierfiedler herabsetzte, und daß man noch jetzt in der französischen Sprache mit dem Worte Menestrier einen verächtlichen Begriff verbindet. In Teutschland hielt man sogar die Spielleute, Leyrer, Pickelhäringe, Gauckler und Seiltänzer für ehrlos. Vergl. Sächs. Landr. B. I. Art. 37. und Gundling ad ff. p. 286.

A. d. Uebers.

**) Manche Schriftsteller sind der Meinung, daß das Ritterwesen vornemlich in dem Lächerlichen, welches Cervantes zur Schau ausstellte, seinen Untergang gefunden habe. Allein Leser dieser Abhandlung werden bemerken, daß in der That ernsthafte, sowohl vorbereitende als begleitende, Ursachen die Entkräftung hervorgebracht haben, an welcher es starb.

A. d. Uebers.

XXXIX. (Seite 173.)

Von der Moral läßt sich das Urtheil, welches Herr Fleuri über die Religion fället, nicht trennen; er handelt nemlich in seinen Moeurs des Chrét. p. 175 et 176 von Karls des Grossen Sorgfalt für die Wiederherstellung der nützlichen Wissenschaften und der Kirchenzucht, und von der Verwirrung, in welche man durch die, unter seinen

nen Vorfahren herrschende Unwissenheit gerathen war, und fügt folgende Worte bei: „der Verlust „der Künste und der nützlichen Wissenschaften wäre „unbeträchtlich gewesen, wenn nur die Religion „keinen Nachtheil davon gehabt hätte; allein diese „kann ohne Studiren und ohne Unterricht, wel-„cher Lehrsystem und Sittenlehre erhält, nicht be-„stehen„.

Abhandlung

über

die Lectüre

der

alten Ritter-Romanen.

Abhandlung
über
die Lectüre
der
alten Ritter-Romanen.

Meine Lectüre einiger unserer Ritterromanen hat mich überzeugt, daß diese eine Quelle sind, aus welcher sich einiger Nutzen schöpfen läßt. Dieser Gedanke ist nicht so neu, als vielleicht mancher glauben möchte; vielmehr werde ich, zu seiner Behauptung, mich auf das Ansehen derjenigen gelehrten Schriftsteller berufen können, die zu Aufklärung unserer alten Geschichte das meiste beigetragen haben, und die mit der ächten Art, wie man diese studiren muß, am besten bekannt gewesen sind.

Du Cange, in seinem lateinischen Glossarium, und in seinen gelehrten Dissertationen, Du Chesne, in seinen Genealogien, der Pater Menestrier in seinen verschiedenen Abhandlungen über die Ritterschaft, die Wappenkunst, den Adel, die Turniere u. s. w., Pasquier und Fauchet in ihren sehr ausgebreiteten Nachforschungen über alle
Gegen-

Gegenstände unserer Alterthümer, Favin und la Colombiere in ihren Théatres d'Honneur et de Chevalerie, die meisten derer, welche die Specialgeschichte der Provinzen und Städte geschrieben haben, Hr Präsident von Valbonnais, D. Vaisette und D. Calmet, machen durchgehends sehr häufigen Gebrauch von unsern alten Romanen. August Galland, Catel, Caseneuve, Salvaing, und diejenigen welche am tiefsten in die Lehnsmaterien eingedrungen sind, haben kein Bedenken getragen, bei den wichtigsten Rechtsfragen sich auf das Ansehen unserer Romanendichter zu gründen. Viele haben förmliche Zeugnisse von den Vortheilen hinterlassen, die man aus der Lecture der Romanen ziehen kann. Dahin gehören unter andern: Etienne Pasquier *), der Präsident Fauchet **), Andreas Favin ***), Chanterau le Fevre †), und vorzüglich Johann le Laboureur. Das Ansehen dieses letztern Schriftstellers scheint mir so achtungswerth, daß ich für Pflicht halte, denselben hier selbst reden zu lassen.

Le Laboureur (in seiner Histoire de la Pairie S. 280) drückt sich, nachdem er der Panzerlehen, oder der Knapenlehen, und der Gewohnheit, vor und nach den Schlachten oder Stürmen Ritter zu schlagen, erwähnt hat, folgendergestalt aus:

„Ich werde im folgenden Kapitel davon reden, wie sich vornehme Häuser durch die Menge der

---

*) Recherh. l. VII. c. 5. et l. IX. c. 30.

**) Origines des dignités etc. l. II. am Schlusse, und anderwärts.

***) Théatre d'Honneur et de Chevalerie l. I, ch. 6.

†) (*Le Febure*) traité des Fiefs l. 1, ch. 14.

der Lehen unterschieden; und da ich hier nur des Unterschiedes zwischen den Personen gedenken darf, so bemerke ich, daß dieser so groß war, daß die Romanen in Ansehung der Ehrerbietung, welche sie die bloßen Knappen den Rittern erweisen lassen, die niemals vor diesen zu halten wagten, die Sache gar nicht übertreiben. Die Turniergebräuche haben uns die Merkmale dieser Unterwürfigkeit aufbewahrt, indem man die Ordnung und Ceremonien derselben aus diesen alten Romanen genommen hat, deren Lectüre gerade auf die Achtung der Ignoranten verbannt ist. Allein ich möchte behaupten, daß es Schande für einen Gelehrten ist, sie nicht gelesen zu haben, oder dieselbe ohne Nutzen gelesen zu haben. Man muß zwar einräumen, daß darin etwas zu ausschweifende, und ein wenig zu lebhaft geschilderte Liebeshändel angetroffen werden: Allein es ist dieß ein Gemählde der Vorzeit, welches nicht mehr Eindruck machen soll, als jene Ueberbleibsel der Bildhauerkunst der Alten, an denen man blos die Vollkommenheit der Kunst betrachtet, ohne an dem Nackenden Aergerniß zu nehmen, ja ohne nur darauf zu achten. Ueberdem möchte ich zu ihrem Vortheil sagen, daß ihre Lectüre weniger gefährlich ist, als die der Neuern, wo das Gift nur besser zubereitet ist. Ich bin diese Vertheidigung unsern alten Romanen der irrenden Ritter für den Nutzen schuldig gewesen, den ich aus ihnen gezogen habe, und um ihr Ansehen in Ritter-Materien wichtiger zu machen, und zwar dieses sogar für die Pairie von Frankreich, deren Rechte und Vorzüge uns einige so vorstellen, wie solche zur Zeit ihrer Schriftsteller waren,,,.

Nachdem le Laboureur den Beistand gerühmt hat, welchen ihm die Romanen geleistet hatten, in Absicht auf die Parlamente und Vorzüge der Pairs, macht er S. 238 u. f. noch folgende Zusätze:

„Ich habe mich dieser Gelegenheit bedient, diese Umstände zu erzählen, weil man ausserdem vielleicht mißbilligt haben würde, daß ich die Romanen unter das Ansehen würklicher Geschichtschreiber gemischt habe. Allein da diese sich blos mit Erzählung der Hauptsachen beschäftigt haben, ohne die Sitten und Gebräuche ihres Zeitalters zu berühren, so muß man die Schilderung der letztern in diesen alten Romanen aufsuchen, welche uns Vorstellungen derselben mit solchen Worten aufbewahrt haben, die zu Entdeckung des eigentlichen Ursprungs der Sachen dienen."

Ist zu glauben, daß le Laboureur seine Zeit mit nichtswürdigen Beschäftigungen habe verderben wollen? Kann man ihn wohl in die Klasse der Geschäftlosen setzen, denen der Pater Labbe als einen leeren Zeitvertreib die Romanen des Lancelot, des Tristan, und anderer dieser Art, die er den Kehricht der Bibliotheken nennt *) überlassen

───────────────

*) Der Pater Labbe (in seiner Noua Bibliotheca manuscriptorum librorum, Paris 1652, in 4. S. 334, Num. 1523 des achten Supplements) bezeugt seine Verachtung der alten französischen Romanen in folgenden Worten: Poteram et plura addere, ac praecipue fabulosis referta narrationibus, figmentisque poeticis: Die Romanen des Lancelot, des Perceforest, des Guiron le Courtois, des bon Chevalier Tristan, des

lassen will? Der Tadel dieses Religiosen würde in der That von grossem Gewichte seyn, wenn die Werke, welche er verbannte, ihm eben so bekannt gewesen wären, als jene grosse Anzahl geistlicher und historischer Denkmäler, die er aus der Dunkelheit hervorgezogen hat: allein das Urtheil, welches er in einer, von seinen wissenschaftlichen Bemühungen ganz entfernten Materie fällt, kann dem Urtheil jener berühmten Schriftsteller nicht vorgezogen werden, die mit der Lectüre der Romanen vertrauter gewesen sind; es soll uns nicht hindern, mit Favin zu behaupten, daß wir hauptsächlich aus diesen Werken ächte Kenntnisse unserer Alterthümer holen müssen. Kurz, ohne die Gründe, allzuweit herzuholen, wodurch ich meinen Plan, unsere alten Romandichter gleichsam wieder aufzuwecken, rechtfertige, folge ich blos dem Beispiele des Herrn Galland. Dieser war der Meinung, daß eine Notiz von verschiedenen handschriftlichen Romanen aus der Bibliothek des Herrn Foucault, und einiger andern, die auf der königlichen aufbewahrt werden, eine Sammlung von Abhandlungen *) keineswegs verunstalte, in welcher man im übrigen alles Unterhaltende und Merkwürdige findet, was das griechische und lateinische Alterthum darbietet.

Allein

des Bouchechardiere, des Guy und Beuve de Hauton, des Cleriadus und Melianders, des pauvre Duraz dit Guérin, des Artus, der Königin Genevre, des Melusine u. s. w. Verum haec otiosorum hominum μορμολυκεια etc. Bibliothecarum meras quisquilias, iis, qui nugamentis huiusmodi delectantur, euerrendas permitto.

*) Mémoires de l'Acad. des Belles-Lettres, T. II. p. 728.

Allein da diejenigen Gelehrten, deren Meinung ich erneuere, versäumt haben, dieselbe mit Gründen zu unterstützen, vielleicht weil sie allzusehr davon überzeugt waren, um sich die Mühe zu geben, sich, in eine Beweisführung einzulassen; so muß ich dieselbe wenigstens entwickeln, einen Theil ihrer Gründe vortragen, und den Nutzen, den man aus dieser Gattung Lectüre ziehen kann, so wie die Art und Weise, wie man dabei zu verfahren hat, bemerklich machen.

Ich will nicht läugnen, daß ich nach Vollendung dieser Abhandlung bemerkt habe, daß mir vor langer Zeit Herr Chapelain zuvorgekommen ist, und daß dieser gelehrte Academist, dessen Name heut zu Tage in grösserer Achtung stehen würde, wenn er sich auf den Ruhm, den seine ausgebreitete und ganz besondere Gelehrsamkeit verdiente, eingeschränkt hätte, in einem an Herrn Cardinal von Retz gerichteten Dialog*) ebendieselbe Materie bearbeitet hat. Ich bin dadurch, daß ich darin einige in meiner Abhandlung gebrauchte Hülfsmittel gefunden habe, weniger in Verlegenheit gesetzt worden, als es mich befriedigt hat, meine Gedanken darin durch die seinigen bestärkt zu finden, und zu erfahren, daß Herr le Fevre, ein gelehrter Geschichtskenner (bekannt unter dem Namen Chantereau le Févre, durch eine grosse Anzahl historischer Werke) den Entschluß gefaßt, hatte eine Abhandlung über die ehemaligen Sitten und Ge-
bräuche

---

*) Dieser Dialog ist gedruckt in der Fortsetzung der Mémoires de Littérature et d'Histoire, Paris, 1628. t. VI, Part. I, p. 281—342.

bräuche Frankreichs zu schreiben, in welcher er sich auf den Roman Lancelots vom See zu stützen gedachte *).

Gestärkt durch so viel achtungswehrte Auctorität, behaupte ich, daß Geschichtschreiber und Genealogisten in den Dichtungen der Vorzeit Mittel finden werden, wodurch sie sich verschiedene Zweifel lösen, Schwierigkeiten heben, und ihre Kenntnisse erweitern können. In Ansehung der Geographen und Alterthumskenner wage ich zu bemerken, daß sie aus denselben eine Menge seltsamer und wichtiger Umstände werden kennen lernen.

Es ist nicht zu läugnen, daß verschiedene unserer alten Romanen nicht blos historisch sind, und daß sie von der Erfindung nur einige wunderbare Umstände an sich tragen, die oft übertrieben sind, und von denen man die eigentliche Geschichte leicht absondern kann, sobald man alles dasjenige hinwegnimmt, welches, bei seiner Entfernung von aller Wahrscheinlichkeit, blos das Ansehen eines eiteln Putzes hat, und sich mit den übrigen Begebenheit

*) Ich bin gesonnen, sagt er S. 341 zu einem der Zwischenredner, Sie in Ansehung der Gebräuche auf das grosse Gewohnheitsbuch (Coutumier) des Königreichs Logres zu verweisen; das heißt eben auf Lancelots Buch, wo Sie es sehr genau finden werden: daferne Sie nicht lieber die Bekanntmachung der Abhandlung abwarten wollen, welche der grosse Alterthumskenner, Hr. le Fevre darüber schreibt, welcher seine Bemerkungen fast allein durch Stellen aus Lancelot, den er in dieser Sitten-Materie sein Hauptwerk seyn läßt, unterstützt. Ich will Ihnen nur überhaupt sagen, daß dieselbe den Charakter der Sitten dieser entfernten Zeit an sich tragen.

benheiten, die man aus ernsthaftern und aufrichti-
gern Geschichtscheibern kennt, nicht verträgt. Allein
in denen Romanen, die am meisten mit Fabeln
angefüllt sind, findet man Thatsachen, die aus
der Geschichte genommen sind, und die, ob sie
gleich aus ihrer chronologischen Ordnung verrückt
da stehen, uns einiges Licht geben können. Die
Verfasser dieser Werke, unvermögend, aus ihrem
eigenen Erfindungs-Vorrath etwas vorzutragen,
scheinen mit Hülfe einiger Lectüre die Thatsachen,
oder die Umstände, womit sie ihre Erzählungen
schmücken, erborgt zu haben, entweder aus damals
gangbaren historischen Gesängen, oder von den zu
jener Zeit bekannten, und vielleicht seitdem verloren gegangenen Geschichtschreibern.

Einer von diesen Romanschreibern*) verlegt
die Scene eines von verschiedenen Kämpfen zwischen Karl dem Kahlen und Gerhard von Roussillon, die ihm bekannt wurden, nach Civaux; und
vielleicht hat er in dieser Versetzung der Zeit wahre
Umstände, und solche aufbewahrt, die demjenigen,
was er aus der Geschichte von dem Treffen von
Vouillé, bei Civaux, zwischen Clodewich und Ala-
rich, wenigstens in Absicht auf die Stellung und
verschiedenen Bewegungen beider Kriegsheere erfahren hatte, gemäs sind. Man lieset in ebendemselben Roman

---

*) Ich meine den Verfasser des Romans Gerhards
von Roussillon, in Provenzal-Versen; MSS. de la
Biblioth. du Roi, n. 79917, in 8. Mann kennt einen
andern Roman in französischen Versen, gleiches Namens, aber mit beträchtlicher Verschiedenheit. Ich
habe verschiedene Handschriften desselben in der königlichen Bibliothek, zu Sens, zu Dijon, und in einigen italiänischen Bibliotheken gesehen.

man eine Beschreibung der Belagerung des Schlosses Roussillon durch die Vandalen, verbunden mit einer Kriegslist der Belagerten, indem diese sich das Ansehen gaben, als wäre in ihrer Stadt Ueberfluß, obgleich Mangel der allernötigsten Lebensbedürfnisse sehr nahe war. Unsere Geschichtschreiber versetzen die List in die Belagerung eines andern bekanntern Platzes.

Was ich von der Geschichte behaupte, gilt eben so gut auch von der Genealogie. Man kann mit vielem Grunde auf die Wahrheit der genealogischen Nachrichten, die uns die historischen Romanen ertheilen, rechnen; und in Ansehung der übrigen kann man Zuflucht dahin nehmen, um dunkle oder unvollständige Stammbäume und Ahnentafeln zu erläutern, wenn man sonst die Romanen mit den Stammtafeln, die aus Titeln und Geschichten zusammengetragen worden, übereinstimmend findet. Sucht man in der Ordnung der Abkömmlinge eines Fürsten oder Herrn einen seiner Söhne, welcher Stammvater geworden zu seyn scheint, ohne daß man jedoch sichere Beweise hiervon hat? Ich glaube, daß wenn ein alter Roman ihm einen Sohn beilegt, oder unter der Zahl derer Brüder, die von ihm abstammen, und die sonst wohl bekannt sind, eine Person nennt, deren Namen oder Daseyn man nicht kennt; so muß man diese als den Urheber der absteigenden oder Seitenlinie ansehen, deren Ursprung und Verbindung man zu entdecken wünschte.

Wird man diese Gründe nicht als bloße Vermuthungen betrachten, um uns zu reitzen, in den alten Romanen Kenntnisse aufzusuchen, welche für

Geschichtschreiber und Genealogisten gehören? Ich trage kein Bedenken zu behaupten, daß die französische Geographie des Mittelalters ebendieselben Vortheile, wie die Geschichte, daraus ziehen würde.

Es ist bekannt, daß die meisten Ritterromanen von Waffenherolden *) oder Troubadouren, die sie an den Höfen der Grossen hersagten, declamirten oder sangen, verfaßt worden sind; und um denen, für welche sie bestimmt waren, mehr zu schmeicheln, wählten sie oft ihre Helden oder Hauptpersonen aus den Vorfahren dieser Grossen, und verfehlten nicht, die Scenen ihres Romans, oder einer seiner Hauptepisoden, in diejenigen Länder und Schlösser zu verlegen, welche diese Grossen bewohnten, oder doch in solche, die zu ihrer Herrschaft gehörten. Oft war es ihr eigenes Land, welches sie durch ihre Compositionen berühmt zu machen bemüht waren. Ist es nicht in beiden Fällen mehr als wahrscheinlich, daß sie das Land, wo sie gewesen waren, und die Gegend ihrer Geburt genau gekannt haben? Welchen Vortheil hätten sie dabei gehabt, diese Oerter anders, als sie dieselben sahen, vorzustellen; man müßte denn dahin die Schande rechnen wollen, von allen denen, die sie hörten, Lügen gestraft zu werden?

Ich

*) Der Pater Menestrier sagt in seinem Buche de la Chevalerie ancienne et moderne, Paris 1683, in 12., im fünften Kapitel, welches von den Herolden handelt, daß man zu diesen Bedienungen Leute gewählt habe, denen man Geist, Kenntnisse und Erfahrung zutraute, obwohl nach dem übeln Geschmack dieser unwissenden Jahrhunderte. Von ihnen haben wir so viele Ritter- und Kriegsromanen erhalten, und so viele Fabeln, wodurch sie bemüht waren sich wichtig zu machen, und die Reisen, welche sie in verschiedenen Ländern gemacht hatten, bekannt zu machen.

Ich glaube daher ihr Zeugniß für eben so sicher und zuverläſſig halten zu dürfen, als das der berühmteſten Erdbeſchreiber; es betreffe nun die Lage gewiſſer Provinzen oder Cantonen, oder den wahren Lauf der Flüſſe und Bäche, welche jene durchflieſſen, oder die Lage der Schlöſſer, Dörfer und Städte, welche nicht mehr vorhanden, oder deren Namen verändert ſind. Der franzöſiſche Roman Gerhards von Rouſſillon, welcher den Herren des burgundiſchen Hauſes gewidmet iſt, liefert verſchiedene Beiſpiele hiervon, deren Genauigkeit ich durch Unterſuchung der gegenwärtigen Lage der Oerter, die ich am meiſten zu erkennen im Stande geweſen bin, bewährt gefunden habe. Man könnte auch mit Hülfe dieſer Schriftſteller die Ausdehnung und Gränzen der Provinzen und Herrſchaften ihrer Beherrſcher beſtimmen. Indeß will ich den Gebrauch, welchen man von ihren Schriften in dieſer Rückſicht machen könnte, nicht zu weit treiben. Sie können der Schmeichelei verdächtig ſeyn; man kann denken, daß ſie einem gewiſſen Herrn auf Koſten ſeiner Nachbarn ſich gefällig zu zeigen bemüht geweſen ſind; allein zum wenigſten wird ſo viel herauskommen, daß der Staat oder das Gebiete des Herrn, deſſen Gunſt ſie haben erlangen wollen, nicht von gröſſerer Ausdehnung, als diejenige, welche ſie demſelben beilegen, geweſen iſt.

Es ſcheint nach dem, was ich ſo eben geſagt habe, daß Niemand mehr Intereſſe dabei hat, unſere alten Romanen ſorgfältig zu leſen, als die Geographen: allein die Alterthumskenner haben deſſen noch mehr; worunter ich diejenigen verſtehe, welche bemüht ſind, den Urſprung unſerer Sitten und Gebräuche zu entdecken, und deren Spur zu ver-

verfolgen; und welches Studium kann für einen Franzosen interessanter seyn? Aus den Romanen, den Bildern unserer alten Gebräuche, wie sie Pasquier*) nennt, wird man die genauesten Kenntnisse in Ansehung der ehemaligen Art Krieg zu führen, der Rechte und Abhängigkeit der verschiedenen Arten von Lehnspersonen, der Zweikämpfe, der Gerichtsverwaltung, des Adels und der Ritterschaft, der Rüstung, Wappen, Turniere u. s. w. erlangen. Alle diese Gegenstände werden aus den Romanen ihr vorzüglichstes Licht erhalten. Die Verfasser derselben waren glücklicherweise nicht geschickt genug, um dasjenige, was die Mahler Costume nennen, zu bemerken und zu kennen. Sie wendeten fast immer auf das wahre oder erdichtete Zeitalter, dessen Geschichte sie mahlten, Gebräuche derjenigen Zeit an, in welcher sie lebten. Sie waren nicht erfinderisch genug, um ihre Figuren mit Einbildung auszuschmücken; hierin ähnlich den ältern Mahlern, die nach Erfindung des Schießpulvers lebten, und die fast niemals auf ihren Gemählden die Belagerung von Troja vorgestellt haben, ohne etwas von unserer Artillerie beizufügen.

Und was noch mehr beweiset, daß sie die Sachen vorstellen, nicht wie sie waren vor ihrer Zeit, sondern so wie sie solche gegenwärtig erblickten, ist dieß, daß ausserdem, daß sie alle in der Schilderung einerlei Gebräuche einig sind, indem jeder seiner Zeit folgte, sie auch mit allem demjenigen übereinstimmen, was wir aus den Zeugnissen der Geschichtschreiber, der alten Sittengeschichtschreiber, und anderer, weniger fabelhaften, Schriften

---

*) Recherches liv. IX. ch. 3. p. 220.

ten wissen. Wäre einiger Zweifel zu erheben, so würde er höchstens nur einige Artikel betreffen, wobei sie sich etwa von der Uebereinstimmung entfernen, welche gewöhnlich zwischen beiden herrscht. Allein man muß nicht immer die Ausdrücke, welcher sich die Romanschreiber bedienen, buchstäblich nehmen, vorzüglich bei denen, die in Reimen geschrieben haben. Die figürliche Schreibart war damals sehr geläufig; so wendete man die Feudal- und Regiments-Wörter auf alles an, selbst auf Tugend und Schönheit. Man hatte noch nicht mit Worten bestimmte Begriffe verbunden.

Ich will hier noch eine andere allgemeine Bemerkung über unsere alten Romanenschriftsteller machen. Diese besteht darin, daß sie vornehmlich die Absicht hatten, die gegenseitigen Pflichten der Lehnherren und Vassallen vorzustellen, zu zeigen, daß wenn der Lehnmann schuldig war, seinem Herrn viel Unterwürfigkeit zu bezeugen, auch dieser ihm Achtung schuldig war, ihn unterstützen mußte in seinen vernünftigen Bedürfnissen, und seine Beschützung in gesetzmäsigen Fällen niemals hintansetzen durfte; und daß wenn der höchste, unumschränkteste Regent pflichtwidrig gegen ihn handelte, er stets vor dem göttlichen Richterstuhl einen Gerichtshof finden würde, der höher als der seinige wäre, der ihm ein Urtheil sprechen würde, von welchem keine Berufung statt findet, und von welchem ihm diejenige Strafe würde zuerkannt werder, welche die gegen Geringere begangenen Ungerechtigkeiten erfordern.

Dieß ist die Moral des größten Theils unserer Romanen; und sie ist weder weniger nachdrücklich, noch minder wichtig, als diejenige, wegen welcher man die schönsten Gedichte des Alterthums preiset. Allein dieser moralische und rechtliche Grundsatz erfordert vielleicht Einschränkungen, vermöge der Anwendung, welche die verschiedenen Romanendichter davon gemacht haben. Diejenigen, welche für Herren von geringerm Stande schrieben, und diejenigen, welche ihre Werke für Herren vom höchsten Range bestimmten, konnten zuweilen ihre Zuneigung erlangen, und was für die Romanbichter nicht gleichgültig war, Geschenke und Gunstbezeugungen von Seite dieser Herren verschaffen, indem der Dichter ihre Rechte und Freiheiten auf Kosten anderer, deren Vorzüge dieselbe zu eben der Zeit einschränkten, wo sie die Last ihrer Abhängigkeit vermehrten, erweiterte. Es würde von Wichtigkeit seyn, immer erfahren zu können, für welche Herren die Romanen verfaßt waren, und von welchem Grade der Souverainetät die Verfasser derselben abhängig waren.

Laßt uns also die Nachrichten aus diesen entfernten Zeiten nicht verachten; denn es ist sehr wichtig für uns, in Absicht auf das Lehnwesen, zuweilen die geringsten Umstände von dem Leben eines unbekannten Schriftstellers zu erfahren, der uns vielleicht nur ein in manchem Betracht sehr rohes und verachtungswehrtes Werk hinterlassen hat. Ich kann nicht zu oft wiederholen, wie wichtig die Folgen für die Erläuterung des Lehnwesens sind, wenn man mit allem demjenigen genau bekannt ist, was die Romanen uns von ihren Gebräuchen aufbewahrt haben. Wenn Dú Moulin, Chasseneux, und

der Ritterromanen.

und andere gelehrte Rechtsverständige, die davon gehandelt haben, mehr lecture dieser Art gehabt hätten, so würden sie mehr Klarheit über ihre Werke haben verbreitet, und oft in Fragen, worüber sie so häufig von einander abwichen, weil sie weniger nach Thatsachen, als nach vorausgesetzten Grundsätzen urtheilten, sich haben vereinigen können. Allein wir wollen sie nicht mit einer allzumühsamen Arbeit überladen, und aus mehr ökonomischen Gründen für ihre Zeit, ihnen Musse lassen, über diese Thatsachen nachzudenken, zu deren Nachforschung wir geschickter sind, als sie, weil dieselbe mit unsern übrigen wissenschaftlichen Bemühungen in unmittelbarer Verbindung steht. Wir dürfen versichert seyn, daß sie uns die Beisteuer, die wir ihnen werden gegeben haben, mit Zinsen zurückliefern, und daß wir beiderseits die Früchte geniessen werden, welche Einigkeit der Dilettanten und der Gelehrten stets hervorbringen, sobald diese, befreit von aller Leidenschaft und Eitelkeit, entfernt, irgend eine Art wissenschaftlicher Bemühungen gänzlich auszuschliessen, oder auf eine übertriebene Art vorzuziehen, sich gutmüthig nur mit dem gemeinen Besten beschäftigen werden, indem sie einander wechselsweise unterrichten.

Ich könnte noch den Romanen ein Verdienst zurechnen für die allgemeine Kenntniß, welche sie uns von den Sitten, dem Genie und Geschmack der Jahrhunderte geben, in welchen sie geschrieben wurden. Man kann alles lesen, was Hr. Chapelain hierüber sowohl, als über den Reichthum unserer ehemaligen Sprache sagt. Diese Artikel sind die scharfsinnigsten und wohlgerathensten seines Dialogs; und wenn noch einiger Zweifel übrig wäre, so dürfte man sich nur erinnern, mit welcher Zufriedenheit man in den Romanen Gerhards von Nevers, Saintre's, und des Tirant le Blanc die naive und getreue Schilderung der ehemaligen Sitten gesehen hat. Allein jedermann weiß, daß jedes Jahrhundert sich in den Werken des Geistes und der Einbildungskraft, welche es hervorgebracht, oder wieder in Gang gebracht hat, abbildet.

Die romanenmäsige Mannhaftigkeit unter der Regierung Franz I. veranlaßte eine Uebersetzung und vorzügliche Achtung des Ritterromans Amadis, obgleich Hr. de la Noue, welcher Würkung für Ursache annimmt, behauptet hat, daß die Lecture dieses Romans die Ursache derjenigen Wuth gewesen sey, womit man sich den Zweikämpfen überlassen hat. Die Romanen Astráa, Cyrus, Cleopatra, die Fürsten von Cleve, und Zaide, schildern die Höfe Heinrichs IV, Ludwigs XIII, und Ludwigs XIV, wo man mehr oder weniger edlen, großmüthigen, heroischen, und vielleicht aufgeblasenen Muth, zärtliche, reine, und anständige Galanterie, begleitet von glänzenden, kostbaren und prachtvollen Festen bemerkt; die Gesinnungen darin sind erhaben, fein und natürlich, die Sitten geachtet, oder wenigstens geschont, und die lebhaftesten Leidenschaften so anständig, als Leidenschaften es seyn können. Es wäre zu wünschen, daß wir unsern Nachkommen eine eben so vortheilhafte Meinung von den Sitten unsers Zeitalters hinterlassen könnten. Inzwischen mag diese beschaffen seyn, wie sie will, so ist doch nicht minder wahr, daß man sich in seinen Urtheilen keineswegs irren wird, wenn man solche auf Nachrichten von diesem Gehalte gründen will.

Um

Um auf unsere alten Ritterromanen wieder zurück zu kommen; so muß man aufrichtig bekennen, daß in dem größten Theile derselben die Verfasser darum, weil darin wilde Krieger vorgestellt werden, die voll sind von brutaler, tobender, und blutsüchtiger Tapferkeit, erzeugt durch die geringe Subordination, welche unter den verschiedenen Gliedern des Staats herrschte, oft eckelhaft werden durch ihre Erdichtungen, ihre Zusammenstellung, die Wendung ihres Geistes, und die Ungeschliffenheit ihrer Schreibart; und vielleicht ist dieß eine Ursache mehr, zu wünschen, daß man sie durch Auszüge bekannt machen möge *).

Gute Schriften verlieren immer in der Abkürzung. Die vorzüglichsten Schönheiten werden vernichtet oder entstellt, auch in dem besten Auszuge; und im übrigen ist bekannt, wie gefährlich es ist, gute Bücher ins kurze zusammen zu ziehen, da dergleichen Abkürzungen den Verlust einer unendlichen Anzahl der besten Werke des Alterthums verursacht haben. Für die schlechten wird man in dieser Rücksicht unbesorgt seyn dürfen, bei denen es leicht ist, eine Auswahl der nützlichsten und unterhaltendsten Sachen, die darin nur wie von Ungefähr vorkommen, zu treffen, sobald man sorgfältig dasjenige sammelt, was bei ihnen das kostbarste ist; ihr Verlust wird keine Klage erwecken, wenn sie verschwinden sollten. Finden sich einige unter ihnen, die in jeder Absicht so verachtungswerth sind, daß nichts von ihrem Inhalte aufbewahrt zu werden verdient; so ist es immer sehr gut, daß Jemand sich die Mühe gegeben hat, sie zu lesen, und uns davon zu benachrichtigen.

Haben

Haben wir uns also mit Lectüre abgegeben, wovon kein Vortheil zu hoffen ist, so wollen wir es aufrichtig bekennen, wie ich es bereits in meiner Abhandlung über Johann von Venette gethan habe. Es würde ohne alle Entschuldigung treulos und schändlich seyn, andern die Wege zu verhelen, auf welchen wir uns verirrt haben.

Kann ich mir schmeicheln, das Vorurtheil geschwächt zu haben, womit vielleicht einige behaftet sind, daß die Lectüre der Ritterromanen eine eben so undankbare und unnütze, als nichtswürdige und thörichte Beschäftigung wäre; so sey mir der Wunsch vergönnt, daß einige Dilettanten die mühsame Beschäftigung, diese Art von Werken, wovon die Zeit täglich einige Stücke zerstört, zu lesen, unter sich theilen, und Auszüge daraus machen möchten, die in ein allgemeines und einförmiges Ganze zu bringen wären, um nicht, wenn man auch nicht mehr verschiedene Wege einschlägt, genötigt zu seyn, oft die nämliche Lectüre wieder vor die Hand zu nehmen **). Auf diese Art könnte man eine allgemeine und vollständige Bibliothek aller unserer Ritter-Romanen erhalten, deren ganz kurz vorgetragene Dichtung entweder den Inhalt, oder wenigstens eine Anzeige dessen enthalten würde, was den Verfasser, sein Werk, und die übrigen Schriftsteller des Zeitalters, auf welches er sich einschränkte, betrifft. Man müßte sich vorzüglich bei allem demjenigen aufhalten, was von einigem Nutzen für die Geschichte, und für Genealogie, die französischen Alterthümer, und die Geographie von Wichtigkeit ist, ohne irgend etwas zu übergehen, was einigen Aufschluß über den Fortgang der Künste und Wissenschaften geben könnte. Man könnte auch noch darin aufbewahren, was nur von Seite

des

des Geistes und der Erfindung merkwürdig ist, einige feine und naive Wendungen, einige moralische Züge, und einige scharfsinnige Gedanken; denn wollte man den Romanen, ohne alle Einschränkung, jede Art des Verdienstes dieser Art absprechen, so könnte ich mich deshalb auf das Urtheil eines Mannes berufen, welchen Niemand zu verwerfen wagen würde.

Hr. Abbé Massieu, in seiner Histoire de la Poësie francoise, nachdem er einen Auszug aus dem Roman de la Rose geliefert hat, wünscht (bei Gelegenheit, da er der Achtung erwähnt, welche die Schriftsteller des schönsten Zeitalters der römischen Litteratur für ihre Vorgänger hegten), daß wir für unsere alten Schriftsteller ebendieselbe religiöse Empfindung tragen möchten, welche diese grossen Männer für die ihrigen gehabt haben, indem sie dieselben wie jene alten Bäume ihrer geheiligten Haine verehrten, deren halb verfaulte Stämme etwas ehrwürdiges an sich tragen. Hr. Abbé Massieu, als ein Mann, welchen Geist und Geschmack gleich erleuchteten, hat einige Lichtstrahlen aufzufangen gewußt, die durch den dicken Rauch entwischt waren, in welchen unsere alten Schriftsteller verhüllt sind, und hat sie auf eine schimmernde Art wieder erweckt. Seine Rechtschaffenheit, die jeder Art von Ungerechtigkeit zuwider ist, hat ihn bewogen, die Vertheidigung dieser unterdrückten Schriftsteller mit so viel Wärme zu unternehmen, als er angewendet haben würde, Angriffe auf die berühmten Schriften eines Homers und Virgils zurückzuschlagen. Ich führe mit Vergnügen einen berühmten Mann an, welcher die Gefälligkeit hatte, meine ersten Bemühungen in der gelehrten Laufbahn zu unterstützen.

* * *

*) (Zu

*) (Zu S. 363) Dieſer Wunſch des Verfaſſers iſt ſeitdem erfüllt worden durch die Bemühungen ſeiner Freunde, des im November 1783 zu Paris verſtorbenen Ludwig Eliſabeth de la Verne, Grafen von Treſſan, und des Hrn. le Grand. Jener edirte: Corps d'Extraits de Romans de Chevalerie. à Paris 1782. 4. Voll. in 12. Die Aufſätze, welche dieſes Werk enthält, waren ſchon durch die pariſer Bibliotheque des Romans bekannt geworden; hier aber ſind ſie mit neuen Zuſätzen und Verbeſſerungen zuſammengedruckt. Der erſte Band enthält: Triſtan de Léonois, Artus de Brétagne, Flores et Blanche fleur, Cleomadès et Claremonde, l'Extrait du Roman de la Roſe, Pierre de Provence et la belle Marguerite. Der zweite Band: La Fieur des Batailles, Huon de Bourdeaux (welchem Teutſchland Wielands Oberon verdankt), Guérin de Monglave. Im dritten: Dom Urſino le Navarin et Dona Inès d'Oviedo, le Petit Iehan de Saintré, les Apparences trompeuſes ou Gerard de Nevers et Euriane de Damartin ſa mie. Der vierte Band enthält eine Abhandlung über den Urſprung der Romanen, Hiſtoire de Rigda et de Regner Lodbrog, Roi de Danemarc, Zelic ou l'Ingenue. Einige dieſer Auszüge ſtehen auch in der teutſchen Bibliothek der Romanen überſetzt. Auch überſetzte Hr. Graf von Treſſan den Arioſt und den verliebten Roland eines andern italiäniſchen Dichters. — Hingegen Hr. le Grand lieferte: Contes devots, Fables et Romans anciens, pour ſervir de ſuite aux Fabliaux, à Paris 1781. 1. Vol. in 8., worin unter andern der Partenoper, und die Wunder des Mönchs St. Medard, Comſi, enthalten ſind.

sind. Auch hat Hr. le Grand herausgegeben: Fabliaux ou Contes du XII. et du XIII. Siecle, Fables et Romans du XIII. Siecle, traduits ou extraits d'après plusieurs manuscrits du tems; avec des notes historiques et critiques, et les imitations, qui ont été faites de ces contes depuis leur origine jusqu' à nos jours, nouv. edition, augmentée d'une Dissertation sur les Troubadours. à Paris 1782 5 Voll. in 12. Eine ältere Ausgabe von 1779 bis 1781 in Octav beträgt 4 Voll., für deren Besitzer die bei der neuen Ausgabe hinzugekommene Dissertation besonders in Octav abgedruckt ist. Wider diese Dissertation des Hrn. le Grand hat Hr. Clement, ein witziger und scharfsinniger Kopf, der besonders durch seine Lettres à Voltaire in eilf Theilen sich als einen heftigen Critiker gezeigt hat, zwei Abhandlungen über die Trouveres und Troubadours geschrieben. Sie sind eingerückt im zweiten Bande seiner Essais de critique sur la Litterature ancienne et moderne T. I. et II. Amst. 1785. 8. Auch ist Hrn. le Grands Vorrebe zu den Fabliaux von Hrn. Hofr. Abelung übersetzt in dessen Magazin für die teutsche Sprache, in des II. Bandes viertem Stücke, Num. I. (1784). Man findet darin von den Provenzaldichtungen allgemeine Nachrichten, nebst einigen Proben. Sie stimmt die zu vortheilhafte Meinung davon etwas herab, wie überhaupt Hr Abelung in Absicht der Minnesinger fast zuerst gethan hat. — Unter die ersten, welche sich um die Fabliaux verdient gemacht haben, gehört unstreitig der Graf Caylus in seinen Memoires sur les Fabliaux, in den Mémiores de l'Acad. des Inscript. et Belles-Lettres T. 20. (1753) p. 310--352. — Der Roman Cleo-

Cleomades und Claremunde steht aus dem Treffanischen Werke übersetzt in der von Hrn. v. Archenholz besorgten Litteratur, und Völkerkunde vom J. 1783. Num. IV. u. V. — Ebendaselbst im dritten Bande Num. III. IV. u. V. ist auch aus den Mélanges tirés d'une grande Bibliotheque eine Skizze einer Geschichte der französischen Litteratur im 13. 14. u. 15. Jahrhundert eingerückt, worin Nachrichten von verschiedenen, für das Ritterzeitalter merkwürdigen Schriftstellern und Romanendichtern gegeben werden, z. B. von Nicolaus Flamel, Jacob Millet, Johann Regnier, de Guerchi, Martin Franc, Alain Chartier, Villon, Peter Michaut, Johann Meschinot, Herzog von Orleans, Neffe Karls V. und Franz I., Titularkönig von Sicilien Renatus von Anjou, Olivier de la Marche, Georg Chatelain, Johann Mollinet, Wilhelm Cretin, Mönch Alexis, Eustach Deschamps, Wilhelm Coquillart, Martial d'Auvergne, Octavian von St. Gelais, Andreas de la Vigne. — Der Ritterroman Tiran le Blanc, eine Rittergeschichte aus dem Spanischen, steht im ersten und zweiten Bande der Oeuvres badines et complettes du Comte de Caylus. Amsterd. 1787. (T. I. -- X.) 8. Der Verf. des Originals ist unbekannt. Wahrscheinlich war er aus Valencia, und schrieb den ersten Theil zwischen 1436 und 1443, und den zweiten gegen 1453. Man kennt nur eine spanische Ausgabe von Valladolid 1511, die so selten ist, daß sie dem Nicolao Antonio entging, und drei Auflagen der italiänischen Uebersetzung des Lelio Manfredi. — Von der Collection universelle des Mémoires particuliers, relatifs á l'histoire de France enthält der sechste Band blos die Mémoires des Marschalls von Boucicaut, und

der

der siebente unter andern die Mémoires des Comte de Richemont und des Florent d'Illiers, des Kriegsgefährten des Durois und la Hire.

Teutschland ist zwar nicht so reich an Ritterromanen, und fabelhaften oder doch nur halbwahren Rittergeschichten, als Frankreich: indessen fehlt es uns doch nicht gänzlich daran. Das Heldenbuch, der Theuerdank, das Leben Götzens von Berlichingen und Sebastian Schärtlins von Burtenbach, der Weißkunig, des M. Georg Thym sehr seltenes Werk von den männlichen und ritterlichen Thaten des Helden Thebel Unverferben von Walmoden (Magdeburg bei Pangratz 1558), wovon Hr. Prof. und Rector Reichardt zu Magdeburg eine ausführliche und kritische Nachricht zum Druck fertig liegen hat, u. a. ähnliche Werke sind immer noch schätzbare Ueberreste der Vorzeit. Hr. Rath und Bibliothekar Reichardt in Gotha gab nebst andern Gelehrten die Bibliothek der Romane, in neun Bänden, zu Berlin 1778 bis 1783. in 8. heraus. Die in Frankreich herausgekommene Bibliotheque universelle des Romans hat diese teutsche veranlaßt. Die Rittersitten waren ehedem in den meisten Ländern einander gleich; und da wir Teutsche wenig eigene Werke dieser Art haben, so glaubte Hr. Reichard sich bei unsern Nachbarn Raths erholen zu müssen. Er liefert aber nicht blos Auszüge von Ritterromanen, sondern auch von Volksromanen, ausländischen Romanen, Episoden, sogenannte stumme Romanen, wovon jeder seinen eigenen Abschnitt hat. Die Volksromanen sollen die teutsche Bibliotheque bleue seyn. Die Episoden sind einzelne Stücke aus grössern Romanen übersetzt, und die stummen Romanen sind Anzeigen von sich auf einander beziehenden Reihen von Kupferstichen, die gewöhnlich eine ganze Geschichte enthalten. Unter den Ritterromanen ist unter andern Lancelot vom See im zweiten Bande, nach der Uebersetzung oder Nachahmung von Walter Moab, ausgezogen, als der vornehmste Ritter der Tafelrunde. Als Einleitung ist eine Abhandlung über das Ritterwesen vorgesetzt, die aus den Mémoires des Herrn von Sainte-Palaye gezogen ist. Schon bei der französischen Bibliotheque des Romans hat man gewünscht, daß der Plan des Ganzen etwas genauer angelegt seyn möchte; und vielleicht hätte auch die teutsche dabei gewonnen. Der Hr. Herausgeber hat indeß das Verdienst, durch diese Bibliothek in Teutschland den Geschmack an Ritterromanen gewissermasen wieder aufgeweckt zu haben; ein Verdienst, welches zum wenigsten in Ansehung derjenigen lesenden Classe, welche zeitkürzendes Bedürfniß für die Langeweile hat, nicht gering ist. Seitdem ist eine Menge Hände geschäftig, das ruhende Brachfeld urbar zu machen, um Früchte darauf zu sammeln. Ich nenne hier nur die vorzüglichsten. Hr. Prof. Eph. Jonath. Fischer zu Halle lieferte 1780 das Rittergedicht Walther von Aquitatanien, überschrieben: de prima expeditione Attilae regis Hunnorum, und im Jahre 1784 einen erweiterten Commentar darüber, unter dem Titel: Sitten und Gebräuche der Europäer im V. und VI. Jahrhundert; aus einem alten Denkmale beschrieben, Franff. a. d. O. in 8. Unter andern wird in diesem Commentar der Inhalt des ganzen Gedichts S. 39 bis 51 dargestellt, und der in der

Aus-

Ausgabe selbst fehlende Schluß des Gedichts nachgeliefert, da Hr. Hofr. und Biblioth. Molter solchen in Carlsruhe seit 1780 gefunden, und in Herrn Hofr. Meusels histor. Litteratur 1782 St. 4 S. 366. öffentlich bekannt gemacht hatte. — Auch lieferte Hr. Molter: Prinz Walther von Aquitanien, ein Heldengedicht aus dem sechsten Jahrhundert: aus einem latein. Codex der markgräfl. Badisch. Biblioth. metrisch übersetzt. Carlsr. 1782. 8. Hr. Rath und Prof. Casparson zu Cassel edirte im Jahre 1781: Wilhelm der Heilige von Oranse, aus einer Handschrift der fürstl. Hessen-Casselschen Bibliothek, in gr. 4. — Die teutschen Fürsten aus dem dritten Jahrhundert, ein Original-Ritterroman in 4 Bänden und 8 Büchern. Leipzig 1782 bis 1783 in vier Bänden in 8. In diesem Roman wird inzwischen nichts anders geliefert, als die bekannte Geschichte des Herkules und Herkuliskus in ihrer ganzen Corpulenz, die bereits in der Reichardischen Romanen-Bibliothek quintessentirt war. — Amadis aus Gallien, neu übersetzt vom Grafen Tressan, aus dem Französischen von M. C. S. Mylius. Leipzig 1782. 2 Bände in 8. — Hr. Prof. Eph. Heinr. Müller zu Berlin gab heraus: der Nibelungen Liet; ein Rittergedicht aus dem XIII. oder XIV. Jahrhundert. Zum erstenmahl aus der Handschrift ganz abgedruckt. Berlin 1782. gr. 4. — Ein merwürdiger Heldenroman in teutschen Versen: Parzifal, gedruckt in gr. 4. Ao. MCCCCLXXVII. ohne Bemerkung des Druckorts und des Buchdruckers — ein höchst seltenes Buch, welches unter die ersten gedruckten teutschen Bücher gehört, und bei Maittaire fehlt, und wovon ein Exemplar in dem Benedictidictinerkloster zu Benedictboiren aufbewahrt wird, bes. Gerkens Reisen, Th. I. S. 385 — hat erst in neuern Zeiten die Aufmerksamkeit der Liebhaber teutscher Dichtung und Sittengeschichte auf sich gezogen. Wolfram von Eschenbach, welcher zuletzt sich an dem Hofe des Landgrafen Hermanns von Thüringen aufhielt, ist Verfasser desselben. Hr. Prof. C. H. Müller hat es daher wieder abdrucken lassen unter dem Titel: Parcival, ein Rittergedicht aus dem XIII. Jahrhundert von Wolfram von Eschilbach, zum zweitenmahl aus der Handschrift abgedruckt, weil der erste Abdruck so selten, wie Manuscript, ist. Berlin 1784. gr. 4., auch in dessen Sammlung teutscher Gedichte aus dem 12. 13. und 14. Jahrhundert. Zugleich sind hier die abweichenden Lesarten des gedruckten Exemplars bemerkt worden. Die Quelle der Handschrift, welche Hr. Prof. M. abdrucken ließ, war ein Manuscript auf Pergament, welches aus dem tschudischen Nachlasse in die Bibliothek des Klosters St. Gallen in der Schweiz gekommen ist, und welchem der sel. Bodmer ein nicht viel jüngeres Alter, als dem Gedicht selbst, beilegte. Vergl. Canzlers Abhandl. über die altteutschen Gedichte aus dem schwäbischen Zeitalter, in der Quartalschrift für alte und neuere Lectüre, in des ersten Quartals zweiten Heft Num. I. (1784). — Der Ritterroman: Walther von Montbarry, Großmeister des Tempelordens. Leipzig 1786, in 2 Bänden in 8. enthält Wahrheit und Dichtung. Der Held desselben lebte in der andern Hälfte des zwölften Jahrhunderts zu den Zeiten Philipp Augusts von Frankreich, und Heinrichs des zweiten, Königs von England, von welchem letztern er ein natürlicher Sohn seyn soll; einer der tapfer-

der Ritterromanen.

tapferſten Männer, die ſich in den ſogenannten heiligen Kriegen hervorgethan haben. — In den auf Koſten des Hrn. Kammerherrn Pet. Fried. v. Suhms zu Kopenhagen 1787 in gr. 4. erſchienenen Symbolis ad Literaturam Teutonicam antiquiorem, ex codicibus manu exaratis, qui Havniae aſſeruantur, Num. XIII., iſt der Anfang eines bisher noch ungedruckten Gedichts über Daniel von Blumenthal, Ritter der Tafelrunde, aus einer papiernen Handſchrift der königl. Bibliothek, die zu Ausgange des XV. Jahrhunderts verfertigt zu ſeyn ſcheint, und in welchem das Mährchen von der ſchönen Meluſine den Anfang macht. Es wird dieſes Gedichts in der von Hrn. Rath und Prof. Eſparſon (in ſeiner Vorrede zu dem von ihm edirten Gedicht Wilhelm von Oranſe) mitgetheilten Stelle unter mehrern Gedichten dieſer Art gedacht, nach welcher Gottfried von Hohenlohe der Verf. iſt. — Ein intereſſantes Gedicht von Hartmann von der Aue, welcher bei Goldaſt der vier und ſechzigſte unter den Meiſterſängern iſt, und gegen den Anfang des dreizehnten Jahrhunderts lebte, erſchien unter folgendem Titel: Iwain ein Heldengedicht von *Hartmann*, der nächſt den Zeiten Friedrichs des Rothbarts lebte, mit Vorbericht, Anmerkungen vnd einem Gloſſarium verſehen von *Karl Michaeler*. Wien B. I. 1786. B. II. 1787. in 8. — Vorzüglich unterhaltend werden Leſer, die Sinn für Rittergeſchichten haben, eine neuere Arbeit finden, wozu Herr Alxinger in Wien den Stoff aus dem vierten Theile der Romanenbibliothek genommen, den er aber auf vielfache Weiſe verändert, erweitert, und ausgeſchmückt, und in der Manier des Wielandiſchen

schen Oberon sehr glücklich bearbeitet hat; ich meine: Doolin von Mainz, ein Rittergedicht. Leipzig 1787. 8. — Noch nicht zu Ende gebracht ist: Berthold von Urach. Leipzig 1787. 8. wobei eine Abhandlung über das Ritterwesen des Mittelalters in Teutschland befindlich ist. — So viel mag hinlänglich seyn, Liebhabern dieser Lecture Stoff zu Befriedigung ihrer Laune und Neugierde zu geben.

Ueber den Ursprung der Ritterromanen hat der Graf von Tressan eigene Untersuchungen angestellt, und zugleich die Fortschritte dieser Dichtungsart in Frankreich bis auf das mittlere Zeitalter bemerkt, in einer Abhandlung, welche dem vierten Bande seines oben angeführten Corps d'Extraits einverleibt ist, und in einer teutschen Uebersetzung in des Hrn. v. Archenholz Monatsschrift: Litteratur- und Völkerkunde, 1783, April, Num. X. S. 859 bis 865. Man vergl. auch: The history of English poetry from the close of the eleventh to the commencement of the eigtheenth Century etc. by *Th. Warton*. Lond. 1774. 4. und The Progress of Romance, thrqugh Times, Countries and Manners. London 1785. 2 Voll. in 8. Die Verfasserin dieser kritischen Geschichte der Romanen ist Mrs. Clara Reeve, welche selbst einige englische Romanen geschrieben hat, die nicht ohne Beifall aufgenommen worden sind. In dem bibliographischen Fache, besonders was die ältern Romanen betrifft, scheint ihr die Bibliotheque des Romans de Fresnoy gute Dienste geleistet zu haben, und sie zeigt hier mehr Vollständigkeit, als bei den neuern.

Die

der Ritterromanen.

Die Ritterromanen scheinen in dem Aberglauben und dem Hang nach abentheuerlichen Geschichten der nordischen Völker, die einige auch für Stammväter alles Ritterwesens halten, ihren Ursprung zu haben: nicht aber von den Arabern. Abentheuer, Galanterie, und kriegerischer Geist der Vorzeit veranlaßten diese Art der Dichtung, die gegen das Ende des zwölften Jahrhunderts bekannt ward, und in den Zeiten der Kreuzzüge sich vermehrte, und weiter ausbreitete. Ein eigentlicher Zeitpunkt läßt sich für den Ursprung der Ritterromanen nicht festsetzen, und die Bestimmungen, welche Hr. *Warton* in seiner oben angeführten History of the Poetry in dieser Absicht gewagt hat, sind eben so unphilosophisch, als in der Geschichte ungegründet. Nicht einmal einer von den verschiedenen Nationen, bei welchen das Rittersystem eingeführt war, kann man die Erfindung derselben zuschreiben. Giraldi und Huet glauben zwar Gründe genug zu haben, solche den Franzosen beizulegen, weil die ältesten Dichtungen dieser Art in ihrer Sprache geschrieben sind. Allein die französische Sprache war auch, bis auf Eduard III., die Hofsprache der Engländer; und wer kann mit Gewißheit bestimmen, ob die Geschichte vom Könige Arthur, und die Romanen von der Tafelrunde, welche wahrscheinlich die ältern dieser Dichtungen sind, Engländern oder Franzosen ihr Daseyn zu danken haben? Alle alten Romanen der Tafelrunde wurden wahrscheinlich von den Brittaniern aus Melchins und Telezins fabelhaften Chronicken gezogen, und vom Rusticien de Pisa um das Jahr 1120 in das Lateinische übertragen, wiel kein französischer Dichter, Chronikschreiber oder Erzähler vor der Regierung Philipp

Aa 4

Augusts sich der armen und rauhen romanischen Sprache zu bedienen wagte. Erst unter König Philipp August fing man an, die Chroniken und einige belustigende Schriften in romanischer Sprache abzufassen; z. B. das prosaische Alter des Romans Tristan von Leonois in französischer Sprache, fällt schon in das Ende des zwölften Jahrhunderts (Biblioth. univ. de Romans 1776. T. I. p. 44.); eben so das Alter des Percevals von Gallien; und auch Christian von Troyes, Verfasser des St. Graal, des Lancelots vom See, und anderer Dichtungen soll gegen Ausgang des zwölften Jahrhunderts gelebt haben. Das Alter der ursprünglich französischen Romanen, die von der romanischen Sprache, worin sie zuerst geschrieben worden, diese Benennung erhielten, reicht nicht weiter, als bis in das zwölfte Jahrhundert; denn die Provenzalen können nicht unter die französischen Schriftsteller gerechnet werden. Der Hr. Graf von Tressau nimmt überhaupt in der Geschichte der französischen Romanen drei Hauptepochen an: 1) von Ludwig dem Dicken bis auf den heiligen Ludwig; wohin zu rechnen sind alle Romanen der Tafelrunde, die ersten Bände des Amadis von Gallien, einige spanische Romanen, und eine grosse Menge provenzalischer Lieder, Tencons, Erzählungen und Fabliaux; auch erschienen insonderheit unter König Philipp August der Roman de la Rose von Wilhelm de Loris, und die reizende Farce: der Admiral Patelin; 2) von dem Ende der Regierung Karls V. bis nach der unglücklichen Regierung Karls VI., wo die Thaten Bertrands du Guesclin, von Olivier de Clisson, und die Romanen: Ogier der Däne, Guerin von Montglave, Huon von Bourdeaux u. a. erschieschienen; 3) von Karl VIII. bis zu dem Ableben Heinrichs II.

So wie die Teutschen von jeher, ihrem National-Character gemäs, an Abentheuern, Galanterie und Ritterelfer überhaupt, und so auch an den Kreuzzügen, besonders an den ersten, weniger Antheil genommen haben, als andere Nationen, so finden wir auch bei ihnen keine Ritterromanen, theils von der Art, theils in der Menge, wie die Franzosen, Engländer und Spanier besitzen. In der Bibliothek der Romanen wird Hercules und Valiska als der erste unter den teutschen Ritterromanen angeführt, ob er gleich eine der elenden Geburt aus dem siebenzehnten Jahrhundert ist, und in dem Heldenbuche ältere und bessere teutsche Dichtungen dieser Art anzutreffen sind; und in dem Abschnitt von teutschen Romanen kommt die Geschichte der Fanny Wilkes zuerst vor, obgleich das Werk neu, und schon zweimal ganz gedruckt ist.

A. d. Uebers.

**) (Zu S. 364) Auch dieser Wunsch des Hrn. von Sainte-Palaye ist in Ansehung der Troubadouren durch einen seiner Freunde in Erfüllung gegangen. Histoire litteraire des Troubadours par l'Abbé de Millot. á Paris 1774. 3 Tomes in 8. wo in der lesenswerthen Vorrede ausführlich bemerkt ist, in wie fern Hr. von Sainte-Palaye an dieser Sammlung Antheil gehabt habe. Auch gab Hr. le Grand die in voriger Note bereits angeführte Observations sur les Troubadours, par l'Editeur des Fabliaux. à Paris

Paris 1782. 8. heraus, wodurch die Geschichte der Poesie in Europa keinen geringen Beitrag erhalten hat. Hr. le Grand hatte von dem grossen Sammler der Troubadours, Hrn. v. Sainte-Palaye, viele Kenntnisse in dieser Materie eingesaihmelt. Unter andern hat Hr. le G. in dieser Abhandlung dem Pater Papon, der in seiner Vogage de Provence die Troubadours, seine Landsleute, so sehr herausgestrichen hatte, bewiesen, daß die Dichter der nördlichen Provinzen berühmter sind, und den ersten Rang verdienen. Dagegen hat dieser in seiner neuen Vogage de Provence, par M. l'Abbé *Papon*, á Paris 1787. 2 Voll. in 12. am Ende des zweiten Bandes, in fünf Briefen, den Troubadours der Provence die Ehre, um welche Hr. le Grand dieselben, gegen die Troubadours der Picardie gehalten, zu bringen bemüht gewesen war, zu erhalten gesucht, und zwar immer mit Hülfe der Geschichte. — Auch in den Cahiers de Lecture, welche Hr. Rath Reichardt herausgab, Num X. 1785., hebt der erste Aufsatz, welcher den Anfang einer kleinen Geschichte der tragischen Bühne der Franzosen enthält, mit den Troubadours an.

Die Troubadours waren Mahler der Sitten und Gebräuche ihrer Zeiten. Ihr Jahrhundert athmet durchaus in ihren Gedichten. Hitzig und heftig sind sind sie in den Gefechten, prächtig und edel, großmüthig an den Höfen, ehrlich im gesellschaftlichen Leben, treu in der Freundschaft, ehrerbietig und zärtlich in der Liebe, aber auch in ihrem Hasse unbändig, in ihrer Ehrsucht grob, und in ihrem Unwillen satyrisch; in ihren Raubereien zerstörend, in
ihrem

ihrem Fanatismus Barbaren, in ihrer Rache grausam, und, mit einem Worte, sie zeigen sich unter allen Gestalten, und ihre Schriften liefern, aller Fehler ungeachtet, ein Gemählde, welches jedem, der Menschen, Geschichte, Familien, Sitten und Gebräuche kennen lernen will, äusserst wichtig ist. So schildert Papon die Troubadours.

Unter den teutschen Dichtern der Ritterzeit sind die Minnesinger uns das, was den Franzosen die Troubadouren sind, obwohl sie diesen im Heldentone nachzustehen scheinen. Der verewigte Breitinger und Bodmer haben das grosse Verdienst, uns genauer mit ihnen bekannt gemacht zu haben, durch die Herausgabe der schätzbaren Manessischen Sammlung. Ihm verdankt man folgende Sammlungen: Proben der alten schwäbischen Poesie des dreizehnten Jahrhunderts aus der Manessischen Sammlung. 1748. 8. Fabeln aus den Zeiten der Minnesinger. 1757. 8. Chriemhilden Rache, und die Klage, zwei Heldengedichte aus dem schwäbischen Zeitpunct, samt einigen Fragmenten; dazu kommt ein Glossarium. Zürich 1775. 4. Sammlung von Minnesingern aus dem schwäbischen Zeitpunct, 140 Dichter enthaltend. Zürich 1760. in 4. 2 Theile. Auch suchte er, so wie Gleim, durch Nachahmung und Umbildung des Minnegesanges, uns mit dem Geiste der Minnesinger näher bekannt zu machen, durch seinen Percival, ein Gedicht in Wolframs von Eschilbach Denkart. Zürich 1753. 4. — Hr. Prof. Oberlin, dieser gelehrte Kenner teutscher Alterthümer, hat uns mit den elsässischen Minnesingern genauer bekannt gemacht durch eine

unter

unter seinem Vorsitze von Hrn. Johann Hinrich Prox vertheidigte akademische Streitschrift de poëtis Alsatiae medii aeui, vulgo *von den elsässischen Minnesingern.* Argent. 1786. 36 S. in 4. Noch in neuern Zeiten haben Hr. Dr. Anton (teutsches Museum Sept. 1778 S. 275 ff.) und Hr. Prof. Eschenburg (ebendas. Julius 1779. S. 33 ff.) wieder darauf aufmerksam zu machen gesucht. Letzterer hat zugleich eine Handschrift eines interessanten poetischen Romans aus dieser Periode mit der Aufschrift: vom Ritter Wigemur, aus den Schätzen der Bibliothek zu Wolfenbüttel a. a. O. beschrieben.

Um sich mit dem innigen Tone und dem wahren Geiste der noch immer unter uns nicht hinreichend bekannten Dichtungen der Minnesinger vertraut zu machen, darf man nur die Umarbeitung einiger vorzüglichen Stücke aus der oben angeführten bobmerischen oder manessischen Sammlung lesen, welche zu Berlin im Jahre 1773 auf 114 S. in 12. mit beigefügtem Originaltext unter folgendem Titel erschienen ist: Gedichte nach den Minnesingern, dem Kaiser Heinrich, dem König Wenzel von Beheim, dem Markgrafen Otto von Brandenburg mit dem Pfeile, dem Herzog von Anhalt, dem Herzog Johannes von Brabant, dem Herzog Heinrich von Pressela, und andern. Ueberhaupt war in Teutschland im dreizehnten Jahrhundert unter den schwäbischen Kaisern eine Periode für Geist und Gesang, wie man wenige in der Geschichte der teutschen Litteratur antreffen wird. Nie ist eine glänzendere Epoche der ältern vaterländischen Dichtkunst gewe-

gewesen. Die besten Köpfe des hohen Adels beschäftigten sich mit dem Minnegesang. Die 140 Minnesinger, welche die Züricher Sammlung enthält, waren fast alle von fürstlicher oder adelicher Geburt. Unsere Wiegande, unsere Rechen, unsere Degen — so nannte man unsere thatenreichen Kämpfer der Vorzeit — wurden von ihres Gleichen besungen. Ihre Benennungen, sagt ein einsichtsvoller Schriftsteller, haben sich aus unserer Sprache, wie sie selbst aus unserm Zeitalter, verloren.

Ein Kaiser Heinrich zeigt sich an der Spitze der oberteutschen Musensöhne. Hingegen ward Kaiser Friedrich II. seiner vaterländischen Sprache eben so ungetreu, als der preussische Monarch gleiches Namens. Er dichtete, wie dieser, in der Mundart der Troubadours, und einige Verse, die noch von ihm übrig sind, beweisen, daß er die französischen Ritter und provenzalischen Sänger vor andern schätzte. Der Lobgesang eines Ungenannten auf den heiligen Anno, Erzbischoff zu Kölln, (in Schilters thes. antiqu. germ. T. I.) dessen Studium Jahrhunderte nachher dem berühmten Opitz Geist und Sprache gegeben haben soll, trägt bereits den Charakter der ältern Dichtungen, und ist älter als alles, was man von den Provenzalen hat; und doch belehrt er uns, daß es schon früher ähnliche Gedichte weltlichen Inhalts gegeben hat. Er ist aus dem eilften Jahrhundert; von den Provenzaldichtern hingegen haben wir nichts älteres, als aus dem zwölften, und unsere Minnesinger Wolfram von Eschilbach und Heinrich von Veldig waren fast Zeitgenosgenossen Wilhelms, Herzogs von Aquitanien, dem ersten der Troubadours, von welchen noch etwas vorhanden ist. (Vergl. Hambergers Nachrichten, und teutsches Museum St. 2, 1782, S. 127).

Möchten diese achtungswerthen Sänger der Vorzeit nur einen geringen Theil der Aufmerksamkeit geniessen, welche ihre Nachkommen, Griechen und Römern, und jedem Ausländer von Geist und Herz auf die uneigennützigste Art erweisen!

A. d. Uebers.

Anhang.

Anhang.

Anhang.

Nummer I.

Beschreibung der Feierlichkeiten, mit welchen die Würde eines Ritters vom Bade in Friedenszeiten ertheilt ward; wie sie in England gebräuchlich waren *).

I.

Wenn ein Knappe an den Hof kommt, um in Friedenszeiten die Ritterwürde, nach dem Gebrauch von England, zu empfangen, so soll er von den Hofdienern mit Ehren angenommen werden; nämlich von dem Großhofmeister oder dem Kämmerling, wenn sie gegenwärtig sind, sonst aber von den Marschällen und den Cärimonienmeistern. Alsdann soll man zwey Ehrenritter, ehrbar, und stattlich von Wesen und Gestalt, wie auch in Ritter-tha-

*) Diese Erzählung findet sich, in altem französischen Styl, in P. Daniel; und in dem Werke des Upton, de Studio militari, und zwar in den dazu von Edward Bysche gemachten Anmerkungen. William Dugdale lieferte sie in seinen Alterthümern von Warwikshire übersetzt. Sowohl in dem letztern Werke, als auch in den Noten zu dem Upton ist sie mit Figuren erläutert, die aus einem Buche genommen sind, in welchem sie mit Farben, zu Zeiten Edu-

thaten aussuchen; und diese sollen seine Knappen und Oberaufseher in allen Dingen seyn, die ihn angehen; und diese müssen den vorgedachten Befehl annehmen.

2.

Und wenn der Ritterlustige vor dem Mittagsmahl kommt, so soll er eine Schüssel von dem ersten Gange auf des Königs Tafel tragen.

3.

Und nach diesem soll des Knappen Aufseher den, der die Würde empfangen soll, in sein Gemach bringen, ohne daß man ihn diesen Tag ferner sieht.

4.

Und auf den Abend soll des Knappen Aufseher nach dem Barbier senden, und sie sollen ein Bad zu rechte machen, hübsch mit Leinen behangen, sowohl innerhalb, als ausserhalb der Wanne, und Sorge tragen, daß es mit Teppichen und Bettdecken zugedeckt sey, wegen der Kälte der Nacht. Und alsdann soll man dem Knappen den Bart scheren, und sein Haar rund abschneiden. Worauf des Knappen Aufseher zu dem Könige gehen, und sagen soll: "Sir, der Abend ist nun herbey "kommen, und der Knappe ist fertig zum "Bade,

Eduards des vierten, gezeichnet waren. Pater Daniel glaubte, daß diese Nachrichten blos von den Gebräuchen in Frankreich gelten; aber H. Stuart glaubt, daß sie zum Theil in ganz Europa auf diese Art üblich gewesen sind. Die Fantasterey und das Unbedeutende der Ceremonien sind nicht merkwürdiger, als der wichtige Ernst, mit welchem sie vollzogen worden sind. — Aus Stuarts Abriß des gesellschaftl. Zust. in Europa. S. 404 u. ff.

Anhang.

"Bade, wenn es Euch so gefällt." Worauf der König seinem Kämmerlinge befehlen soll, daß er mit sich in des Knappen Gemach die leutseligsten und ehrsamsten Ritter, welche gegenwärtig bey Hofe sind, nehmen soll, und um dem Knappen guten Bericht und Rath zu ertheilen, über den Orden und die Thaten der Ritterschaft. Und gleichfalls, daß die andern Knappen von des Königs Haushaltung, zusamt den Ministrels, vor diesem Rittern hergehen sollen, singend, tanzend und springend, bis zu der Gemachsthüre des gedachten Knappen.

5.

Und wenn des Knappen Aufseher das Geräusch des Ministrels hören werden, sollen sie den gedachten Knappen auskleiden, und ihn, nackend, in das Bad setzen: aber, bey dem Eintritt in das Gemach, sollen des Knappen Aufseher die Musik einstweilen schweigen heißen, so wie auch die Knappen. Und wenn dieses geschehen ist, sollen die ehrsamen Ritter ins Zimmer treten, ohne ein Geräusch zu machen, und sich unter einander Ehrerbietung bezeigen, und in Erwägung ziehen, welcher von ihnen es seyn soll, der den Knappen von dem Laufe des Bades unterrichtet. Und wenn sie übereingekommen sind, dann soll der erste von ihnen hingehen zu dem Bade, und, indem er davor niederkniet, mit sanfter Stimme sagen: "Sir! dieses Bad bringe euch grosse Ehre! Und dann soll er ihm die Merkwürdigkeiten des Ordens erklären, so viel er davon weiß, und einen Theil des Badewassers auf die Schultern des Knappen giessen, und wenn ers gethan hat, seinen Abtritt nehmen. Und des Knappen Aufseher sollen an den

Seiten des Bades stehen, so wie auch die andern Ritter, einer hinter dem andern, bis alles vorbey ist.

6.

Dann sollen die Ritter auf eine Zeitlang das Gemach verlassen; und des Knappen Aufseher sollen den Knappen aus dem Bade heben, und ihn in sein Bette bringen, daselbst so lange zu bleiben, bis sein Körper trocken ist; welches Bett ein offenes Bett, und ohne Vorhänge seyn soll. Und sobald er abgetrocknet ist, sollen sie ihn aus dem Bette heben, sollen ihn warm anziehen, wegen der Kälte der Nacht; und über seine Unterkleider ihm einen langen bräunlichen Rock anthun, mit langen Aermeln, und einer Kappe dazu, gleich der Kappe eines Eremiten. Und wenn der Knappe aus dem Bade ist, soll der Barbier das Bad wegschaffen, mit allem, was dazu gehört, sowohl von innen, als aussen, und es zu seinem Lohn nehmen; und eben so auch die Halskette, er sey Graf, Baron, Bannerherr, oder ein gemeiner Knappe, so wie es der Gebrauch des Hofes mit sich bringt.

7.

Und dann sollen des Knappen Aufseher die Thüre des Gemachs öffnen, und die alten ehrsamen Ritter hereintreten lassen, um den Knappen in die Kapelle zu führen. Und wenn sie herein gekommen sind, so sollen die Knappen, springend und tanzend, vor dem Knappen hergehen, zusammen mit den Ministrels, welche Musik machen sollen, bis zur Kapelle.

8.

Und wenn sie in die Kapelle gekommen sind, so soll Wein und Kuchen in Bereitschaft seyn für die Ritter und den Knappen. Und dann sollen des Knap-

Anhang.

Knappen Aufseher die gedachten Ritter vor den Knappen bringen, um sich bey ihm zu beurlauben, und er soll ihnen allen zusammen danken für die Mühe, Gunst und Höflichkeit, die sie für ihn gehabt haben; und wenn dieses geschehen ist, sollen sie sich aus der Kapelle wegbegeben.

9.

Dann sollen des Knappen Aufseher das Thor zuschliessen, und keiner darinn bleiben, als sie selbst, der Priester, der Lichterputzer und der Wächter. Und auf diese Weise soll der Knappe die ganze Nacht in der Kapelle verbleiben, bis es Tag ist, seine Zeit mit Gebet hinbringen, und Gott den Allmächtigen bitten, und seine heilige Mutter, daß sie, aus Gnaden, ihm Geschicklichkeit verleihen wollen, diese hohe zeitliche Würde zu empfangen zu ihrer Ehre, Preiß und Dienst, so wie auch der heiligen Kirche, und des Ordens der Ritter. Und, beym Anbruch des Tages, soll einer den Priester rufen, daß der Knappe ihm alle seine Sünden bekenne; und wenn dieser die Metten und die Messe gehört hat, kann er, wenn er sonst will, ein Gebet oder Messe für sich halten lassen.

10.

Und nach seinem Eintritt in die Kapelle, soll eine brennende Wachskerze vor ihm seyn; und so bald die Messe angegangen ist, soll einer von den Aufsehern die Kerze halten, bis zum Lesen des Evangeliums; und dann soll der Aufseher es in des Wapeners Hände geben, der selbst sie so lange halten soll, bis das Evangelium verlesen ist; aber dann soll jener sie wieder ihm abnehmen, und vor ihm hinsetzen, da so lange zu stehen, während der ganzen Zeit der Messe.

11.

Und, bei Erhebung des Hochheiligen, soll einer von den Aufsehern dem Knappen die Kappe abnehmen, und sie nachher ihm wieder zustellen, bis zu dem Evangelio, in principio; und bey Anhebung desselben soll der Aufseher eben dieselbe Kappe wieder nehmen, und sie wegbringen lassen, und jenem die Wachskerze wieder geben, in seine eigenen Hände.

12.

Und dann soll er einen Pfenning oder mehr in Bereitschaft bey der Wachskerze halten, und bey den Woten verbum caro factum est, niederknien, und die Kerze und den Pfenning auf den Altar legen, nämlich, die Kerze zu der Ehre Gottes, und den Pfenning zur Ehre der Person, die ihn zum Ritter macht. Und wenn dieses vollzogen ist, sollen die Aufseher des Knappen ihn wieder in sein Kämmerlein zurück, und wieder in sein Bette bringen, bis es lichter Tag ist. Und wenn er auf diese Art im Bette ist, bis zu seinem Aufstehen, soll er bekleidet seyn mit einer goldenen Decke, Sin gleton genannt, und diese soll mit blauem Zeuge, Sardene genannt, gefüttert seyn. Und wenn die Aufseher sehen, daß es schickliche Zeit ist, sollen sie zu dem Könige gehen, und sagen: "Sir, "wenn ist es Euch gefällig, daß unser "Herr aufstehen soll?„ Worauf der König den ehrsamen Rittern, Knappen und Ministrels befehlen soll, sich in das Gemach des gedachten Knappen zu begeben, ihm aufstehen zu helfen, und anzukleiden, und ihn zu dem Könige in die Halle zu bringen. Aber ehe sie kommen, und sobald sie das Getöse des Ministrels hören, sollen die Aufseher

her des Knappen alle nötige Sachen in Bereitschaft halten, sie den Rittern zu übergeben, ihn anzuziehen und auszuzieren.

Und wenn die Ritter an das Kämmerlein des Knappen gekommen sind, sollen sie mit Erlaubniß hineintreten, und zu ihm sagen: "Sir, wir wünschen Euch guten Morgen, es ist Zeit aufzustehen, und Euch in Bereitschaft zu setzen;„ und dann sollen sie ihn bey dem Arm nehmen, ihn anzukleiden, indem der älteste von den besagten Rittern ihm sein Hemd reicht, ein anderer seine Beinkleider giebt, der Dritte sein Wammes; und ein Anderer ihm eine Juppe von rothen Tartarin anlegt; zwey Andere sollen ihn aus dem Bette heben, und zwey Andere seine Ritterschuhe ihm anziehen, mit Solen von Leder daran genäht. Zwey Andere sollen seine Ermel schnüren, und ein Anderer soll ihm einen Gürtel von weissem Leder umgürten, ohne Schnallen daran; ein Anderer soll seine Haare kämmen; ein Anderer seinen Kopfputz aufsetzen, ein anderer ihm seinen seidenen Mantel (über die Juppe von rothem Tartarin) geben, welcher mit einer weissen seidenen Schnur zugebunden seyn muß, mit einem paar weisser Handschuhe, welche am Ende dieser Schnur hangen. Und der Lichterputzer soll zu seinem Lohn alle die Kleidungsstücke nehmen, mit dem ganzen Schmuck und Zubehör, womit der Knappe an dem Tage geziert und gekleidet gewesen ist, wie er an den Hof kam, die Ritterwürde zu empfangen, und auch das Bett, worin er zuerst, nach dem Bade, lag, zusammen mit dem Singleton und andern Nothwendigkeiten; in Betracht welches Lohns derselbe Lichterputzer, auf seine eigene Kosten,

sten, den gedachten Kopfputz, die Handschuhe, den Gürtel, und die Schnur schaffen muß.

13.

Und wenn alles dieses geschehen ist, sollen die ehrsamen Ritter sich zu Pferde begeben, und den Knappen zur Halle bringen, die Ministrels vorangehend, und Musik machend. Aber das Pferd muß auf folgende Art ausgeputzt seyn: der Sattel muß einen schwarz ledernen Ueberzug haben, der Sattelbaum von weissem Holz, in vier Theile getheilt. Steigriemen von schwarzem Leder, die Steigbügel vergoldet, der Brustriemen von schwarzem vergoldeten Leder, mit einem achteckigten vergoldeten Kreuz, das vor der Brust des Pferdes hängt; ober ohne Hinterzeug. Der Zaum schwarz, mit langgeferbtem Zügel, nach der spanischen Art, und einem achteckigten Kreuz auf der Stirne. Und dann muß ein junger Knappe herbeygeschafft werden, der höflich ist, und welcher vor dem gedachten Knappen herreitet, mit blosem Haupt, und das Schwerdt desselben führt, mit den Sporen, welche an dem Griff des Schwerdtes hangen. Und die Scheide des Schwerdtes soll von weissem Leder seyn, und das Gehenk von weissem Leder, ohne Schnallen. Und der junge Knappe soll das Schwerdt bey der Spitze halten; und auf diese Weise reiten sie zu des Königs Halle, und die Aufseher sind fertig bey der Hand.

14.

Und die ehrsamen Ritter sollen den besagten Knappen führen, und sobald sie vor der Halle angekommen sind, müssen die Marschälle und Cärimonienmeister bey der Hand seyn, ihnen entgegen zu gehen, und ihn absteigen zu heissen; und wenn er abgestiegen ist, soll der Marschall das Pferd zu selseinem Lohn nehmen, oder C. S. dafür.. Dann sollen die Ritter ihn in die Halle führen, hin zu dem obersten Tisch, und nachher zu dem Ende des zweyten Tisches, bis der König kommt, die Ritter stehend zu beiden Seiten, und der junge Knappe das Schwerdt aufrecht haltend zwischen den beyden Auffsehern.

15.
Und wann der König zur Halle gekommen ist, und den Knappen bereit findet, diesen hohen Orden und zeitliche Würde zu empfangen, soll er nach dem Schwerdte und den Sporen fragen, welche der Kämmerling dem jungen Knappen abnehmen soll, und dem Könige zeigen; und darauf soll der König den rechten Sporen nehmen, und ihn einer der edelsten und artigsten gegenwärtiger Personen übergeben, und zu ihm sagen: "Mach die"ses an die Ferse des Knappen;,, und dieser kniend, auf einem Knie, muß den Knappen bey dem rechten Schenkel nehmen, und den Fuß desselben auf sein eigenes Knie setzen, den Sporen an der rechten Ferse des Knappen fest machen; und darauf ein Kreuz über des Knappen Knie schlagen und ihn küssen, worauf, wenn es geschehen ist, ein anderer Ritter kommen muß, und auf gleiche Art ihm den linken Sporn anlegen. Und dann soll der König aus hohen Gnaden das Schwerdt nehmen, und den Knappen damit gurten; wobey der Knappe seine Arme in die Höhe heben, und seine Hände gegen einander halten muß, u. die Handschuhe zwischen seinen Daumen u. Fingern.

16.
Und der König, indem er seine eigenen Arme um den Hals des Ritters schlägt, soll sagen: "Sey "du ein guter Ritter!,, und ihn nachher küssen.

fen. Und darauf müssen die alten Ritter diesen neuen Ritter in die Kapelle führen, mit vieler Musik, bis zum hohen Altar, und dort muß er knien, und indem er seine rechte Hand auf den Altar legt, versprechen, die Rechte der heiligen Kirche sein ganzes Lebenlang zu schützen.

17.

Und dann soll er selbst sich sein Schwerdt abgürten, und mit grosser Ehrfurcht gegen Gott und die heilige Kirche es dort opfern, indem er zu Gott und allen Heiligen betet, daß sie den Orden, in den er so eben getreten ist, erhalten mögen bis ans Ende. Und wenn alles dieses vollbracht ist, kann er einen Schluck Wein trinken.

18.

Und wann er aus der Kapelle geht, muß des Königs Mundkoch in Bereitschaft seyn, ihm seine Sporen, zu seines, (des Koches) Lohn abzunehmen; und dieser soll sagen: "*Ich, des Königs Mundkoch, bin gekommen, Eure Sporen zu meinem Lohn zu nehmen; und wenn Ihr irgend etwas wider die Gesetze der Ritterwürde begehet (welches Gott verhüte!) werde ich Eure Sporen von Euren Fersen hacken.*"

19.

Nach diesem müssen die Ritter den neuen Ritter wieder zurück in die Halle führen, wo er obenan bey des Königs Tafel sitzen soll, und die Ritter um ihm herum, und muß er so bedient werden, wie die übrigen alle; aber er muß weder vorschneiden, noch trinken bey Tische, noch ausspeyen, noch um sich herumsehen, weder rechts noch links, nicht anders, wie eine Braut. Und wenn er bey Tische ausspeien will, soll einer von seinen Aufsehern ein Schnupftuch in der Hand haben, und es ihm dabey vor

Anhang.

vor das Gesicht halten. Und wenn der König vom Tische aufsteht, und in sein Gemach geht, dann soll der neue Ritter, mit einer grossen Anzahl anderer Ritter, und den Ministrels vor ihm, in sein eigenes Kämmerlein geführt werden; und bey seinem Eintritte sollen die Ritter und Ministrels sich bey ihm beurlauben und zum Essen gehen.

20.

Und wenn die Ritter auf diese Art fortgegangen sind, soll die Thüre des Gemachs zugemacht, und der neue Ritter ausgezogen werden; und sein Anzug soll den Herolden des Königs, wenn sie gegenwärtig sind, und wenn nicht, andern Herolden, wofern einige sich finden, zufallen; sonst aber den Ministrels, nebst einer Mark Silber, wenn es ein gemeiner Ritter ist; und wenn ein Baron, zweymal so viel; wenn er ein Graf, oder noch von höherm Range ist, viermal so viel. Und die bräunliche Nachtkappe erhält die Wache, oder sonst ein Edler.

Dann wird der neue Ritter wieder mit einem blauen Kleide bekleidet, mit engen Aermeln, geschnitten wie Priesterärmel; und auf seiner linken Schulter hängt eine weiß seidene Schnur. Und diese Schnur soll er auf allen seinen Kleidern tragen, von dem Tage an, bis er irgend Ehre oder Ruhm durch Waffen sich erworben hat, und so hoch angeschrieben ist, als die Edlen, Ritter, Knappen und Herolde, und durch einige der vorgedachten Ritterthaten berühmt ist; oder bis irgend ein grosser Fürst, oder eine edle Dame diese Schnur von seiner Achsel reissen, und sagen kann: "Sir, haben so viel von dem Rufe Eurer Ehre und Thaten gehört, welche ihr in ver-
schie=

schiedenen Ländern gethan habt, sowohl zum grossen Ruhm der Ritterschaft, als Eurer selbst, und auch zum Ruhm dessen, der Euch zum Ritter gemacht hat, daß es billig ist, diese Schnur von Euch zu nehmen.

21.

Nach dem Essen müssen die Ehrenritter und Hofleute sich zu dem Ritter begeben, und ihn in die Gegenwart des Königs bringen, die Aufseher desselben vor ihm gehend, woselbst er sagen muß: "Edler, hochberühmter Herr! Ich gebe Euch, so viel ich nur kann, Dank für die Ehre, Gunsten und Höflichkeiten, die Ihr mir habt zukommen lassen." Und wenn er dieses gesagt hat, soll er sich bey dem Könige beurlauben.

22.

Alsdann haben die Aufseher des Knappen von diesem, ihrem Herrn, Abschied zu nehmen, sagend: "Sir, wir haben auf des Königs Befehl, und wie wir zu thun verpflichtet waren, gethan, was wir vermocht; aber wenn wir durch Nachlässigkeit, Euch in irgend etwas mißfällig geworden sind, oder durch irgend etwas, was wir zu dieser Zeit unrecht gethan haben: so bitten wir Euch um Verzeihung. Und, von der andern Seite, wie es Recht ist, Sir, nach den Gebräuchen des Hofes, und alten Königreichs, bitten wir um unsre Kleider und Lohn, wie es des Königs Knappen, und Begleitern der Edlen und Herren zukommt.

Num. II.

Anhang.

Num. II.

Beschreibung der Feierlichkeit, mit welcher die Ritter des heiligen Grabes geschlagen wurden, nebst ihrem Patent und einem Verzeichniß ihrer Privilegien *).

Die Vollmacht Ritter zu schlagen ist allein den Prälaten oder Guardian deß heiligen Berges Sion im Kloster bey S. Salvator, Francisci Ordens, von Kaysern, Königen und Päpsten gegeben und zugelassen worden. Wann nun derjenige, so ein Ritter zu seyn verlangt, in Person da ist, seine literas testimoniales gezeigt, gebeichtet und communicirt hat, kniet er in dem heiligen Grab vor dem Pater Guardiano nieder auf die Erde, welcher mit seinen Bischöfflichen Kleidern, zu der lincken Hand halb umgekehrt, angezogen stehet. Die Brüder des Ordens bleiben wegen Enge des Orts, theils heraussen in der Halle, theils noch vor der Hall, in der grossen Kirche, welche samt vielen Versen singen das Veni Creator Spiritus. Nachdem diß vollendet, kehret sich der Pater Guardian rechts um zu dem heiligen Grabe, darauf ein Crucifix, samt zweyen silbernen Leuchtern mit brennenden Kerzen stehen, und spricht ein Gebet. Nach diesem kehret er sich wiederum lincks um gegen denjenigen, so zum Ritter soll geschlagen werden, und fraget ihn entweder in Italienischer, Spanischer, Fran-

---

*) Diese Beschreibung ist genommen aus Franz Ferdinand von Troilo's oriental. Reisebeschreibung, wie er sich zu verschiedenenmalen nach Jerusalem in Egypten, auf dem Berge Sinai, und nach Constantinopel begeben ꝛc. (im Jahre 1665) Dresden 1676. 4. (auch Leipzig 1717. 8. u. Dresden und Leipzig 1734. 8.) S. 218 u. f.

Französischer oder Lateinischer Sprache, nachdem die Person vor Nation ist, folgender Weise: Herr was begehrest du? Er antwortet: Ich begehre ein Soldat und Ritter deß heiligsten Grabes Christi zu werden; fraget: Was bist du vor Condition oder Standes? Antwort: Ich bin Edel vom Stamm und Blut, und von Adelichen Eltern gebohren: Fr. Hast du auch daß du ehrlich leben kanst? Antwort: durch die Gnade GOttes habe ich genugsame Mittel. Fr. Bist du auch bereit mit Mund und Herzen zu schweren, daß du, so viel dir immer möglichen seyn wird, und Kräffte hast, alle militarische Sacramenten, wie folget, zu halten? Antwort: Ich bin auch bereit solches zu thun. Darauf folgen diese Fragen:

Erstlichen, so viel es dir möglichen, sollt du alle Tage Messe hören.

Zum andern, so es die Noth erfordern möchte, daß ein General- oder Haupt-Krieg wider die Ungläubigen entstehen sollte, sollst du alle dein zeitliches Haab und Gut, ja auch sogar dein Leben dran setzen: Und entweder in eigener Person darbey erscheinen, oder an statt deiner einen andern darzu qualificirten und tauglichen Menschen zu schicken, verpflichtet seyn.

Drittens, sollst du die heilige Kirche und ihre getreuen Minister vor Verfolgung schützen, und nach Möglichkeit davon befreyen und entledigen.

Vierdtens, sollst du ungerechte Kriege, verächtliche und schändliche Gewinne, unnütze Spiel und Duellen, (es wäre denn Sache, daß es eines militarischen Exercitii halber geschehen möchte,) und andere mehr dergleichen Sachen gänzlichen meiden.

Fünff-

Fünfftens, sollt du dich befleissen unter den Christ-Glaubigen den Frieden zu verschaffen uud zu erhalten.

Deßgleichen den gemeinen Nutzen helfen befördern und vermehren:

Wittben und Wäysen beschützen:

Von allen Fluchen, Schelten und GOttes-lästerungen abstehen und dich enthalten.

Letztlich, das Freybeuten, fleischliche Lust und Begierden meiden, und vor denselben, als vor der Pestilenz, fliehen, also, daß du vor GOtt und den Menschen dich unsträflich erzeigest, und mit dem Wort und in der That dieser so grossen Dignität dich würdig machen mögest. Worauf er also antwortet: Ich N. bekenne, und verspreche GOtt, JEsu Christo, und der heiligen Jungfrau Maria, dieses alles nach Möglichkeit zu halten.

Nachdem nun der Ritter dieses zu halten versprochen, legt ihm der Pater Guardian die Hände auf seinen Kopff und saget: Und sey du N. ein getreuer, tapfferer, guter und starker Soldat und Ritter unsers Herrn JEsu Christi und dessen allerheiligsten Grabes, der dich mit seinen Auserwählten in seiner Herrlichkeit setzen wolle, Amen. Hernacher nimmt der Pater Guardian die vergüldete Sporen, und leget sie ihme an seine Füsse, giebet ihm darauf das blosse Schwerdt in die Hände, welches, wie auch die Sporen, samt andern zugehörigen Sachen deß Fundatoris als des Baldovini gewesen, und spricht zu ihme folgende Wort: Siehe, nimm hin N. das heilige Schwerd in dem Namen GOttes deß Vatters, und des Sohnes, und deß heiligen Geistes, Amen! Und machet über ihn dreymal den Segen deß heiligen Creutzes, und folget weiter mit Worten: Und gebrauche dich dessen

sen zu einer Beschützung und der heiligen Kirchen GOttes, und zu Spott und Schand, und zu Erlegung der Feinde deß Creuzes Christi, und zur Vermehrung deß Christlichen Glaubens, und so viel, als die menschliche Schwachheit zulassen will, verletze niemanden darmit, welches derjenige verleihen wolle, der mit dem Vatter und dem heiligen Geist regieret, GOtt von Ewigkeit zu Ewigkeit, Amen! Demnach der Pater Guardian diese Worte zu dem Ritter gesprochen, nimmt er das Schwerd, und steckts wiederum in die Scheiden und gürtets dem Ritter um den Leib, sagende: In dem Nahmen unsers HErrn JEsu Christi, umgürte N. gewaltig mit deinem Schwerd, deine Lenden, und merke wol, wie daß die Heiligen nicht mit dem Schwerd, sondern durch den Glauben die Königreiche überwunden haben. Wenn er nun also mit dem Schwerd umgürtet ist worden, so stehet er alsdenn von der Erden auf, und nahet weiter dem heil. Grabe hinzu, setzet unten an seine Knie und bucket sich mit geneigtem Haupt über das Grab, alsdann ziehet ihme der Pater Guardian das Schwerd wieder von der Seiten aus, blöset und schläget ihn darmit gar subtil dreymal über den Rücken, und spricht zu jedenmal folgende Worte: Ich erwehle, verordne und bestelle dich N. zu einem Soldaten und Ritter deß allerheiligsten Grabes unsers Herrn JEsu Christi, in dem Namen GOttes deß Vatters, und deß Sohnes, und deß Heiligen Geistes, Amen! Darauf giebt er dem geschlagenen Ritter den Segen, und den Friedenskuß zu dreyenmahlen, und leget ihm um den Hals eine güldene Ketten, daran die fünff Creutze hangen; als dieses nun geschehen, küsset der Ritter das heilige Grab, und ziehet zurück, und wird das Te Deum laudamus zu singen angefangefangen, und mit einer Procession von den gesammten Ordens-Brüdern der neuerwehlte Ritter in das Oratorium oder Bethaus geführet, welcher mit einem brennenden Windlicht zuletzt dem Pater Guardian folget. Nach vollendetem Te Deum laudamus werden von den Cantoribus unterschiedliche Vers und Responsoria gesungen, darauf der Pater Guardian etliche Gebet und Segen über den geschlagenen Ritter spricht: Wann nun diese besagte Ceremonien alle vollbracht sind, umhalset hier noch einmal vor dem Altar der Pater Guardian den Ritter, so darvor kniet, und spricht zu ihm; Pax tecum: der Friede sey mit dir; deme alle umstehende Patres und Fratres seine untergebene Ordens-Leute einer nach dem andern darauf folgen und den Frieden-Kuß geben. Nach vollendeter Sache gehet ein jeder nach Belieben aus der Kirchen in das Klösterlein, welches in 15 Zellen erbauet bestehet, und bleiben so lange darinnen, bis die grosse Kirche von dem Cadi wiederum, um deß Ritters Bezahlung, wird aufgeschlossen, daß er samt dem Pater Guardian und etlichen andern mehr, so gedachter Guardian mit sich aus dem Kloster S. Salvator zu den Ceremonien hinein zu dem heiligen Grab Christi genommen hat, heraus gehet. Wann nun der neugeschlagene Ritter wiederum zurücken in das grosse besagte Kloster S. Salvator kommen, wird ihme auf einem grossen Pergament folgendes Patent in Latein mit zierlicher Schrifft gegeben, wie folget:

Das Patent,

Welches der Pater Guardian dem neuen erwehlten Cavallier oder geschlagenen Ritter deß heiligen Grabes ertheilet.

Fr. N. Ordinis Minorum Regularis obſerv. Prov. N. &c. in partibus Orientis Commiſſarius Apoſtolicus, Terræ ſanctæ Cuſtos, & Sacri Montis Sion Guardianus & Servus univerſis ac ſingulis præſentes noſtras inſpecturis, lecturis, & legi audituris ſalutem in Domino ſempiternam.

Ex antiquiſſimis rerum geſtarum monumentis didicimus, invictiſſimos Heroes Carolum Magnum Imperatorem ſemper Auguſtum, Sanctumque Ludovicum Gallorum Regem ac alios quam plurimos Chriſtianæ Reipublicæ Magnanimos Reges & Principes honoris Dei, Orthodoxæque fidei, nedum Zelatores, verum etiam ſtrenuiſſimos defenſores, tantum ut nefariis devictis Saracenis Jeroſolymam expugnare, glorioſique Reſurgentis Domini noſtri Jeſu Chriſti Mauſoleum libere cuſtodire valerent, ſe, bonaque propria immortali voto jam præmiſſo ſponte obligaſſe, & emancipaſſe, quare inter alias Chriſtianorum Principum contra pæfatos infideles demandatas expeditiones ſub præclaro Duce Gottifredo Buillion trecentorum millium a ſum. Pontif. ſignatorum militum comparatus. Anno denique nonageſimo nono ſupra milleſimum ab incarnatione Domini partim cæſis, partim in fugam actis hoſtibus, ſanctam Jeroſolymorum Urbem, ſumma cum lætititia, ingentique gaudio triumphantes ingreſſi, un-
animi

animi exercitus confenfu, præfatum Ducem Gottifredum Jerofolymis Regem proclamarunt, ac Domini noftri Jefu Chrifti monumentum ardenti (ut flagrabant) animo in cuftodiam acceperunt; atque facrum ejusdem gloriofiffimi fepulchri Equitum ordinem fub certis quibusdam regulis & conftitutionibus fundavere, ac plurimos Illuftriffimorum Virorum milites creavêre, quos & quinque rubeis crucibus obfignarunt atque armarunt, decernentes impofterum, ut eas veftibus appofitas, tam in bello, quam in Regum, Principumque aulis, ac fidelium quorumcunque cœtibus, (ut ex præfatarum ordinationum vigefimo nono capite liquide conftat) deferre tenerentur. Cuius quidem nobiliffimi ordinis Chriftianisfimi Reges, eximiique miniftri ut erectores, ita & fucceffores fuerunt. Sed proh dolor! capta iterum ab infidelibus Jerofolima, cunctisque ab Afia pulfis Chriftianis, facer hic Equeftris, fancti fepulchri ordo, qui tunc ex lege Jerofolymis armari tenebatur, extinctus pene remanfit, atque fopitus, donec tandem devotiffimus utriusque Siciliæ Rex Robertus magna cum difficultate, maximisque fumtibus ab Ægypti Sultano Anno Domini 1304. pro Seraphicae Religionis Familia in conventu Sac. montis Sion ac in prægrandi gloriofiffimi fepulchri templo commorandi facultatem impetraffet. Leo poftmodum X. Pontifex Max. qui præfato Ordini fatis addictus erat, piisque ejusdem votis fummopere, ad innovandam non folum antiquiffimi huius militaris inftituti fere abolitam memoriam, verum etiam ad augendam Chrifti fidelium pietatem, eorumque animos

mos pro cunctorum locorum recuperatione excitandos, praedicto S. montis Sion Guardiano, ejusque fuccefforibus pro tempore exiftentibus, Anno Dominicæ incarnationis M. XVIII. pridie Non. Februarii huiusmodi militares & fanctiffimi Sepulchri Equites ut olim creare, ordinare, ac inftituere fponte conceffit, atque mandavit, quod quidem tam feliciter executum eft, ut dehinc milites quam plurimi creati fuerint & in dies creentur † In quorum numerum a nobis digniffime relatum effe fidem facimus & atteftamur D. N. qui quidem præfati ordinis laurea decorari & infigniri fplendoribus fummopere cupiens coram nobis perfonaliter comparuit, humiliterque fuper hujuscemodi re grande fui animi defiderium expofuit, enixeque pro viribus nos exoravit. Nos igitur piis ejus precibus intenti, juftisque fupplicationibus inclinati, folerti indagatioue circa ea, quæ ad Chriftianæ fidei puritatem fpectant prius facta & diligenti inquifitione fuper his, quae ex antiquis legibus, in vero Chrifti milite requirebantur, jam habita, eum in omnibus idoneum habilemque repertum præfati fanctiffimæ refurrectionis Domini noftri Jéfu Chrifti fepulchri apoftolica auctoritate, qua in hac parte fungimur, Militem & Equitem juxta morem folenniter in proprio loco ejusdem fanctiffimi fepulchri creavimus, ac quinque rubeis crucibus infignivimus, ac condecoravimus, ficuti per præfentes ita a nobis armatum, infignitum ac condecoratum nominamus, declaramus ac publicamus, cum fingulari poteftate deferendi eas, tam publice quam privatim & pro infignibus, & vexillis

uten-

utendi, nec non omnibus & fingulis privilegiis, indultis, immunitatibus, gratiis, libertatibus, exemtionibus, commoditatibus & prærogativis, quibus ceteri ejusdem equeſtris ordinis milites gaudent vel impoſterum gaudebunt & potientur. In quorum omnium & fingulorum fidem praeſentes has litteras manu noſtra fubfcriptas, ac figillo gloriofiſſimæ refurrectionis Dominicæ munitas ac roboratas expediri mandavimus. Dat. Jerofolymis in Conventu noſtro Sancti Salvatoris, Anno Domini MDCL Die &c.

Privilegia, ſo denen Rittern deß heiligen Grabes von vielen Chriſtlichen Königen und Päbſten ſind gegeben worden.

Erſtlich haben die Ritter deß heiligen Grabes die Macht, alle unehrliche geborne Kinder zu legitimiren, und die Taufnamen zu ändern, Gewehr, Schild, und Stammwappen zu machen, und auszutheilen.

Zum andern, können ſie Notarios creiren.

Drittens, ſind ſie gevollmächtiget, ohne einige Præjudiz der Kirchen, zu Beſchützung des Chriſtlichen Glaubens die Kirchen-Güter zu behalten, zu beſitzen und zu genieſſen.

Vierdtens, ſind ſie zu den Kriegs-Zeiten von allen Wachten, wie auch von Einquartierungen der Soldaten gantz befreyet, und kan ſie niemand zwingen.

Fünfftens, ſind ſie auch von allen Maut, Zöllen und Steuern aller Orten befreyet, es möge von Vivers ſeyn, was es wolle, ſo dörfen ſie nichts verzollen.

Sechſtens, können ſich wie andere Ritter in Sammet und Seiden kleiden.

Zum ſiebenden, ſo ſie einen an der Straſſen am Galgen hangen ſehen, können ſie nach ihrem Wolgefallen, den Cörper mit ihrem bloſſen Degen ohne einige Verletzung ihrer Ehre abſchneiden, und denſelben zu begraben anbefehlen.

Welcher Freiheiten denn ſich dieſes Ordens Ritter in Italien, Spanien, Frankreich, der Orten, wo ihrer viel gefunden werden, wol zu gebrauchen wiſſen, und ſo wol in Städten als auf dem Lande exemt und aller Beſchwerung befreyet leben.

Num. III.
Zuſätze zu den beiden erſten Bänden.

B. I. S. 6.

Die Ritter betrachteten ſtets die Damen als die fähigſten Richter ihres Verdienſtes. Ihnen eigneten ſie vorzüglich den Ruhm ihrer Heldenthaten zu. Ihr Beyfall war die glänzendſte Belohnung der größten Beſchwerlichkeiten. Ah! ſi ma Dame me voyoit! war der Ausruf des Ritters, wenn er mitten unter Thaten ſeufzte, und voll Bewußtſeyns ſeiner Kraft und voll richterlichen Enthuſiaſmus emporſtrebte. *Saint-Foix* Eſſais hiſtor. ſur Paris T. 5. p. 184. Schwärmerei dieſer Art war es, die den angenehmen Freidenker, Boccaz, dahin brachte, ganz ernſthaft Gott dem Allmächtigen und den Damen für den Beyſtand zu danken, den ſie ihm geleiſtet hatten; und den Dichter Petrarch verleitete, ſeine geliebte Laura mit Jeſu Chriſto zu vergleichen. Hume's Verſuche S. 277. Eine eben ſo auffallende Geſinnung erblickt

erblickt man in den Dichtungen des Drubes de Prades, der zu seiner Zeit für einen weisen und gottesfürchtigen Mann gehalten ward. Er beklagt den Tod des Brunet, eines Provenzaldichters, in folgenden Ausdrücken: sein Gesang war so gut, daß die Nachtigallen aus Bewunderung schwiegen, um ihn zu hören. Gott hat ihn daher zu seinem eigenen Gebrauche hinweg genommen. Ich bitte Gott, ihn zu seiner Rechten zu setzen. Liebt die heilige Jungfrau artige Leute, so nehme sie diesen. Millots hist. litt. des Troubadours T. I. p. 320. Ueberhaupt zogen die Ritter gerne bei ihren Unternehmungen die Religion in ihr Interesse. So schlug der berühmte teutsche Ritter Sebastian Schärtlin von Burtenbach alle seine Feinde aus Gnaden Gottes und mit Gottes Hülf. (S. dessen Lebensbeschreib. Vorr. S. VI.) Und mit gleicher Herzlichkeit sagt dieser merkwürdige Ritter von seinem Feinde Buonacorso, der ihm seine Herrschaft Burtenbach eingenommen hattte: "aber "er ist vor Metz mit andern jämmerlich gestorben. "Der Teufel hohle ihn!" (S. ebendas. S. 193.)

B. I. S. 194.*) Eine umständliche Nachricht von Froissart, und seinen Werken steht im 2ten Bande der Poems and Plays, by *William Hayley*, London 1785. 8. — Auch in der Bibliothek zu Bern ist ein schöner Codex von Froissarts Geschichtbuche.

B. I. S. 265.**) Auch in England ward das Pfingstfest mit zahlreichen und glänzenden Ritterpromotionen gefeiert. Folgende merkwürdige Stelle, welche Menenius in delic. equestr. ord. S. 57 aus Matthaeo Florilego ad an. 1306. anführt, erläutert diese und manche andere Angabe des Verf. — Ad augmentandam profectionem suam fecit Rex per Angliam publice proclamari, vt quotquot *tenerentur* *) fieri milites, fucceffione paterna et qui haberent, vnde militarent, adeffent apud Weftmonafterium in *festo pentecostes*, admiffuri finguli omnem ornatum militarem praeter equitaturam de regia Garderoba. Confluentibus itaque *trecentis* iuvenibus filiis Comitum, Baronum et Militum, *distribuebantur purpura, Biffinae, Sindones, cyclades auro textae* affluentiffimae, prout cuique competebat. Et quia palatium regale etfi amplum, tamen ad tot occurrentium turbam anguftum fuit, apud nouum Templum Londini, fuccifis lignis pomiferis, proftratis muris erexerunt papiliones et tentoria, in quibus tyrones deauratis veftibus fe finguli decorarent, ipfa autem nocte in templo praedicti tyrones, quotquot poterat capere locus ille, *fuas vigilias faciebant*, fed princeps Walliae praecepto Regis patris fui, cum praecelfis tyronibus *fecit vigilias fuas in ecclefia* Weftmonafterii. Ibi autem tantus clangor tubarum et tibicinum et exaltatio vocum prae gaudio exftiterunt clamantium, quod conuentus de choro ad chorum non audiretur jubilatio, die autem craftino cinxit rex *filium fuum baltheo militari* in palatio fuo et dedit ei Ducatum Aquitaniae. Princeps ergo factus miles perrexit in ecclefiam Weftmonafterii, *vt confocios fuos militari gloria pariter venuftaret* **). Porro tanta erat ibi preffura gentium ante magnum altare, quod duo milites morerentur, quam plures fyncopifarent etiam cum quilibet ad minus tres milites ad fe ducendum et tuendum haberet. Princeps autem propter turbam comprimentem

non

*) Vergl. d. Anmerk. z. N. XVI. des dritten Abschn.
**) Vergl. N. VII. zu diesem Abschnitte.

Anhang.

non secus, sed super magnum altare divisa turba per dextrarios bellicosos socios suos cinxit.

B. I. S. 106 f. u. B. II. S. 147. Note X. Den Gemahlinnen der Ritter ward in Teutschland der Titel Domina, Frau, Vern, gegeben. Ja, so wie die Ritter sich selbst den Titel Herr beilegten, wovon in Urkunden viele Beispiele vorkommen, so setzte auch das adeliche Frauenzimmer, welches an Ritter vermählt war, in Urkunden seinem Namen das Ehrenwort Vern vor; z. B. Elisabeth von Beruelde fängt ihr Testament vom Jahre 1390 mit folgenden Worten an:

"In Godes namen Amen. Ik Ver Olzebe van Ber-"uelde, ichteswanne eghelke Husurowe Olriks van "van Beruelde„ u. s. w.

s. Scheidts Mantissa Documentor. Num. 192. S. 564.

Inzwischen findet man auch in Urkunden, daß zuweilen Frauen, deren Männer noch Knapen waren sich den Titel Ver beigelegt haben; z. B. bei Scheidt vom Adel S. 48: "Ver Jutte, Dyderichs von dem Dyke elighe Werdine„. Allein hier darf man, so wie Hr. v. Sainte-Palaye S. 148 in Ansehung des Titels Madame thut, sicher schliessen, daß sie in erster Ehe an einen Ritter vermählt gewesen waren, und dadurch den unvergänglichen Character der Ritterschaft erlangt hatten. Der Zweifel, welchen Hr. Pater Kindlinger (in seinen münsterischen Beiträgen zur Geschichte Teutschlands 2c. Bd. I. 1787. S. 51.) darüber äussert, ob auch das Wort Vern wurklich so viel als Frau, oder vielleicht etwas anderes bedeute? wird hierdurch gehoben. So wie der Ritter beym Rittergelage, bei Turnieren, im Felde, in Urkunden, und überhaupt in der bürgerlichen Gesellschaft den Rang vor den Knapen behauptete; so auch seine Gemahlin. Letzteres war gewiß nicht selten ein mächtiger Beweggrund für einen zärtlichen Gemahl, die Ritterwürde zu suchen. Den Titel eheliche Wirthin, Weib, Hausfrau, u. b. erhielten die Gemahlinnen der Fürsten, Grafen, Herren und Ritter von ihren Eheherren, von andern, und legten sich solchen auch nicht selten selbst bei. Er enthielt also nichts

Nach

Nachtheiliges. Vergl. Scheidt vom Adel S. 29 und Mantissa Docum. S. 408.

Von dem Titel Sir oder Herr, welchen die Ritter erhielten, belehrt uns Stuart in d. Abriß d. gesellsch. Lebens in Europa S. 240, daß er in England schon vor dem Zeitalter Eduards des ersten gebräuchlich gewesen, daß er von Sire herkomme, welches im alten Französischen so viel als Seigneur oder Lord geheißen habe. Zugleich mutmaßt dieser Schriftsteller, vielleicht ohne hinreichenden Grund, daß Sir zwar allen Rittern zugekommen sey, daß es aber doch eigentlich denen Mitgliedern der Ritterschaft gebührt habe, welche nicht Lehnherren gewesen wären.

B. II. Zu S. 59. Auch hier in Erlangen ist es gewöhnlich, daß Bräute zur Trauung von zwei Brautführern in die Kirche begleitet werden, deren jeder in dem Arm ein Schwerdt, seitwärts hinausgekehrt, trägt. Ehedem soll es auch bei Bürgerhochzeiten gewöhnlich gewesen seyn; jetzt nur noch bey Hochzeiten vom Lande, die in die Stadt zur priesterlichen Trauung kommen.

B. II. S. 203. Aus urkundlichen Nachrichten des XVI. Jahrhunderts ist zu ersehen, daß die adeliche Familie von Weisbach in Sachsen damals des heil. römischen Reichs Erbritterwürde bekleidet hat. Auch kommen die Herren von Frauenberg in Baiern seit langen Jahren unter dem Titel: Erbritter vor. *Riccii spicil. iur. germ.* p. 233 sq.

Verbesserungen.

Im I. Bande: Vorr. S. XIV. Z. 8. v. u. statt drei l. zwei Ebendas. S. XVI. Z. 10. v. u. l. zu dem dritten, vierten ꝛc. S. 17. Z. 7. v. u. st. König l. Herzog. S. 185. Z. 12. st. XII. l. XIII. — Z. 19. st. XVI. l. XIV. — Z. 4. v. unten st. Anton l. Audoin. S. 187. Z. 3. v. u. l. unten zu dem zweiten Abschnitte Note XVIII. u. s. w. S. 195. Z. 13. u. ff. l. Der von Liebe hingerissene Graf weisete u. s. w. Man erwies dem Grafen viel Ehre, u. s. w. S. 216. Z. 1. v. u. l. ad an. 1234. bei Freber, Tom. I. S. 300. S. 274. Z. 9. st. auch l. nach. Im II. Bande S. 9. Z. 6. v. u. st. ein Eisen l. Fesseln. Z. 4. st. ein goldenes l. goldene, und Z. 4 u. 5. st. ein silbernes l. silberne. S. 59. Z. 8. l. vor der Kirche Wache u. s. w. S. 289. Z. 11. l. ch. d'honn. u. s. w.

www.ingramcontent.com/pod-product-compliance
Lightning Source LLC
Chambersburg PA
CBHW030605300426
44111CB00009B/1108